SOZIALISTISCHE BIBLIOTHEK

POLITIK
ÜBER DEN TAG HINAUS

Ein Lesebuch zu den Programmdiskussionen der österreichischen Sozialdemokratie von 1966–1996

Erich Fröschl (Hrsg.)

Löcker Verlag

SOZIALISTISCHE BIBLIOTHEK
Abteilung 2:
Die Theorie der österreichischen Sozialdemokratie
Band 4

*

Printed in Austria

Graphische Gestaltung: Dietmar Tadler
Satz: Exakta, 1180 Wien
Druck: Novographic, 1230 Wien
ISBN 3-85409-150-8

INHALT

POLITIK ÜBER DEN TAG HINAUS

„Nichts kommt von selbst.
Und nur wenig ist von Dauer."
W. Brandt, 1992

Erich Fröschl

Die gesellschaftstheoretischen und programmatischen Diskussionen der österreichischen Sozialdemokratie im Zeitraum zwischen 1966 und 1996 sind durch eine Reihe interessanter inhaltlicher Weiterentwicklungen gekennzeichnet. Sie betreffen zahlreiche Themenfelder, in denen die SPÖ gegenüber den 50er und 60er Jahren deutlich veränderte Positionen bezieht. So fand etwa im Wirtschaftsbereich eine stetige Gewichtsverlagerung von staatlich-planerischen zu marktwirtschaftlichen Wirtschaftsvorstellungen statt. Ökologische Fragestellungen, früh thematisiert (z.B. Humanprogramm 1969), als es weit und breit noch keine grünen Parteien gab, bekamen laufend größeres Gewicht. Das Verhältnis zur katholischen Kirche wurde entspannt, die Abgrenzung zum Kommunismus noch verschärft. Die inhaltlichen Positionen zur engeren politischen und wirtschaftlichen Zusammenarbeit Europas und einer aktiven internationalen Friedenspolitik wurden konkretisiert.

Ab der zweiten Hälfte der 80er Jahre wurden die Probleme der europäischen Wanderungsbewegungen, die Entwicklung neuer Technologien einschließlich der Frage ihrer demokratischen Kontrolle sowie Fragen der Demokratie- und Bürokratiereform neu thematisiert. Damit im Zusammenhang stand auch der Versuch einer Neubestimmung der Rolle des Staates. Ziel ist ein differenzierter Umbau öffentlicher Einrichtungen entsprechend ihrer gewandelten Aufgaben anstelle des von den Konservativen dogmatisch geforderten radikalen Staatsabbaues. Die Frage der Durchsetzung der gesellschaftlichen Gleichberechtigung der Frauen blieb – der Langsamkeit ihrer Realisierung in der Gesellschaft und auch in der SPÖ entsprechend – Thema durch alle drei Jahrzehnte.

* * *

Die sozialdemokratischen Programme dieser Zeitspanne spiegeln aber auch den Wandel der Sozialdemokratie vom mitregierenden Juniorpartner in einer Koalition mit der konservativen Volkspartei (bis 1966) zur führenden gesellschaftspolitischen Kraft des Landes, die nach einer kurzen vierjährigen Oppositionsphase (1966–1970) die Gelegenheit hatte, die Entwicklung der österreichischen Gesellschaft ab 1970 als führende politische Kraft mitzugestalten. Davon zunächst ein Jahr lang in einer Minderheitsregierung (1970), dann 13 Jahre hindurch mit absoluter Mehrheit (1971–1983) und anschließend wieder in wechselnden Koalitionen mit bürgerlichen Parteien.

In diese 30jährige Zeitspanne fallen der Schock der Niederlage von 1966, der nicht unumstrittene Gang in die Opposition, die rasche Regeneration und gründliche Vorbereitung auf die Regierungsrolle während der Zeit bis 1970. Es folgte der Gewinn der relativen (1970) und absoluten (1971) Mehrheit sowie deren zweimalige Erneuerung (1975 und 1979). Nach dem Verlust dieser Mehrheit 1983 wurde eine kleine Koalition mit der damals sich in liberale Richtung entwickelnden FPÖ gebildet. Es folgte die Niederlage bei der Bundespräsidentenwahl 1986 und die Aufkündigung der kleinen Koalition durch die SPÖ wegen der radikal rechtspopulistischen Wende der FPÖ. Nach Neuwahlen wurde eine Koalition mit der ÖVP gebildet. Nach einer stabilisierten Zwischenphase 1990 erlitt die SPÖ starke Mandats- und Stimmenverluste bei den Wahlen 1994 und fiel auf ein historisches Tief von 35 %. Bei den von der ÖVP provozierten Neuwahlen 1995 konnte wieder ein deutlicher Stimmenzuwachs auf 38 % erreicht werden.

Es liegen in dieser Zeitspanne das beste Parlamentswahlergebnis der Sozialdemokratie seit 1919 (1979, 51 %) und das schlechteste (1994, 35 %), der höchste Stand an Mitgliedern (1979: 716.000) und ein deutlich reduzierter (1995: 485.000), starke Positionen in den Bundesländern und Landeshauptstädten in den 70er Jahren und deutlich schwächere Positionen in den 90er Jahren.

Dennoch wäre es falsch, den Verlauf der politischen Entwicklung der Sozialdemokratie in diesen 30 Jahren seit 1966 als Kontinuum von einer Hochblüte zum historischen Niedergang zu deuten, wie dies von konservativen bürgerlichen KonkurrentInnen aus leicht durchschaubarem Wunschdenken heraus und von linken KritikerInnen der Sozialdemokratie aus Enttäuschung gelegentlich geschieht. Außerdem zeigte der Wahlerfolg 1995, daß Theorien des „automatischen" Niedergangs nicht allzuweit tragen.

* * *

Es haben sich vielmehr – und das europaweit – in diesen 30 Jahren die Rahmenbedingungen sozialdemokratischer Politik stark verändert. Die späten 60er und frühen 70er Jahre waren von einer gesellschaftskritischen Aufbruchs- und Veränderungsstimmung geprägt, die – gepaart mit guter Konjunktur und wachsender Wirtschaft – einen Reform- und Demokratieschub ermöglichte. Die 80er Jahre waren ideologisch eher neokonservativ beeinflußt. Im Verein mit der Wiederkehr von Wirtschaftskrise, Arbeitslosigkeit und Angst gaben sie konservativen Gesellschaftsbildern Auftrieb. Nach der Auflösung der kommunistischen Diktaturen in Osteuropa 1989/90 und infolge einer hartnäckig andauernden wirtschaftlichen Strukturkrise in den hochentwickelten Industrieländern veränderte sich das gesellschaftspolitische Klima in den 90er Jahren weiter. Es ist von noch größerer wirtschaftlicher und sozialer Labilität und einer vorläufigen Verfestigung der Rechtsverschiebung des politischen Spektrums gekennzeichnet.
Davon konnte die Sozialdemokratie als gesellschaftspolitische Kraft nicht unbeeinflußt bleiben. Ist sie doch auf Grund ihres demokratisch-pluralistisch-toleranten Politikansatzes (die Freiheit ist immer auch die Freiheit der Andersdenkenden) keine fundamentalistische Kraft –, mit Ausnahme der Frage der Durchsetzung und Verteidigung der Demokratie – die sich selbst und ihre Grundwerte als Maß aller Dinge absolut setzt, sondern vor allem ein entscheidender Katalysator gesellschaftlicher Veränderungsprozesse unter bestimmten Rahmenbedingungen, von denen sie selbst auch immer wieder ein Stück mitverändert wird.
Dementsprechend war der gesellschaftspolitische Reformspielraum in den späten 60er und 70er Jahren größer, in den 80er und 90er Jahren kleiner. Es mußte gleichzeitig zunehmend mehr Kraft zur Verhinderung neokonservativer gesellschaftspolitischer Durchbrüche aufgewendet werden. Aber im großen und ganzen hat die österreichische Sozialdemokratie programmatisch und politisch Kurs gehalten. Niemand wird ernsthaft bestreiten können, daß es ohne sie ein ungleich geringeres Maß an Demokratisierung, Emanzipation,

Gleichheit, Sicherheit und Solidarität in der österreichischen Gesellschaft von heute gäbe.

Es ist jedoch schwieriger geworden, Kurs zu halten, denn die Erfolge der Reformpolitik bewirkten auch erhebliche Veränderungen in der Zusammensetzung der Sozialstruktur der Bevölkerung und in ihrem Bewußtsein. Angehörige sozialer Schichten, die in den 70er Jahren ihre politischen und persönlichen Interessen (Leistung, Aufstieg, Sicherheit) vorrangig mit der Sozialdemokratie verknüpft hatten, haben zum Teil – entsprechend ihrer gewandelten ökonomischen Interessenlage – auch ihre politische Position gewechselt. Dies setzte die Sozialdemokratie von drei Seiten unter Druck. Erstens durch eine zahlenmäßig viel größer gewordene Gruppe gut ausgebildeter, kritischer junger Leute, denen die Sozialdemokratie nicht mehr profiliert genug als innovative und verändernde Kraft erscheint. Sie kennen auf Grund ihres Lebensalters die Sozialdemokratie nur als regierende Kraft, als „Establishment" und machen sie daher auch für alles, was in Politik und Gesellschaft nicht gut läuft, verantwortlich. Zweitens durch eine ebenfalls größer gewordene und sich in viele Segmente auffächernde Mittelschicht, die materiell gut gestellt ist und ihre Interessen nicht mehr nur durch die Sozialdemokratie, sondern auch durch Liberale und Grüne vertreten sieht. Drittens durch eine auch in Österreich – wenngleich bisher noch in geringerem Ausmaß als anderswo – anwachsende Gruppe von VerliererInnen der laufenden gesellschaftlichen Modernisierung und Internationalisierung. Sie haben reale Existenzprobleme oder zumindest massive Existenzängste, fühlen sich von einer vorrangig an MittelschichtaufsteigerInnen orientierten Sozialdemokratie nicht mehr genügend oder überhaupt nicht mehr vertreten und sind aufnahmebereit für autoritäre rechtspopulistische Losungen und Politikkonzepte. Diese liefern ihnen in pseudo-sozialkritischer Manier, wie sie für faschistoide politische Kräfte typisch ist, entsprechende „Sündenböcke" (AusländerInnen, SozialschmarotzerInnen, Bonzen …) als die scheinbar Schuldigen für ihre Probleme und Ängste.

Dementsprechend erodierte die WählerInnenschaft der Sozialdemokratie seit Beginn der 80er Jahre (von 51 % auf 38 %), stärker noch die der konservativen Volkspartei (von 48 % auf 28 %). Die Integrationskraft der beiden Volksparteien der linken und rechten Mitte wurde geringer. Es bildeten sich neue Parteien im politischen Spektrum (Liberale und Grüne), andere radikalisierten sich (F). Jedenfalls ist dieser Wandel in der politischen Landschaft als Resultat des gesellschaftlichen Wandels durchaus erklärbar, und es ist daher – realistisch gesehen – auch nicht verwunderlich, wenn er seine Aus-

wirkungen auf Inhalte und Umsetzungsmöglichkeiten sozialdemokratischer Politik, aber auch auf Wahlergebnisse hatte.
In Österreich kam dieser Veränderungsprozeß der politischen Landschaft ohnedies mit einer gewissen zeitlichen Verzögerung gegenüber anderen europäischen Ländern und in etwas verlangsamter und abgeschwächter Form zum Tragen. Waren international die 70er Jahre mit Brandt, Palme und Kreisky ein von sozialdemokratischen Persönlichkeiten und Ideen geprägtes Jahrzehnt, so dominierten in den 80er Jahren neokonservative Galionsfiguren – Reagan, Thatcher, Kohl – die internationale politische und ideologische Landschaft und Debatte. In den 90er Jahren ist bisher noch kein entscheidender Paradigmenwechsel in Richtung einer großflächig wirksamen, neuen modernen linken Gesellschaftsvision gelungen, wenngleich Ansätze dafür bereits sichtbar werden angesichts des gesellschaftspolitischen Versagens des Neokonservativismus. Es besteht jedoch kein Anlaß zu Pessimismus: Sozialdemokraten oder Parteienbündnisse der Linken Mitte befinden sich derzeit in allen skandinavischen Ländern in Regierungsmitverantwortung, ebenso in Belgien und den Niederlanden, sie haben in Großbritannien gute Chancen bei den nächsten Wahlen, stellen in Portugal die Regierung, haben in der Schweiz und Österreich deutlich zugelegt, regieren in Griechenland und haben in Italien erstmals seit 1945 die Parlamentswahlen gewonnen. In den USA ist eine zweite Amtszeit des Demokraten Bill Clinton durchaus realistisch. In Osteuropa haben bei verschiedenen Wahlen der jüngsten Zeit (z. B. Polen, Ungarn) demokratisch transformierte postkommunistische Reformparteien des linken Spektrums, aber auch genuine Sozialdemokraten (Tschechien) – wohl auch als Folge der Enttäuschungen der WählerInnen über die großen Erwartungen, die sie nach 1989 an konservative Parteien geknüpft hatten – gewonnen. Schwierig ist nach wie vor die Lage der SPD, die nach personellen Turbulenzen noch keine Aufwärtsentwicklung einleiten konnte. Auch in Frankreich und Spanien sind auf parlamentarischer Ebene sozialdemokratische Parteien derzeit in geschwächter Position. Bei der Europawahl 1995 blieb die Sozialdemokratie zwar die stärkste Fraktion, mußte aber Einbußen hinnehmen.

* * *

Sozialdemokratische Parteien sind, bei allen notwendigen Anpassungen an moderne Wahlkampfführung und den damit verbundenen Personalisierungen, in ihrem wesentlichen Kern auch Programmparteien. Die Analyse der bestehenden Gesellschaft ist Ausgangspunkt für die Formulierung ihrer politischen Nah- und Fernziele in der Form von Wahl-, Aktions- und Parteiprogrammen als Rahmenrichtlinie für ihr politisches Alltagshandeln. Dementsprechend konzipiert, diskutiert und beschließt auch die österreichische Sozialdemokratie in regelmäßigen Abständen, parallel zu wichtigen Phasen gesellschaftlicher Veränderungen, solche Programme. Dies ist auch im Zeitraum 1966–1996 mehrmals geschehen. Im wesentlichen waren und sind es folgende programmatische Aktivitäten:

1. „Für ein modernes Österreich" – Fachprogramme in Vorbereitung auf die Regierungstätigkeit (1968–1969)
2. Problemkatalog und Parteiprogramm 1978
3. „Wirtschaftsprogramm" 1983
4. „Perspektiven '90/Sozialdemokratie 2000" (1984–1989)
5. „Themen der Zeit" (1992–1994) und Parteiprogrammentwurf (1995)

Dazu kamen noch eine Reihe von Detailprogrammen (z. B. Kommunalprogramm, Erwachsenenbildungsprogramm, Organisationsreform), Programme in den Bundesländern sowie federführende Mitarbeit am Grundsatzprogramm der sozialistischen Internationale und Beiträge zum Programm der Sozialdemokratischen Partei Europas (SPE), die aber hier aus Platzgründen nicht detaillierter ausgeführt werden sollen. Ebenfalls nicht berücksichtigt sind die in dieser Zeitspanne von der SPÖ vorgelegten jeweiligen Wahlprogramme zu den Nationalratswahlen im Zeitraum 1966–1996.

1. „Für ein modernes Österreich" – Fachprogramme in Vorbereitung auf die Regierungstätigkeit 1968–1969

Nach der Entscheidung, auf Grund der verlorenen Wahlen 1966 und der nicht akzeptablen Bedingungen, unter denen ihr von der ÖVP die Fortsetzung einer großen Koalition angeboten wurde, in Opposition zu gehen, stellte sich die SPÖ rasch auf die neue Situation ein. Das Parlament wurde verstärkt zur Bühne der Auseinandersetzung zwischen großer Opposition und Regierung gemacht. Gleichzeitig begann auf Initiative des zwischenzeitlich zum neuen Parteiobmann gewählten Bruno Kreisky die Arbeit an einer programmatischen Alternative als Kontrast zur Politik der konservativen Regierung Klaus. Er wollte damit der WählerInnenschaft plausibel machen, daß die Sozialdemokratie besser in der Lage ist, den in Österreich notwendigen gesellschaftlichen Wandel – „Das moderne Österreich" – zu realisieren. Gleichzeitig wurde damit die Absicht verfolgt, die Sozialdemokratie nicht nur für die traditionelle KernwählerInnenschicht, für die vor allem soziale Themen im Vordergrund standen, sondern auch für Teile der bürgerlichen Mittelschichten wählbar zu machen. Diesem Ziel dienten sowohl die Aussöhnung und Aufnahme des Dialoges mit der katholischen Kirche (1967) als auch die (zum Unterschied von der 1966 noch stillschweigend akzeptierten Wahlempfehlung der KPÖ für die SPÖ) offensive und scharfe Abgrenzung gegenüber dem Kommunismus (Eisenstädter Erklärung). Damit wurden erfolgreich zwei von der konservativen ÖVP bis dato in allen Wahlkämpfen wirksam eingesetzte Ressentiments gegen die Sozialdemokratie („die Roten sind gegen Kirche und Religion" und „die Roten sind verkappte Kommunisten bzw. zumindest Kommunisten-Sympathisanten") wirkungslos gemacht.

Das dritte sorgsam gepflegte bürgerliche Ressentiment gegen die Sozialdemokraten lautete: „Die Roten verstehen nichts von der Wirtschaft." Dementsprechend bildete das Wirtschaftsprogramm 1968 das Kernstück der neuen Programmalternative, die von 1.400 Experten aus den verschiedensten Bereichen des öffentlichen Lebens erarbeitet und vom Parteitag 1968 beschlossen wurde.

Im Wirtschaftsprogramm wird bereits jener ab 1970 in die Praxis umgesetzte Policy-Mix des Austro-Keynesianismus skizziert, der – ausgehend von einer gemischten Wirtschaftsstruktur (staatlich und privat) und einer Philosophie eines vernünftig dosierten Staatsinterventionismus – darauf abzielte, durch modernisierte Instrumente der Budget-, Infrastruktur-, Arbeitsmarkt- und Industriepolitik optimale Rahmenbedingungen für die Funktion der staatlichen und privaten Wirtschaft zu schaffen, dadurch entsprechendes wirtschaftliches Wachstum zu erzielen, und – basierend auf diesem Zuwachs – die individuellen Einkommen und den Lebensstandard der großen Mehrheit der Bevölkerung zu erhöhen, das wohlfahrtsstaatliche System auszubauen und durch eine Reihe von Reformen im Überbau der Gesellschaft – z. B. im Rechts-, Bildungs- und Kulturbereich – ein modernes, weltoffenes, liberales Klima zu erzeugen, das auch als Voraussetzung für eine weitergehende Demokratisierung der Gesellschaft gesehen wurde. Dies alles im Sinne der sozialdemokratischen Grundwerte: Freiheit, Gleichheit, Gerechtigkeit, soziale Demokratie.

Neben dem Wirtschaftsprogramm gehörten weitere Detailprogramme zu dieser Programmalternative der SPÖ in der Oppositionszeit: Sie betrafen die Bereiche Gesundheit und Umwelt (Humanprogramm), Wohnbau, Verkehr, Verwaltung, Bildung (Schulen, Hochschulen, Erwachsenenbildung, Kultur) und Rechtsreform (Justizprogramm). Diese umfassende Programmalternative, die nach ihrer Beschlußfassung auch entsprechend in der Öffentlichkeit propagiert wurde, gab der SPÖ das Image einer solide vorbereiteten Alternative zur rasch verschlissenen konservativen Regierung Klaus und war mit ein wesentliches Element des sozialdemokratischen Wahlerfolges 1970.

2. Problemkatalog und Parteiprogramm 1978

Relativ früh in den 70er Jahren, nach den ersten Regierungserfahrungen, entwickelte sich aus dem Vergleich zwischen Programm und Praxis der sozialdemokratischen Regierung eine von kritischen Intellektuellen innerhalb der Partei in Gang gesetzte Diskussion darüber, wie groß denn der Reformspielraum der Sozialdemokratie unter den gegebenen wirtschaftlichen und gesellschaftlichen Bedingungen eigentlich sei, ob er auch tatsächlich genützt werde, bzw. auch darüber, wie weit diese Reformen systemstabilisierenden bzw. systemverändernden Charakter hätten.

Bruno Kreisky verteidigte zwar stets die Ergebnisse der Regierungsarbeit seines Teams als konsequente sozialdemokratische Reformpolitik, und eine beachtliche Zahl von Reformen in der ersten Hälfte der 70er Jahre lieferte auch die empirischen Belege dafür. Aber er erkannte durchaus gleichzeitig die stets latente Gefahr des geistigen und inhaltlichen „Ausbrennens“ einer Regierungspartei. Außerdem hatte sich international ab 1975 die ökonomische Lage stark zu ändern begonnen (Ölkrise). In anderen Ländern (Großbritannien, USA) hatte bereits ein neokonservativer Rückschlag eingesetzt, der z. B. Margaret Thatcher (1979) und Ronald Reagan (1980) mit Konzepten einer ellbogenkapitalistischen Zwei-Drittel-Gesellschaft an die Regierung brachte, die ein radikal rechtes Kontrastprogramm zum sozialdemokratischen Wohlfahrtsstaatskonzept darstellten. Es war also auch eine ideologische Auseinandersetzung mit dem vordringenden Neokonservativismus erforderlich.

Als Konsequenz wurde von der SPÖ mit der Arbeit an einem neuen Parteiprogramm begonnen, das das Wiener Programm aus dem Jahr 1958 durch ein auf der Höhe der Zeit stehendes Programm ablösen sollte. Dies entsprach auch durchaus der Tradition der österreichischen Sozialdemokratie, den jeweiligen gesellschaftlichen Wandel nach einem Zeitraum von etwa zwei Jahrzehnten zum Anlaß zu nehmen, die in dieser Zeitspanne erfolgten Veränderungen zu analysieren, neue Tendenzen der gesellschaftlichen Entwicklung aufzuspüren und darauf bezogen neue programmatische Lösungsvorschläge zu entwickeln.

Dementsprechend gründlich waren die Vorarbeiten für das neue Programm. Dabei wurde unter der Leitung von Egon Matzner, der auch ein früher Kritiker der Kreiskyschen Regierungspraxis war, von einer Gruppe kritischer SozialwissenschafterInnen unter Einbezug internationaler ExpertInnen zunächst ein Problemkatalog erstellt. Es wurden unter drei Kategorien (Problem/Problemverursachung/Lösungsvorschläge) folgende gesellschaftliche Bereiche analysiert: Staat und Demokratie, Arbeitswelt, Gesundheit, Gesellschaft, Rechtspolitik, Umwelt, Energie, Rohstoffe, Wirtschaft und internationale Politik. Bezogen auf diese Themenbereiche wurden dann detaillierte Lösungsvorschläge ausgearbeitet. Nach einem mehrstufigen Redaktionsverfahren und einer Diskussion in den Parteiorganisationen wurde das Programm am Parteitag 1978 beschlossen.

Zentraler Begriff des Programms war die „soziale Demokratie" als „... eine Gesellschaft der Freiheit und Gleichheit, der Gerechtigkeit und Solidarität, in der umfassende soziale Sicherheit und das Recht auf Arbeit, die Sorge um die Wohlfahrt der Menschen in allen Lebenslagen, das Recht auf humane Umwelt, auf umfassende Bildung und Ausbildung nach freier Wahl, auf Mitbestimmung und Mitverwaltung lebendige Wirklichkeit sind. Die soziale Demokratie wird verwirklicht, indem immer neue Bereiche der Wirtschaft von Ideen der Demokratie durchdrungen werden. Wo immer es möglich wird, sollen die Menschen ihr Leben und ihre Arbeit in sozialer Verantwortung selbst gestalten und an Entscheidungen mitwirken, die sie betreffen ...". (Parteiprogramm 1978, S. 38.)

Wesentliche weitere Kernpunkte des 1978er-Programmes, worin es sich auch von vorhergehenden unterscheidet, waren eine deutliche Gewichtsverlagerung im ökonomischen Bereich von der Eigentumsfrage zur wachsenden Bedeutung der Entscheidungsverhältnisse, eine besondere Betonung der Notwendigkeit der Ausweitung der Demokratie als Grundwert der Gesellschaft über den unmittelbaren Bereich der politischen Demokratie hinaus auf alle anderen Bereiche der Gesellschaft, der Präventionsgedanke in der Gesundheitspolitik, das Prinzip der Nachhaltigkeit in der Wirtschafts- und

Umweltpolitik sowie das Bekenntnis zur Verantwortung des Staates für eine aktive Arbeitsmarktpolitik und eine forcierte Gleichberechtigungspolitik im Interesse der Frauen.

3. Das Wirtschaftsprogramm 1983

Ende der 70er und zu Beginn der 80er Jahre veränderte sich international – und mit zeitlicher Verspätung auch in Österreich – das Paradigma der Politik deutlich. In zahlreichen Industrieländern waren neokonservative Ideologien und Regierungen im Vormarsch, die dafür plädierten, die Entwicklung der Wirtschaft wieder alleine der angeblich perfekten selbstregulierenden Wirkung des Marktes zu überlassen, die „Hängematte" (Helmut Kohl) des Wohlfahrtsstaates zu demontieren, ein gewisses Maß an Arbeitslosigkeit als Mittel der Disziplinierung von ArbeitnehmerInnenn und Gewerkschaften zur Lohnsenkung und Verschlechterung der Arbeitsbedingungen zu nützen, möglichst viele, vor allem die profitorientierte Tätigkeit der Unternehmen einschränkende staatliche Regelungen zu „deregulieren", Unternehmen aus dem Besitz der öffentlichen Hand durch Verkauf zu niedrigen Preisen an private EigentümerInnen zu „privatisieren", die Zinsen hoch zu halten und die Steuern vor allem für hohe Einkommen, Gewinne und Vermögen zu senken. Gleichzeitig wurde jedoch versprochen, die Budgetdefizite zu reduzieren. Eine Quadratur des Kreises, die allerdings nirgends gelang. Ganz im Gegenteil – neokonservative Regierungen produzierten in der Regel in wenigen Jahren gigantische Defizite (z. B. USA) und drastisch ansteigende Arbeitslosigkeit (z. B. GB).
In Österreich wurde von der konservativen Opposition ein ähnlicher Ton angeschlagen. „Weniger Staat, mehr privat" lautete eine der zentralen neokonservativen Parolen hierzulande, die jedoch infolge der gleichzeitigen Nutzung und Verteidigung protektionistischer staatlicher Maßnahmen und Gesetze durch die Hauptklientel der österreichischen Konservativen (Bauern, Gewerbetreibende, Beamte) immer schizophren war. Das hinderte sie jedoch nicht daran, die als Folge krisenabwehrender Staatsintervention steigenden Budgetdefizite sowie die Zunahme der Zahl der Beschäftigten im öffentlichen Sektor, die vorrangig der Ausweitung von Leistungen im Bildungs-, Gesundheits- und Sicherheitsbereich zuzuschreiben war, generalisierend als „Verschwendungspolitik" zu diffamieren

und eine „exorbitante" Steuer- und Abgabenlast sowie „Übersozialisierung" zu beklagen.
Im internationalen Kontext verschlechterten sich jedoch auch in Österreich allmählich die wirtschaftlichen Indikatoren. Die Arbeitslosigkeit stieg, nach langen Jahren der Vollbeschäftigung, zu Beginn der 80er Jahre – wenn auch moderater als in anderen europäischen Ländern – erstmals wieder an. Eine Budgetstabilisierung durch Steuererhöhungen zwecks Vergrößerung des Manövrierspielraumes für neuerliches keynesianisches Gegensteuern in der Krise war nicht nur innerhalb der SPÖ wegen ihrer geringer werdenden Wirksamkeit umstritten, sondern hatte (Zinsertragsabgabe = „Sparbuchsteuer") 1983 u. a. auch den Verlust der absoluten Mehrheit zur Folge.
Die SPÖ versuchte schon 1981 auf die neuen Entwicklungen mit einem aktuellen Wirtschaftsprogramm zu reagieren. Dieses benennt zum einen das völlig geänderte internationale Wirtschaftsszenario mit Arbeitslosigkeit, Inflation, Währungsunsicherheit und Energiekrise als bestimmende Hauptfaktoren und nennt als Ziel, den Vorsprung der österreichischen Wirtschaft aus den 70er Jahren („Überholspur") auch in den 80er Jahren aufrechtzuerhalten.
In bewußter Kontrastellung zu neokonservativen Ideologien wird dabei die Verantwortung des Staates für die wirtschaftliche Entwicklung gerade in Krisenzeiten bekräftigt. Folgende Hauptziele und Maßnahmen werden dann in diesem Wirtschaftsprogramm detailliert genannt: Sicherung der Vollbeschäftigung, Preisstabilität, Verbesserung der Leistungsbilanz, Importsteigerung, Energiesparen, Innovations- und Strukturpolitik, verteilungsgerechte Einnahmen- und Ausgabenpolitik der öffentlichen Hand, Reduzierung des Nettodefizits zur Gewinnung von Investitionsspielraum des Staates in Krisenzeiten. Gleichzeitig wird ein zehnjähriges Investitionsprogramm der Regierung vorgeschlagen.

4. Perspektiven '90/Sozialdemokratie 2000 (1984–1989)

Wesentliche Leitmotive des internationalen politischen Diskurses der 80er Jahre, die sich in den späten 70ern schon angedeutet hatten, waren steigende Haushaltsdefizite, steigende Arbeitslosigkeit, Rezession. Sie waren das Resultat einer Kombination aus neokonservativer Politik in führenden Industrieländern und in den meisten internationalen wirtschaftspolitischen

Organisationen (Weltbank, Währungsfonds, OECD) und einer durch eine weitere Phase technologischer Revolution beschleunigten Strukturkrise der Weltwirtschaft und kamen mit Verspätung nun auch in Österreichs Politik zum Tragen.

1983 verlor die SPÖ die absolute Mehrheit bei den Wahlen. Das noch von Bruno Kreisky eingeleitete sozial-liberale Koalitionsexperiment Sinowatz-Steger hatte schwer zu kämpfen und blieb eine Übergangsregierung. „Zeitenwende" und „Politik unter neuen Bedingungen" lauteten jetzt die neuen Leitbegriffe sozialdemokratischer Politik. Konkret gemeint war vor allem Budgetstabilisierung, um Defizit und Verschuldungshöhe des Staatshaushaltes einzubremsen, gleichzeitig damit aber eine großflächige Demontage sozialstaatlicher Leistungen zu verhindern, die in den neokonservativ regierten Ländern damals schon im Gang war.

Umweltfragen rückten, festgemacht an einigen symbolischen Fragen (z. B. Hainburg, Abfangjäger „Draken"), stärker in den Vordergrund und bewirkten – da es nicht gelang, sie im Konsens zu lösen – ein Konfliktpotential, das in erster Linie der Grünen Partei zur Profilierung nützte und zu ihrem erstmaligen Einzug ins Parlament führte. Das Ziel „Sicherung der Vollbeschäftigung" wurde mangels aktueller Erreichbarkeit begriffskosmetisch auf „Sicherung eines möglichst hohen Maßes an Beschäftigung" reduziert. Die verstaatlichte Industrie – mit ihrer Produktion noch zu erheblichen Teilen in den alten, von Strukturkrisen geschüttelten Schlotindustrien beheimatet – geriet in den Strudel weltwirtschaftlichen Überkapazitäts-, Standort- und Verdrängungswettbewerbs und hausgemachter Spekulationen (z. B. Intertrading). Diese Entwicklung stellte in der Sozialdemokratie nachhaltig die Frage nach Aufgaben, Effizienz und Bedeutung des öffentlichen Sektors insgesamt zur Diskussion und war gleichzeitig Wasser auf die Mühlen neokonservativer Privatisierungsdogmatiker.

Die sozialdemokratische Politik kam stärker unter Druck, versuchte aber dennoch, unter erschwerten Bedingungen Kurs zu halten, das heißt vor allem ein rasches Ansteigen von Arbeitslosigkeit zu vermeiden, die Massenkaufkraft zu erhalten, die Modernisierung der Wirtschaft voranzutreiben und das soziale Netz funktionsfähig zu halten. Das ist – cum grano salis – bis herauf in die Mitte der 90er Jahre auch gut gelungen, läßt sich empirisch im internationalen Vergleich belegen und zählt neben vielen sonstigen gesellschaftspolitischen Reformen und Modernisierungen zu den großen, jedoch nicht immer anerkannten historischen Leistungen der österreichischen Sozialdemokratie und der Regierungen Kreisky, Sinowatz und Vranitzky in die-

sem 30jährigen Zeitabschnitt. Diese Politik hat Österreichs Sozialdemokratie zu Recht auch international ein hohes Ansehen als moderne gesellschaftliche Reformbewegung gebracht.
Gleichzeitig wurde versucht, in einem programmatischen Neuanlauf auch wieder reformerisch an Fahrt zu gewinnen, sich über das Ausmaß und die Tiefe der gesellschaftlichen Veränderungen Rechenschaft zu geben, ein Gegengewicht zu dem stark von neokonservativen Argumenten beeinflußten öffentlichen Diskurs zu schaffen und Vorstellungen zu entwickeln, wie sich die österreichische Sozialdemokratie die Gestaltung der Gesellschaft bis zum Jahr 2000 konkret vorstellt.
Dieses Brainstorming unter dem Titel „Perspektiven '90", das 1985 begann, war von seinem Koordinator, Herbert Tieber, basisdemokratisch konzipiert worden. Es war ein offener Diskussionsprozeß ohne Vorgabe. Anders als beim Parteiprogramm 1978 wurden in mehr als 1.000 moderierten Diskussionen österreichweit die Fragen und Probleme gesucht und gesammelt, bei denen Mitglieder und WählerInnen der SPÖ die Notwendigkeit der Problemlösung am vordringlichsten sahen. Die Ergebnisse dieser Aktion lagen, ergänzt um eine Sammlung wissenschaftlicher Daten, die den gesellschaftlichen Wandel illustrierten, dem Parteitag 1987 als Materialienband vor. Die Perspektiven '90-Diskussion erlebte dann allerdings infolge der aktuellen politischen Ereignisse – Präsidentenwahl, Krise der Regierung Sinowatz-Steger, vorgezogene Nationalratswahlen 1986, Bildung der großen Koalition, Parteivorsitzwechsel – eine Unterbrechung von eineinhalb Jahren. Sie wurde dann wieder flottgemacht, die Ergebnisse wurden nochmals redigiert und auf dem Grazer Parteitag 1989 als programmatisches Manifest „Sozialdemokratie 2000" beschlossen. Dieses Manifest enthielt vier übergeordnete Gesichtspunkte, um die sich folgende Detailvorschläge gruppierten:

– ökologische Erneuerung der Industriegesellschaft
– Umbau des Wohlfahrtsstaates
– Weiterentwicklung der Demokratie von einer Zuschauer- zu einer Beteiligungsdemokratie
– verstärkte Internationalisierung von Wirtschaft und Politik.

Das wegen seines schleppenden, mehrjährigen Entstehungsprozesses zu Unrecht wenig beachtete Manifest „Sozialdemokratie 2000" enthält eine sehr aktuelle Analyse zahlreicher Trends, Tendenzen und Ereignisse der gesellschaftlichen Entwicklung Ende der 80er Jahre, in die mit der Auflösung der kommunistischen Diktaturen in Osteuropa und dem Ende der Aufteilung der

Welt in die Einflußsphären von zwei Supermächten eine zusätzliche Variable ins Spiel kam, die die gewohnte relative Stabilität des bisherigen internationalen politischen Systems in Bewegung setzte.

5. „Themen der Zeit" (1992–1994) und Parteiprogrammentwurf 1995

Ökonomisch stehen auch in den 90er Jahren die Überwindung der Rezession, Beschäftigungspolitik, die Budgetstabilisierung sowie die Überprüfung und teilweise Neuorganisation staatlicher Aufgaben im Sozial-, Gesundheits- und Verwaltungsbereich bei gleichzeitiger Vermeidung einer Zerschneidung des sozialen Netzes im Vordergrund.
Ebenso die Integration einer starken Zuwanderung aus Osteuropa in den Jahren 1989/90/91, mit der Folgeerscheinung steigender – durch die rechtspopulistische FPÖ aggressiv geschürter – AusländerInnenfeindlichkeit in der Bevölkerung. Gleichzeitig war es notwendig, Österreichs Wirtschaft im Hinblick auf den EU-Beitritt und die Verschärfung und Globalisierung der internationalen Konkurrenz forciert zu modernisieren. Dieser Modernisierungsschub seinerseits erzeugte jedoch wiederum bei Teilen der Bevölkerung, die tatsächlich „ModernisierungsverliererInnen" waren oder sich zumindest als solche fühlten, wachsende Aversionen. Sie äußerten sich u. a. in steigender Politikverdrossenheit, einer verstärkten Hinwendung zu VertreterInnen rechtspopulistischer Radikalparolen sowie in wachsenden Ressentiments gegen das „Moderne" und „Fremde".
Im Mittelpunkt der Zielsetzungen des 1988 neu gewählten Parteivorsitzenden Franz Vranitzky standen von Beginn an die Schlüsselbegriffe „Modernisierung" und „Europäisierung". Er plädierte dafür, daß die Sozialdemokratie die rasanten gesellschaftlichen Wandlungsprozesse registrieren, ernst nehmen und ihnen in veränderter Form und Inhalt ihrer Politik auch Rechnung tragen müsse. Vranitzkys Anliegen war es, die SPÖ davon zu überzeugen,daß es zwingend notwendig ist, zum Teil von alten, liebgewonnenen Traditionen Abschied zu nehmen und den Mut und die Offenheit zu haben, nach undogmatischen Lösungen für die neuen Themen und Probleme der Zeit zu suchen. Gleichzeitig sollte jedoch an der inhaltlichen Kernsubstanz des sozialdemokratischen Zieles – einer Gesellschaft der sozialen Demo-

kratie und Gerechtigkeit – festgehalten werden. Und es mußte weiterhin auch ausreichende Zustimmung in der Bevölkerung für diese Politik gewonnen werden, um an der Regierung zu bleiben und so auch den nötigen Einfluß zur Umsetzung dieser langfristigen Ziele zu behalten. Diese Bemühungen stießen zum Teil auf erheblichen Widerstand in einer aus der Kreisky-Ära erfolgsverwöhnten Organisation, die zwar nach wie vor stärkste Regierungspartei war, die aber seit dem Beginn der 80er Jahre beträchtliche Teile der in den 60er und 70er Jahren dazugewonnenen politischen Positionen auf Gemeinde-, Landes- und Bundesebene sowie einen Teil ihrer inhaltlichen Ausstrahlung auf den öffentlichen Diskurs wieder verloren hatte.

Das zweite entscheidende Moment für die inhaltliche Entwicklung der SPÖ in diesen Jahren war die mit dem EU-Beitritt zusammenhängende Notwendigkeit der Vorbereitung der Partei auf zukünftige Politikgestaltung im europäischen Rahmen. Dabei konnte einerseits auf die internationale Tradition der SPÖ, aber auch auf ihre konkreten positiven Einstellungen zu gesamteuropäischer Kooperation im Rahmen der EFTA und der EWG-Assoziation aufgebaut werden. Die Befürwortung des EU-Beitrittes als Vollmitglied war jedoch eine neue Qualität und machte es notwendig, sich in einer innerparteilichen Diskussion auch mit den kritischen Einwänden gegen eine EU-Mitgliedschaft zu beschäftigen. Die Kritiker davon zu überzeugen, daß es für ein kleines und von internationalen Verflechtungen abhängiges Land wie Österreich besser war, in supranationalen Zusammenschlüssen wie der EU als gleichberechtigtes Mitglied vertreten zu sein und mitbestimmen zu können als von den Entscheidungen dieser internationalen Institutionen passiv betroffen zu sein und nicht mitbestimmen zu können. Dies gelang auch in hohem Maße. Die SPÖ wurde im Vorfeld der EU-Abstimmung zu einer äußerst aktiven Pro-EU-Kraft, deren größter Teil ihrer Mitglieder und WählerInnenschaft gemeinsam mit den Gewerkschaften entscheidend zum überzeugenden Ja-Votum der österreichischen Bevölkerung zur EU-Mitgliedschaft beitrug. So gesehen ist es auch das historische Verdienst Vranitzkys, die österreichische Sozialdemokratie von der Bedeutung des Stellenwertes der europäischen Ebene für die zukünftige österreichische Politik überzeugt zu haben und gleichzeitig mit den ersten Schritten zur Lösung dieser neuen Jahrhundertaufgabe zu beginnen.
Unter diesen Gesichtspunkten „Modernisierung“ und „Europäisierung“ sind sowohl die 1993 begonnene Diskussion „Themen der Zeit“ als auch die Vorbereitung eines neuen Parteiprogrammes, dessen Diskussionsentwurf im

Oktober 1995 vom Parteitag angenommen wurde, als Versuche zu sehen, die inhaltlichen Energietanks der Sozialdemokratie neu aufzufüllen und Vorwärtsstrategien zu entwickeln für die gesellschaftspolitische Auseinandersetzung der Sozialdemokratie mit konservativen und radikal rechtspopulistischen, liberalen und grünen KontrahentInnen in der österreichischen und europäischen politischen Landschaft und diesen Wettbewerb durch ein geschärftes eigenes Profil auch gut zu bestehen.

Für die „Themen der Zeit"-Diskussion, zu der der SPÖ-Vorsitzende persönlich eingeladen hatte und die vom Renner-Institut und der Zukunftswerkstätte koordiniert wurde, wurden profilierte WissenschaftlerInnen dafür gewonnen, in unkonventioneller Weise selbsttätig und ohne Vorgaben zwölf Forschungsberichte zu wesentlichen Fragen der zukünftigen gesellschaftlichen Entwicklung, zu den sogenannten „Themen der Zeit", zu verfassen. Dabei waren die „Zukunft der Arbeit", „Verarmung im Wohlstand" und „Der Umbruch des internationalen Systems" ebenso Themen wie die „Medienwelt der Zukunft", „Die Entwicklung postmoderner Demokratien" oder die Fragen von „Gerechtigkeit und Glück in der modernen industriellen Lebenswelt". Die Ergebnisse wurden in zwei Publikationen veröffentlicht. Sie bildeten gleichzeitig einen Pool an Ideen und neuen Lösungsvorschlägen für aktuelle gesellschaftspolitische Probleme für die Vorbereitung eines neuen Parteiprogrammes. Der von A. K. Konecny koordinierte Entwurf für dieses Parteiprogramm wurde von der Programmkommission der Sozialdemokratie dem Parteitag im Oktober 1995 vorgelegt und soll am Parteitag 1997 beschlossen werden.

Dieser Programmentwurf akzentuiert auf Grund aktueller gesellschaftlicher Entwicklungen vor allem diejenigen Gegenpositionen zu einer konservativen Weltsicht, die auf Grund der Rückkehr konservativer Dogmen der Ellbogengesellschaft und des Nationalismus in die Politik und Ideologie der entwickelten Industriegesellschaften aus sozialdemokratischer Sicht besonders hervorgehoben werden müssen.

Er unterstreicht besonders, daß individuelle Freiheit nicht die schrankenlose Freiheit des ökonomisch Stärkeren und daher Unabhängigen sein kann, sondern ihre Begrenzung dort finden muß, wo die Freiheit anderer Menschen dadurch eingeschränkt wird. Gleichzeitig wird deutlich gemacht, daß einmal errungene Freiheiten nicht automatisch für alle Zeit als gesichert gelten.

Der Gleichheitsbegriff wird noch deutlicher, nämlich in Anerkennung der Menschen in ihrer unendlichen Vielfältigkeit und Verschiedenheit, als Gleichwertigkeit definiert. Zur sozialen Dimension der Gleichheit tritt die

Gleichheit der Geschlechter, die Gleichwertigkeit der Lebensbedingungen von Menschen in den Zentren und der Peripherie unseres Landes, die Gleichheit im Zugang zu Bildung und Information sowie zu ökologisch akzeptablen Lebensbedingungen hinzu.
Gerechtigkeit wird auch als Leistungsgerechtigkeit gesehen, d. h. die Gesellschaft soll besondere Leistungen, Qualifikation und Einsatz durchaus anerkennen. Sie muß aber gleichzeitig dafür sorgen, daß diese Anerkennung nicht zu Lasten anderer geht.
Besonders unterstrichen wird – angesichts der fortschreitenden Entsolidarisierung und eines verstärkten Egoismus in unseren Gesellschaften – die Schlüsselrolle des Grundwertes der Solidarität in dem Sinne, daß die Sozialdemokratie überall dort, wo es Stärkere gibt, auf der Seite der Schwächeren steht. Dies ist auch für die demokratische Stabilität der Gesellschaft relevant, da unsolidarische Gesellschaften in der Regel ausgehöhlt und zerstört werden und zu autoritären Lösungen tendieren.
Weiters wird die Weiterentwicklung der Demokratie von der ZuschauerInnen- zur Beteiligungsdemokratie in allen wesentlichen gesellschaftlichen Teilbereichen besonders herausgearbeitet.
Schließlich wird das Bekenntnis zu Toleranz und Humanität besonders hervorgehoben angesichts der aktuellen Wiederkehr von Rassismus, Fremdenhaß, Nationalismus, Standesdünkeln und der Tatsache, daß in einigen Teilen Europas auch Gewalt und Krieg als Mittel der Politik wieder selbstverständlich wurden.

Einige Überlegungen zum Wechselverhältnis zwischen politischen Programmen und politischer Praxis

Natürlich gilt für alle Programme, daß ihre Umsetzung in die politische und gesellschaftliche Wirklichkeit im Maßstab 1:1 nie gelingt, weil in pluralistischen Demokratien jeweils immer eine Reihe von verschiedenen, zum Teil gegenläufigen gesellschaftlichen Kräften und Interessen den politischen Entscheidungsprozeß mitgestalten und der Kompromißzwang des Interessenausgleiches für alle dazu führt, von den eigenen Vorstellungen jeweils Abstriche machen zu müssen. Geringere, wenn das allgemeine gesellschaftliche Klima die eigene gesellschaftspolitische Richtung begünstigt, größere, wenn gegenläufige Strömungen Konjunktur haben. Zum Teil ist es aber auch so, daß bestimmte Analysen und Einschätzungen über die gesellschaftlichen Entwicklungen, die in Parteiprogrammen vorgenommen werden, nicht immer oder nur zum Teil zutreffen oder die ins Auge gefaßten Lösungsvorschläge sich in der Praxis als nur teilweise oder nicht durchführbar erweisen bzw. in ihr Gegenteil verkehrt werden und gelegentlich auch Folgewirkungen zeitigen, die nicht vorhersehbar oder beabsichtigt waren.

So gesehen ist das Zitat: „Ja, mach' nur einen Plan! Sei nur ein großes Licht! Und mach' dann noch 'nen zweiten Plan. Gehen tun sie beide nicht" aus dem *Lied von der Unzulänglichkeit menschlichen Strebens* aus B. Brechts Dreigroschenoper durchaus eine gelungene Kurzformel für die allen programmatischen Gesamtkonzepten innewohnende Tendenz zum partiellen Scheitern. Es darf daher bei der Beurteilung über die Durchführung politischer Programme nie vergessen werden, daß jeder noch so rigorosen Absicht einer stringenten Verwirklichung die vielfältige, aus widerstreitenden Interessen, Zufälligkeiten, medialer Vermittlung und auch persönlichen Prägungen der politischen AkteurInnen zusammengesetzte Wirklichkeit gegenübersteht, die letztlich immer nur die Realisierung von größeren oder kleineren Programm-Teilstücken zuläßt.

Immer wieder wird auch, meist vor Wahlen, die Frage gestellt, wen denn Parteiprogramme überhaupt interessieren und welche Relevanz sie eigentlich für die tatsächlich realisierte Politik der jeweiligen Parteien haben. Die Frage wird meist dahingehend beantwortet, daß Interesse und Bedeutung von Programmen eher gering wären und sich die Parteien ohnedies nicht daran halten würden. Daran ist in einer weitgehend medialisierten, vorrangig auf die Vermittlung von Personen, Stimmungen, Schlagzeilen und Inszenierung bildhafter, symbolischer Politik abgestellten politischen Öffentlichkeit, in der wir heute leben, zwar durchaus auch etwas Wahres. Diese Grundtendenz führt auch dazu, daß sich die Halbwertszeit von Programmen scheinbar laufend verkürzt. Dies hängt auch damit zusammen, daß die Politik dem Tempo der Veränderungen in der Gesellschaft oft nachhinkt. Es stellt sich daher auch die Frage, ob es die geistige Anstrengung wert ist oder ob es verlorene Liebesmüh und verschwendete Gedankenarbeit ist, sich in regelmäßigen Abständen über die Programmatik von Parteien Gedanken zu machen, wenn sich ohnedies nur eine kleine Minderheit von BürgerInnen dafür interessiert.

Zudem haben es Parteien, die sich in der Regierung befinden, immer schwerer, neue Programme zu entwickeln, weil hier immer eine starke Tendenz besteht, erstens die faktische Regierungsarbeit programmatisch legitimieren zu wollen und zweitens den Zukunftshorizont von Programmen unter dem Gesichtspunkt der Realisierbarkeit nicht allzuweit zu stecken und daher im

Zweifelsfalle längerfristig „visionäre" bzw. „utopische" Fragen und Ziele nicht vorzuschlagen, zumal wenn sie die Gefahr beinhalten, mit dem jeweils bestehenden Mainstream der veröffentlichten Meinung zu stark in Widerspruch zu stehen.

Oppositionen tun sich da in der Regel leichter. Sie können in ihre Programme alles, was gut und teuer ist, aufnehmen, zumal dann, wenn sie auf Regierungsbeteiligung nicht primär abzielen oder diese eher unwahrscheinlich ist. Es entfällt bei ihnen auch die Möglichkeit, ihre Programme mit den Ergebnissen ihrer Politik unmittelbar kritisch vergleichen zu können.

Es gibt jedoch aus meiner Sicht eine gewichtige Anzahl plausibler Argumente, die auch heute für die Notwendigkeit der Erarbeitung von Programmen sprechen. Zum einen die Tatsache, daß Parteien ohne klare programmatische Vorstellungen Gefahr laufen, unter den notwendigen Einzelschritten der Alltagsarbeit den Blick auf die Gesamtentwicklung und damit auch die Kraft zu verlieren, ihre Vorstellungen zur langfristigen Gestaltung der Gesellschaft wirksam und mitprägend in den Diskussions- und Entscheidungsprozeß einer parlamentarischen Demokratie einzubringen. Parteien ohne längerfristiges Programm, die populistisch nur dem Erfolg des Augenblickes nachhetzen und darauf verzichten, in der einen oder anderen Frage zunächst auch scheinbar unpopuläre Minderheitspositionen zu vertreten und sie schrittweise, vor allem auch durch kontroverse gesellschaftliche Diskussion, mehrheitsfähig zu machen, verstärken eine ohnedies vorhandene Tendenz zur Entpolitisierung der Gesellschaft. Es zeigt sich zudem, daß ein zu stark auf angeblich vorgegebene Sachzwänge und scheinbar wertneutrale administrative Sachlösungen reduzierter Politikstil, der darauf verzichtet, jeweils auch die politischen Dimensionen und dahinterliegenden Interessenlagen von sogenannten „Sachfragen" und „Sachlösungen" transparent zu machen und klar zu benennen, dazu führt, daß Parteien in ihren „Inhalten" als profillos und verwaschen wahrgenommen werden. Dies wiederum führt dazu, daß die Mobilisierung von AnhängerInnen und WählerInnen schwerer wird, weil dabei die interessenpolitische, emotionale und ideelle Komponente der Politik vernachlässigt wird.

Natürlich besteht ein ständiger Widerspruch zwischen dem Wünschbaren und dem Machbaren, zwischen Programm und Praxis, aber dieser Widerspruch ist gleichzeitig auch eine Quelle der nötigen Kraft, sich mit aktuellen und vorhersehbaren zukünftigen gesellschaftlichen Entwicklungen rechtzeitig auseinanderzusetzen, sie einigermaßen richtig zu analysieren und entsprechende Problemlösungsvorschläge zu entwickeln, die dann in den politischen Diskurs Eingang finden und umgesetzt werden können. Programmorientierte Parteien sind daher auch gut beraten, permanent ein positives Klima der kritischen intellektuellen Diskussion und der fruchtbaren geistigen Auseinandersetzung aufrechtzuerhalten, das sich nicht darauf reduziert, jeweils kurz vor Wahlen von einigen ExpertInnen ein Programm schreiben zu lassen, weil das eben auch zum Outfit und „window dressing" einer modernen Partei gehört und sich gut macht. Die stetige geistige Auseinandersetzung hält auch fit für die politische Auseinandersetzung mit den anderen auf dem WählerInnenmarkt konkurrierenden Parteien und Interessengruppen. Außerdem ist eine regelmäßige kritische Beschäftigung mit den Ergebnissen der eigenen Politik, wenn sie sich nicht auf dogmatische Besserwisserei, nostalgische Verklärung der Vergangenheit oder von der gesellschaftlichen Wirklichkeit abgehobenes Theoretisieren beschränkt, sondern versucht, das dialektische Wechselverhältnis zwischen programmgeleitetem Handeln und seinen Ergebnissen in der Praxis zu reflektieren, ein gutes Korrektiv gegen Betriebsblindheit, Versteinerungsprozesse und selektive Wahrnehmung der jeweiligen sozialen Realität. Letztere können dazu führen, daß sich Parteien von den wichtigsten gesellschaftlichen Entwicklungen abkoppeln, an Einfluß verlieren und von Konkurrenten verdrängt oder abgelöst werden.

Daß solche Diskussionsprozesse auch nicht immer ganz einfach sind, zeigt die Programmgeschichte der österreichischen Sozialdemokratie zwischen 1966 und 1996, in der es im Spannungsfeld von Theorie und Praxis auch immer wieder heftige Kontroversen und Konflikte gab. Es sei in diesem Zusammenhang nur an einige erinnert: die Konflikte zwischen Partei und 68er-StudentInnenbewegung, die Auseinandersetzung um das Sozialistische Manifest, einer linken Alternative zur Regierungsarbeit 1974, die Auseinandersetzungen in SPÖ und ÖGB um die ökologischen und industriepolitischen Streitfragen im Zusammenhang mit Zwentendorf und Hainburg, der Parteiausschluß und die Wiederaufnahme von G. Nenning, die drei Fragen von Josef Cap an Landeshauptmann Kery, die um die Themenbereiche Lebensstil und Glaubwürdigkeit kreisten, eine Reihe von Konflikten mit den Jugend-, StudentInnen- und MittelschülerInnenorganisationen der SPÖ über diverse Programmfragen, aber auch der langjährige und tiefgehende Konflikt Androsch-Kreisky über sozialdemokratische Wertvorstellungen und politische Alltagspraxis, in die sich sicher auch unterschiedliche Auffassungen über Wirtschaftspolitik und ein Generationenkonflikt mischten.

Die Programmdebatten der österreichischen Sozialdemokratie der letzten dreißig Jahre zeigten vor allem aber auch, daß es einer programmorientierten Partei durchaus erfolgreich gelingen kann, für eine sehr lange Zeit die gesellschaftliche Entwicklung eines Landes entscheidend zu beeinflussen. Manche Einschätzungen liberaler bürgerlicher KommentatorInnen der Sozialdemokratie gehen dabei so weit, festzustellen, daß die Sozialdemokratie eigentlich einen Großteil ihrer politischen Ziele bereits erreicht und ihre Programme weitgehend erfüllt habe. Dies wäre ein schönes Kompliment, wenn es nur wahr wäre. Wenn man sich jedoch mit einem kritischen Blick in unserer gegenwärtigen österreichischen Gesellschaft umsieht und darüber hinaus die vielen neuen Probleme, die das europäische und internationale politische und wirtschaftliche System derzeit beschäftigen (Massenarbeitslosigkeit, Entpolitisierung, Sozialdumping, Vertrauensverlust in die parlamentarische Demokratie und aufkeimender Populismus, Bürgerkriege, Umweltzerstörung), bedenkt, so wird man rasch erkennen, daß dem nicht so ist und daß sich daher auch in Zukunft für die Sozialdemokratie in regelmäßigen Abständen stets aufs neue die Aufgabe stellen wird, ihre politischen Absichten in programmatischer Form zu erarbeiten und ebenso stets aufs neue zu versuchen, möglichst viel davon auch im gesellschaftlichen Alltag umzusetzen.

Denn darauf kommt es schließlich bei aller notwendiger theoretischer Programmarbeit an: Konkrete Verbesserungen für das Leben der Menschen zu erreichen, und zwar gemeinsam mit denjenigen, die aus den verschiedensten Gründen noch nicht, nicht immer oder nur teilweise die Chance haben und in der Lage sind, aus relativer ökonomischer Sicherheit ihr Leben nach ihren Wünschen, Fähigkeiten und Bedürfnissen zu gestalten, und die deshalb dazu auch des Netzes existenzieller Sicherheiten und öffentlicher Institutionen bedürfen.

Es geht aber auch darum, möglichst viele von denen, die das schon können, dafür zu gewinnen, dies auch den anderen zu ermöglichen, die davon noch ausgeschlossen sind, sei es auch um den Preis der Abgabe eines kleinen Teils des eigenen Standards, des eigenen Reichtums, der eigenen Chancen, was bekanntlich am schwersten ist. Die historische Erfahrung der 30er Jahre dieses Jahrhunderts zeigt jedoch, daß die Kosten dafür vergleichsweise wesentlich geringer sind, stellt man sie den materiellen und menschlichen Kosten gegenüber, die eintreten, wenn demokratische Gesellschaften durch Massenarbeitslosigkeit und politischen Radikalismus destabilisiert werden und soziale oder globale Konflikte offen ausbrechen und mit Gewalt ausgetragen werden. Dies ist vor allem den konservativen Ideologen ins Stammbuch zu schreiben, die, gestützt auf die Amnesie postmoderner Geschichtslosigkeit, die Zwei-Drittel-Gesellschaften zu den bestmöglichen aller Welten verklären und am Ende des 20. Jahrhunderts sozialdarwinistischen Gesellschaftsvorstellungen des 19. Jahrhunderts in modernisierter Drapierung das Wort reden. Daß – angesichts von rund 20 Millionen Arbeitslosen in den 15 EU-Ländern – zumindest allmählich auch einigen konservativen Regierungschefs die Notwendigkeit von aktiver Beschäftigungspolitik heraufdämmert, ist zumindest ein Lichtblick, wenngleich konkrete Maßnahmen noch auf sich warten lassen. Dies unterstreicht einmal mehr die unbedingte Notwendigkeit für die Sozialdemokratie, im europäischen Maßstab, ausgehend von ihren programmatischen Grundwerten, darauf zu drängen, daß die Prädominanz rein marktlogischer Ideologien in der EU rasch zugunsten einer neuen Mischung einer aus Markt-, Beschäftigungs-, Sozial- und Ökologiekomponenten zusammengesetzten *neuen europäischen Wirtschafts- und Sozialpolitik* verändert werden muß. In diesem Kontext wäre Europaabstinenz oder sterile EU-Ablehnung unter Garantie eine kontraproduktive Strategie. Im Gegenteil, es ist so wie die Durchsetzung der politischen Demokratie im ausgehenden 19. und beginnenden 20. Jahrhundert für das ausgehende 20. und beginnende 21. Jahrhundert die neue Jahrhundertaufgabe für die Sozialdemokratie, die Europäische Union aus der Verengung technokratischer, vorrangig unternehmensorientierter ökonomischer Interessenspolitik herauszuführen und sie um eine gleichgewichtige, soziale, ökologische und demokratische Dimension zu erweitern.

Von KritikerInnen wird heute immer wieder auch Ideologie- und Theorielosigkeit der modernen Sozialdemokratie beklagt, zum Teil allerdings von denselben KritikerInnen, die früher bei der Sozialdemokratie ein Zuviel an Ideologie beklagt haben. Diese angebliche Theorielosigkeit wird in Kontrast gestellt zu den teilweise ja wirklich beeindruckenden gesellschaftspolitischen theoretischen Analysen führender Sozialdemokraten zu Beginn des 20. Jahrhunderts. Wir wollen diese Kritik nicht einfach wegschieben, müssen ihr jedoch entgegenhalten, daß die österreichische Sozialdemokratie nach 1945 von den fünfzig Jahren der Zweiten Republik 46 Jahre lang an der Regierung beteiligt war und dadurch sehr viel mehr von ihren Inhalten, Ideen und Gedanken auch in die Praxis des Alltags umsetzen konnte, als dies – vielleicht die kurze Zeitspanne von 1918–1920 ausgenommen – früher der Fall war. Es stehen also heute sicher weniger theoretische Abhandlungen in den Bücherregalen, dafür ist die gesellschaftliche Wirklichkeit Österreichs um ein gutes Stück sozialdemokratischer geworden.

Das muß aber nicht so bleiben, ein Rückfall in neokonservative Gesellschaftspolitik – von den konservativen Parteien explizit gewünscht und betrieben – ist auch in Österreich jederzeit möglich. Daher wird der programmatischen Prägekraft der Sozialdemokratie und ihrer Fähigkeit, diese mit einer modernen Argumentation in den politischen Alltag umzusetzen, auch in den kommenden Jahren ebenso große Bedeutung zukommen wie ihrer kommunikativen Fähigkeit, für die Durchsetzung ihrer Ziele möglichst viele Menschen als SympathisantInnen, WeggefährtInnen, MitarbeiterInnen und ÜberzeugerInnen zu gewinnen.

* * *

Diese kurze Einleitung und die nachfolgende Auswahl von vorrangig der theoretischen Zeitschrift der österreichischen Sozialdemokratie *Die Zukunft* entnommenen Lesestücken mit Beiträgen profilierter SozialdemokratInnen zur gesellschaftspolitischen Debatte zwischen 1966 und 1996 versucht wie ein Mosaik wichtige Themen und Fragestellungen, die die österreichische Sozialdemokratie in dieser Zeitspanne bewegt haben, zu skizzieren. Es ist natürlich eine subjektive Auswahl ohne Anspruch auf Vollständigkeit, gibt aber, wie ich glaube, doch wichtige Themen und Tendenzen wieder.

Für alle, die sich mit der sozialdemokratischen Theorie- und Programmdiskussion dieses Zeitabschnittes ausführlicher auseinandersetzen wollen, wurde im Anschluß eine Bibliographie von Büchern zusammengestellt, die, in Summe genommen, einen noch differenzierteren Überblick geben über das, was im Bereich der österreichischen Sozialdemokratie zwischen der Mitte der 60er Jahre und der Mitte der 90er Jahre des 20. Jahrhunderts programmatisch und gesellschaftspolitisch gedacht, geschrieben und diskutiert wurde.

Bibliographie zu den Programmdiskussionen

a) Parteiprogramm 1978

Fischer, H. Hg. Rote Markierungen – Beiträge zur Ideologie und Praxis der österreichischen Sozialdemokratie, Wien, 1972.

Fischer, H. Hg. Positionen und Perspektiven, Wien, 1977.

Leser, N. Salz der Gesellschaft/Wesen und Wandel des österreichischen Sozialismus, Wien, 1989.

Matzner, E. Wohlfahrtsstaat und Wirtschaftskrise. Österreichs Sozialisten suchen einen Ausweg, Hamburg, 1978.

Nenning, G. Rot und realistisch. Gesamtsozialistische Strategie und Sozialdemokratie, Wien, 1973.

b) Vor Perspektiven 90/Sozialdemokratie 2000

Fischer, H. Hg. Rote Markierungen 80, Wien, 1980.

Fischer, H./Jankowitsch, P. Hg. Rote Markierungen international, Wien, 1984.

Fischer, H. Die Kreisky-Jahre, Wien, 1993

Fröschl, E./Zoitl, H. Hg. Der österreichische Weg 1979–1985. Fünfzehn Jahre, die Österreich verändert haben, Wien, 1986.

Hindels, J./Pelinka, P. Hg. Roter Anstoß – Der österreichische Weg. Sozialistische Beiträge, Wien/München, 1980.

Matzka, M. Hg. Sozialdemokratie und Verfassung, Wien, 1985.

Nowotny, Th. Bleibende Werte – Verblichene Dogmen, die Zukunft der Sozialdemokratie, Wien, 1985.

c) Perspektiven 90 – Sozialdemokratie 2000

Cap, J. Sozialdemokratie im Wandel, Wien, 1994.

Glatz, H. Die ökologische Herausforderung, Wien, 1991.

Nowotny, E./Tieber, H. Hg. Perspektiven 90 – Sozialdemokratische Wirtschaftspolitik, Wien, 1985.

Nowotny, E. Sozialdemokratische Wirtschaftspolitik, Wien, 1992.

Tálos, E. Der geforderte Wohlfahrtsstaat, Wien, 1992.

Tieber, H./Fröschl, E. Hg. Mut zur Hoffnung. Eine Dokumentation der Gespräche am Zukunftskongreß der SPÖ in Laxenburg, Wien, 1987.

Tieber, H./Kommenda, H./Konecny, K. A. Die Realität der Utopie, Wien, 1992.

d) Themen der Zeit

Pelinka, P./Thurnher, A. Österreich neu – 12 Provokationen zu Themen der Zeit, Wien, 1992.
Vranitzky, F. Hg. Themen der Zeit, Wien, 1994.
Vranitzky, F. im Gespräch mit Armin Thurnher, Wien 1992.

e) Programme

Leistung-Aufstieg-Sicherheit/Reform der österreichischen Wirtschaft, Wien 1968.
Im Mittelpunkt der Mensch/Das Humanprogramm der SPÖ, Wien 1969.
Mehr Rechtsschutz für den Staatsbürger/Das Justizprogramm der SPÖ, Wien 1969.
Bildung für die Gesellschaft von morgen/Schul-, Hochschul-, Erwachsenenbildung und Kulturkonzept der SPÖ, Wien 1969.
Mehr, besser und schneller Bauen/Wohnbauprogramm der SPÖ, Wien 1969.
Strukturkonzepte für die staatliche Verwaltung, Wien 1970.
Verkehrsprogramm der SPÖ, Wien 1970.
Das neue Programm der SPÖ, Wien 1978.
Österreich muß vorne bleiben. Das Wirtschaftsprogramm der SPÖ, Graz 1981.
Perspektiven 90/Materialien zur Perspektiven-'90-Diskussion, Wien 1985.
Sozialdemokratie 2000/Vorschläge zur Diskussion über Österreichs Zukunft, Graz 1989.
Entwurf für ein neues Parteiprogramm, Wien 1995.

SOZIALISTEN UND KATHOLISCHE KIRCHE – DIE SITUATION DER GEGENWART

Bruno Kreisky

Ich möchte die Sorge mancher hier Anwesenden und auch nicht Anwesender beseitigen und sagen: Wenn sich auch in Österreich seit eineinhalb Jahren, seit 1966, also in dem Österreich, in dem es keine Koalitionsregierung mehr gibt, der demokratische Gegensatz von Regierung und Opposition immer deutlicher bemerkbar macht und naturgemäß zu einer gewissen Verschärfung und Profilierung der Gegensätze der Parteien und ihrer Ansichten führen muß, so wollen wir doch – und haben ein besonderes Interesse daran – Gewissensfragen aus diesem Widerspiel der politischen Kräfte heraushalten. Es wird wahrscheinlich in Zukunft kaum mehr passieren, daß ich mich als Vorsitzender der großen Oppositionspartei mit dem Generalsekretär der ÖVP in Übereinstimmung befinde. In voller Übereinstimmung befinde ich mich aber mit dem, was der Herr Abgeordnete *Dr. Withalm* vor einiger Zeit über unsere Stellung zur römisch-katholischen Kirche gesagt hat. Ich teile diese Ansichten vor allem deshalb, weil wir einen neuen Geist in die Politik bringen wollen und das nur können, wenn wir möglichst viel von Aggressionen und Emotionen und Ressentiments aus dem politischen Leben, soweit das eben geht, ausscheiden. Denn nur so werden wir, so glaube ich, auch in Österreich zu einer, wenn Sie mir dieses Wort gestatten, Verinnerlichung des demokratischen Lebens, frei von Sentimentalem, kommen. Frau *Professor Weinzierl* hat mit großer Klarheit und großer Offenheit in sehr komprimierter Weise die Geschichte unserer Auseinandersetzungen dargelegt, und ich bin ihr dafür besonders dankbar deshalb, weil ich mich noch sehr gut an jenen unfaßbar schönen Tag in Rom erinnere: an die Abschlußfeierlichkeiten des Konzils. Damals habe ich als Mitglied der offiziellen Delegation der Bundesregierung mit besonderer Aufmerksamkeit die Botschaft an die Arbeiter angehört, und besonderen Eindruck hat auf mich jener Passus dieser Botschaft gemacht, wonach „traurige Mißverständnisse der Vergangenheit zu lange das Mißtrauen und Unverständnis zwischen uns aufrecht erhalten" haben. Und weiter: „Die Kirche und die Arbeiterklasse haben darunter gelitten. Heute schlägt die Stunde der Wiederversöhnung, und die Kirche des Konzils lädt euch ein, sie ohne Hintergedanken zu feiern." Ich will nicht leugnen, daß das damals auf mich einen großen Eindruck gemacht hat, daß damals vor allem der Wunsch zu einer Konfrontation unserer Ansichten, vor allem der Mißverständnisse, entstanden ist, weil ich zu jenen Leuten gehöre, die der Meinung sind, man soll die eigene Geschichte und das Unangenehme, das einem widerfahren ist, nicht einfach wegeskamotieren, sondern man soll sich bewußt um die Irrtümer und Fehler der eigenen Geschichte kümmern – um ein Wort *Burckhardts* aufs neue zu variieren –, um klüger zu sein und klüger zu werden für ein andermal; wenn ich auch nicht so weit zu gehen wage wie er, der doch verlangt hat, daß wir weise für immer aus dem Studium der Geschichte werden sollen. So weit gehe ich als Politiker nicht, einfach deshalb nicht, weil ich glaube, daß es im politischen Leben so viele Verlockungen, Fehler zu machen, gibt, daß wir als Politiker jedenfalls nicht in Anspruch nehmen können, besonders weise oder gar weise für immer aus der Erkenntnis unserer Fehler zu werden. Ich danke Ihnen also, Frau Professor, dafür, daß Sie die Geschichte dieser Mißverständnisse gleichzeitig gegeben haben mit der Darstellung des Verhältnisses der Kirche und der Arbeiterbewegung. (...)

Der Wissenschaftsglaube der Anfänge

Und nun möchte ich ganz kurz nur noch die Erinnerung wiederholen an die Marksteine, die es auf diesem Weg in unserer Bewegung gegeben hat. Von der Haltung *Marx'* und *Engels'* ist schon gesprochen worden, auf die Konsequenzen des philosophischen Materialismus wurde schon hingewiesen. Ebenso wurde bereits zu der Kampfposition Stellung genommen, die die entstehende sozialistische Arbeiterbewegung eingenommen hat und die sich in unserem Sprachraum in dem Ausdruck „Pfaff, Adel, Kapital" manifestierte. Übrigens nicht nur bei uns hat man so radikale Formulierungen geprägt.

Auch in gemäßigten politischen Zonen, in Skandinavien, also dort, wo der Protestantismus noch heute Staatsreligion ist, wo man vom Staatskirchentum spricht, hat es ein ähnliches Wort gegeben. Es hat gelautet „Thron, Schwert und Altar" – das war die unheilige Dreifaltigkeit, die es für die skandinavische Arbeiterbewegung zu bekämpfen galt. Also ist dies eine Kampfposition, die man nicht nur im katholischen Bereich, sondern auch im protestantischen eingenommen hat.

Diese Haltung hat dann eine Vergeistigung erfahren durch den Entwicklungsoptimismus, den die rasche Entwicklung der Wissenschaft irgendwie motiviert hat. Es ist geradezu erstaunlich, wie ein Mann von der großen Bedeutung eines *Sigmund Freud* in einem seiner spätesten Werke diesem Entwicklungsoptimismus huldigt und der Meinung Ausdruck gibt, daß, je mehr die Wissenschaft in das Leben der Menschen kommt, um so weniger die Menschen der Religion, dieser großen Illusion, bedürfen werden. Es ist sehr interessant, gerade von *Sigmund Freud* eine solche Auffassung in so späten Jahren vertreten zu hören, in einer Zeit, in der die moderne Naturwissenschaft bereits ihre ersten ganz großen für die moderne Entwicklung bedeutsamen Eroberungen und Entdeckungen vorbereitet hat und in der sich gleichzeitig gezeigt hat, daß diese ungeahnten Entdeckungen und Entwicklungen jedenfalls die religiöse Überzeugung sehr vieler dieser Wissenschaftler nicht zu erschüttern vermochten. Ich habe unlängst den Brief eines Mannes, der zu den bedeutendsten Naturwissenschaftlern dieser Epoche gehört, gefunden, in dem er mir spaßhaft seine zehn Gebote geschickt hat, die dann später, glaube ich, publiziert wurden. In diesen zehn Geboten spricht dieser Mann, der voll von Ironie und Selbstpersiflage ist und auch einer Spur Zynismus, von der Größe der Schöpfung. Ich führe das nur an, ich bin ja selbst Agnostiker, weil dieser Mann, dem die Geheimnisse offenbarer waren als mir und vielen von uns, von der Ehrfurcht erfüllt war vor religiösen Postulaten, ohne ein religiöser Mensch im eigentlichen Sinne gewesen zu sein.

Das alles hat natürlich die Position der aufgeklärten Sozialdemokraten noch verstärkt, denn sie wußten sich irgendwie eins mit den Männern der Wissenschaft. Dann kam die Erste Republik, und man begann sich aufs neue mit diesem Problem zu befassen und es neu zu durchdenken. Und wenn schon *Otto Bauer* hier so oft zitiert wurde, so möchte ich jetzt zitieren, was er darüber gesagt hat:

„Der Papst, die Bischöfe, die Prälaten, das ist die Kirche. Der arme Kleinbauer, der, wenn die Wolken aufziehen und ein Hagelschlag die Frucht auf

dem Felde, die Frucht mühseliger Jahresarbeit zu vernichten droht, die Hände faltet und betet, unser täglich Brot gib uns heute, das ist Religion. Die mächtigen Herrschaftsorganisationen, deren Diplomaten an allen Höfen sitzen, deren Fürsten große Parteien lenken und die Schicksale beeinflussen, das ist die Kirche. Die Mutter, die am Krankenbett ihres Kindes in inbrünstigem Gebet zur Mutter Gottes Trost und Rettung sucht, das ist Religion. Das in Jahrhunderten kunstvoll aufgetürmte System der dogmatischen Theologie, das ist die Kirche. Die Legende, die die Mutter dem Kind erzählt, das ist Religion. Das gewaltige Herrschaftssystem des Kirchenrechts, das ist die Kirche. Das den Armen, den Leidenden tröstende, erbauende, fromme Lied, das ist Religion."
Das ist gewiß eine Fülle von schönen Formulierungen, aber wir sind heute auch in dieser Frage nicht mehr ganz dieser Auffassung. Diese ganze Auffassung kulminierte in dem Satz „Religion ist Privatsache", der heute nicht mehr als Grundsatz in unserem Parteiprogramm enthalten ist aus Gründen, die ich dann noch ganz kurz ausführen werde.

Erste Kontakte

Nach 1945 in der Zweiten Republik hatte ich ein Notquartier bei einem damals bekannten und auch heute nicht unbekannten katholischen Publizisten gefunden, und dort gab es erste interessante Gespräche, erste Kontakte. Der Besuch *Kas Vorinks,* des Vorsitzenden der holländischen Partei der Arbeit, und sein Bedürfnis, mit österreichischen Theologen zusammenzukommen, war dafür ausschlaggebend, daß es zu einem ersten solchen Kontakt nach dem Krieg zwischen Sozialdemokraten und Vertretern der Kirche gekommen ist, das an sich wenig ergebnisreich gewesen ist. Es war ja nur ein erstes Sich-Abtasten. Dann später gab es im Bereich der Politik für uns die großen Probleme. Der spätere Bundespräsident hat als Vizekanzler und Parteivorsitzender den Standpunkt vertreten, daß Österreich nicht okkupiert, sondern annektiert war, was zur Folge haben mußte – nach seiner Auffassung –, daß damit alle völkerrechtlichen Verträge hinfällig geworden sind, denn Österreich habe als Völkerrechtssubjekt aufgehört zu bestehen. Die Anhänger der Okkupationstheorie vertraten dann als einen anderen Standpunkt, die Völkerrechtssubjektivität Österreichs wäre zu vergleichen mit einer Spiralfeder, die dann, wenn der äußere Druck wegfällt, wieder ihre alte Gestalt annimmt. Ich weiß nicht, ob der verewigte Bundespräsident ein Anhänger der Annexionstheorie deshalb war, weil er auf diese Art am besten das Konkordat oder die Idee der Gültigkeit des Konkordats ad absurdum führen konnte oder ob es seiner innersten Überzeugung nach so war. Ich weiß nur, daß ich von allem Anfang an auf Grund meiner Stellung als politischer Emigrant ein unbedingter Anhänger der Okkupationstheorie sein mußte, und ich habe im Ausland immer wieder zusammen mit einigen Freunden den Standpunkt vertreten, Österreich gäbe es, es wäre nur eines der okkupierten Länder, so wie Norwegen und Holland und Belgien. Anders wäre unsere politische Aktivität gar nicht denkbar gewesen. Dazu kam, daß ich als Außenpolitiker der Auffassung war, auch rein technisch, daß es ja unsinnig sei, viele nützliche Verträge noch einmal zu schließen, nur deshalb, weil man sich theoretisch nicht einigen kann, was uns eigentlich widerfahren ist. Ich war also der Meinung, daß wir ein okkupierter Staat waren, und von dem Augenblick an, in dem ich dieser Meinung auch ein gewisses Gewicht verleihen konnte, habe ich das getan. Dies war nicht erst ab 1959, sondern schon in der Zeit, in der ich Staatssekretär war. Denn schon damals habe ich mit Beamten des Außenministeriums eine Kompromißformel für die Gültigkeit des Konkordats gesucht.

Kompromißwege zum Konkordat

Diese Bestrebungen, zu einem Kompromiß zu finden, wurden nicht nur mit scheelen Augen auf sozialistischer Seite beobachtet, sondern es wäre auch ganz aussichtslos gewesen, dem damaligen Papst auch nur die Idee eines Kompromisses näherzubringen. Das haben maßgebende Herren der Volkspartei oft und oft versucht und sind damit gescheitert. Es bedurfte verschiedener Voraussetzungen, neuer Voraussetzungen. Nun hat man mir in Rom erzählt – ich weiß nicht, ob diese Geschichte wahr ist, ich gebe sie jedenfalls zum erstenmal wieder –, daß der neue Papst sich mit einem seiner früheren Mitarbeiter über eine Reorganisation des Medaillenwesens unterhalten habe. Er habe diesen Mann, der früher sein Mitarbeiter in Paris war, kommen lassen, um sich mit ihm zu beraten, und soll dann gesprächsweise auf das Konkordat gekommen sein und gefragt haben, wieso denn sein Vorgänger so böse auf die Österreicher gewesen wäre, die doch so gute Kinder der Kirche sind. Und da habe ihm dieser junge Freund gesagt, ja, das sei in Kraft getreten in einer Zeit, in der die Sozialdemokraten in Haft waren, in der es keine sozialdemokratischen Abgeordneten mehr gab – und nun stellten sich die Sozialdemokraten auf den Standpunkt, das Konkordat könne nicht gelten. Denn wir seien widerrechtlich, verfassungswidrig der Ausübung unserer demokratischen Rechte beraubt gewesen, wir waren im Gefängnis, und das gelte daher nicht. Der neue Papst habe nun, wie das so seine Art war, ganz unkonventionell gemeint, ja das müßte man doch eigentlich auch verstehen und berücksichtigen. Er soll dann einem seiner nächsten Mitarbeiter im Bereich der internationalen Beziehungen der Kirche empfohlen haben, den Österreichern gegenüber verständnisvoll vorzugehen. Also sehr vorsichtig und zart mit ihnen umzugehen: Damit war das Signal für einen Kompromiß gegeben.

So entstand auf der einen Seite das Verständnis für die besonders prekäre Situation, in der wir Sozialdemokraten uns befunden haben auf Grund der Situation 1934, auf der anderen Seite aber auch das Verständnis einiger von uns, die sich gesagt haben, daß eine Kirche, die überall auf innere politische Veränderungen nach Abschluß internationaler Verträge Rücksicht nehmen muß, nur noch mit wenigen Staaten Verträge abschließen könnte. Man muß also Verständnis haben für den Standpunkt der Kirche, daß dieser Vertrag rein juristisch seine Gültigkeit haben müßte. Und so sind wir einer Lösung nähergekommen, die für beide Teile akzeptabel war. Österreich ist nicht versunken in nachtschwarzem Klerikalismus, wie das manche mir vorgehalten haben, als ich diese Lösung in meinem Parteigremium vertrat. Sogar gemäßigte Politiker haben mir das vorgehalten – die gemäßigten aus der Ersten Republik waren böse über mich und über meinen „roten Klerikalismus", wie sie das genannt haben. Aber diese Verträge sind der deutlich sichtbarste Ausdruck für ein neues Verhältnis der österreichischen Sozialisten zur katholischen Kirche geworden. Auch Bundespräsident *Dr. Schärf* hat damals sein Verständnis erklärt und damit zum Ausdruck gebracht, daß seine Ansichten als Parteivorsitzender nicht mehr ohne weiteres auch seine Ansicht als Staatsoberhaupt einer Republik sein könnten, in der Rücksicht zu nehmen ist auf alle Bürger dieses Staates.

Das neue Programm der SPÖ

Und so möchte ich von einer zweiten Gruppe von Symptomen sprechen, die die Wandlung von der anderen Seite her charakterisiert. Diese Motive auf der anderen Seite: Das war Reideologisierung der Sozialistischen Partei in Österreich, die mit dem Wiener Programm begonnen hat. Ich habe das verschiedentlich schon ausgeführt. Unmittelbar nach dem Krieg und unter dem Eindruck des sich rasch akzelerierenden kalten Krieges haben sich alle demokratischen Parteien unter das schützende Dach einer Überideologie der Demokratie an sich geflüchtet, und man hat keinen besonderen Wert darauf gelegt, Unterscheidungsmerkmale zu markieren. Erst in der Zeit nach dem Abschluß des Staatsvertrages – der Staatsvertrag hat ja internationale, weit über Österreich hinausreichende Bedeutung dadurch erlangt, daß er das Ende einer Etappe im kalten Krieg angedeutet hat, das heißt eine Abschwächung des kalten Krieges auf eine Temperatur, die das politische Leben, und nicht das politische Sterben ist – haben sich überall in den sozialdemokratischen Parteien diese Reideologisierungsbestrebungen bemerkbar gemacht. Es gab nicht nur bei uns, dann auch später in Deutschland, aber auch in Skandinavien überall Bestrebungen, zu einem neuen Programm zu kommen. In unseren Vorbereitungen zum Wiener Programm, an denen ich teilnahm, mußten wir uns natürlich auch mit der Frage der Religion auseinandersetzen, weil wir der Meinung waren, der Satz, wonach die Religion Privatsache sei, genüge nicht mehr. Dabei hatten wir gewisse Schwierigkeiten zu überwinden gerade bei den besten der an unsere Bewegung stark gebundenen Menschen, die sich einfach mit der Behauptung nicht abfinden konnten, daß der Sozialismus keine Weltanschauung oder kein Weltanschauungsersatz wäre. Damals haben wir zu *Otto Bauer* Zuflucht genommen, der nämlich in einem Artikel im Jahre 1908 im *Kampf* unter dem Pseudonym *Karl Mann* folgendes sagt:

„Wir brauchen als Partei die antireligiöse Propaganda nicht, denn wir kämpfen nicht um Lehrmeinungen über Gott und die Welt, sondern um politische Institutionen. Als Partei dürfen wir keinen Glauben, auch nicht die Ungläubigkeit vertreten, jedes Bekenntnis muß uns heilig sein."

Im übrigen hat er auch später ähnliche Standpunkte immer wieder vertreten. Daher sind die neuen Grundsätze im Parteiprogramm 1958 durchaus nicht so revolutionär, wie sie manchen unserer eigenen Freunde erschienen. Diese Grundsätze lauten folgendermaßen:

„Der Sozialismus ist eine internationale Bewegung, die keineswegs eine starre Gleichförmigkeit der Auffassung verlangt. Gleichviel ob Sozialisten ihre Überzeugung aus den Ergebnissen marxistischer oder anders gegründeter sozialer Analysen oder aus religiösen oder humanitären Grundsätzen ableiten, alle erstreben ein gemeinsames Ziel, eine Gesellschaftsordnung der sozialen Gerechtigkeit, der höheren Wohlfahrt, der Freiheit und des Weltfriedens." Und das Kapitel schließt, nachdem es das alles begründet: „Sozialismus und Religion sind keine Gegensätze, jeder religiöse Mensch kann gleichzeitig Sozialist sein."

Das Gespräch als logische Folge

Sie werden mir zugeben, meine Damen und Herren, da steckt schon ein großes Stück Entwicklung vom Schlagwort „Pfaff, Adel, Kapital" über den Satz von der Religion als Privatsache jedes einzelnen drin – eine Entwicklung, die zur statuierten Gleichberechtigung aller Sozialisten hinführt, gleichgültig woher sie kommen, gleichgültig wie sie ihre sozialistische Überzeugung motivieren. Und so ist das Gespräch, das wir heute hier führen und das wir hoffen, weiterzuführen, weil so ein Gespräch ja nie zu Ende sein kann, eigentlich eine logische Folge der neuen programmatischen Position der Sozialistischen Partei. Aber wir sind auch deshalb keine Partei, kein Partner des sogenannten Dialoges, denn ich glaube, daß dieser Dialog stattfindet zwischen Partnern, die weltanschaulich sehr, sehr fest verankert sind und wo jeder Anspruch auf den ganzen Menschen erhebt. Wer der anderen Seite in diesem Dialog in weltanschaulichem Bereich recht gibt, verläßt in gleichem Maße die eigene Seite und hört damit auf, ein hundertprozentiger Partner des Dialogs zu sein.

Das alles gilt für uns demokratische Sozialisten nicht. Wir drängen uns nicht dort hinein, wo bei Menschen die Religion ihren Platz hat, wir sind eine Gesinnungsgemeinschaft, die gerichtet ist auf die Herbeiführung bestimmter gesellschaftlicher Ziele. Inwieweit unsere Zielvorstellungen mit denen der christlichen Soziallehre übereinstimmen oder sich von ihr unterscheiden, das wird heute noch näher erläutert werden. Ich persönlich bin der Meinung, daß der demokratische Sozialismus eine große Zielvorstellung hat: die Verwirklichung der sozialen Demokratie, der gesellschaftlichen Demokratie, das heißt einer gesellschaftlichen Ordnung, in der immer neue Bereiche des menschlichen Zusammenlebens von den Ideen der Demokratie durchflutet werden. Das aber wieder bedeutet, daß die Demokratie ihrerseits Wechselwirkung, die vom Gesellschaftlichen her kommt, unterworfen ist. Das, so glaube ich, ergibt erst jenen faszinierenden dialektischen Prozeß, der uns aus dem kleinen Streit des Tages herauszuheben in der Lage ist. Dieser faszinierende dialektische Prozeß, so scheint mir, ist einer der wichtigsten Gründe dafür, daß sich bald wieder die Zahl derer, die heute im politischen Bereich wirken, vermehren wird, neue Begabungen und neue Talente, wenn sie nur sich des Inbegriffs der Politik bewußt werden. Diese heutige Konfrontation scheint mir einen der Aspekte für diese dialektische Entwicklung zu bieten.

aus: Kreisky, B.: Reden, Bd. I, Wien 1981, S. 743 ff.

DIE EISENSTÄDTER ERKLÄRUNG DER SPÖ

gegen Diktatur und Unfreiheit,
für die soziale Demokratie

Schon vor mehr als 80 Jahren hat die österreichische Reaktion die damals entstehende sozialdemokratische Bewegung als Wegbereiter des Anarchismus denunziert. In der gleichen Weise versucht heute die ÖVP in offener oder versteckter Form, die demokratischen Sozialisten als Wegbereiter der kommunistischen Diktatur zu verdächtigen.

Die ÖVP tut es, obgleich die Geschichte der sozialistischen Bewegung geprägt ist vom Kampf um die Demokratie. Seine Höhepunkte waren die Einführung des allgemeinen, gleichen und geheimen Wahlrechtes im Jahre 1907, die Gründung der Republik im Jahre 1918, die auch die Verwirklichung der politischen Gleichberechtigung der Frau brachte, der Beschluß der Bundesverfassung des Jahres 1920, wonach Österreich eine demokratische Republik ist, deren Recht vom Volke ausgeht, und die berühmte Erklärung Karl Renners über die Selbständigkeit Österreichs vom April 1945, in der Österreich als demokratische Republik im Geiste der Verfassung von 1920 wieder neu errichtet wurde.

Die demokratischen Sozialisten befanden sich nicht nur im Kampf um die Demokratie in der vordersten Reihe, sondern sie standen immer in der Frontlinie, wenn es galt, unsere Republik, ihre Unabhängigkeit und Freiheit zu schützen:

– 1918, als Soldaten des Königreiches Jugoslawien Österreich große Teile Kärntens entreißen wollten;

- 1919, als von Ungarn her die kommunistische Rätediktatur nach Österreich greifen wollte;
- 1921, als ungarische Bandenkrieger den Anschluß des Burgenlandes an Österreich mit Gewalt verhindern wollten;
- 1925, als Mussolini drohte, „die Trikolore über den Brenner zu tragen";
- 1933/34, als das vom Volk gewählte Parlament und die Sozialdemokratische Partei von der Dollfuß-Diktatur aufgelöst wurden, wodurch es zum Untergang Österreichs kam;
- 1945, als die Sozialistische Partei um die Wiederherstellung der Republik Österreich in ihren alten Grenzen kämpfte;
- 1950, im Oktober, in einer Stunde höchster Gefahr für die Einheit der Republik und in einer Zeit, in der die größte Armee der Erde ihre Soldaten in unserem Lande hatte.

Der Parteivorstand der Sozialistischen Partei hat damals unter dem Vorsitz Dr. Adolf Schärfs festgestellt, daß „die österreichische Arbeiterschaft, auf sich allein gestellt, in den Betrieben und auf der Straße dem Terror der Kommunisten standgehalten hat und treu zu Freiheit und Demokratie unter der Fahne des demokratischen Sozialismus gestanden ist".

Aus Anlaß der Ereignisse des 21. August 1968 erklärte der Vorsitzende der Sozialistischen Partei, Dr. Bruno Kreisky, unter stürmischer Zustimmung der Delegierten des Parteitages, daß jeder Gegner unserer Unabhängigkeit und Freiheit wissen muß, daß er mit dem Widerstand des österreichischen Volkes zu rechnen hat, und unser Vaterland, die demokratische Republik Österreich, mit der Sozialistischen Partei, mit den Hunderttausenden, die ihr angehören, und mit den Millionen, die zu ihr stehen, so wie in der Vergangenheit rechnen kann.

So haben wir österreichische Sozialdemokraten immer wieder die Republik, ihre Freiheit im Inneren und ihre Unabhängigkeit nach außen geschützt. Die Bundespräsidenten Karl Renner, Theodor Körner, Adolf Schärf und Franz Jonas, die alle aus der Sozialistischen Partei kamen, sind die Kronzeugen dafür.

Der Bundesparteivorstand der Sozialistischen Partei Österreichs erklärt am Vorabend einer Wahlbewegung, in der von ihrem konservativen Gegner der Versuch gemacht wird, sie neuerdings zu verdächtigen, mit aller Eindeutigkeit:

Die Sozialistische Partei wünscht bei allem Bemühen um das Vertrauen einer möglichst großen Zahl von Österreichern und Österreicherinnen nur die

Unterstützung jener, die sich zu ihren Zielen, der sozialen Gerechtigkeit und der uneingeschränkten Freiheit, bekennen. Sie lehnt daher jegliche Unterstützung oder Empfehlung durch die Kommunisten mit aller Entschiedenheit ab. Ihre Haltung und ihre Politik wird auch in Zukunft im Einklang mit dem Grundsatz ihres Programms stehen:
„Zwischen Sozialismus und Diktatur gibt es keine Gemeinschaft. Daher sind die Sozialisten unbeugsame und kompromißlose Gegner des Faschismus wie des Kommunismus. Sie lehnen jede Diktatur einer Minderheit ebenso ab wie eine die Menschenrechte verletzende Vergewaltigung von Minderheiten durch die Mehrheit."

Beschluß des SPÖ-Bundesparteivorstandes in Eisenstadt, 2. Oktober 1969

ZUR GESCHICHTE UND VORGESCHICHTE DES WIRTSCHAFTSPROGRAMMS

Ernst Eugen Veselsky

Bisher hatte die SPÖ das Image einer Sozialpartei. Die ÖVP galt als Wirtschaftspartei. Darin lag ein gewaltiges Mißverständnis. Tatsächlich geht es nämlich den Sozialisten darum, die Gesellschaft über eine Umgestaltung der Wirtschaft zu vermenschlichen. Der Wirtschaft kommt demzufolge in den Reformbemühungen der Sozialdemokraten entscheidende Bedeutung zu.
Schon in der Ersten Republik gaben sich die österreichischen Sozialdemokraten im Linzer Programm des Jahres 1926 in wirtschaftspolitischer Hinsicht eine richtungweisende Konzeption. Schon damals rückten sie die Steigerung der Ergiebigkeit der Arbeit, also das Wirtschaftswachstum, in den Mittelpunkt aller wirtschaftspolitischen Zielsetzungen. Schon damals, also zehn Jahre bevor J. M. Keynes seine allgemeine Theorie der Beschäftigung, des Zinses und des Geldes veröffentlichte, sprachen sie sich dafür aus, Wirtschaftskrisen mit budgetären Mitteln zu bekämpfen. Schon damals war es die Auffassung der österreichischen Sozialdemokraten, gemeinwirtschaftliche Unternehmen von demokratisch gewählten Organen der Öffentlichkeit, der Konsumenten und der Arbeitnehmer kontrollieren zu lassen. Schon damals ging es ihnen um eine Demokratisierung des Steuerwesens. Zum Unglück Österreichs konnten diese Vorstellungen in den Jahren der Ersten Republik nicht verwirklicht werden. Österreich blieb somit weder die Weltwirtschaftskrise noch der Faschismus erspart.

Als es nach dem Zweiten Weltkrieg galt, die früher allzu oft bezweifelte Lebensfähigkeit der österreichischen Wirtschaft unter Beweis zu stellen, waren es die Sozialisten, die auch in der Wirtschaft zukunftweisende Wege wiesen. Im Aktionsprogramm des Jahres 1947 legten sie mit ihrem Bekenntnis zum Auf- und Ausbau der verstaatlichten Industrie den Grundstein für die folgende Periode der Industrialisierung und das Wirtschaftswachstum der glücklichen fünfziger Jahre. Die Forderung nach Errichtung eines Wirtschaftsministeriums konnte bedauerlicherweise in Österreich im Unterschied zu vielen westeuropäischen Staaten nicht verwirklicht werden.

* * *

1958 war es dann soweit, daß sich die SPÖ im Rahmen ihres Wiener Parteiprogramms auch eine wirtschaftspolitische Konzeption gab, die bis in die Gegenwart nichts an Aktualität eingebüßt hat. Ausgehend von der grundsätzlichen Anerkennung des gleichberechtigten Nebeneinanders von Gemeinwirtschaft und Privatwirtschaft, wurde im Interesse der bestmöglichen Verwirklichung der großen wirtschaftspolitischen Zielsetzungen eine Kombination von Planung und Wettbewerb im Sinne einer Rahmenplanung befürwortet.

Das wirtschaftspolitische Bekenntnis des sozialistischen Wiener Parteiprogramms hat mittlerweile in weltweiter Sicht Bestätigung erfahren. Aus der Konfrontation des Westens mit dem Osten entwickelte sich nur zunächst ein Wettrüsten. Sehr bald kam es zu einem wirtschaftlichen Wettlauf. Um diesen Wettlauf zu bestehen, kann sich der Westen nicht den Luxus periodischer Massenarbeitslosigkeit, der Osten nicht die Vergeudung von Kapital und Arbeit leisten. Ungewollt oder gewollt, wird aus diesem Grund im Westen mehr und mehr geplant, während der Osten in gewissen Grenzen zur Dezentralisation von Entscheidungen und wettbewerbsähnlichen Verhältnissen tendiert. In dem Maße, als im Westen zum Wettbewerb mehr und mehr Planung hinzutritt, im Osten zur in überreichem Maße vorhandenen Planung wettbewerbsähnliche Momente, befinden sich die beiden Antipoden auf dem Wege zur Rahmenplanung, also zu dem von den Sozialdemokraten Österreichs befürworteten Wirtschaftssystem.

Obwohl eigentlich Österreichs Sozialdemokraten aus all diesen Gründen allen Grund zu wirtschaftspolitischem Selbstbewußtsein gehabt hätten, überließen sie auf diesem Gebiet der ÖVP beinahe kampflos das Feld. Als Nebenwirkung einer jahrzehntelangen großen Koalition, in der die SPÖ das Sozial-, die ÖVP aber die Wirtschaftsressorts führte, entstand das bereits erwähnte falsche Bewußtsein des Österreichers von der SPÖ als Sozialpar-

tei. Tatsächlich legte aber gerade die als Wirtschaftspartei geschätzte ÖVP den Grundstein zu den wirtschaftlichen Schwierigkeiten der Gegenwart. Während die Sozialisten für Rahmenplanung, also für mehr Planung und für mehr Wettbewerb eintraten, verteufelte die ÖVP Planung als gefährlichen Weg zur Knechtschaft und leitete damit die Planlosigkeit der Wirtschaftspolitik ein, wie sie noch heute in Österreich die Situation charakterisiert. Auch der Wettbewerb fand bloß in Sonntagsreden konservativer Politiker Zustimmung. Während der Woche tat man lieber in wettbewerbsbeschränkender Zoll-, Handels-, Gewerbe- und Kartellpolitik. Nicht genug mit dieser konservativen Alternative zur sozialistischen Wirtschaftspolitik, gefiel man sich noch in einer im Gestrigen verhafteten Mittelstands- und Agrarromantik, während die Anliegen der Industrie eher vernachlässigt wurden. Über die Politik der systematischen Behinderung der verstaatlichten Industrie sei vollends der Schleier des Vergessens gebreitet.
Kein Wunder, daß das Wirtschaftswunder der glücklichen fünfziger Jahre allzu bald unter unseren wirtschaftspolitisch allzu ungeschickten Händen dahinwelkte, daß dem raschen Wirtschaftswachstum eine Verlangsamung folgte. Gleichzeitig trat Österreich aus einer Periode verhältnismäßig stabiler Preise in eine solche unverhältnismäßig starken Preisauftriebs ein. Der Industrialisierung der fünfziger Jahre folgte industrielle Stagnation. Überdies begannen sich weitere Zeichen an der Wand zu mehren: Immer weniger vermag Österreich seine Importe aus dem Erlös der Exporte und des Fremdenverkehrs zu finanzieren. Das Budget, wichtigstes Instrument der Wirtschaftspolitik, wird durch strukturelle Defizite mehr und mehr außer Funktion gesetzt.

* * *

In dieser Situation fiel die Wahlentscheidung des Jahres 1966, eine Entscheidung, die der Österreichischen Volkspartei die Möglichkeit zur Alleinregierung schuf. Zum erstenmal hatte die österreichische Bevölkerung in den folgenden Jahren Gelegenheit, die wirtschaftspolitischen Fähigkeiten der großen konservativen Partei dieses Landes ohne sozialistische „Behinderung" am Werke zu sehen. Das Ergebnis spricht für sich! Schon knapp ein Jahr nach Beginn der ÖVP-Alleinregierung sahen sich die Sozialisten veranlaßt, den Dingen nicht ihren Lauf zu lassen. Über Beschluß des Parteivorstandes berief der neugewählte Parteivorsitzende Dr. Bruno Kreisky Anfang 1967 etwa 300 sozialistische Experten aus Theorie und Praxis zu sogenannten ökonomischen Konferenzen. Erklärtes Ziel der ökonomischen Konferenzen

war es, der österreichischen Öffentlichkeit ein ungeschminktes Bild von der wirtschaftlichen Situation des Landes zu vermitteln und für die diagnostizierten Krankheiten entsprechende Therapievorschläge zu erstatten. Die Diagnose hieß erlahmendes Wirtschaftswachstum. Da Wachstumspolitik aber nicht ohne tiefgreifende Änderungen der Wirtschaftsstruktur möglich ist, mußten die Therapievorschläge strukturpolitischer Art sein. Die österreichischen Sozialisten haben damit Strukturpolitik in das Blickfeld des öffentlichen Interesses gerückt. Die Regierung reagierte mit Ernennung Professor Korens zum Staatssekretär für Strukturpolitik. Als manifest wurde, daß die ökonomischen Versammlungen den Grundriß eines strukturpolitischen Programms erarbeiten würden, beauftragte die Bundesregierung Staatssekretär Koren, ebenfalls Vorschläge zur Strukturpolitik, den späteren Koren-Plan, vorzubereiten.
Nach etwa 300 Tagen intensiver Beratungen lag als Ergebnis der ökonomischen Versammlungen im Dezember 1967 ein Entwurf für ein Programm zur Reform der österreichischen Wirtschaft vor. Dieser Expertenentwurf fand in der Öffentlichkeit größte Beachtung. Er wurde nach redaktioneller Bearbeitung vom Parteirat der SPÖ am 29. Februar 1968 zur Diskussion in den Parteiorganisationen freigegeben. In hunderten Versammlungen hatten etwa 18.000 sozialistische Vertrauenspersonen Gelegenheit, zu diesem Entwurf Stellung zu nehmen. Als Ergebnis dieser Diskussion langten etwa 850 Abänderungsanträge ein. Sie konzentrierten sich vor allem auf die Probleme der Mitbestimmung, Infrastruktur, des Investlohnes, der Auslandsinvestitionen und des Wirtschaftsministeriums. Anfang Juli wurde in Bad Hofgastein die Endredaktion vorgenommen. Neben den Mitgliedern des erweiterten Parteipräsidiums waren auch die federführenden Experten der ökonomischen Versammlungen gleichberechtigt vertreten. Bei den Beratungen ging es weniger darum, wer etwas sagte, als vielmehr, wie überzeugend das Argument wirkte. Von den 850 Anträgen konnten etwa 240 positiv berücksichtigt werden. Das Ergebnis dieser dreitägigen Redaktionskonferenz wurde vom Parteivorstand als Antrag an den Anfang Oktober 1968 abgehaltenen Parteitag weitergeleitet. Am 4. Oktober 1968 beschloß dieser Parteitag einstimmig das Programm zur Reform der österreichischen Wirtschaft.

* * *

Das Programm zur Reform der österreichischen Wirtschaft setzt für die Wirtschaftspolitik in vieler Hinsicht neue Maßstäbe. Noch niemals hat eine Oppo-

sitionspartei ein ähnlich umfassendes Wirtschaftsprogramm ausgearbeitet. Ganz gewiß präsentiert sich damit die SPÖ als staatstragende Partei: Ohne gegenwärtig zur Verantwortung gezwungen zu sein, nimmt sie diese im Interesse der österreichischen Wirtschaft, im Interesse Österreichs auf sich. Das Programm zur Reform der österreichischen Wirtschaft ist ein mittelfristiges Programm. Es ist in das langfristige Wiener Programm des Jahres 1958 eingebettet. Es ist ein Strukturprogramm und bleibt demzufolge nicht an der Oberfläche wirtschaftlicher Erscheinungen haften. Es versucht vielmehr, die einzelnen Bereiche der österreichischen Wirtschaft zueinander in ein richtigeres Verhältnis zu setzen, die Struktur zu verändern. Dies geht nicht ohne ein Mehr an Planung. Das Programm bekennt sich denn auch zu einem Mehr an Planung, aber auch zu einem Mehr an Wettbewerb. Im Wege dieser Rahmenplanung ist es das Hauptziel des Wirtschaftsprogramms, das Wirtschaftswachstum wiederzubeleben. Dahinter verbirgt sich kein Wachstumsfetischismus und keine nationale Großmannssucht, sondern einzig das Bestreben, den Lebensstandard Österreichs im Vergleich zum westlichen Ausland nicht weiter absinken zu lassen. Um das Wirtschaftswachstum zu beschleunigen, spricht sich das Wirtschaftsprogramm für die Industrialisierung des „Industriestaates" Österreich aus. Daraus soll nicht auf eine Minderschätzung der übrigen Wirtschaftszweige geschlossen werden. Erfahrungsgemäß wird aber die Leistungsfähigkeit leistungsfähiger Volkswirtschaften durch die Leistungskraft ihrer Industrie bestimmt.
Sehr viel ließe sich über Ziel, Weg und Methode der im sozialistischen Wirtschaftsprogramm vorgeschlagenen Wirtschaftspolitik berichten. Jeder Versuch einer seriösen Kurzfassung muß allerdings angesichts der Tatsache scheitern, daß man einen in Telegrammstil verfaßten Text von über 160 Druckseiten nicht auf wenige Seiten oder Absätze komprimieren kann. Angesichts dieser Schwierigkeit soll selbst abschließend weniger berichtet als qualifiziert werden: Es ist ein Wirtschaftsprogramm der harten Realität, das nicht auf die Addition von Verbeugungen gegenüber einzelnen Interessengruppen abzielt. Ganz im Gegenteil: Das Programm zur Reform der österreichischen Wirtschaft versucht, das Gesamtinteresse am Wirtschaftswachstum, also an Leistung, Aufstieg und Sicherheit, über noch so starke Sonderinteressen zu stellen. Es ist ein Handbuch für den Wirtschaftspolitiker. Dementsprechend stehen nicht Schlagworte, sondern nüchterne Aussagen im Vordergrund. Nüchtern sollten daher auch Kritik und Lob ausfallen. Beides setzt intensives Studium des gesamten Textes voraus. In diesem Sinn bedeutet das Programm zur Reform der österreichischen Wirtschaft nicht nur eine Her-

ausforderung an die Regierung, sondern auch an die Bereitschaft der österreichischen Öffentlichkeit mitzudenken, um sodann rational mitentscheiden zu können.

aus: Die Zukunft, Sozialistische Zeitschrift für Politik, Wirtschaft und Kultur, Wien, Jg. 1968, H. 23/24, S. 19 ff.

WARUM VIERZIGSTUNDENWOCHE?

Anton Benya

In der Diskussion um die Frage der Arbeitszeitverkürzung beschäftigt man sich auch in Österreich bereits mit vielen Detailfragen, obwohl der grundsätzliche, zutiefst humane Anspruch der arbeitenden Menschen, im Gleichklang mit dem technischen Fortschritt stets auch mehr Zeit für sich selbst zu haben, noch keinesfalls allseits anerkannt ist.
Sosehr nun selbstverständlich auch die gründliche Durchleuchtung von Detailfragen notwendig ist, wie es erst vor kurzem der Beirat für Wirtschafts- und Sozialfragen getan hat, sosehr ist es die vornehmste Aufgabe der Gewerkschaften, diesen Anspruch der arbeitenden Menschen unmißverständlich und klar darzulegen.
Die Gewerkschaften sind auch nicht gewillt, sich so lange hinhalten zu lassen, wie dies in der Vergangenheit der Fall war. Immerhin ist es jetzt bald 14 Jahre her, daß die Forderung nach der 40-Stunden-Woche im Aktionsprogramm des Österreichischen Gewerkschaftsbundes erhoben wurde.
Angesichts des Wettrennens zum Mond, das zeigt, welche technischen Wunderleistungen der Verstand des Menschen zu vollbringen imstande ist, soll es mit der 40-Stunden-Woche doch nicht so lange dauern wie mit dem 8-Stunden-Tag, den Robert Owen schon 1817 gefordert hat, der aber in Österreich erst mehr als ein Jahrhundert später erreicht wurde.
Bleiben wir bei Jahreszahlen. Vor mehr als achtzig Jahren wurde in Österreich in den fabriksmäßigen Gewerben der 11-Stunden-Tag eingeführt, also die 66-Stunden-Woche. Vor einem halben Jahrhundert kam die 48-Stunden-

Woche, vor einem Jahrzehnt die 45-Stunden-Woche. In einigen Jahrzehnten, in denen die heute Jungen in den besten Jahren ihres Lebens stehen werden, wird die Normalarbeitswoche vielleicht bei dreißig Stunden liegen – vorausgesetzt, daß die Menschheit nicht vorher durch einen dritten weltumspannenden Krieg auf das Niveau der Steinzeit zurückfällt.

* * *

Im Zuge dieser Betrachtung ist es ganz interessant, einmal festzuhalten, wann denn eigentlich nach Ansicht der Unternehmer überhaupt ein günstiger Zeitpunkt für eine Arbeitszeitverkürzung wäre? In der Hochkonjunktur kann man ihrer Ansicht nach die Arbeitszeit nicht kürzen, weil Arbeitskräftemangel herrscht. Während einer Konjunkturflaute vertragen die Unternehmungen keine zusätzlichen Belastungen, und bei einem Konjunkturaufschwung kann es erst recht keine Arbeitszeitverkürzung geben, weil sonst eben dieser Aufschwung gefährdet wäre.

Den Gewerkschaften werden heute von den verschiedensten Seiten so viele Wenn und Aber entgegengehalten, daß man manchmal wirklich zur Meinung kommen müßte, der Mensch lebe nur, um zu arbeiten. In Wahrheit arbeitet doch der Mensch, um zu leben! Wir kennen schon die berühmten Beispiele von Millionären, die nicht nur härter arbeiten als der letzte Hilfsarbeiter eines ihrer Unternehmen, sondern auch im großen und ganzen äußerst bescheiden leben. Wen kümmert es aber, ob die viele Freizeit, die dann die Söhne und Töchter dieser Millionäre haben, totgeschlagen oder sinnvoll genützt wird?

Ganz anders ist das bei den arbeitenden Menschen. Da machen sich viele, die es gar nichts angeht, die schrecklichsten Sorgen, ob es denn nicht schon längst ein Zuviel an freier Zeit gäbe, mit der die doch so unmündigen Menschen ohnehin nichts Sinnvolles anzufangen wissen.

Könnten nicht etwa die Menschen mehr lernen? Merkwürdigerweise kommen aus der gleichen konservativen Richtung die heftigsten Angriffe gegen jede Verlängerung der Schulzeit, ganz besonders aber auch gegen einen zweiten Wochentag für die Berufsschüler!

Ein anderer, scheinbar gewichtiger Einwand sagt: „Ja, die österreichischen Gewerkschaften haben doch ohnehin schon den arbeitenden Menschen so viel Freizeit erkämpft, Österreich hat 13, für Protestanten gar 14 Feiertage im Jahr und steht auch im Urlaubsausmaß international mit an der Spitze! Was wollt ihr denn noch?"

Sehen diese Kritiker den arbeitenden Menschen wirklich nur als Produzenten an? Ist er nicht auch gleichzeitig Konsument? Wo stünde denn zum Beispiel die österreichische Fremdenverkehrswirtschaft, hätten nicht in allen Industrieländern die Gewerkschaften den arbeitenden Menschen überhaupt erst den Urlaub und ein gewisses Maß an freier Zeit erkämpft? Es gibt doch nur eine holländische Königsfamilie, die ihren Schiurlaub in Österreich verbringt, es gibt nur einen Gunther Sachs, und gar so viele arabische Ölscheichs kommen auch nicht nach Österreich. Die Masse der Urlauber wird von arbeitenden Menschen gestellt. Hätten sie keinen Urlaub, hätten sie noch die gleiche Arbeitszeit wie etwa 1880, könnte die österreichische Fremdenverkehrswirtschaft als Ganzes in Konkurs gehen! Das gleiche gälte für die österreichische Sportartikelindustrie, für die Erzeuger von Sommersportartikeln ebenso wie für die Schierzeuger, die so stolz auf ihre Tüchtigkeit sind.

* * *

Schwerer wiegen schon die Einwände von wirtschaftlicher Seite. Als Hauptargument heißt es da: „Das wirtschaftliche Wachstum ist in Gefahr! Und auch die Gewerkschaften wollen doch immer, daß das wirtschaftliche Wachstum beständig ansteigt!" Die Arbeitnehmer müßten, so heißt es, sich darüber im klaren sein, daß man entweder mehr verdienen, also besser leben, oder weniger arbeiten könne. Beides gleichzeitig sei unmöglich.

Nun, die Gewerkschafter sind Realisten, keine Utopisten. Sie wissen schon, daß man nicht alles auf einmal haben kann. Wären aber die gleichen Kreise, die mit großem Fleiß und selbstverständlich mit streng wissenschaftlicher Unparteilichkeit wirtschaftspolitische Argumente gegen eine Arbeitszeitverkürzung zusammentragen, stets so gewissenhaft gewesen, hätten wir uns in diesem Jahrhundert vielleicht eine Reihe von Krisen und Rezessionen erspart. Aber in solchen Krisenzeiten schrumpft das Wachstum praktisch auf Null, und nach Kurzarbeit sowie Arbeitslosigkeit betteln die Menschen darum, wieder arbeiten zu dürfen.

Hingegen hat noch keine Arbeitszeitverkürzung, sofern sie nicht wie in Krisenzeiten von Reallohnverlusten begleitet war, einen Rückgang der Produktion zur Folge gehabt, ja nicht einmal einen Rückgang der Produktivität. Dies gilt für Österreich, für die Bundesrepublik Deutschland, für Schweden, für die USA, für jeden anderen Industriestaat.

Natürlich steigen durch eine Arbeitszeitverkürzung mit Lohnausgleich im Anfang die Kosten der Arbeitskraft. Aber wäre die Arbeitskraft bei uns so billig wie in der guten alten Zeit, würden viele Arbeiten, die heute von Maschinen rationeller und schneller ausgeführt werden, in Handarbeit gefertigt, wäre auch der Lebensstandard dementsprechend niedrig.
Im großen und ganzen kann man zur Frage der Gefährdung des Wachstums der Wirtschaft durch eine kürzere Arbeitszeit sagen, daß es in vielen österreichischen Betrieben möglich wäre, die Verringerung des Arbeitsvolumens, die durch kürzere Arbeitszeit verursacht wird, durch besser geplanten Einsatz der Arbeitskräfte, also durch die Mobilisierung der innerbetrieblichen Reserven, auszugleichen.

* * *

Ein Problem für sich bildet der Dienstleistungssektor, der ja weit über das Fremdenverkehrs- und Gastgewerbe hinausgeht. Zu ihm gehören ja auch so große Gruppen wie die Sozialberufe, die Verkehrsberufe und der Handel. In den letzten Jahrzehnten haben wir jedoch auch im Dienstleistungsbereich bedeutende Leistungssteigerungen verzeichnen können, und bei einigem guten Willen und mit etwas Erfindungsgabe müßte auch hier ein Weg gefunden werden. Es geht nicht an, ganze Gruppen vom sozialen Fortschritt auszuschließen.
Das widerspräche auch den besten Traditionen der Arbeiterbewegung. Darum streben ja die Sozialisten ein modernes Arbeitszeitgesetz an. Die konservativen Kräfte trachten hingegen, wenn sie schon die Bewegung zur 40-Stunden-Woche hin nicht aufhalten können, diese zumindest zu bremsen und auf die vertragliche Ebene auszuweichen. Aber sie mögen sich nicht täuschen und annehmen, daß sie damit sehr viel Zeit gewinnen können. Die Gewerkschaften werden die kleinen oder schwächeren Gruppen auf keinen Fall zurücklassen. Das wäre auch deswegen gar nicht vernünftig, weil dann in gewissen Berufen die Nachwuchsschwierigkeiten, mit denen sie schon jetzt zu kämpfen haben, nur noch verschärft werden würden.
Die Gewerkschaften haben jedenfalls die Forderung nach kürzerer Arbeitszeit nicht leichtfertig erhoben. Sie haben schließlich auch eine Menge sozialpolitischer Gründe dafür, Gründe, auf die hier nicht näher eingegangen werden kann, die aber der Präsident des Hauptverbandes österreichischer Sozialversicherungsträger, Dr. Gerhard Weißenberg, im Jännerheft von *Arbeit und Wirtschaft* unter dem Titel „Sozialpolitische Betrachtungen zur 40-Stunden-Woche“ ausführlich dargelegt hat.

Bei der Verkürzung der Arbeitszeit geht es um mehr als bloß darum, eine Stunde mehr oder weniger zu arbeiten, es geht darum, den Fortschritt in der Technik und in den Wissenschaften dem Menschen auch in Form von mehr Freizeit dienstbar zu machen.

aus: Die Zukunft, Jg. 1969, H. 8/9 S. 10 f.

GEDANKEN ZUM HUMANPROGRAMM

Hertha Firnberg

Technik und Wissenschaft, gesellschaftlicher Strukturwandel, Arbeitswelt und Umwelt stellen an die Menschen in der modernen, von der Technologie beherrschten Industriewelt neue und hohe Anforderungen.

Alexander Mitscherlich hat die treffende Formulierung gewählt: „Die Lebensformen des Menschen in der industrialisierten Gesellschaft stellen eine der härtesten Belastungsproben dar, die er sich, seit er Umwelt schafft, arrangiert hat.“

Der Mensch im Industriezeitalter steht dieser revolutionären Transformation hilflos und unadaptiert gegenüber. Das ist ein Problem unserer Gesellschaft, das bisher ungelöst blieb, ja kaum ernstlich angegangen wurde.

Die Tragödie der Industriegesellschaft von heute liegt darin, daß sich ihre Entwicklung gegen die Menschen richtet, sie mit neuen, nicht durchschaubaren, nicht vorausschaubaren Gefahren bedroht. Mit Beispielen dafür werden wir in einem reichen Spektrum konfrontiert. Die realistische und undramatische, wissenschaftlich exakte Darstellung auf den beiden dem Humanprogramm der SPÖ gewidmeten Konferenzen hat sie noch eindringlicher gemacht – sie hat sie zu einem Eindruck verdichtet, dem sich wohl kein Teilnehmer entziehen konnte, und die Vielfalt, die scheinbare Widersprüchlichkeit mancher Aussage war eine Bereicherung der Präsentation. Wir stimmen mit der Auffassung Nicolaus Sombarts überein, wenn er sagt: „Es gibt keine Alternative!“

Wie die erste gesundheitspolitische Konferenz konnte auch die zweite Konferenz zum Humanprogramm nicht umfassend den Gesamtkomplex der Gefährdungen anschneiden, sondern mußte sich auf Schwerpunkte begrenzen. Gerade dieser Teil aber – die Bedrohungen durch die industrielle Umwelt – gleicht nur zu sehr dem bekannten „Eisberg", von dem nur der kleinste Teil sichtbar wird, dessen größerer aber verborgen, unerforscht und noch nicht bewußt ist.

Aber schon die aufgezeigten Schwerpunkte zeigen, wie groß und schwierig die Aufgaben sind. Mit dem strukturellen Wandel zur Industriegesellschaft ist der Wandel des gesamten Lebensraumes verbunden: Luft- und Wasserverunreinigung, Lärmüberflutung, Vergiftung und Verfälschung der Nahrung, das Unfallgeschehen in seiner ganzen Breite der Bedrohung von Leben und Gesundheit: Heim, Haushalt, Arbeitsplatz, Arbeitsweg, Straße, Sport, Freizeit, Erholung ...

Das sind alles Schlachtfelder des heutigen Lebensraumes, mit Hekatomben Opfern – eine Provokation der Menschheit, der humanen Gemeinschaft! Wir erkennen die Fragwürdigkeit des technologisch-wissenschaftlichen Fortschrittes, wenn menschliches Wohlbefinden, Glück, Gesundheit nicht gefördert, sondern gefährdet werden.

* * *

Wir sind keinem „Zivilisationspessimismus" verfallen. Es handelt sich nicht um eine Ablehnung der neuen Entwicklung – gerade uns liegt diese einfache Negation völlig fern.

Es handelt sich vielmehr darum, Lösungen zu finden – Modelle –, die diesen ungeheuren technisch-wissenschaftlichen Fortschritt den Menschen dienstbar machen, Methoden der Unterwerfung der „zweiten Natur", der „industriellen Areale", wie Alfred Weber sagt, zu finden, wie es den Menschen gelungen ist, die „erste Natur" zu unterwerfen.

Es handelt sich darum, aus dem fatalistischen Hinnehmen der gegen den Menschen gerichteten Wirkungen dieser Entwicklung fortzuschreiten zu einer aktiven humanen Haltung und Aktion.

Eine humane Gesellschaft kann nicht hinnehmen, daß zwar die Interessen der Wirtschaft, der Produktion, des Verkehrs, der Konkurrenz- und Absatzverhältnisse, der technischen Erwägungen – und wie die „sachlichen" Argumente alle heißen mögen – berücksichtigt werden, der *Mensch* und sein Leben aber außer Betracht bleiben. Die Philosophie des „bloßen Verdienens", der Kosten, der Rechenhaftigkeit, die Produktion um der Produktion

willen, Konsum um des Konsums willen anstrebt, führt zwangsläufig zur *Enthumanisierung* der menschlichen Beziehungen und der menschlichen Umwelt. Dieser Entwicklung entgegenzutreten ist Auftrag an die Politik.
Aber nicht die Symptome, sondern die Bewußtseinsbildung muß geändert werden. Das „Umdenken" soll durch die Humankonferenzen eingeleitet werden. Unsere Gesundheitspolitik muß aktiv werden. Die Bemühungen zum Schutz der Bevölkerung vor Umweltgefährdungen müssen erheblich verstärkt werden. Das ist eine einfache und konkrete Formel, die sich aus den Konferenzen ergibt.
Wir sind uns klar darüber, daß es dazu großer wirtschaftlicher, wissenschaftlicher, organisatorischer, planerischer und publizistischer Anstrengungen bedarf.
Für Österreich ist fast alles auf diesem Gebiet Neuland, der erste Versuch, zu einem Gesundheitsplan, zu einem Humanprogramm zu gelangen.
Das Ziel ist vorgegeben: Verhältnisse zu schaffen, die jedem Menschen „eine humane Existenz in einer humanisierten Natur" ermöglichen.
Vor uns steht eine große, aber lohnende Arbeit. Die SPÖ hat alle aufgerufen, mitzuwirken an ihrem Programm für den Menschen, für einen neuen Lebensraum, der von den Menschen für die Menschen gestaltet wird. Auch dies ist eine Aufgabe, die über jede Parteieinstellung und Weltanschauung hinausgeht.

aus: Die Zukunft, Jg. 1969, H. 7, S. 8 f.

NEOKONSERVATISMUS ODER SOZIALISMUS?

Egon Matzner

I.

Eine Regierung, die im Parlament über eine absolute Mehrheit verfügt, kann ihren Kurs aus vier Alternativen wählen:

1. Alternative: Sie kann Maßnahmen durchführen, die die bestehende Hierarchie in Verwaltung und Wirtschaft ausbauen, die Ungleichheiten in Einkommen und Vermögen verstärken, in der Bildungs- und Kulturpolitik (im engeren Sinn) neue elitäre Akzente setzen.

2. Alternative: Sie kann den Status quo aufrechterhalten. Dazu genügt es, die Geschäfte auf Grund der bestehenden Gesetze und Verordnungen zu führen und, wenn notwendig, neue Gesetze und Verordnungen im Prinzip im Geiste des Bestehenden zu erlassen.

3. Alternative: Sie kann fortschrittlich-liberale Reformen durchführen. Dazu zählen die Erhöhung der Chancengleichheit im Bildungssystem, die Eindämmung der Armut, die Steigerung von Produktivität der Wirtschaft und der Leistungsfähigkeit der Verwaltung, Retouchen in der Einkommens- und Vermögensverteilung, Schutz und Verbesserung der Qualität des Lebens usw.

4. Alternative: Sie kann schließlich sozialistische Reformen durchführen. Diese reichen über die unter Punkt 3 aufgezählte Wachstums-, Verteilungs-, Bildungspolitik hinaus. Ihr Kennzeichen ist die Änderung der Beziehungen zwischen den Menschen in allen gesellschaftlichen Bereichen, in der Familie, in der Schule, in den Betrieben, in den Ämtern usw. An die Stelle der derzeit bestehenden hierarchischen Beziehungen, des Herr-Knecht-Verhältnisses (das es auch zwischen Oberschwester und Schwester, Oberbuchhalter und Buchhalter, Oberassistent und Assistent gibt), soll ein solidarisches Verhältnis treten. Dieses setzt eine klassenlose Gesellschaft[1] mit weitgehender Gleichheit im Wirtschaftsleben und die Prioritierung jener Gemeinschaftseinrichtungen voraus, die das Zusammenleben der Menschen fördern.

II.

Die Alternativen 1 und 2 stellen Variationen eines konservativen Kurses dar, weil sie keine Änderung in den gesellschaftlichen Beziehungen bezwecken. Alternative 3 hingegen ist in ihrer gesellschaftspolitischen Tragweite nicht immer eindeutig zuordenbar.

Erschöpfen sich die Reformen in einer Verbreiterung der Rekrutierungsbasis für Spitzenpositionen (Chancengleichheit) und in einer Vergrößerung der Konsumgütermenge, in einer Verbesserung der Gemeinschaftseinrichtungen als Komplement für privaten Konsum und private Produktion, dann ist sie letztlich als eine neokonservative Alternative zu bezeichnen. Ihr kommt sogar durch ihren Hang zur Rationalität und Effizienz, durch die Integration von Begabten der benachteiligten Klassen, die Heranziehung von Experten zu Entscheidungen[2] eine stärkere systemkonservierende Kraft zu als den Alternativen 1 und 2. Die Reformen der Alternative 3 stellen jedoch vielfach notwendige, wenn auch nicht ausreichende Voraussetzungen für sozialistische Reformen dar. Die Modernisierung der bestehenden gesellschaftlichen Verhältnisse ist eben noch nicht Sozialismus.

So ist es notwendig, daß in einer sozialistischen Gesellschaft alle Bildungsreserven des Volkes genutzt werden. Im Unterschied zur bürgerlichen Klassengesellschaft wird es jedoch eine stärkere Förderung der weniger Begabten geben als derjenigen, die von Geburt und Familie her bessere Startbedingungen haben.[3] Ferner wird ein sozialistisches Bildungswesen andere

---

[1] Vgl. Max Adler: „Die solidarische Gesellschaft", Wien 1564, S. 10 bis 16.

[2] Experten sind in der Regel Spezialisten für Maßnahmen, die die Funktionsfähigkeit des Systems erhöhen. In den Expertenstand wird man von Experten erhoben, die fast ausschließlich ein konservatives Wertesystem haben, das heißt das System bejahen.

[3] Vgl. Adolf Kozlik: „Der Volkskapitalismus", Wien 1968, S. 290 (insbesondere den Abschnitt „Ist Aufstieg demokratisch?"). Ferner Alva Myrdal: „Ungleichheit im Wohlfahrtsstaat", Hamburg 1971, S. 75.

Werte vermitteln. Der Absolvent der höchsten Stufe des Bildungssystems wird gegenüber Absolventen niedrigerer Stufen keinen Standesdünkel besitzen. Es wird selbstverständlich sein, ein hohes Maß an Wissen und Werten unabhängig vom Berufsziel zu erwerben. Alle Tätigkeiten und Berufe und ihre Träger, vom Straßenreiniger bis zum Facharzt, werden als gesellschaftlich wertvoll geschätzt. Geistige Berufe werden nicht mit größerer gesellschaftlicher Wertschätzung verbunden sein als manuelle.
Folglich kommt es auf die gesellschaftspolitischen Zielvorstellungen an, ob die Reformen der Alternative 3 eine Befestigung der hierarchischen Gesellschaft (Klassengesellschaft) oder Stufen zu einer Brücke darstellen, die zu einer klassenlosen Gesellschaft führt.

III.

Die Sozialistische Partei hat weder 1970 noch 1971 den Wählern ein sozialistisches Wahlprogramm vorgelegt. Wahlprogramme und Regierungserklärung zeigen, daß sich die SPÖ unter Dr. Kreisky überwiegend auf Reformen der Alternative 3 („Für ein modernes Österreich") stützt. Auf sozialistische Reformpunkte wurde zur Gänze verzichtet. Lediglich einige Leuchtsignale (Ausweitung der Demokratisierung, der Mitbestimmung) deuten qualitative Veränderungen in der Gesellschaft an.
Die Regierungen unter Dr. Kreisky haben mit großem Elan Reformen im fortschrittlich-liberalen Sinn in Angriff genommen. Das läßt sich besonders deutlich an Hand der Finanzpolitik zeigen.
Die zwei vom Finanzminister dem Parlament vorgelegten Budgets stehen unter den Leitgedanken, das strukturelle Defizit zu beseitigen, um dadurch einen Spielraum einerseits für eine leistungsfähige Konjunktursteuerung und Wachstumsförderung und andererseits Mittel für fortschrittliche Reformprogramme freizubekommen. Der vor kurzem vorgelegte vorläufige Rechnungsabschluß für 1971 zeigt, daß bei der Sanierung des Staatshaushaltes, sicherlich begünstigt durch die langanhaltende Hochkonjunktur, ein wichtiger Fortschritt erzielt werden konnte. Erstmals seit langer Zeit konnten, der Konjunkturlage entsprechend, Rücklagen angesammelt und ein Abbau der Staatsverschuldung vorgenommen werden. Damit entfernt sich die Finanzpolitik aus den von konservativen Finanzministern zum Teil bewußt geschaffenen Klammern der „Diktatur der leeren Kassen", von der in der Vergangenheit nur zu oft als erstes die

armen Schichten betroffen waren. Die Notwendigkeit, für die geplanten Reformen ausreichende Mittel bereitzustellen, steht in diametralem Gegensatz zur „Diktatur der leeren Kassen“ und erklärt auch, warum ein sozialistischer Finanzminister Steuersenkungsforderungen, insbesondere für höhere Einkommen, stärkeren Widerstand leisten muß als ein konservativer.[4] Da unter einem armen Staat, der zuwenig Schulen baut und zuwenig Krankenhausbetten unterhält, ärmere Familien mehr zu leiden hätten als die reicheren, entspricht er damit auch einem Grundsatz der Gleichheitspolitik.

Zum erstenmal wurde im Sinne der Modernisierungszielsetzung ein zehnjähriges Investitionsprogramm vorgelegt, das einen planmäßigen Ausbau aller Gemeinschaftseinrichtungen (Schulen, Spitäler, Straßen usw.) vorsieht, für die der Bund zuständig ist. Die Förderung der Haushaltsgründung wurde umgebaut.

Bei der Reform der Einkommensteuer werden die Familienförderung und die Sparförderung ebenfalls zugunsten der Einkommensschwachen umgebaut. Schließlich soll der derzeit gesetzlich mögliche steuerlich geförderte Erwerb von Wertpapieren mit Krediten, der Nichtsparer und Geldinstitute auf Staatskosten begünstigt, beseitigt werden.

Nicht zuletzt wird die generelle Einführung der Individualbesteuerung die Stellung der berufstätigen Frauen in der Ehe stärken; sie ist damit ein wichtiger Beitrag zur Emanzipation.

Diese Reformen sind zweifellos als wichtige Umverteilungsmaßnahmen zu bezeichnen. Sie halten sich jedoch im Rahmen der in jedem Lehrbuch über bürgerliche Ökonomie enthaltenen Standardmaßnahmen.[5] Daß sie von der ÖVP und den ihr nahestehenden Zeitungen als sozialistische Gesellschaftspolitik (ihr Motto: die Reichen sollen zahlen) bezeichnet werden, hängt mit dem zusammen, was man mit einem Fremdwort als *cultural lag* benennen kann, und das besagt, daß sich diese Polemik nicht ganz auf dem letzten Stand des Wissens befindet.

---

4 So erklärte der marxistische Finanzökonom Goldscheid vor bald 50 Jahren, „Moderne Sozialisten betonen zurecht, daß nicht die Art und die Höhe der Steuern, sondern deren Verwendung entscheidend sind.“ In: „A Sociological Approach to Problems of Public Finance“, S. 205 bis 212, abgedruckt in: R. A. Musgrave and A. T. Peacock (Herausgeber): „Classics in the Theory of Public Finance“, London 1958.

5 J. A. Meade, ein bekannter englischer Nationalökonom der liberalen Richtung, geht in seinem Wirtschafts- und Gesellschaftsprogramm weit über das von der SPÖ-Regierung vorgelegte Kozept hinaus. Vgl. sein „Efficiency Equality and the Ownership of Property“, London 1964, S. 75 bis 77.

Und dennoch: Die Verringerung der Unterschiede in Einkommen und Vermögen sind eine wichtige Voraussetzung für eine Gesellschaft mit solidarischen, zwischenmenschlichen Beziehungen. Denn es ist wohl eine unbestreitbare Tatsache menschlichen Verhaltens, daß freundschaftliche Beziehungen zwischen Armen und Reichen nicht möglich sind, selbst wenn diesen keine Klassenvorurteile und keine Bildungsschranken entgegenstehen. Es bleibt die wichtige Frage, ob die Finanzpolitik in entscheidender Weise einer Gesellschaftspolitik im Sinne der Verwirklichung solidarischer Beziehungen zwischen den Menschen dienstbar gemacht werden kann. Eine Antwort setzt eine Analyse der bestimmenden Kräfte der gesellschaftlichen Entwicklung Österreichs voraus. Hier sollen lediglich zwei Thesen aufgestellt werden:

1. Die Finanzpolitik ist nur dann in der Lage, die fundamentalen Unterschiede in Einkommen und Vermögen zu beseitigen, wenn sie bereit ist, die Funktionsweise des Wirtschaftssystems aufs Spiel zu setzen.
2. Die Ablösung der hierarchischen Beziehungen zwischen den Menschen wird nicht allein durch die Umverteilung von Gütern herbeigeführt, sondern durch Aufhebung der Herr-Knecht-Beziehungen. Diese fußen nicht nur auf Verfügungsmacht über Produktionsmittel. Sie stellen vielmehr ein tiefwurzelndes, weil durch die gesamte Menschheitsgeschichte tradiertes Verhaltensmuster dar. Es kann sich von wirtschaftlichen Machtpositionen völlig lösen und stellt eine sozialpsychologische Quasikonstante dar, die oft nur über Generationen veränderbar ist.

IV.

Trotz mancher persönlich verständlicher Versuche, das Gegenteil zu beweisen, ist die österreichische Gesellschaft eine Klassengesellschaft und ihre Wirtschaft nach dominierend kapitalistischen Prinzipien organisiert. Dem österreichischen Kapitalismus sind durch Reformen manche Unmenschlichkeiten genommen worden. Dennoch ist unbestreitbar, daß Unternehmungen in privatem Eigentum quantitativ die größte Rolle spielen. Dabei ist es für die Funktionsweise unerheblich, ob sie von Unternehmerkapitalisten oder von Managern geleitet werden. Entscheidend ist die dominierende Zielsetzung, und diese ist nach wie vor die Gewinnerzielung. Dies gilt auch für den nicht-privaten Wirtschaftssektor. Die verstaatlichten Unternehmungen,

aber auch viele kommunale Betriebe sind in ihrer Zielsetzung nicht von privatkapitalistischen zu unterscheiden. Sicherlich, in der Gewinnverwendung besteht noch eine Unterscheidung. Doch ist die Eigenmächtigkeit im nichtprivaten Sektor auch in dieser Frage beträchtlich.
Es ist interessant, daß Heinz Kienzl in seinem Versuch nachzuweisen, daß der Kapitalismus in Österreich nicht mehr existiert, auf die entscheidende Frage der wirtschaftlichen Zielsetzung nicht eingeht. Sicherlich ist die Verfügungsgewalt des Unternehmers (Managers) eingeschränkt: Doch im gesetzten Rahmen übt er sie aus. Den Übergang vom Kapitalismus zu einem anderen System von der Arbeitslosenrente abhängig zu machen, wie dies Heinz Kienzl tut, ergibt keine neuen Einsichten in die Funktionsweise des Systems. Erreicht wird lediglich mit dem Wort Laborismus eine neue Bezeichnung für die Hochkonjunktur. Aus dem von Kienzl zustimmend zitierten Satz: „Österreich kann gar nicht sozialistisch werden, weil es im Sinne von Macht und Mehrheit schon längst sozialistisch ist", ergibt sich der Schluß, daß in Österreich der Sozialismus verwirklicht ist, sobald in den gesetzgebenden Körperschaften die SPÖ die Mehrheit besitzt. An die Stelle der historischen Zwangsläufigkeit der Austromarxisten tritt somit bei Kienzl die politische Automatik der sozialistischen Entwicklung bei Erreichung der Majorität.

V.

Das österreichische Wirtschafts- und Gesellschaftssystem erzeugt zweifellos große Unterschiede in Einkommen und Vermögen, wenn diese auch, verglichen mit anderen kapitalistischen Ländern, kleiner sind. Sie durch eine harte Besteuerung grundlegend zu ändern, ist bei den bestehenden Spielregeln (Marktwirtschaft, Gewinnstreben, Verflechtung mit dem Ausland) ohne schwerwiegende Folgen nicht möglich. Zu diesen gehören unter anderem Investitionsstreiks, Kapitalflucht und Emigration von Spitzenkräften. Das Dilemma für eine sozialistische Politik lautet: Die Funktionsfähigkeit des Systems erfordert das „Vertrauen der Wirtschaft" in die Regierung. Klare sozialistische Umverteilungsmaßnahmen zerstören aber das „Vertrauen".[6]

[6] Dies ist eine der großen Grenzen der repräsentativen Demokratie im Kapitalismus. Die Existenz und der Einfluß kapitalistischer „Nebenregierungen" sind auch der Grund, weswegen die repräsentative Demokratie von radikalen Sozialisten häufig als „Formaldemokratie" bezeichnet wird.

Ähnliches gilt auch für Verstaatlichungen. Bei diesen ist überdies zu berücksichtigen, daß bei der gegenwärtigen Gesetzeslage für Verstaatlichungen Kompensationszahlungen notwendig sind, die Vergesellschaftungen vermögensverteilungspolitisch unergiebig machen, weil es für die Enteigneten lediglich zu einem Tausch von Real- zu Geldvermögen kommt. Nicht selten bedeutet dies Vorteile für die Enteigneten, weil sie die liquiden Mittel in die profitabelsten neuen Anlagen lenken könnten (Beispiel: Kohlenverstaatlichung in Großbritannien nach Ende des zweiten Weltkrieges). Auch deshalb ist derzeit dem Vorschlag von Hannes Androsch, die Entscheidungen der Unternehmungen nicht direkt über Verstaatlichungen, sondern indirekt über die Verfeinerung der wirtschaftspolitischen Instrumente zu beeinflussen, der Vorzug zu geben.[7]

Die Einkommensverteilung ist längerfristig vor allem durch zwei Maßnahmen zu beeinflussen. Erstens durch ein ausreichendes Angebot von jenen beruflichen Qualifikationen, die heute auf Grund einer Knappheitssituation übermäßige Einkommen erzielen, können die Einkommensunterschiede zwischen Empfängern von Arbeitseinkommen abgebaut werden. Zu ergänzen wäre dies durch eine Beseitigung aller institutionellen Ursachen, die heute Knappheitssituationen schaffen. (Etwa die künstliche Beschränkung des Zuganges zu Managerpositionen erhöht die Managereinkommen. Die traditionelle Bevorzugung der Männer gegenüber den Frauen erklärt die schlechtere Entlohnung der Frau usw.) Die Steuerpolitik vermag demgegenüber nur kleinere Retouchen anzubringen und muß überdies wegen der Gefahr der Abwanderung von Spitzenkräften auf die Politik im benachbarten Ausland abgestimmt sein.

Die Einkommensunterschiede zwischen Unternehmern sowie Arbeitern und Angestellten werden entscheidend durch die Vermögensverteilung beeinflußt. Diese ist aber, wenn man kompensationslose Enteignungen ausschließt, kurzfristig kaum tiefgreifend zu beeinflussen, auch wenn in Rechnung gestellt wird, daß die Möglichkeiten der Erbschafts- und Schenkungssteuer bei Großvermögen noch keineswegs voll ausgeschöpft sind. Formen der kollektiven Kapitalbildung (Schaffung von Investitionsfonds, die von den Unternehmern über die Besteuerung ihre Mittel erhalten) stellen längerfristig die zweite wirksame einkommensnivellierende Maßnahme dar. Doch tritt

[7] Das entspricht der von dem Schweden Gunnar Adler-Karlsson entwickelten Theorie des Funktionalen Sozialismus. Entscheidend ist nicht die totale Sozialisierung der Produktionsmittel, sondern deren wichtigster Funktionen.

hier ebenfalls eine Systemschranke in Erscheinung, nämlich die negative Beeinflussung des privaten Investitionsverhaltens, wenn die Profite zur kollektiven Kapitalbildung herangezogen werden. Trotz der hohen öffentlichen Kapitalbildung in Österreich dürften die Systemschranken noch nicht erreicht sein.
Grundsätzlich ist festzustellen, daß Systemschranken nicht naturgegeben sind. Sie sind durch politische Aktionen veränderbar. Und die bestehenden sind zumeist noch nicht erreicht. Doch kann ein kleines außenhandelsabhängiges Land wie Österreich wahrscheinlich nicht allzuweit vorpreschen. Die bedeutendste Schranke für eine autonome sozialistische Entwicklung ist die Tatsache, daß Österreich ein kleines Land ist, das in die Weltwirtschaft integriert ist und mit den führenden kapitalistischen Ländern in Konkurrenz steht. Es ist bekanntlich nicht gelungen, den Sozialismus in einem großen Land zu verwirklichen; die Wahrscheinlichkeit, daß dies in einem kleinen Land möglich ist, ist noch viel geringer. Deshalb wäre es für Österreich am günstigsten, wenn es in einem breiten internationalen Strom einer sozialistischen Entwicklung schwimmen könnte. Da dies nicht der Fall ist, wäre zu untersuchen: Wieviel Mitentscheidung ist in österreichischen Unternehmungen, die der internationalen Konkurrenz ausgesetzt sind, möglich? Wie verhalten sich die ausländischen Unternehmungen? Verengt die Regierung Kreisky nicht den Reformspielplan, wenn sie ausländische Kapitalinvestitionen fördert? Wäre es nicht Aufgabe einer österreichischen und sozialistischen Industriepolitik, ausländische Kapitalinvestitionen weitgehend unnötig zu machen? Jedenfalls kann sich eine sozialistische Politik nicht in der von Kienzl vorgeschlagenen forcierten Anpassung der österreichischen Gesellschaft an die Entwicklung in den fortgeschrittensten kapitalistischen Ländern erschöpfen.

VI.

Soll sich die SPÖ nun angesichts der zweifellos bestehenden Systemschranken in ihrer gesellschaftspolitischen Programmatik auf die Position des Neokonservativismus beschränken?
Karl Blecha und Heinz Fischer haben auf die taktischen Gefahren hingewiesen,[8] die mit einer Beschränkung auf die neokonservative Politik einer

[8] Karl Blecha: „Zielpunkte: Modernisierung und Demokratisierung"; Heinz Fischer: „Problem des Regierungssozialismus", in „Rote Markierungen", a. a. O.

„linearen Fortsetzung bestehender Verhältnisse“ (Alexander Mitscherlich) verbunden wären. Es würde sich wahrscheinlich nach einiger Zeit eine sozialistische Linkspartei etablieren. Ein neokonservatives Gesellschaftsprogramm würde in einer Zeit, in der sich in zunehmendem Maße die Jugend mit der neokonservativen Wachstums- und Leistungsideologie nicht mehr zufriedengibt, die Anziehungskraft der SPÖ gerade für die jüngere Generation vermindern.
Entscheidend wäre jedoch der qualitative Verlust. Der Verzicht auf sozialistische Zielvorstellungen würde nämlich die Tagespolitik der SPÖ eines wichtigen Wertmessers berauben. Ohne sozialistische Grundsätze wird dem Opportunismus Tür und Tor geöffnet, wird jede Politik möglich. Schon in der Vergangenheit hat die Abwertung der sozialistischen Ideologie zu bedenklichen Auswüchsen in den von der SPÖ dominierten Bereichen geführt.[9]

VII.

Was soll die SPÖ, der die Mehrheit der Bevölkerung auf Grund eines bürgerlichen Modernisierungsprogramms das Vertrauen ausgesprochen hat, angesichts der zweifellos existierenden, wenn auch nicht unabänderlichen Systemschranken tun? Dies ist zweifellos eine brennende ideologische Frage für die SPÖ.
1. Da eine demokratische Regierung das ihr von der Bevölkerung erteilte Mandat stets zu erfüllen bemüht sein muß, darf die SPÖ den ihr erteilten Auftrag keineswegs überschreiten. Das Modernisierungsprogramm darf jedoch nicht zu ein Stabilisierungsprogramm für die gegenwärtige Klassengesellschaft werden. Deshalb muß die Regierung Kreisky die Verwirklichung ihres Programmes als ein Etappenziel verstehen, das einen Aufbruch zu systemüberschreitenden Zielen nicht nur ermöglicht, sondern auch erleichtert.
2. Damit die Politik der Regierung nicht auf Positionen innerhalb des bestehenden Systems verharrt, ist sozialistische Gesellschaftsanalyse notwendig, die sich jedoch nicht in Meinungsforschungen erschöpfen darf. Sozialistische Gesellschaftsanalyse ist ihrem Wesen nach immer Gesellschafts- und Kul-

---

9 Vgl. meine Aufsätze: „Operationale Konzepte für sozialistische Gesellschaftsreformen“, in: „Die Zukunft“, Heft 3/4, 1967; Georg Springer (Pseudonym): „Die pluralistische Privilegiengemeinschaft“, in: „Alternative“, Heft 2, 1967

turkritik, die sich aus der Gegenüberstellung des sozialistischen Zieles einer freien Entwicklung der menschlichen Persönlichkeit in einer solidarischen Gesellschaft mit den bestehenden gesellschaftlichen Unzulänglichkeiten ergibt. Ihr Ziel ist die Erarbeitung von gesellschaftstransformierenden Konzepten.[10]

In diesem Sinne sollte auch eine sozialistische Konferenz, bei der keine Gesellschaftskritik geäußert wird, der Inhalt der Ansprachen und Diskussionsbeiträge sich vielmehr in Lob und Eigenlob erschöpft, zu höchster Besorgnis Anlaß geben. Nur durch Kritik an den gesellschaftlichen Institutionen und unserem vielfach durch sozialpsychologische Quasikonstanten bestimmten Verhalten in diesen wird der Weg für eine solidarische Gesellschaft bereitet. Dabei ist zu beachten, daß, selbst wenn man die von Heinz Fischer vorgeschlagene Arbeitsteilung zwischen der SPÖ und den linksradikalen Gruppen prinzipiell bejaht, sich eine Partei, die die Gesellschaft verändern will, nicht auf linke Spontaneität verlassen darf. Sie muß selbst ihren Reformspielraum analysieren, abtasten und durch Ausnützung der gegebenen Mobilisierungsstrategien ausweiten.

3. Es sollten in den von der SPÖ verwalteten gesellschaftlichen Bereichen – dazu zählen neben wichtigen Gebietskörperschaften die Gewerkschaften, Sozialversicherungsgesellschaften, die Unternehmungen im öffentlichen Eigentum – solidarische Beziehungen angestrebt werden. Die Überzeugungskraft des sozialistischen Zieles nimmt nämlich zu, wenn in der „roten Reichshälfte“ diese Idee praktiziert wird. Daß diese Bemühungen in einem kleinen Sektor, der mit dem kapitalistischen Sektor in einem kleinen Land in Konkurrenz steht, nicht die Errichtung des Sozialismus bedeuten können, ist dabei zugegeben.

* * *

Ob die gegenwärtige Regierungspolitik als ein neokonservativer Kurs oder als ein Übergang zu einer sozialistischen Entwicklung zu verstehen ist, wird erst die Zukunft zeigen. Gleichgültig, wie die Entwicklung verlaufen wird, die Verantwortung wird nicht allein die Regierung zu tragen haben.

aus: Die Zukunft, Jg. 1972, H. 11, S. 18 ff.

[10] Vgl. „Operationale Konzepte für sozialistische Gesellschaftsreformen“, a. a. O.

GEGEN DAS KONSERVATIVE IN DER SPÖ

Heinz Brantl

Das Wiener Programm der SPÖ ist 14 Jahre alt. Es spricht für seine Autoren Kautsky, Klenner, Kreisky, Pollak, daß es selbst heute noch in Inhalt und Stil wesentlich moderner ist als alle anderen Parteiprogramme in Österreich. Warum nun eine neue geistige Standortbestimmung in der SPÖ?
Die Sozialdemokratie ist ebenso einer ständigen Entwicklung unterworfen wie die anderen geistigen Strömungen, denen sie meist als Orientierungspunkt dient. So kann etwa die heutige ÖVP überhaupt nur mehr als Anti-Bewegung zur Sozialdemokratie existieren, da ihr die eigenständige geistige Aussagekraft verlorengegangen ist. Nichts zeigt das deutlicher als der Inhalt und vor allem der Stil des Entwurfes für ihr neues Grundsatzprogramm.

Rechts- und Linkskonservativismus

Die SPÖ muß deshalb wesentlich umfassender und rascher mit der Entwicklung Schritt halten und ihr weiter vorauseilen als die anderen politischen Strömungen. Als ideologischer Spitzenreiter muß sie immer wieder Breschen in sich stets neu bildende konservative Fronten schlagen, um einen gesellschaftlichen Fortschritt zu erreichen. Sie kämpft hier hauptsächlich gegen zwei Formen des Konservativismus: gegen den Rechts- und gegen den Linkskonservativismus, in Österreich dargestellt durch die ÖVP und durch die

KPÖ. Der ÖVP-Konservativismus ist durch sein Festhalten an überkommenen und überholten gesellschaftlichen Formen und durch seine absolute Neuerungsfeindlichkeit gekennzeichnet. Der kommunistische Konservativismus – die KPÖ ist für ihn ja nur ein verkümmerter Ableger – liegt festgeschmiedet an den starren Dogmen einer diktatorischen und imperialistischen Machtausübung. Gegen beide Formen des konservativen Denkens nimmt schon das Parteiprogramm von 1958 eine ausreichende Abgrenzung vor.
Daneben gibt es jedoch auch in den Reihen der SPÖ manches konservative Gedankengut – die Liebe zu überholten Wertvorstellungen oder die Treue zu schlampigen Gewohnheiten –, über das bei einer neuen geistigen Standortbestimmung gesprochen werden muß, weil es der „freien Entfaltung der menschlichen Persönlichkeit" als Ziel einer sozialistischen Gesellschaftsordnung im Wege steht. Die Sozialdemokratie muß nun, nachdem sie ihr politisches Ziel, die Zustimmung der absoluten Mehrheit der Wähler zu ihrer Führerrolle im Staat, für einige Jahre erreicht hat, sagen, was der „Sozialismus – heute" bedeutet, welche Ziele er sich setzt und welche Schranken er zu deren Erreichung zu überwinden hat.

Wirtschaftliche Schranken

Nur ein Liberaler von vorgestern kann noch annehmen, daß mit der politischen Demokratie, mit dem, was wir politische Freiheit nennen, bereits eine „freie Entfaltung des Menschen" verbunden ist. Der Mensch des Jahres 1972 befindet sich in einem ebenso vielfältigen Netz von wirtschaftlichen Abhängigkeiten wie jener von 1902 oder jener von 1932 – nur ist das Netz ein anderes geworden. Er muß immer wieder aus diesem Netz befreit werden.
Vor Jahrzehnten meinte man im Sozialismus, mit der Vergesellschaftung oder Verstaatlichung der Produktionsmittel werde dieses Abhängigkeitsnetz zerrissen werden können. Obwohl sich diese Ansicht als Irrtum erwies, hängen die Konservativen in der SPÖ noch immer an dieser heute falschen Fixierung der Abhängigkeitsverhältnisse. Dadurch besteht für sie Erblindungsgefahr gegenüber dem echten wirtschaftlichen Abhängigkeitsproblem, das der amerikanische Wirtschaftswissenschafter Galbraith „die Manipulation des Konsumverhaltens" genannt hat.
Heute sind Überlegungen über weitere Vergesellschaftung von Produktionsmitteln zumindest in Österreich überholt. Es gibt nichts mehr zu ver-

staatlichen und zu vergesellschaften. Nahezu die gesamte große Industrie des Landes befindet sich entweder als „verstaatlichte Unternehmen" direkt in den Händen des Staates oder wird über die drei verstaatlichten Banken, allen voraus durch die Creditanstalt-Bankverein, kontrolliert.
Daß die damit verbundenen wirtschaftlichen Bestimmungsmöglichkeiten nicht oder zuwenig genutzt werden und daß diese Betriebe, vor allem die von den Banken kontrollierten, nicht anders geführt werden, als gehörten sie privaten Eigentümern, ist bereits wieder ein Teil des konservativen Denkens auch innerhalb der SPÖ. In der Brauereiindustrie scheint es durch die Querelen vor allem einer Braufamilie nicht möglich, die für einen Liliputmarkt wie Österreich zum Überleben notwendige Konzentration durchzuführen. Aber ebensolche Querelen der um ihre Posten besorgten, hofrätlich denkenden Direktoren verhindern die notwendige Konzentration der Erzeugung und die Zusammenlegung von Betrieben in der verstaatlichten Wirtschaft. Das beginnt in der chemischen Industrie und setzt sich über die Eisen- und Stahlwerke bis zur Stromerzeugung fort.
Die Vergesellschaftung allein hat sich in Österreich ebensowenig wie in anderen Ländern in der Lage erwiesen, den Kapitalismus zu überwinden. Deshalb soll sie nur dort angewendet werden, wo private Betriebe oder deren Konzentration eine für die gesellschaftliche Entwicklung gefährliche Machtausübung betreiben. Das ist in Österreich nicht der Fall. Die Verstaatlichung war 1946 durchgeführt worden, weil – wie vor 1938 – die Gefahr bestand, daß mit Hilfe dieser Unternehmen oder deren Konzentration für Staat und Gesellschaft bedrohliche Eingriffe in die Wirtschaftsstruktur vorgenommen werden könnten. Heute besteht diese Gefahr nicht mehr, denn ein paar Bier- oder Kunststoffabriken können niemanden verunsichern. Damit ist dieser Punkt abgeschlossen.
Im Interesse einer klaren Standortbestimmung müßte der kommende Parteitag hier die notwendige Distanzierung von einem konservativen Denken vornehmen – unabhängig von den Mißverständnissen, die es um dieses Thema vor den Oktoberwahlen gab.
Auch die Hoffnung der alten Sozialdemokratie, mit Hilfe der Vergesellschaftung den Kapitalismus überwinden zu können, hat sich als vergeblich erwiesen. Herbert Wehner hat das deutlich auf die Frage geantwortet, ob die Sozialdemokratie überhaupt den Kapitalismus noch stürzen wolle: „Was die Sozialdemokratie kann und was sie will ist: das, was kapitalistische Elemente in unserer Ordnung sind, soweit es überhaupt mit demokratischen Mitteln möglich und denkbar ist, nutzbar zu machen für gesellschaftliche

Notwendigkeiten, und zwar auch im Sinne der Sozialverpflichtung des Eigentums."
Ein moderner Sozialismus wird diese „Sozialverpflichtung des Eigentums" stärker als bisher zu betonen haben. (Dazu mehr im Abschnitt „Die große Herausforderung: Gemeinschaftsaufgaben".)

Die neuen Formen der Ausbeutung

„Die Ausbeutung erfolgt beim Verkauf der Arbeitskraft." So wußte man es früher. Diese archaische Form der Ausbeutung verschwindet in der modernen Wirtschaft immer mehr. Dafür sorgen die starken Gewerkschaften, die den Arbeitnehmern ihre Rechte gegenüber dem Unternehmen erkämpfen, aber auch der Arbeitskräftemangel. Von Jahr zu Jahr wächst das Realeinkommen der Arbeitnehmer erfreulich an.
Die Ausbeutung hat sich ein anderes Flußbett gegraben, wo sie weniger Widerstand vorfindet. Sie erfolgt über den Preis und über die Manipulation der Verbraucher. Hier holt sich heute der Unternehmer jenen Gewinn, den er früher aus der Ausbeutung der Arbeitenden bezog. Die Aufgabe der Sozialdemokratie ist es deshalb, dieser modernen Form der Ausbeutung entgegenzuwirken. Hierher gehören als Gegenmaßnahmen vor allem die direkten Eingriffe zur Erhaltung der Preisstabilität, welche die SPÖ-Regierung gegen den Widerstand der ÖVP durchführt.
Eingriffe von oben lösen das Problem jedoch nicht, vor allem, weil bei einem Regierungswechsel dieses Instrument wieder stumpf zu werden droht. Auf lange Sicht kann nur durch eine Veränderung des Bewußtseins des Verbrauchers dieser Ausbeutung über die Ware entgegengewirkt werden. Das heißt, dem Käufer muß dieses Ausbeutungssystem bewußt gemacht und ein Weg gezeigt werden, ihm auszuweichen oder es zu bekämpfen.
Dazu ist es notwendig, die Verbraucher ebenso zu organisieren wie vor einem Jahrhundert die Arbeiter, um sie zu einem einheitlichen Vorgehen zu veranlassen. Die Möglichkeiten der Verbraucherorganisationen und der Konsumentenberatung stecken in den Kinderschuhen und sind selbst von der SPÖ noch nicht genutzt worden: Über bloße und oft überhörte Empfehlungen, auf andere Waren auszuweichen, um einer unnötigen Preissteigerung zu entgehen, ist man in der Bewußtseinsbildung der Konsumenten kaum hinausgekommen.

Zum Preisbewußtsein muß sich das Qualitätsbewußtsein gesellen, um dem Verbraucher mehr Selbstsicherheit auf dem Markt zu verschaffen. Bemühungen der Regierung, durch Vorschriften zur Qualitätskennzeichnung dem Konsumenten eine Hilfestellung anzubieten, stellen nur einen Anfang dar und stoßen wiederholt auf die Barriere des Informationsmangels oder -unwillens der Verbraucher.

Die Kennzeichnung der Waren, vor allem der Lebensmittel, Angaben über Verbrauchsdatum und das Verbot gesundheitsschädlicher Beimengungen muß die SPÖ in einem harten Kleinkrieg gegen den politischen Gegner langsam durchdrücken. Auch hier hindert oft konservatives Denken in den eigenen Reihen, das Beharren auf veralteten Vorstellungen, wonach Konsumentenschutz nur eine Spielerei sei, die Partei an einem von der breiten Masse getragenen, wirkungsvollen Vorgehen. Eine moderne SPÖ muß sich hier erst ein Problembewußtsein schaffen.

Der entscheidende Kampf gegen die „Manipulation des Konsumverhaltens" liegt noch um ein paar Stufen höher. Der Verbraucher muß vor seinen eigenen Wünschen – oder vielmehr dem, was er dafür hält – in Schutz genommen werden, um ein Widerstandsgefühl gegen den schrankenlosen Konsumismus wachsen zu lassen. Der Mensch unserer Zeit kauft in der „Gesellschaft im Überfluß" Dinge, die er nicht braucht, nur weil man ihm einredet, er benötige gerade diesen Gegenstand zu seiner Selbstachtung. Dadurch wird sehr geschickt eine immer neue Unzufriedenheit gezüchtet und der Mensch vom Ziel des Sozialismus, die freie Entfaltung der Persönlichkeit zu erreichen, ohne es zu wissen, zum Sklaven der Manipulatoren seiner Wünsche.

Auch wenn der Österreicher diesen „modernen Verführern" weniger ausgeliefert erscheint als etwa Amerikaner oder Deutsche, so ist das nur eine Frage der Zeitverschiebung wirtschaftlicher und soziologischer Erscheinungen, die von Westen nach Osten weiterwandern und auch die kommunistischen Staaten nicht verschonen.

Die Aufgabe der SPÖ lautet hier: Bewußtseinsbildung bei den Verbrauchern gegen die neue Form der Ausbeutung und Hilfestellung des Staates bei der Bekämpfung dieser Ausbeutung in ihren verschiedenen Formen: Preis – Qualität – Wunschweckung. Diese Aufgabe ist nur zum Teil mit dem gewohnten Instrumentarium zu bewältigen. Wie die Partei auf wirtschaftlichem Gebiet Experten zur Lösung der Probleme einsetzt, wird es hier notwendig sein, Soziologen und Psychologen zur Ausarbeitung eines Feldzugsplanes zusammenzufassen.

Fehlende Gleichberechtigung

Auf dem Gebiet der Rechtsreform hat die SPÖ in zwei Jahren mit einem Raketenstart ein Superprogramm bewältigt. Die kleine Strafrechtsreform, die Gleichstellung des unehelichen Kindes, die in Beratung stehende große Strafrechtsreform und das neue Familienrecht beseitigten viele über Jahrhunderte mitgeschleppte Ungleichheiten vor dem Gesetz. Auf keinem Gebiet war die SPÖ so aktiv wie im Justizressort.

Neben vielen Detailaufgaben, die auch für den Arbeitnehmer bereits gelöst wurden, wie die Abfertigung für weibliche Angestellte bei Mutterschaft, liegt ein Problem noch offen – und auch hierin zeigt sich ein bärtiger Konservativismus in der eigenen Partei: Die Gleichstellung der Arbeiter mit den Angestellten und die Schaffung eines einheitlichen Arbeitnehmerstandes. Hier ist nicht der Widerstand der Wirtschaft der Hauptgegner des Fortschrittes – er wäre nicht stärker als bei der Einführung der 40-Stunden-Woche –, sondern das konservative Denken in den eigenen Reihen, vor allem unter den Angestellten. Eine Partei, die in ihrem Programm das Wort von der „klassenlosen Gesellschaft" verwendet, schleppt in den eigenen Reihen der Arbeitnehmer noch immer eine überholte Klassentrennung mit sich.

Die Trennung zwischen Arbeitern und Angestellten zu überwinden, wäre eine leichte Aufgabe im Verhältnis zur nächsten. Wenn es möglichst gleiche Rechte geben soll, auch unter den Arbeitnehmern, dann stellen die Vorrechte der Beamten gegenüber den übrigen Arbeitnehmern einen Rest aus der Feudalzeit dar. Die Sonderstellung der Beamten, der „alten Klasse", besitzt heute keine Berechtigung mehr. Sie schafft nur immer wieder bei Gesprächen über Sozialpolitik – wie etwa bei den Ruhensbestimmungen – böses Blut. Eine Partei, die in ihrem Programm das Wort „Gleichberechtigung" ganz oben stehen hat, kann an diesem Problem der Vorrechte einer großen Gruppe auf die Dauer nicht vorbeigehen.

Die große Herausforderung: Gemeinschaftsaufgaben

Vor 14 Jahren, zur Zeit des Wiener Programms, konnte man denken, mit einer umfassenden Sozialpolitik seien die Probleme des einzelnen gegenüber den Fährnissen des Schicksals weitgehend zu mildern.

Der Wohlfahrtsstaat schien als Ziel ausreichend zu sein. Inzwischen sind die Lebensbereiche, in denen sich der einzelne zu schwach erweist, um für sich und seine Familie die Probleme zu lösen, zahlreicher geworden. Abgesehen von den Fragen einer wirksamen Gesundheitsfürsorge durch Ärzte und Krankenhäuser und einer als notwendig erkannten Gesundheitsvorsorge, haben die Fragen der Infrastruktur, also der öffentlichen Einrichtungen und des Umweltschutzes, gezeigt, wie hilflos das Individuum ohne Schutz der Gemeinschaft ist. Selbst konservative und liberale Parteien, die dem Staat nur ein Minimum an Aufgaben übertragen wollen, rufen nun unisono nach Staatshilfe und -aktivität auf allen Gebieten, auf denen die Wirtschaft versagt und in ihrem Profitdenken versagen muß.

Dieser Bereich der Gemeinschaftsaufgaben kann nur von der SPÖ wahrgenommen werden. Nicht bloß, weil die anderen Parteien dieses Problem nicht oder nur unzulänglich erkennen, sondern vor allem, weil „die freie Entfaltung der menschlichen Persönlichkeit", also die wahre Freiheit erst beginnt, wenn der Druck der durch den einzelnen nicht abwendbaren Belastungen vom Individuum genommen wird. Wer bei Krankheit fürchten muß, nicht die entsprechende Behandlung und Pflege zu finden, wer durch unzureichende Infrastrukturmaßnahmen täglich viel Zeit verliert und den für seine Behaglichkeit notwendigen Komfort vermissen muß, wer unter Lärm, Abgasen und verschmutzter Landschaft zu leiden hat, dessen Persönlichkeitsentfaltung ist schwerstens gestört. Den Menschen von diesem Druck zu befreien, ist die wesentliche Aufgabe der Sozialdemokratie.

Die Beseitigung dieses Druckes ist jedoch mit beträchtlichen Kosten verbunden. Auch wenn – vor allem beim Umweltschutz – vom „Verursacherprinzip" gesprochen wird, das heißt, jener, der den Schaden verursacht, muß auch dafür bezahlen, bleibt doch erfahrungsgemäß der Gemeinschaft die Hauptlast bei der Lösung von Umweltschutz-, Infrastruktur- und Gesundheitsproblemen. Nur eine sozialistische Regierung ist bereit, die für die Gemeinschaftsaufgaben notwendigen Mittel zur Verfügung zu stellen. Das setzt – wie jedermann weiß – ein entsprechendes Steueraufkommen voraus. Hier beginnt jene „Sozialverpflichtung des Eigentums" (der Begriff stammt aus dem deutschen Grundgesetz), die bisher in Österreich noch kaum in Anspruch genommen wurde.

Umverteilung des Einkommens

Da die umfassenden Aufgaben der Gemeinschaft nur durch die Gemeinschaft selbst gelöst werden können, bedeutet dies, daß eine wesentliche Umverteilung des Einkommens Platz greifen muß, wenn man will, daß noch mehr Straßen und Krankenhäuser gebaut werden, noch mehr für die Armen und noch mehr gegen die Verschmutzung der Umwelt getan wird. Nur ein Staat, der diese Probleme erkennt und löst, kann als modern gelten. Der Lebensstandard des einzelnen, lange der einzige Wohlstandsindikator, hat daneben an Bedeutung eingebüßt. Das zeigen die Verhältnisse in den USA sehr deutlich.

Steuereinhebung und Leistungsprinzip

Die SPÖ wird in Zukunft noch mehr als bisher unter einem gerechten Steuersystem eines verstehen, das den wenig Verdienenden entlastet und den mehr Verdienenden belastet. Das ist ein Schritt der sozialen Gerechtigkeit.

Das würde – so sagen die Konservativen – den Leistungswillen des besser Verdienenden untergraben. Er würde, weil er „nicht nur für die Steuer arbeiten will", seine Leistung zurückschrauben. Es ist nicht zu leugnen, daß solche Überlegungen Platz greifen, wo es um reine Fragen des Nettoeinkommens geht. Diese Einstellung darf ein Staat nicht übersehen, sonst leidet die Wirtschaft unter einem allgemeinen Leistungsunwillen der Spitzengruppe. Dies ist in Schweden der Fall, wo man die Progressionsschraube allzu stark angezogen hat.

Doch das Nettoeinkommen ist beileibe nicht das einzige Kriterium des Leistungswillens, sonst hätten in England oder den USA die „großen Köpfe" schon längst zu arbeiten aufgehört. In den USA zum Beispiel nennt jeder stolz seinen Bruttojahresbezug, obwohl ihm der Staat davon den Großteil wegschneidet. Die Zahl soll imponieren. Man nennt sich einen „100.000-Dollar-Mann", obwohl die Steuer von den 100.000 Dollar (2,4 Millionen Schilling) nur 42.880 überläßt.

Für den Leistungswillen ist außerdem eine Reihe von soziologischen und psychologischen Kennzeichen maßgebend, die mit Geld nichts zu tun haben. Abgesehen davon, daß Spitzenkräfte neben ihrem Gehalt meist noch Sonderzuwendungen wie Dienstautos, Wohnung, Privatpension usw. genießen und dadurch indirekt ihr Einkommen erhöhen, ist es oft die Dienst-

stellung und nicht das Gehalt, das den Ausschlag für die Leistungen gibt. In vielen Firmen verdient ein Direktor weniger als ein guter Vertreter. Trotzdem würde sich der „Chef" mit dem Reisenden nicht auf eine Stufe stellen. Er gilt mehr.
Dazu kommt die mit dem Lustgefühl der Machtausübung verknüpfte Verfügungsgewalt über die Produktionsmittel, die Zahl der Untergebenen und andere wesentliche Kriterien für die Position eines Menschen. Sie alle werden durch eine Steuererhöhung nicht berührt. Deshalb scheint es unsinnig, wie viele Einbahn-Denker dies tun, den multifaktorellen Leistungswillen nur vom Nettoeinkommen abhängig erscheinen zu lassen. Da gerade bei den Inhabern von verantwortungsvollen Positionen die psychischen Faktoren für den Leistungswillen maßgebend sind, wird eine finanziell zumutbare Beschneidung des Einkommens von großen Verdienern durch die Steuer ohne Leistungsknacks verdaut werden.

Leistungsgedanke für die Gemeinschaft

Der Leistungsgedanke muß allerdings auf einem anderen Gebiet voll und vielfach noch besser als jetzt gewahrt werden: gegenüber der Gemeinschaft. Wenn der einzelne und die gesamte Wirtschaft schon große Belastungen auf sich nehmen, um die Infrastruktur intakt zu halten, dann muß sie aber auch funktionsfähig bleiben. So gesehen stellt die Postsperre am Samstag einen Rückschritt dar, und bezeichnenderweise kam die Idee zu dieser Leistungseinschränkung von den ÖVP-Gewerkschaftern, also den Konservativen im ÖGB.

Schranken in der Freizeit

Die Sozialdemokraten haben erreicht, daß der arbeitende Mensch in zunehmendem Maße über Freizeit verfügt. Die 40-Stunden-Woche, der längere Urlaub gelten zu Recht als große soziale Errungenschaften. Doch bei der Nutzung dieser Freizeit geben wir jenen, denen wir sie verschafft haben, zuwenig Hilfestellung. Es fehlt zwar nicht an materiellen Möglichkeiten einer besseren Verwendung der freien Stunden – Theater und Konzerte werden subventioniert, die Kunst gefördert, es gibt ein Überangebot an Vorträgen und

Kursen – aber wir müssen erkennen, daß diese Möglichkeiten entweder überhaupt nicht genutzt werden, wie die Vorträge der Volkshochschulen, oder nur immer wieder von dem engen Kreis der Bildungsbürger.
Hier geht es nicht darum, einem überholten Bildungsideal des „Wissen ist Macht" nachzueifern, sondern darum, für die Masse der Menschen den engen Kreis des Gewohnten durch einen weiten Kreis neuer Erlebnismöglichkeiten zu ersetzen. Erst durch neue, und zwar echte Erlebnisse wird es möglich sein, die freie Entfaltung der Persönlichkeit anzuregen. Nicht weil es kulturell wertvoller ist, statt des Kinos eine Oper zu besuchen oder statt eines Schlagers eine Arienplatte zu hören, müssen wir die Menschen zur Erweiterung ihrer Interessen führen, sondern weil ihnen der anspruchsvolle Film, die ernste Musik, auf Platten, in der Oper, im Konzert, das Theater Erlebnisbereiche erschließen, die ihnen bislang verborgen geblieben oder sogar suspekt gewesen sind.
Dieser Schlüssel liegt nicht beim Geld, sondern bei der richtigen Ansprache. Die üblichen Formen der künstlerischen Erlebnisanregung von der Schule bis zum Bildungsfernsehen haben versagt, weil sie sich nicht des richtigen Schlüssels bedienten, um den Widerstand des im engen Kreis seiner Gewohnheiten Verhafteten zu überwinden. Auch hier brauchen wir die Hilfe der Psychologen, der Journalisten, der Leute aus den Massenmedien, weil sich die bisherigen Wege im wesentlichen als nicht zielführend erwiesen haben.
Für eine moderne SPÖ ergeben sich hieraus zwei Aufgaben. Einmal muß sie die Suche nach gangbaren Wegen zur Erlebnisfindung im kulturellen Bereich im Interesse einer besseren Nutzung der Freizeit aufnehmen. Zum anderen muß neben die Förderung der Kunst auch der Weg zur Kunst gefördert werden.
Hierher gehört auch das Problem des Verhältnisses der SPÖ zu den Massenmedien, die heute das beherrschende Element nicht nur der Freizeit geworden sind.[1] Auch gegenüber den Massenmedien hat sich noch viel konservatives Denken in der SPÖ erhalten. Das heißt, viele Sozialisten sehen die Massenmedien deshalb als „Feinde" an, weil sie uns nicht in der Verbreitung unserer Ideen unterstützen. In einer modernen SPÖ muß deshalb relativ rasch ein Konzept für die Frage der Massenmedien gefunden werden – schon um zu verhindern, daß die unrealistischen und nicht ungefährlichen Gedanken, die zu diesem Thema in der Bundesrepublik gewälzt werden, auf uns übergreifen.

---

1 Siehe Alfred Magaziner: „Die Freiheit des Wortes", in: „Zukunft" Nr. 4/72

Hier wurden nun einige Beispiele für konservatives Denken oder Verhalten in der SPÖ erwähnt – beileibe nicht alle –, die es dieser Partei erschweren, den Weg zu einem modernen Sozialismus so rasch zu gehen, wie es sich vor allem die aufgeschlossenen und zeitgemäß denkenden ihrer Anhänger (und auch ihrer Wähler) vorstellen. Es ist nicht entscheidend, ob die eben dargelegten Gesichtspunkte nun die Zustimmung aller finden, sondern es ist wichtig, daß darüber diskutiert wird, um die Richtung kennenzulernen, in die sich der Sozialismus künftig entwickeln soll.

aus: Die Zukunft, Jg. 1972, H. 6, S. 3 ff.

ÖFFENTLICHE ARMUT VERMINDERT PRIVATEN WOHLSTAND

Hannes Androsch

Die vierte ökonomische Versammlung – am 14./15. März am Kahlenberg zu Wien – war Antwort und Auftrag zugleich. Antwort auf die Frage, was mit den von den vielzitierten 1.400 Experten der SPÖ erarbeiteten Programmen während der nunmehr drei Jahre dauernden Regierung Kreisky geschehen ist; Auftrag an diese Experten, nach den auf der Konferenz skizzierten Perspektiven die Zielsetzungen der achtziger Jahre zu fundamentieren. (...)

Der Zusammenhang zwischen künftiger Lebensqualität, öffentlichen Leistungen und wirtschaftlicher Dynamik im großen Markt des integrierten Europa war auch der rote Faden, der sich durch die Vorträge, Diskussionsbeiträge und Beratungen auf der vierten ökonomischen Versammlung zog. Die Frage nach den Grenzen und der Qualität des wirtschaftlichen Wachstums hat damit auch in Österreich neue Aktualität, die Frage nach den Wohlstandserfordernissen für die Menschen dieses Landes neue Perspektiven erhalten.

Es geht nicht darum, daß jeder irgendeine Beschäftigung ausübt

Unser wirtschaftspolitisches Handeln wurde von dem Bemühen bestimmt, einen optimalen quantitativen Spannungsausgleich zwischen Vollbeschäftigung, Wachstum und Stabilität zu erreichen. Wir werden künftig in unsere ökonomischen Überlegungen verstärkt auch die Frage nach der Qualität von Wachstum und Produktivitätssteigerungen mit einschließen müssen.

Bei der Auseinandersetzung mit einer gesellschaftspolitisch motivierten Wirtschaftspolitik und den vernünftigerweise anzustrebenden Wachstumsraten sollte man sich allerdings vor Vereinfachungen hüten und etwa das Heil im sogenannten Nullwachstum suchen.
Es ist unbestritten, daß eine schrankenlose Ausbeutung der knappen Rohstoff- und Energieressourcen, die bedenkenlose Zerstörung der Güter „reine Luft", „sauberes Wasser" in absehbarer Zeit zu einer wesentlichen Verringerung des materiellen Wohlstandes führen würden.
Eine Wirtschaftspolitik, die sich daran orientiert, solche Entwicklungen zu vermeiden, wird daher in ihren Zielvorstellungen neben die Quantität die Qualität treten lassen.
Der Wirtschaftspolitik werden aber auch in zunehmendem Maße eine menschengerechtere Gestaltung der Arbeitsplätze und der Betriebsstätten sowie die Anpassung der Betriebe in Standort und Produktionstechnik an ihre Umwelt angelegen sein müssen.
Ähnliches gilt für die Erhaltung der Kulturlandschaften und eine umfassende Stadterneuerung mit den damit verbundenen Boden-, Wohnungs- und Verkehrsproblemen.
Eines der grundlegendsten Ziele, nämlich das der Vollbeschäftigung, werden wir bei einer stärker gesellschaftspolitischen Orientierung der Wirtschaftspolitik zunehmend aus einem geänderten Blickwinkel sehen müssen. An die Stelle der quantitativen Vollbeschäftigung wird eine qualitative Vollbeschäftigung treten müssen. Es geht nicht darum, daß jeder irgendeine Beschäftigung ausübt, auch nicht bloß darum, daß er eine möglichst produktive Beschäftigung ausübt, sondern darum, daß er möglichst eine solche Beschäftigung hat, die seinen eigenen Interessen und Fähigkeiten am besten entspricht. Die Arbeit als eine Form – allerdings nicht die einzige Form – der Selbstverwirklichung ist der gesellschaftspolitische Hintergrund einer solchen Beschäftigungspolitik.

Die öffentliche Armut zu bekämpfen, bedeutet, das Ausmaß unseres Wohlstandes zu erhöhen

Das Kernstück jeder gesellschaftspolitisch bestimmten Wirtschaftspolitik besteht jedoch in der Überwindung des Paradoxons von privatem Überfluß und öffentlicher Armut, also der Erscheinung, daß einem höheren materiellen Wohlstand des einzelnen ein immer schwerer wiegender Mangel an öffentlichen Einrichtungen, an sozialer Infrastruktur gegenübersteht.

Die Lösung der gesamtwirtschaftlichen und gesamtgesellschaftlichen Verteilungsprobleme akzentuiert sich in dem Streben nach harmonischer Abstimmung der individuellen Einkommen und daran, ausreichend öffentliche Leistungen zur Verfügung stellen zu können.
Erst eine gesunde Umwelt – in der weitesten Auslegung dieses Begriffes – macht die Verwendung der im Wege gesamtwirtschaftlicher Produktivitätssteigerungen erzielten Einkommensverbesserungen sinnvoll. Denn:
Welchen tatsächlichen Nutzen ziehen wir als einzelne daraus, wenn wir uns von Jahr zu Jahr einen teureren Urlaub leisten können, die Erholung aber in einer zerstörten Landschaft, an den Ufern verschmutzter Seen oder sterbender Flüsse suchen müssen?
Welchen Dienst erweisen wir unseren Kindern etwa mit teurem Spielzeug, wenn ihr Spielplatz der Asphalt ist, es an Kindergärten oder Schwimmbädern mangelt?
Welcher echte Vorteil erwächst dem arbeitenden Menschen aus der Verkürzung seiner Arbeitszeit, wenn er den Zeitgewinn auf verstopften Straßen wieder einbüßt? Und so weiter und so fort.
Die Beispiele sind zahlreich, die die Gefahren „öffentlicher Armut" für unsere Wohlstandsentwicklung illustrieren.
Ausreichend Einrichtungen des Bildungs- und Gesundheitswesens, Anlagen für Kultur, Erholung und Sport, Anlagen des Verkehrs- und Energiesektors bereitzustellen, bedeutet in gleicher Weise, die Qualität unseres Lebens, des Ausmaßes unseres Wohlstandes zu erhöhen.
Diese Qualität hängt in zunehmendem Maße weniger vom Zuwachs des privaten Konsums als vielmehr von den Leistungen und Investitionen im öffentlichen Bereich ab. Leistungen, die von Unternehmungen der Privatwirtschaft aus vielerlei Gründen nicht, oder, weil nicht im erforderlichen Umfang und weil zu teuer, nicht zufriedenstellend erbracht werden würden.

Zur Bewältigung dieser Aufgaben muß die Ertragskraft unserer Wirtschaft weiter gestärkt werden

Mit der Frage der ausreichenden Bereitstellung von Gemeinschaftsleistungen stellt sich zwangsläufig die Frage nach ihrer Finanzierung.
Da diese Finanzierung nur aus dem von der gesamten Wirtschaft erarbeiteten volkswirtschaftlichen Ertrag aufgebracht werden kann, folgt logisch, daß die Finanzierungskraft durch das gesamtwirtschaftliche Wachstum bedingt wird.

Strukturpolitik, und insbesondere Infrastrukturpolitik, setzt daher die Sicherstellung eines ausreichenden Wirtschaftswachstums voraus.
Mehr noch: Maßnahmen der Konjunkturpolitik und der Vollbeschäftigungspolitik stehen zu Maßnahmen der Infrastrukturpolitik nicht in einem gegensätzlichen, sondern in einem komplementären Verhältnis.
Mit Hilfe einer – unter Bedachtnahme auf das Stabilitätserfordernis – auf Wachstum ausgerichteten Konjunkturpolitik müssen die Erträge erwirtschaftet werden, die den weiteren Ausbau der Infrastruktur finanziell ermöglichen.
Einrichtungen der Bildung, der Volksgesundheit und der sozialen Sicherheit, Ausbau eines leistungsfähigen Verkehrsnetzes und die Sicherung von Erholungsräumen bilden ihrerseits die Voraussetzungen für die Erhaltung einer konjunkturellen Entwicklung auf hohem Niveau.
Auf die konkrete österreichische Situation bezogen, heißt das: Zur Bewältigung dieser Aufgaben muß die Ertragskraft unserer Wirtschaft weiter gestärkt werden.
Die Voraussetzungen hierzu sind günstig. Die Wachstums-, Beschäftigungs-, Produktions- und Investitionsentwicklung der vergangenen Jahre hat Österreich jeweils Spitzenplätze in den internationalen Ranglisten eingebracht.
Im aktuellen Konjunkturzyklus hat unsere Volkswirtschaft zum erstenmal die Rolle des „Konjunkturnehmers“ aus dem Ausland abgelegt und in der ganzen Welt beachtete eigendynamische Stärke bewiesen.

Die Steuerleistung ist der notwendige und nach sozialen Grundsätzen gestaffelte Preis für öffentliche Leistungen

Vor diesem Hintergrund ist ein Nachziehen der öffentlichen Einrichtungen auch im Interesse der Wirtschaft unbedingt notwendig. Die Ausgaben für mehr und bessere Bildung, Umweltschutz, Gesundheit, Sozialdienst, Verkehr und die Organisation der immer komplizierter werdenden Gesellschaft führen zu gewaltigen Mehranforderungen an die öffentliche Hand.
Verlangt man aber von der öffentlichen Hand mehr Einrichtungen zur Steigerung der Qualität des Lebens, dann müssen eben auch die dafür erforderlichen Mittel zwangsläufig von der Allgemeinheit in einer möglichst sozial differenzierten Weise aufgebracht werden.
Nicht als Opfer des einzelnen an das menschenfeindliche Ungeheuer Staat ist die Steuerleistung anzusehen, sondern letztlich als der sozial gestaffelte Beitrag des einzelnen zu den in seinem unmittelbaren Interesse erbrachten

Leistungen. Sie ist der notwendige und nach sozialen Grundsätzen gestaffelte Preis für unbedingt notwendige Güter und Leistungen in der hochtechnisierten Gesellschaft.

Planung als Ausdruck demokratischer Willensbildung

Gesellschaftspolitisch orientierte Finanz- und Wirtschaftspolitik benötigt aber auch zwei sehr wesentliche Sicherheiten.
Die eine Sicherheit besteht in der hiefür unabdingbaren Notwendigkeit gesunder Staatsfinanzen. Hiermit sind auch die Grenzen jeder Steuersenkung aufgezeigt. Diese Grenzen zu überschreiten, wäre unverantwortlich, weil damit die Grundlage des wirtschaftlichen und gesellschaftlichen Fortschritts gefährdet wäre.
Die zweite Sicherheit besteht in einer für größere Zeiträume konzipierten Planung, und zwar sowohl in der systematischen Erfassung der notwendigen Infrastrukturmaßnahmen wie auch in der sie notwendigerweise ergänzenden Finanzplanung. Planung als Ausdruck einer demokratischen Willensbildung, weil sie die sozial breitest gestreuten Interessen berücksichtigt.
Ein Unterfangen, das im übrigen nicht dem sogenannten freien Spiel der Kräfte überantwortet werden kann, hat dieses Spiel doch gerade dort, wo es sich am ungehemmtesten entwickeln konnte, Marktformen herausgebildet, die das „freie Spiel" weitgehend ausgeschaltet haben und damit zutiefst undemokratisch geworden sind. Semantischen Verirrungen ist es zuzuschreiben, daß die Marktwirtschaft auch noch als „frei" oder „sozial" bezeichnet wird.
Betragsmäßige und zeitliche Dimensionen der sozialen Infrastruktureinrichtungen der verschiedensten Art machen sorgfältige Planung absolut notwendig. Die Auswahl zwischen alternativen Großprojekten muß im Hinblick auf die mit ihr verbundenen großen finanziellen und wirtschaftlichen Folgewirkungen gründlich überprüft werden. Die längerfristige Planung ist in einer solchen Situation eine unbedingte Notwendigkeit und wird mit dem wachsenden Anteil der öffentlichen Einrichtungen an den Kosten der gesamten öffentlichen Haushalte immer notwendiger.
Weil also weder private noch öffentliche Armut durch Nullwachstum beseitigt werden können und weil die sogenannte freie Marktwirtschaft für diesen Bereich der Ökonomie keine Alternative darstellt, gilt es, durch bestmögliche Kombination von demokratisch geplanter Infrastrukturpolitik und Konjunkturpolitik die Leistungskraft der österreichischen Wirtschaft in einem

Maße zu sichern, das den weiteren Ausbau der Gemeinschaftseinrichtungen gewährleistet.
In der Rangfolge werden wir zwischen Infrastruktureinrichtungen, die notwendige Voraussetzungen für die einzelwirtschaftliche Entfaltung darstellen, zwischen solchen, denen Komplementaritätscharakter zukommt, und zwischen solchen, die wir als wünschenswert erachten, zu unterscheiden haben.
Dabei muß dem gesellschaftspolitischen Aspekt großes Gewicht gegeben werden, um dem fundamentalen Ziel der Chancengleichheit näherzukommen und weitere krasse gesellschaftliche Ungleichheit in der Einkommens- und Vermögensentwicklung zu vermeiden.

aus: Die Zukunft, Jg. 1973, H. 9, S. 1 f.

PERSPEKTIVEN § 144: DIE BESTE LÖSUNG

Es besteht bei uns keine Meinungsverschiedenheit darüber, daß der § 144 eine barbarische Gesetzesbestimmung ist und daß sie fallen muß (Otto Bauer auf dem Linzer Parteitag der Sozialdemokratischen Partei im Jahre 1926).

Nun soll endlich im Rahmen der großen Strafrechtsreform dieses auf das Jahr 1803 zurückgehende Gesetz geändert werden. Wie ist es dazu gekommen?

Im November 1971 brachte Justizminister Dr. Broda eine Regierungsvorlage, betreffend ein Bundesgesetz über die mit gerichtlicher Strafe bedrohten Handlungen (Strafgesetzbuch) ein. Daß diese Regierungsvorlage nicht als endgültig betrachtet wurde, zeigt der Hinweis in den erläuternden Bemerkungen, im Zuge der parlamentarischen Beratungen werde auf die weitere internationale Rechtsentwicklung Bedacht zu nehmen sein.

Die Vorlage wurde von den anderen als zu wenig weitgehend abgelehnt. Vor allem innerhalb der Sozialistischen Partei hat sich – nicht unbeeinflußt von den Entwicklungen in Deutschland, den USA und Dänemark – ein gewaltiger Meinungsbildungsprozeß vollzogen, der schließlich im April 1972 zum Beschluß des Villacher Parteitages – („Straffreiheit bei Schwangerschaftsabbruch innerhalb einer medizinisch vertretbaren Frist") – geführt hat.

Die sozialistischen Abgeordneten haben, diesem Beschluß folgend, im Parlament einen Antrag zur Reform des § 144 – die sogenannte „Fristenlösung" – im Mai 1973 eingebracht. Kurz danach, im Juni 1973, folgten Anträge der beiden Oppositionsparteien.

Ein Problem – vier Vorschläge

Vier Vorschläge – Regierungsvorlage, SPÖ-Antrag, ÖVP-Antrag, FPÖ-Antrag – stehen also nun im Parlament zur Debatte.

- Regierungsvorlage: Sie sieht vor, daß der Täter (die Schwangere beziehungsweise derjenige, der den Eingriff vornimmt) nicht zu bestrafen ist, wenn eine ernste Gefahr für das Leben und die Gesundheit der Mutter vorlag (= medizinische Indikation). Diese ernste Gefahr ist so weit gefaßt, daß auch Umstände, unter denen die Schwangere zu leben gezwungen ist, zu berücksichtigen sind. Weiters fällt darunter die Gefährdung ihrer seelischen Gesundheit zum Beispiel durch eine gewaltsame Schwängerung oder durch die Angst, ein schwergeschädigtes Kind zu gebären. Darüber hinaus soll in besonderen Fällen (= „besonders berücksichtigungswürdige Gründe") von einer Bestrafung abgesehen werden.
- VP-Antrag: Der Schwangerschaftsabbruch ist lediglich dann straflos, wenn eine medizinische Indikation vorliegt, die von einem Facharzt für Gynäkologie durch ein Gutachten bestätigt wird. Darüber hinaus kann das Gericht von einer Strafe absehen, wenn die Schwangere in „einer allgemein begreiflichen, nicht anders abwendbaren außergewöhnlichen Bedrängnis" gehandelt hat.
- FP-Antrag: Straflosigkeit ist nicht nur im Falle der medizinischen Indikation, sondern auch dann vorgesehen, wenn „sonstige besonders berücksichtigungswürdige Gründe" vorliegen. Ob dies der Fall ist, entscheiden zwei Ärzte durch ein schriftliches Gutachten.
- SP-Antrag: Der Schwangerschaftsabbruch ist dann nicht strafbar, wenn er „innerhalb der ersten drei Monate nach Beginn der Schwangerschaft nach vorhergehender ärztlicher Beratung von einem Arzt vorgenommen wird". Über diese Frist hinaus ist auch dann ein Abbruch nicht strafbar, sofern er von einem Arzt vorgenommen wird und Gefahr für das Leben oder die körperliche oder seelische Gesundheit der Schwangeren besteht; weiters, wenn Gefahr besteht, daß das Kind geistig oder körperlich schwer geschädigt sein werde oder die Schwangere zur Zeit der Schwängerung unmündig gewesen ist.

Durch welche der vier Vorlagen könnten nun die unhaltbaren Zustände, die durch das bestehende Gesetz geschaffen wurden, am ehesten beseitigt werden?

Die Regierungsvorlage könnte daran nichts ändern. Weiterhin würden sozial besser gestellte Frauen, die mehr Geld haben, mehr Ärzte kennen und sich besser ausdrücken können, leichter eine Indikation erhalten als jene, die arm sind, niemanden kennen, und keine gute Ausrede finden. Diese Frauen müßten wie bisher zum Pfuscher gehen und sich damit einer Gefahr für ihr Leben und ihre Gesundheit aussetzen.

§ 144 – ein Klassenparagraph

Auch die Anträge der ÖVP und der FPÖ – die so wie die Regierungsvorlage eine Indikationenregelung vorsehen – können am § 144 als Klassenparagraph nichts ändern. Immer wird ein Arzt einer Frau umso leichter Glauben schenken, je besser er sie kennt, je überzeugender sie ihre Geschichte erzählt. Oder er wird sich sein „Glauben“ bezahlen lassen.
Die Fristenlösung bietet hingegen auch der ärmeren Frau die Möglichkeit eines gefahrlosen Eingriffes durch einen Arzt, ohne sich etwas ausdenken zu müssen oder das „Risiko“ des Arztes bezahlen zu müssen.
Der § 144 verhindert keine Abtreibung – er macht aber eine effektive Aufklärungsarbeit unmöglich.
Egal, welche Lösung kommen wird, die Frauen werden weiterhin – wie bisher – Schwangerschaftsabbrüche vornehmen lassen. Derzeit sind es zirka 40.000 im Jahr. Es geht nun darum, wie man an die Frauen herankommt, um weitere Abtreibungen zu verhindern und ihnen die Möglichkeiten der Empfängnisverhütung aufzuzeigen.
Indikationenregelungen – also auch Regierungsvorlage, ÖVP- und FPÖ-Antrag – zwingen die Frauen weiter in die Illegalität und machen so eine Aufklärung und Beratung unmöglich. Keine Frau wird sich beraten lassen, solange für sie die Gefahr der Bestrafung besteht.
Der § 144 gefährdet aber auch das bestehende Leben. Wenn den Frauen nämlich nur der Ausweg in die Illegalität bleibt, kommt es durch die notwendigerweise in Hast und Anonymität durchgeführten Schwangerschaftsabbrüche zu einer erhöhten Anzahl von Schäden und Todesfällen.
Die Straffreistellung innerhalb einer Frist von drei Monaten gibt hingegen jeder Frau die Möglichkeit, unter optimalen Bedingungen den Eingriff vornehmen zu lassen.
Welcher der vier Vorschläge entspricht also nun am ehesten den Interessen der Betroffenen, der Frauen? Dabei muß von der Entscheidungsfreiheit der

Frau ausgegangen werden. Denn einzig und allein die Frau selbst kann über ihre jeweilige Konfliktsituation entscheiden. Keine Kommission, kein Arzt, überhaupt keine fremde Person kann das.

Die Frau soll entscheiden

Nach der Regierungsvorlage sowie den Anträgen der ÖVP und FPÖ wird die Frau aber zum Objekt einer fremden Entscheidung.
Nach der Regierungsvorlage, die eine medizinische Indikation vorsieht, kann zwangsläufig nur ein Arzt oder eine Kommission entscheiden; nach dem FPÖ-Antrag ist in allen Fällen ein schriftliches Gutachten zweier Ärzte, nach dem VP-Antrag eine nachträgliche gerichtliche Überprüfung beziehungsweise bei der medizinischen Indikation ebenfalls ein fachärztliches Gutachten zwingend vorgesehen.
Einzig und allein der Antrag der sozialistischen Parlamentsfraktion auf Fristenlösung erklärt die Frau als mündig genug, um innerhalb einer Überlegungsfrist von drei Monaten eine verantwortungsbewußte Entscheidung zu treffen.

aus: Die Frau, 24. Jg., 1. September 1974, S. 6 f.

GESETZGEBUNG UND SOZIALER WANDEL

Christian Broda

Die Veranstalter des Europäischen Forums Alpbach 1975 haben mich eingeladen, über das Thema „Rationale Rechtspolitik, Gesetzgebung und sozialer Wandel" zu sprechen.

Ich komme der Einladung gerne nach, weil sie mir die Gelegenheit und die Möglichkeit gibt, nach einer mehr als fünfjährigen Periode ununterbrochener und intensiver Mitarbeit an der Gesetzgebung einige zusammenfassende Überlegungen zum Thema anzustellen. Ich gehe dabei von praktischen Erfahrungen aus, die ich bei meiner Arbeit gesammelt habe. Gerade das ist aber wohl auch nützlich und wird die Diskussion befruchten.

Ich bin mir meiner beschränkten Möglichkeiten bewußt. Soweit ich den „Gesetzen", unter denen sich die Gesetzgebung vollzieht, nachspüre, können sie Gültigkeit nur für jenen geschichtlich und geographisch begrenzten Ausschnitt der Gesellschaft beanspruchen, den wir die moderne Industriegesellschaft nennen. Diese Begrenzung gilt historisch gegenüber den vorparlamentarischen Systemen und territorial im Verhältnis zu jenen viel größeren und bevölkerteren Ländern der Erde, die die Entwicklungsstufe der modernen Industriegesellschaft noch nicht erreicht haben und denen auch die Einrichtungen der funktionierenden parlamentarischen Demokratie nicht vertraut sind. Über diesen zeitlichen und geographischen Bereich kann ich nur zu illustrativen Zwecken hinausgreifen. Schließlich bin ich mir der Bedingtheit und Begrenztheit der Möglichkeit der undifferenzierten

Verwendung von allgemeinen Begriffen, wie „Bewußtsein", „Bewußtseinsbildung" oder „Gesellschaft" bewußt. In jedem Fall wäre eine eingehendere Behandlung sachlich angezeigt. Auch dazu gibt es im Rahmen dieser Darlegungen nicht genügend Möglichkeit. So engt sich mein Thema ein. Ich werde in der Sache über „Rationale Rechtspolitik" in der parlamentarischen Demokratie sprechen. Den Gegenstand meiner Beobachtungen bildet der „innere Kreis" der Rechtsreform – das „Zivilrecht" und das „Strafrecht" im Spannungsfeld der gesellschaftlichen Willensbildung. Andere Rechtsbereiche beziehe ich nicht ein – es sei denn, zu Illustrationszwecken. Vielleicht lassen aber auch diese begrenzten Ausführungen einige allgemeine Ableitungen zu.

Abbau der Spannungen

Die Überwindung innerer Konflikte und der Abbau von Spannungen in der Gesellschaft gehören zu deren Lebensfragen. Die Erfüllung fälligen gesellschaftlichen Nachholbedarfs durch die Gesetzgebung ist immer Abbau gesellschaftlichen Konfliktstoffes. Die Verzögerung des Abbaus des gesellschaftlichen Nachholbedarfs verschärft die gesellschaftlichen Spannungen. Wird dieses Spannungsverhältnis zu groß, wird das Zurückbleiben der Gesetzgebung gegenüber dem sozialen Wandel und gegenüber gewandelten gesellschaftlichen Auffassungen zu offensichtlich, verschärfen sich auch die gesellschaftlichen Konflikte.

Die Auswirkungen des Zurückbleibens der Gesetzgebung gegenüber den Erfordernissen des Abbaus gesellschaftlichen Nachholbedarfs für die Gesellschaft sind bedeutend. Sie waren es auch immer in der Geschichte der menschlichen Gesellschaft. Nicht wenige Gesellschaftsordnungen sind daran zugrunde gegangen, daß ihre Träger nicht in der Lage waren, den in der Gesellschaft enthaltenen Konfliktstoff durch rechtzeitigen Abbau von gesellschaftlichem Nachholbedarf aus dem Körper der Gesellschaft auszuscheiden.

Zu lange aufgeschobene Rechtsreformen führen dazu, daß in der Gesellschaft das Gefühl der Frustration überhandnimmt und sich die Überzeugung von der Nutzlosigkeit evolutionärer gesellschaftlicher Bemühungen unter den Menschen verbreitet.

Zu lange aufgeschobene Rechtsreformen sind der Anlaß für gefährlichen Autoritätsverlust in der Gesellschaft. Die Gesellschaft, die immer wieder Fra-

gen stellt, ohne die Kraft zur Beantwortung zu finden, verliert ihre Glaubwürdigkeit und stellt sich schließlich selbst in Frage.
Resignation oder irrationales Hoffen auf Revolution als scheinbarer Ausweg aus der Stagnation der Gesellschaft treten in den Vordergrund des gesellschaftlichen Bewußtseins.
Welche Schlußfolgerung bietet sich an?
Die dynamische Gesellschaft benötigt die Rechtsreform, wenn sie ihre Widersprüche auflösen und ihre inneren Gegensätze abbauen will. Sie braucht sie im richtigen Zeitpunkt und im richtigen Maß.
Kann die Gesellschaft durch die Rechtsreform verändert werden oder ist es umgekehrt? Findet die Veränderung der Gesellschaft einfach ihren Niederschlag in der durch die Rechtsreform geänderten Rechtsordnung?
Welche Wirkungen werden durch die Rechtsreform auf die Gesellschaft ausgeübt?
Sind es die gleichen Auswirkungen, ungeachtet der Motivation und der Zielsetzung der Reform?
Sind die Auswirkungen verschieden?
Worin liegen die Unterschiede?

Beispiele aus der Geschichte

Prüfen wir einige geschichtliche Beispiele:
Der aufgeklärte Absolutismus wollte mit seinen Reformideen die Gesellschaft verändern.
Die Ergebnisse standen – wie die Geschichte lehrt – in schroffem Gegensatz zwischen Wollen und Wirklichkeit, zwischen Erwartung und Erfüllung.
Der Biograph Joseph II. Ernst Benedikt fällt folgendes Urteil:
„Aus dem Abstand zwischen Wollen und Können, zwischen dem harten Begriff im Irdischen und dem nie erreichten Ideal, aus der breiten Kluft zwischen dem Zweck und den Mitteln erwächst sein Fehlschlag und sein Untergang. Alle Gesetze des politischen Rhythmus hat er verleugnet. Alle Siege sind in seiner Hand zerbröckelt. Ein schäumendes Meer von Empörung, von natürlicher Abspenstigkeit, von Undank, Verleumdung – so war das Bild der Monarchie an seinem Totenbett.“ [1]

---

[1] Ernst Bededikt, „Kaiser Joseph II.“, Verlag Gerold & Co., Wien 1936, S. 8. Der Autor fügt hinzu: „Er hätte vielleicht ihren Zerfall (der Monarchie) bewirkt, wäre nicht der Tod gebietend dazwischengetreten. Im Begriff ist er uns entfremdet, in der Idee ist er unsterblich!“

Ist es Kemal Atatürk anders ergangen, der mit einer „oktroyierten" Rechtsreform eine gesellschaftliche Revolution von oben bewirken wollte?
Ähnliches Anschauungsmaterial liefern uns die Revolutionen der „dritten Welt".
Die Rechtsreform, die der Entwicklung der gesellschaftlichen Verhältnisse vorauseilt, läuft Gefahr, zu erstarren und in vielen Bereichen totes Recht zu bleiben.
Die Ergebnisse bei der Verwirklichung der Rechtsreform, die der gesellschaftlichen Entwicklung vorauseilt, sind im Ergebnis eher dürftig.
Die neuen Familienrechtsgesetze in den Volksdemokratien, die nach 1945 meistens in kürzester Frist – ohne weitere Bewußtseinsbildung und geistige Vorbereitung – in Kraft gesetzt wurden, haben bei weitem nicht jene Auswirkungen für die faktische Gleichberechtigung von Frau und Mann in der Gesellschaft nach sich gezogen, die sich die Reformer und die Verfasser der Reformgesetze von ihren gesellschaftsverändernden Rechtsreformen, die oft buchstäblich über Nacht in Kraft gesetzt wurden, erwartet haben. Die Änderung der Rechtsordnung im vorhinein konnte die erwünschte Veränderung der Gesellschaft jedenfalls nicht in jenem Maße bewirken, das man erwartet hat.

Das Beispiel des sowjetischen Scheidungsrechtes

Ein interessantes Beispiel für das Schicksal des Versuches, die Änderung der Rechtsordnung als Mittel und Motor für die Änderung der Gesellschaft einzusetzen, ist die Geschichte des sowjetischen Scheidungsrechtes. Schon wenige Wochen nach der Oktoberrevolution wurden die Dekrete vom 18. Dezember 1917 „Über die Zivilehe, über Kinder und über die Führung der Personenstandsregister" und vom 19. Dezember 1917 „Über die Ehescheidung" in Kraft gesetzt.
Der Grundsatz des Dekretes vom 19. Dezember 1917 lautete:
„Die Ehe wird auf Antrag der beiden Ehegatten oder nur des einen Ehegatten aufgelöst …"[2]
Sowohl Eheschließung als auch Ehescheidung wurden zum bloßen Formalakt. Registrierung der Ehescheidung nach dem Willen eines die Scheidung

2 Bilinsky: „Das sowjetische Eherecht", Studien des Instituts für Ostrecht/München, Band 13, Verlag für Internationalen Kulturaustausch, Herrenalb/Schwarzwald, 1961, S. 18.

der Ehe begehrenden Ehegatten wurden zum einzigen Beitrag des Staates bei der Schließung der Ehe und bei ihrer Auflösung.
Unmittelbar nach Erlassung der Dekrete im Dezember 1917 hat Lenin die hohe gesellschaftspolitische Bedeutung des sowjetischen Gesetzgebungsaktes – es war einer der ersten im Bereich der Rechtsordnung im engeren Sinn – gewürdigt. Er meinte:
„… Und wir können jetzt mit Stolz und ohne jegliche Übertreibung sagen, daß es außer Sowjetrußland kein Land auf der ganzen Welt gibt, in dem eine volle Gleichberechtigung der Frau verwirklicht und die Frau nicht in eine erniedrigende Lage gestellt ist, deren Auswirkungen im täglichen Leben der Familie besonders empfindlich sind. Das war eine unserer ersten und wichtigsten Aufgaben.“[3]
Das sowjetische Ehe- und Scheidungsrecht war in so hohem Ausmaß der Versuch zur ideologisch motivierten Änderung der Gesellschaft durch Änderung der Rechtsordnung, daß die natürliche Gegenbewegung aus dem Schoß der Gesellschaft, deren Bewußtseinslage die Gesetzgebung weit vorausgeeilt war, nicht ausbleiben konnte.
A. Bilinsky sagt dazu:
„Die zwanziger Jahre haben die Unmöglichkeit der Verwirklichung eines positiven kommunistischen Eheideals bewiesen. Anstelle des Absterbens des Staates und Entstaatlichung der Ehe und Familie kam die Festigung des totalen Staatssystems und parallel dazu die Festigung der sozialistischen Ehe als Grundlage der sozialistischen Familie, einer ‚Familie höheren Typs‘, die eine Grundzelle der sozialistischen Gesellschaft bilden sollte.“[4]
Die Gesellschaft hatte die nach der Revolution geschaffene neue Rechtslage innerlich nicht akzeptiert, ihre unveränderte Aufrechterhaltung konnte von den neuen Machthabern auf die Dauer nicht erzwungen werden. Schritt für Schritt wich die Rechtsordnung zurück. Ehe- und Scheidungsrecht in der Sowjetunion wurden wieder zunehmend konservativer, das heißt, der bestehenden gesellschaftlichen Realität angepaßt. Manche der veröffentlichten Entscheidungen des Obersten Gerichtes der Sowjetunion in Scheidungsverfahren stehen in den letzten Jahren an konservativer Grundeinstellung den Entscheidungen der Höchstgerichte in Ländern mit ganz verschiedenem politischem System um nichts nach, wenn man von den Unterschieden in der Terminologie absieht, die jedoch nicht den Kern der Sache betreffen.

---

[3] Ebenda

[4] a.a.O., S. 89.

Ich zitiere aus einem Beschluß des Obersten Gerichts der UdSSR:
„... Nur dann, wenn das Gericht unter Berücksichtigung der konkreten Umstände der Sache zu der Überzeugung gelangt, daß die Einleitung des Ehescheidungsverfahrens auf gründlich bedachte und begründete Ursachen zurückzuführen ist und daß eine Aufrechterhaltung der Ehe im Widerspruch zu den Prinzipien der kommunistischen Moral stehen würde und keine normalen Bedingungen für ein gemeinsames Leben und für die Erziehung der Kinder bieten kann, kann das Gericht die Ehe scheiden."[5]

Das österreichische Ehegesetz 1938

Es ist nicht uninteressant, einen Blick auf das Schicksal des gleichfalls von oben „oktroyierten" Ehegesetzes zu werfen, das bei uns 1938 in Kraft gesetzt wurde. Zum Teil brachte das Gesetz den Nachvollzug längst fälliger gesellschaftlicher Änderungen. Insoweit hat die Reform dem allgemeinen Bewußtseinsstand entsprochen und Bestand gehabt. Soweit es – neben anderen Vorschriften – um die bekannten Bestimmungen des § 55 Ehegesetz ging, handelte es sich um den Versuch – ohne entsprechende Vorbereitung –, durch Änderung der Rechtsordnung ein Stück Gesellschaft zu ändern. Rückschauend betrachtet, darf es daher nicht überraschen, daß sich in der Folge das Pendel – durch die Rechtsprechung in Gang gesetzt – wieder nach der anderen Seite bewegt hat.

Die geschichtlichen Beispiele reichen – wie wir gesehen haben – unter anderem von Kaiser Joseph II. bis zu Kemal Atatürk. Ihnen allen ist gemeinsam, daß die Änderungen der Rechtsordnung, die nicht Abbau gesellschaftlichen Nachholbedarfs zum Inhalt hatten, sondern Änderungen der Gesellschaftsordnung einleiten und nach sich ziehen sollten, sehr bald die Grenzen ihrer Möglichkeiten erreichten. Dort, wo die Maßnahmen der der gesellschaftlichen Entwicklung vorausgeeilten Rechtsreform diese Grenzen überschritten haben, waren die darauf aufbauenden Maßnahmen der Gesetzgebung meistens in der Folge wieder zum Scheitern verurteilt.

Eine Gesetzgebung durch „Oktroi" von oben, die gar nicht oder kaum darauf Bedacht nimmt, ob die Rechtsreform auch tatsächlich dem Stand der gesellschaftlichen Entwicklung entspricht, läuft Gefahr, ihr Ziel zu verfehlen.

---

[5] a.a.O., S 90.

Sie mag expeditiver sein als eine Gesetzgebung, die darauf achtet, dem jeweiligen Stand der Gesellschaftsentwicklung Rechnung zu tragen. Effektiver ist diese Art der Gesetzgebung nicht.

Nicht selten wird ein hoher Preis für die Expeditivität der Rechtsreform bezahlt. Zu rasch erarbeitete und in Vollzug gesetzte Rechtsreformen mußten auch rasch wieder, zumindest teilweise, zurückgenommen werden. Manche zu rasch in Kraft getretene Rechtsreform ist totes Recht geglieben, Reformen, die nur auf dem Papier standen, sind niemals gesellschaftliche Wirklichkeit geworden. Mancher Versuch, vorschnell zu einer Änderung der Rechtsordnung zu kommen, hat in der Praxis geringere Auswirkungen gehabt als die Rechtsreform, die den bescheideneren Standort des Nachvollzugs bereits eingetretener gesellschaftlicher Veränderungen bezieht und damit vermeidet, ihre Vorhut ohne Flankensicherung in gesellschaftliches Niemandsland vorauszuschicken und dabei ihre Existenz zu gefährden.

Der gesellschaftspolitische Erfolg der Rechtsreform wird um so größer und nachhaltiger sein, je klarer sie den Zeitpunkt und das Ausmaß eingetretener Veränderungen in der Gesellschaft erkennt und ihnen durch rechtzeitige und adäquate Änderung der Rechtsordnung Rechnung trägt.

„Man kann nie eine Revolution machen, man kann immer nur einer Revolution, die schon in den tatsächlichen Verhältnissen einer Gesellschaft eingetreten ist, auch äußere, rechtliche Anerkennung und konsequente Durchführung geben." (Arbeiterprogramm", 1862.)

Es ist eine Aufgabe von großer gesellschaftspolitischer Bedeutung, eingetretene gesellschaftliche Veränderungen rechtzeitig und im rechten Ausmaß zu erkennen und die rechten Schlußfolgerungen rechtzeitig daraus zu ziehen. Das Erkennen und die Erfüllung dieser Aufgabe ist die wichtigste Voraussetzung für rationale Rechtspolitik.

Die Gesetzgebung als bewußtseinsbildende Kraft

Die Rechtsreform in der Demokratie steht im Dienste des Nachziehverfahrens, durch das die Rechtsordnung an die veränderte Gesellschaft angepaßt wird. So ist es und nicht umgekehrt. Dennoch ist die Änderung der Rechtsordnung im Rahmen und im Zug des gesellschaftlichen Nachziehverfahrens durchaus nicht ohne Bedeutung für die Weiterentwicklung der Gesellschaft. Die Veränderung der Gesellschaft und die Änderung der Rechtsordnung stehen zueinander im Verhältnis von Ursache und Wirkung. Aber sie wirken aufeinander auch im umgekehrten Sinn. Sie regen einander an und befruchten einander. Von der Änderung der Rechtsordnung gehen Impulse aus, die ihre Auswirkungen auf die Gesellschaft haben, die sich im Zuge ihrer weiteren Entwicklung von neuem verändert und weiterentwickelt. So schließt sich der Kreis der wechselseitigen Anregung und Durchdringung von Entwicklungen im Unterbau der Gesellschaft und in ihrem Überbau. In diesem Kreislauf hat die Gesetzgebung ihren festen Platz und Standort.

Wir sahen: Versuche, der Gesetzgebung im sozialen Wandel eine andere Aufgabe zuzuweisen als die des Nachvollzuges fälligen gesellschaftlichen Nachholbedarfs, sind auf längere Sicht meistens gescheitert. Es ist in der Regel gesellschaftliche Fehlinvestition, Kraft in solche Versuche zu investieren.

Viel wichtiger ist die andere tragende Motivation der Gesetzgebung: Ohne vorherigen Prozeß der gesellschaftlichen Bewußtseinsbildung gibt es keine erfolgreiche Gesetzgebung in der modernen pluralistischen Industriegesellschaft. Aber auch die Gesetzgebung übt ihren bewußtseinsbildenden Einfluß auf die Gesellschaft aus. Die Gesetzgebung ist im sozialen Wandel immer beides: Endpunkt gesellschaftlicher Entwicklung und gleichzeitig Ausgangspunkt neuer gesellschaftlicher Entwicklung. Wenn die Gesetzgebung diesen Einfluß ausüben und wenn sie selbst auch bewußtseinsbildende Kraft haben soll, wenn ihre Ergebnisse dauernde sein sollen, wenn sie in die Tiefe wirken sollen, dann ist es so wichtig, daß die Gesetzgebung selbst Ergebnis eines aus der ganzen Breite der Gesellschaft kommenden Bewußtseinsbildungsprozesses ist, der seinen Niederschlag in einem breiten vorparlamentarischen Willensbildungsprozeß und in einem sorgfältigen parlamentarischen Gesetzgebungsverfahren findet, in dem alle Argumente für und wider noch einmal abgewogen werden, bevor der Gesetzgeber entscheidet. Damit aber greift der Gesetzgeber selbst höchst wirkungsvoll in den gesellschaftlichen Bewußtseinsbildungsprozeß ein. Es ist offenbar diese bewußtseinsbildende Kraft des Gesetzgebers, die Nowakowski im Auge hat, wenn er – im Zusammenhang mit fehlendem Bewußtsein der Gesellschaft – schreibt:

„Muß er (der Gesetzgeber) dann nicht vielmehr versuchen, die Volksüberzeugung zu bilden und zu größerer Reife führen? Man wird daran kaum zweifeln können. Freilich ist das eine Aufgabe, die nicht von heute auf morgen gelöst werden kann. Gesetze, die dem Empfinden der Allgemeinheit in provozierender Weise widersprechen, führen nicht weiter, sondern zu einem Rückschlag. Der Gesetzgeber muß immer prüfen, wie weit er eben noch gehen darf, um das zu vermeiden und die Wirksamkeit seines Gesetzes nicht in Frage zu stellen."[6]

Gustav Heinemann hat ähnliche Gedanken ausgedrückt, wenn er einmal dem Sinne nach meinte:

„Wenn man einen Schritt hinter der Öffentlichen Meinung zurück ist, ist das sehr schlecht. Wenn man der Öffentlichen Meinung um einen Schritt voraus ist, ist das sehr gut. Wenn man der Öffentlichen Meinung um zwei Schritte voraus ist, ist es eine Katastrophe."

Ich glaube, daß unser Gesetzgeber diesen Geboten gefolgt ist, als er seinen Beitrag zu jenem Erziehungs- und Bewußtseinsbildungsprozeß leistete, in dem tragende Gedanken des neuen Strafgesetzbuches in das allgemeine gesellschaftliche Bewußtsein integriert wurden.

Helfen statt strafen

Ich nenne als Beispiele:

Die Respektierung des Grundsatzes: Helfen statt strafen, die Zurückdrängung des Vergeltungsgedankens, die Eindämmung der Freiheitsstrafe als Sanktion gegen sozialschädliches Verhalten, die Ersetzung der kurzfristigen Freiheitsstrafe durch andere Maßregeln, das Absehen von Strafen mangels Strafwürdigkeit, die Zurückziehung des Strafrichters aus der Privatsphäre des Staatsbürgers, wie sie unter anderem in der Beseitigung der Strafbestimmungen gegen die homosexuelle Betätigung unter Erwachsenen, diesen „Irrtum der Natur" (nach einem Wort von Professor Werkgartner in der Strafrechtskommission), ihren sinnfälligen Ausdruck fand.

Noch ein Beispiel aus dem Familienrecht: Mit der Neuregelung des Namensrechtes, die die Möglichkeit der wahlweisen Annahme des Namens der Frau oder des Namens des Mannes als Ehenamen vorsieht, ist der Gesetzgeber wahrscheinlich über den bloßen Nachvollzug bereits eingetretener Änderung gesellschaftlicher Auffassungen ein Stück hinausgegangen. Keller und Strotzka haben in ihrem bekannten Aufsatz „Gleichberechtigung und Namensrecht" auf diesen Umstand verwiesen. Kohlegger hat sich in zahlreichen Vorträgen und Publikationen auf Keller und Strotzka bezogen und

[6] Friedrich Nowakowski, „Freiheit, Schuld, Vergeltung", Festschrift für Theodor Rittler zu seinem 80. Geburtstag, Innsbruck 1957, S. 87.

deren Argumente unterstützt, denen sich schließlich auch der Gesetzgeber angeschlossen hat.[7]

Das sind einige Beispiele für rationale Rechtspolitik und für ihren Niederschlag in der österreichischen Gesetzgebung der jüngsten Zeit. Sie wurde möglich, weil die gesellschaftlichen Bedingungen für sie reif geworden sind. Sie hatte Erfolg, weil ihren Grundsätzen in einem umfassenden Bewußtseinsbildungsprozeß ein fester Platz im gesellschaftlichen Bewußtsein unseres Landes gesichert wurde.

Das sind die Wechselbeziehungen zwischen den Veränderungen des gesellschaftlichen Unterbaus und den Impulsen, die von den Veränderungen der Rechtsordnung auf die Gesellschaft zurückwirken. Es sind die Wechselwirkungen zwischen der demokratischen Gesellschaft und dem demokratischen Gesetzgeber im demokratischen Rechtserzeugungsverfahren. An die Stelle des Versuchs kurzfristiger Gesellschaftsänderung durch Rechtsoktroi tritt der langfristige demokratische Bewußtseins-, Willensbildungs- und Entscheidungsprozeß, der beides zu einer Einheit integriert: Die bereits vollzogene Veränderung der gesellschaftlichen Verhältnisse und die Änderung der Rechtsordnung.

Ich würde das das „Grundgesetz" der Gesetzgebung im sozialen Wandel der pluralistischen Industriegesellschaft nennen.

Einrichtungen des vorparlamentarischen Willensprozesses

In den letzten Jahrzehnten haben sich in den vergleichbaren Ländern mit funktionierender parlamentarischer Demokratie vergleichbare Strukturen in der Gesetzgebung herausgebildet, soweit diese im Dienst der Anpassung der Rechtsordnung an die veränderten gesellschaftlichen Verhältnisse steht.

Ein Problem, dessen Lösung gesellschaftlich aktuell geworden ist, wird zur allgemeinen Diskussion gestellt.

Der gesellschaftliche Bewußtseinsbildungsprozeß kommt in Gang. Der vorparlamentarische Willensbildungsprozeß beginnt. Er nimmt heute in den Ländern mit funktionierenden parlamentarisch-demokratischen Einrichtungen meistens eine Reihe von Jahren in Anspruch. Häufig vollzieht er sich in

---

[7] Hans Strotzka und Heinrich Heller, „Gleichberechtigung und Namensrecht", „Die Zukunft" Nr. 15/16, August 1973, S. 28 ff.

jenen gemischten Beratungsgremien, in denen die Vertreter der Wissenschaft und Praxis mitarbeiten, aber meist auch schon die Vertreter der parlamentarischen Parteien. Es sind das in ihrem Wesen Nachbildungen jener „königlichen" Kommissionen des vorparlamentarischen Willensbildungsprozesses, wie sie sich zuerst in England und Skandinavien bewährt und seit etwa zwei Jahrzehnten mehr und mehr auch bei uns eingebürgert haben. Erfolgreiche Arbeit im vorparlamentarischen Raum haben in Österreich unter anderem die Strafrechtskommission und der Arbeitskreis für ein modernes Medienrecht geleistet. Derzeit ist im Justizministerium ein ähnlich zusammengesetzter Arbeitskreis, der sich mit den Grundlagen für die Erneuerung des österreichischen Strafverfahrensrechtes beschäftigt, tätig.

Allen diesen Einrichtungen des vorparlamentarischen Willensbildungsprozesses ist heute gemeinsam, daß sie sich bei der Sammlung des zu verarbeitenden Rechtsstoffes nicht mehr darauf beschränken, was sie an Material innerhalb der Landesgrenzen vorfinden. Die nationale Gesetzgebung nimmt viele übernationale Anregungen und Impulse, insbesondere aus dem seit einem Vierteljahrhundert gut beackerten Feld der juristischen Zusammenarbeit im Europarat, der sich der Rechtsvereinheitlichung annimmt, auf und integriert sie in ihre legislativen Vorhaben.

So produktiv die geistige Arbeit solcher vorparlamentarischer Kommissionen und Arbeitskreise ist und so viele Anregungen aus ihrem Schoße kommen, in einer Hinsicht ist ihre Einschaltung nicht ohne Probleme. Max Güde, seinerzeit Generalbundesanwalt in der Bundesrepublik Deutschland und späterer Vorsitzender des Strafrechtssonderausschusses des Deutschen Bundestages, hat den Finger auf die Wunde gelegt, wenn er auf die Schwierigkeiten bei der parlamentarischen Bewältigung des Strafgesetzentwurfes, der von der deutschen Strafrechtskommission erarbeitet worden war, verwies. Er meinte, es sei eine große Hypothek für die gesetzgeberische Arbeit gewesen, daß das Parlament der sechziger Jahre auf dem Kommissionsentwurf der fünfziger Jahre als Beratungsgrundlage aufbauen mußte.

Im Interesse des funktionierenden Ineinandergreifens von vorparlamentarischem Willensbildungs- und parlamentarischem Entscheidungsprozeß darf zwischen dem Beginn des einen und dem Ende des anderen keine allzu weite zeitliche Lücke klaffen. Das würde die Fähigkeit des parlamentarischen Gesetzgebers, den Anpassungsprozeß der Rechtsordnung an die veränderte Gesellschaft zu bewirken, dem Grunde nach in Frage stellen. Daß das parlamentarische Gesetzgebungsverfahren auch seine Zeit in Anspruch nimmt, ist andererseits sachlich gerechtfertigt und unvermeidlich.

Die „Filterfunktion" des Parlaments

Ein funktionierendes Parlament übt insbesondere durch seine Ausschüsse im Gesetzgebungsverfahren eine unentbehrliche „Filterfunktion" aus, bevor der Rechtserzeugungsprozeß in seine letzte entscheidende Phase – die Verabschiedung des Gesetzesbeschlusses – eintritt.
Im Parlament erfolgt die abschließende Konfrontation und Diskussion der verschiedenen Standpunkte in der Sache.
Das Parlament ist die Stätte des Bemühens um den Ausgleich der gesellschaftlichen Gruppen- und Teilinteressen, bevor legislativ entschieden wird.
Das Parlament ist der gesetzgeberische Integrationsfaktor in der Gesellschaft.
Das Parlament trifft im Gesetzgebungsverfahren die gesetzgeberische Entscheidung.
Eine längere parlamentarische Beratunszeit hat auch den Vorteil, daß die Reformen in breiter Öffentlichkeit diskutiert werden. Damit fallen die Entscheidungen nicht in geheimen Gremien, sondern werden von der öffentlichen Meinung kontrolliert. Dies bedeutet im Ergebnis unmittelbare Teilnahme der Bevölkerung am demokratischen Willensbildungs- und Entscheidungsprozeß.

Übereinstimmen, statt überstimmen

Es ist bekannt, daß wir bei allen Bestimmungen der Rechtsreform zwischen 1970 und 1975 – mit einer einzigen Ausnahme – nach diesem vorparlamentarischen Willensbildungsprozeß, der Hand in Hand mit einem umfassenden gesellschaftlichen Bewußtseinsbildungsprozeß gegangen ist, auch zum inhaltlichen Konsens gefunden haben. Er hat seinen Niederschlag in der einstimmigen parlamentarischen Annahme aller Bestimmungen der Rechtsreformgesetzgebung oder doch in ihrer Annahme durch eine überwältigende parlamentarische Mehrheit gefunden – mit der einzigen Ausnahme der Neuordnung der Strafbestimmungen über den Schwangerschaftsabbruch. Es ist das ein Umstand, der darauf hindeutet, daß die österreichische Rechtsreform in den Jahren 1970 bis 1975 in der Tat der nahezu klassische Fall des fällig gewordenen Abbaues von aufgestautem gesellschaftlichem Nachholbedarf in der Anpassung der Rechtsordnung an die veränderten gesellschaftlichen Verhältnisse gewesen ist. Die ausgereiften

Veränderungen in der Gesellschaft haben zur Änderung der Rechtsordnung durch die Gesetzgebung geführt. In der gesellschaftlichen Willensbildung wurde das angestrebte Ziel durch Übereinstimmung statt durch Überstimmen erreicht. Diese Übereinstimmung im Parlament wurde möglich, weil die Reformen von einer breiten Zustimmung in der Öffentlichkeit getragen waren. Als ich 1970 – damals verfügte bekanntlich die derzeitige Regierungspartei über keine absolute Mehrheit im Parlament – gefragt wurde, wie denn unsere Reformen beschlossen werden können, meinte ich, wir müssen die Koalition mit der öffentlichen Meinung suchen und finden, dann werden wir auch die parlamentarische Mehrheit für uns gewinnen. Die Richtigkeit der Prognose wurde bestätigt. Der Dialog zwischen Regierung und öffentlicher Meinung, zwischen Regierungspartei und Opposition war lebendige Demokratie.

Das Suchen nach dem Konsens im Parlament setzt die handlungsfähige, nach einem eigenen geschlossenen politischen Konzept vorgehende Regierung, die ihre gesetzgeberischen Vorstellungen in Regierungsvorlagen dem Parlament zuleitet, damit das Parlament darüber die Entscheidung trifft, voraus. Wer das Suchen nach Konsens im Parlament bejaht, muß als dessen Voraussetzung auch die funktionsfähige Regierungsinitiative bejahen.

Die Konzentrationsregierung der im Parlament vertretenen Parteien, die keinen Raum für die Funktion einer parlamentarischen Opposition läßt, kann der Rechtsreform die erforderlichen Impulse und Initiativen nicht zuführen. Gerade weil in den letzten fünf Jahren die Initiative einer homogenen Regierung im fruchtbaren Ideenwettbewerb und im geistigen Spannungsverhältnis mit einer starken Opposition stand, haben wir in Österreich in der Rechtsreform substantielle Ergebnisse erzielt. Wir konnten im Parlament miteinander arbeiten, weil es in der Regierung kein Gegeneinander gab.

Die Präsentation der Auffassungen der Regierung im Parlament und die Bereitschaft der Opposition zur Mitarbeit haben den Boden für den Konsens in der Sache bereitet. Die rationale Rechtspolitik hatte damit eine gute Chance. Es ist das Verdienst der Gesetzgebung, daß sie diese Chance genützt hat.

Rechtsreform ist Dienst an der Demokratie

Rationale Rechtspolitik ist ein untrennbarer Bestandteil der funktionierenden demokratischen Gesellschaft.

Rationale Rechtspolitik trägt den Veränderungen der Gesellschaft durch die evolutionäre Anpassung der Rechtsordnung Rechnung. Dadurch leistet die rationale Rechtspolitik ihren Beitrag zum Abbau von gesellschaftlichen Spannungen.

Rationale Rechtspolitik baut auf den Erkenntnissen der modernen Wissenschaft auf und macht sie für die Gesetzgebung nutzbar.

Rationale Rechtspolitik bewirkt den Abbau von gesellschaftlichen Vorurteilen und Tabus.

Rationale Rechtspolitik hat ihre hohe Bedeutung für das geistige Klima und für die geistige Atmosphäre in der demokratischen Gesellschaft.

Rationale Rechtspolitik beruht auf geübter Toleranz und der Bereitschaft zur Toleranz. So leistet die rationale Rechtspolitik ihren Beitrag zur Stärkung des Gedankens der Toleranz in der Gesellschaft.

Rationale Rechtspolitik vermehrt die Glaubwürdigkeit und das Ansehen der Demokratie und ihrer Einrichtungen.

Rationale Rechtspolitik schafft die Voraussetzungen dafür, daß sich neue gesellschaftliche Autorität bildet an Stelle überlebter und inhaltsleer gewordener gesellschaftlicher Anordnungen, die von den Menschen innerlich nicht mehr anerkannt werden.

Rationale Rechtspolitik wirkt an der Lösung der Probleme der demokratischen Gesellschaft wirksam mit.

Rationale Rechtspolitik verlangt das ernstliche Bemühen um breiten gesellschaftlichen Konsens. Je breiter dieser gesellschaftliche Konsens ist, desto effektiver ist die Gesetzgebung, die sich die Aufgabe der Anpassung der Rechtsordnung an die Veränderungen der Gesellschaft in ihrem sozialen Wandel stellt.

Rationale Rechtspolitik bedarf zu ihrem Erfolg funktionierender parlamentarischer Einrichtungen.

Der gesellschaftliche Konsens findet seinen Ausdruck und seinen Niederschlag im Konsens, der im parlamentarischen Gesetzgebungsverfahren gesucht und gefunden wird. Das Parlament muß seiner Aufgabe als Gesetzgeber voll und unbehindert nachkommen, wenn die rationale Rechtspolitik Erfolg haben soll.

Wer von der Unentbehrlichkeit rationaler Rechtspolitik in der modernen Gesellschaft überzeugt ist, hat einen Grund mehr, um nachdrücklich und leidenschaftlich für die parlamentarische Demokratie und das Funktionieren ihrer Einrichtungen einzutreten. Dieses nachdrückliche und leidenschaftliche Eintreten für das Parlament als demokratischen Gesetzgeber verbindet sich mit dem nachdrücklichen und leidenschaftlichen Bekenntnis zur Fortführung der Rechtsreform im Geiste und mit den Zielen rationaler Rechtspolitik.

Die freie demokratische Gesellschaft braucht die aktive, rationale Rechtspolitik und die von ihr getragene engagierte Rechtsreform.

Rechtsreform ist Dienst an der Demokratie, Rechtsreform ist Dienst an der freien Gesellschaft.

aus: Die Zukunft, Jg. 1975, H. 18, S. 10 ff.

KULTURPOLITIK FÜR ALLE

Fred Sinowatz

Liebe Genossinnen und Genossen, ich rede hier sehr gern über Kulturpolitik, wie ich ja überhaupt gern die Gelegenheit wahrnehme, vor Sozialisten das Thema Kulturpolitik anzuschlagen. Deren Bedeutung wird leider nicht immer in unserer Partei erkannt. So versuche ich es schon seit langem, auf jede mögliche Weise ein gewisses Interesse für Kulturpolitik zu schaffen und den Genossen klarzumachen, daß Kulturpolitik sehr wohl zur Politik gehört, ja sogar einen wesentlichen Teil unserer Politik ausmacht – oder ausmachen sollte.

Freilich, wir dürfen uns hier alle keiner Illusion hingeben: Solange nicht bestimmte wesentliche soziale Fragen weitgehend bewältigt sind, wird für weitergehende Fragen, für unsere kulturpolitischen Ziele, kein rechter Platz sein in der parteiinternen Diskussion, und auch die Gesellschaft wird sich nicht sehr intensiv damit beschäftigen wollen.

Warum ist das so? Wenn man über den Begriff Kultur nachzudenken beginnt, kommt man sehr rasch darauf, daß es gar nicht so einfach ist, der Kulturpolitik den ihr gebührenden Rang zu verschaffen. Der Begriff Kultur ist schwer zu fassen. Er ist vielschichtig, schillernd, verhält sich spröde gegenüber dem Versuch, ihn unangreifbar zu definieren. Wenn das gelingt, hat man auch schon die eigene kulturpolitische Perspektive dargelegt. Es ist also sehr wichtig für uns alle, den Kulturbegriff sorgfältig zu diskutieren.

Allerdings ist es mit dem Reden und Diskutieren allein nicht getan. Großartige Verbalität allein hilft nicht. Schon in meinem seinerzeitigen kleinen

Aufgabenbereich als Kulturlandesrat eines kleinen Bundeslandes habe ich das bemerkt, daß in kulturpolitischen Fragen oft großartige Rhetoren auftreten, deren schöngeistige Brillanz leider oft wenig realitätsbezogen ist. Oder sagen wir es anders: Es wird über Kultur brillant gesprochen – worauf sich dann die Beteiligten damit zufriedengeben und sich gar keine politischen Konsequenzen erwarten.
Herbert Marcuse spricht von der Kultur als der Möglichkeit einer Gesellschaft zu ihrer Humanisierung. Ich halte das für eine gute Definition, schon deshalb, weil sie logisch anschließt an die Einsicht Hegels, auf der dann Marx fußt, wonach die Entwicklung der Menschheit, ihre immer höhere Kultivierung, als die Entwicklung der Menschen zum Bewußtwerden ihrer selbst angesehen und begriffen wird.

Kultur ist nicht nur Kunst

Aber ich möchte mich gar nicht bei dieser Definition aufhalten und sie auszudeuten versuchen. Wichtig erscheint mir, ganz konkret die kulturelle Situation, wie sie heute ist, zu umreißen und kurz den Kulturbegriff zu beschreiben, wie er heute praktisch in den Köpfen der meisten Menschen vorhanden ist. Unsere IFES-Untersuchung hat darüber sehr viel ausgesagt. Der Kulturbegriff wird bei uns, in unserer Gesellschaft, sehr eng gefaßt. Vor allem wird er sehr eng gefaßt von denen, die sich aufgrund ihres sozialen Standortes und ihres Bildungsganges ein gewisses gehobenes kulturelles Niveau zuzuschreiben gewohnt sind. Sie verstehen im Grunde genommen unter Kultur ausschließlich die künstlerische Sphäre, das Ergebnis, das Produkt hergebrachten Kunstschaffens.
Dabei ist es für mich immer sehr interessant zu beobachten, daß es in dieser Frage keinen großen Unterschied gibt zwischen denen, die unter Kultur die tradierte Hochkultur verstehen, und jenen, die mehr zur Avantgarde tendieren, also die, sagen wir, provokante Moderne repräsentieren. Im Grunde genommen haben beide elitäre Ansichten. Bei aller Verschiedenheit der Auffassungen verwenden beide Gruppierungen einen sehr engen Kulturbegriff. Für sie ist Kulturpolitik im Grunde genommen Kunstpolitik. Das heißt weiter, daß sie unter Kunstpolitik die Förderung von Kunst, wie sie sie verstehen, meinen. Sie reden also von Kultur und meinen, daß die Kunst, ihre Kunst, zu fördern sei – und das ist ja auch schließlich das, was wir bisher gemacht haben.

Die Erwartungshaltung derer, die über Kultur diskutieren, besteht darin, daß der Staat, die Länder, die Gemeinden, die öffentliche Hand ganz einfach die Rolle des Mäzens von gestern zu übernehmen haben. Um einen burgenländischen Vergleich zu bringen: Das, was gestern Esterhàzy getan hat, das soll heute die öffentliche Hand tun. Sie soll die Produktion des Kunstwerkes ermöglichen, sie soll vorsorgen, daß Kunst entstehen kann, und sie hat das allein mit der Zielsetzung zu tun, das Lebensgefühl der Gesellschaft zu erhöhen.

Wer aber, so ist zu fragen, nimmt teil an diesem Kunstförderungsvorgang? Doch nur die, die so wie seinerzeit beim Fürsten Esterhàzy den kleinen Kreis der Bevorzugten ausgemacht haben. Was erwartet man sich von der heutigen Kulturpolitik der öffentlichen Hand, und was tut sie tatsächlich? Ich glaube, daß sich diese Vorgänge durchaus den seinerzeitigen vergleichen lassen. Doch damit es hier kein Mißverständnis gibt, liebe Genossinnen und Genossen: Natürlich ist es unsere Aufgabe, die Kunstproduktion zu ermöglichen und für die Rezeption Vorsorge zu treffen – aber das kann nur eine Aufgabe der Kulturpolitik, und nicht ihre ausschließliche Aufgabe sein. Vor allem muß man sich dessen bewußt sein, daß es nicht die Aufgabenstellung ist, die vornehmlich eine politische Perspektive hat.

Um auf Einzelheiten einzugehen: Wir müssen also selbstverständlich die Bundestheater führen und weiterentwickeln, wir müssen die Bundesmuseen erhalten und weiterentwickeln, es obliegt uns, die großen Orchester zu erhalten und die größeren und kleinen Festspiele zu finanzieren. Das heißt weiter, daß wir auch die Entwicklung der modernen Kunst fördern, von der konkreten Poesie etwa bis zur Pop-art. Das sind Aufgaben, die geradezu natürlich der Kulturpolitik gegeben sind. Aber die gesellschaftliche Herausforderung muß doch weiter und anders gesehen werden: soziokulturell, um es ganz allgemein zu sagen. Fassen wir also den Kulturbegriff anders, weiter. Betonen wir seine politische und gesellschaftliche Komponente. Für uns umfaßt Kultur alle typischen menschlichen Verhaltensweisen in einer Gesellschaft. Das heißt, wenn es um die Kultur geht, geht es auch um die materiellen, die ökonomischen, die sozialen Tatbestände, und es geht um die Ideen, die Motivationen, die Denkformen der Menschen, Arbeitswelt, Lebensformen, Unterhaltung, Bildung, Kunst, Religion – all das ist mitzudenken in unserem Kulturbegriff. Es ist wichtig, das festzuhalten. Politik ist in gewisser Hinsicht immer auch Kulturpolitik und ist das auch früher immer gewesen. Gerade wir Sozialdemokraten wissen das, denn im Grunde genommen hatte die Politik dieser Partei und dieser Bewegung immer eine

kulturpolitische Dimension, auch dann, wenn es um soziale Tatbestände ging.
Kulturpolitik sollte daher für uns nicht etwas Abgehobenes, etwas Abstraktes sein, das im luftleeren Raum angesiedelt ist. Kulturpolitik ist keine preziöse Spielerei, keine Verzierung des Lebens – und übrigens sollte auch die Bildungstätigkeit der Partei nicht etwas Abstraktes, etwas von der Partei Abgehobenes sein. Bildungspolitik als preziöse Spielerei einiger weniger Interessierter und Wissender – das bringt wenig.
Es kommt eben darauf an, daß die Lösung unserer Kulturaufgaben nicht beschränkt bleibt auf relativ wenige Menschen. So wie die Sozialpolitik seit der industriellen Revolution und so wie die Bildungspolitik seit zwei Jahrzehnten zunehmend zur Gesellschaftspolitik gehören, so muß es letzten Endes auch mit der Kulturpolitik sein. Wir müssen das Bewußtsein der Menschen dafür adaptieren. Sicherlich in dem Sinne von Marx und Engels, daß wir den Menschen helfen, sich ihrer selbst bewußt zu werden. Das erfordert ein relativ hohes Maß an Abstraktionsvermögen, an Wissen und Bildung. Das heißt, wer erfolgreich Kulturpolitik betreiben will, muß die Bildungspolitik einbeziehen. Das heißt ferner: Abbau von Barrieren, von Behinderungen aller Art, das heißt Bildung für alle, Information, Mündigkeit. Bildung darf sich nicht nur auf die Ausbildung beziehen, auf die Berufsbildung. Unser Bildungsbegriff muß über die Schul- und Erwachsenenbildung hinausgehen. Dieser erweiterte Begriff meint ebenso die Bildungsarbeit in der Partei, die Bildungsarbeit in den Betrieben, die Tätigkeit unserer Betriebsräte, unserer Funktionäre bis hin zum Lernen in der Arbeit, in der Arbeitswelt, im Leben, im täglichen Leben.

Sinnvolle Fortsetzung der Sozialpolitik

Im Grunde genommen sind die politischen Schlagwörter von heute – Emanzipation, Chancengleichheit, Mitbestimmung, Lebensqualität, Humanisierung usw. – Begriffe, die das zu fassen versuchen, was seit jeher die gesellschaftspolitische Zielsetzung der sozialdemokratischen Bewegung ausgemacht hat. Es geht ja immer um die Emanzipierung der Menschen in dieser oder jener Hinsicht. Zur Zeit beispielsweise der Französischen Revolution um die politische Emanzipation und im 20. Jahrhundert um die Emanzipierung der Massen durch Sozialpolitik, soziale Gerechtigkeit, Vollbeschäftigung, soziale Sicherheit. In den sechziger Jahren ist nun die Bildungspolitik der Motor für gesellschaftspolitische Veränderungen geworden – auf dem Weg der Gesellschaft nach immer mehr Freiheit. Politische Freiheit, soziale Gerechtigkeit, mehr Bildung, mehr Information – all das, was schon erreicht worden ist und weiter erreicht wird, macht den Inhalt einer modernen sozialdemokratischen Politik aus.

So verstehe ich Kulturpolitik als eine sinnvolle Fortsetzung der Sozialpolitik, als eine Weiterentwicklung der Sozialpolitik. Wenn Emanzipation also Frei- oder Selbständigwerden bedeutet, Befreiung von einem Zustand des Zwanges, so hat Kulturpolitik in ganz spezieller Weise eben dieser Emanzipation zu dienen.

Eines der schönsten Worte, die ich je in der Arbeiterbewegung gehört habe, ist das Wort: Bildung macht frei. Das bedeutet viel mehr als nur dazu frei werden, in einem Beruf mehr zu wissen, in einem Beruf tüchtiger zu sein und daraus Nutzen zu ziehen. Bildung macht frei, das war seit je eine kulturpolitische, emanzipatorische Zielsetzung, wirklich frei zu werden von Abhängigkeit und zu sich selbst zu finden, daß heißt, sich selbst zu verstehen.

Nehmen wir das Wort und den Begriff Lebensqualität. Gestern und heute wird das sicher noch für viele sehr beschränkt verstanden: reines Wasser, gute Luft, unverfälschte Lebensmittel und so weiter. Aber schon der Arbeitsplatz gehört für die meisten nicht mehr zur Problematik der Lebensqualität. Vom Arbeitsplatz, von der Arbeitswelt, davon ist in den letzten Jahren nicht gesprochen worden, aber von dem, was räumlich und zeitlich weit weg ist vom Arbeitsplatz, auf dem doch aber fast jeder den größten Teil seines Tages verbringt.

Nun, das alles wird sich entwickeln und wird, zusammen mit anderen Fragen der Humanisierung der Gesellschaft, eine ungeheure politische Sprengkraft gewinnen. Wann? Vielleicht in den achtziger und neunziger Jahren. Ja, die Humanisierung der Arbeitswelt ... Die Denkmuster unserer Menschen werden jedenfalls weitaus mehr von der Arbeitswelt als von der Freizeit her bestimmt. Das dürfen wir bei unseren kulturpolitischen Überlegungen nicht vergessen. Und was wir ferner nicht vergessen dürfen und einbeziehen müssen, das ist alles andere, was für die Menschheit überragende Bedeutung besitzt, also z. B. das Wohnen und das Bauen, das Gestalten der Landschaft, die Fragen der Gesundheit, der Sport. Ich glaube, keine andere politische Bewegung als die Sozialdemokratie ist imstande, diese Ganzheitsschau des heutigen Menschen zu realisieren – und als Sozialdemokrat macht mich das hoffnungsfroh und stolz.

Andererseits, ich gestehe es, macht mich die Komplexität der Frage Kulturpolitik besorgt. Ich müßte, um den Anforderungen der Kulturpolitik in jeder

Richtung Rechnung tragen zu können, nach jeder Richtung hin kompetent sein. Das bin ich natürlich nicht.
Und noch etwas anderes, das ich auch auf die Gefahr hin, daß ich mißverstanden werden könnte, sagen möchte. Es herrscht heute bei vielen Menschen ein Gefühl der zivilisatorischen Saturiertheit, wie der Genosse Gehmacher einmal gesagt hat, das heißt, daß viele Menschen sich durch die Zivilisation gesättigt, ja übersättigt fühlen. Aus diesem Zustand heraus wird dann die, wie ich glaube, gar nicht richtige Frage gestellt, ob der materielle Wohlstand und dessen Anwachsen nicht auch gewisse Gefahren mit sich brächten, die unvereinbar wären mit Naturschutz, Landschaftsschutz, Denkmalschutz und so weiter. Eine falsche Diskussion, die dann darüber geführt wird, läuft ungefähr so: Was nützt es denn, wenn wir immer mehr Menschen einen höheren materiellen Standard verschaffen, das bringt ja doch kein höheres Maß an Lebensbehagen. Und daran werden dann auch noch meist zukunftspessimistische Prophezeiungen geknüpft.
Sicherlich versucht sich hier ein allgemeines Bedürfnis nach einem neuen, qualitativ besseren Leben zu akzentuieren, aber es ist offensichtlich damit vermengt ein ungeheures Gefühl der Unsicherheit, eine rückschrittliche Haltung, die gern in die Vergangenheit zurückschaut und behauptet, die Gegenwart tauge nicht viel, und um die Zukunft werde es nicht viel besser bestellt sein. Es ist also ein zugleich progressives wie auch unerhört reaktionäres Verhalten, und die reaktionären Züge dieser Entwicklung sind nicht mehr zu übersehen. Eines muß uns klar sein: Die totalitäre Ausformung dieser Denkmalschutz-, Landschaftsschutz- und Umweltschutzbewegung – die totalitäre Ausformung, ich betone das – ist etwas, das man sehr genau kontrollieren muß. Denn das sollte keine Weltanschauung werden: nur erhalten zu wollen und nur die Vergangenheit als Maßstab zu sehen. Darin sehe ich eine eminent politische Gefahr – gerade für eine politische Bewegung, wie es unsere Bewegung ist.
Ich glaube, daß wir dieses Thema sehr differenziert behandeln müssen. Ich beziehe mich hier wieder auf das, was ich über die Arbeitswelt gesagt habe. Es geht nicht an, weder theoretisch noch praktisch, Fragen der Arbeitswelt, der Ökonomie, der materiellen Umstände von dem zu scheiden, was all dem scheinbar entgegengesetzt ist und doch auch zu unserem ganzen Leben gehört: der Natur, in der wir leben, der Lebensqualität, die wir haben wollen. Wir werden also beides, das materielle Wachstum und das qualitative Wachstum, bedenken müssen, wenn es sehr konkret um politische Entscheidungen auf diesem oder jenem Gebiet geht. Das heißt, wenn etwa bei

unseren Tagungen über den Vorrang des Nahverkehrs gesprochen wird oder über die Frage, was uns die Gewässerreinigung und -reinhaltung wert ist, oder wenn Fragen der Arbeitswelt auf dem Tapet stehen, so ist das in jedem Fall ein Stück Arbeit für uns, an das wir mit sozialdemokratischem Zukunftsvertrauen und gleichzeitigem Verständnis für die Gegenwartsbedürfnisse der Menschen herangehen müssen. Eine Bildungsarbeit der Partei also, und das darf nicht allein Aufgabe der Bildungsfunktionäre sein.

Und weil wir gerade beim Schwierigen sind: Man macht uns bei unserer kulturpolitischen Arbeit gerne den Vorwurf, daß wir nivellieren wollen, daß wir alles gleichmachen wollen, daß wir in der Kultur leistungsfeindlich seien. Es sind dieselben Worte, die in der Sozialpolitik und in der Wirtschaftspolitik vor Jahrzehnten unserer Politik entgegengesetzt worden sind. Nun, ich glaube, daß wir diese Herausforderung annehmen sollten. Wir werden in jedem Fall geduldig und aufklärend wirken und darlegen müssen, daß Bildung, Information, Kultur für alle überhaupt nichts mit Entnivellierung zu tun hat, sondern ganz im Gegenteil das Kulturniveau unserer Gesellschaft allgemein heben will – und wird.

Ich glaube nicht daran, daß es eine spezifisch sozialistische Kultur gibt, aber ich bin umso mehr dafür, daß wir eine sozialistische Kultur entwickeln sollen. Alle unsere Bemühungen auf kulturpolitischem Gebiet machen ja zusammen eben das Sozialistische an ihr aus. (…)

Kultur den Menschen verständlich machen

Uns den Menschen verständlich zu machen, ist eine Hauptaufgabe. Unsere gegenwärtige Kunst ist nämlich, ich sage das immer wieder, sehr exklusiv, sehr abweisend gegenüber den Außenstehenden, ungeheuer intellektualisiert. Das hängt offensichtlich mit der starken Absonderung der Künstler und all jener in unserer Gesellschaft zusammen, die mit Vermittlung von Kunst zu tun haben.

Immer mehr Künstler produzieren heute für immer weniger Menschen. Vor einigen Jahren ist mir das besonders stark aufgefallen, als ich an einem Stadtgespräch fürs Fernsehen im Museum des 20. Jahrhunderts teilgenommen habe. Da war es mir und anderen Kulturfunktionären aufgegeben, typisch reaktionären Einwänden gegen die moderne Kunst entgegenzutreten. Eingeladen zur Diskussion war auch eine Reihe von Kunstkritikern – und die zeigten sich überhaupt nicht imstande, in Kategorien zu denken und in Worten zu sprechen, die die meisten Menschen verstehen. Sie sind dort aufgestanden und haben das gesagt, was sie üblicherweise auf ihren Kulturseiten sagen. Sie sind nicht verstanden worden.

Oder ein anderes Beispiel dieser Art: Ich nehme an, viele von uns haben das Ereignis der Übertragung des „Steirischen Herbstes" in einer speziellen, über mehrere Stunden dauernden Fernsehveranstaltung verfolgt. In der Folge mußten wir merken, welches bedauerliche Echo diese Veranstaltung beim Publikum gefunden hat. Bei vielen, vielen Menschen hat es ein totales Unverständnis gegeben, gewisse Provokationen der modernen Kunst sind mit voller Kraft auf unvorbereitete Fernseher getroffen. Die Reaktion war dementsprechend. Meines Erachtens ist das Auseinanderklaffen von Kunstproduktion und Rezeption sehr gefährlich. Kunst ist Kommunikation, und der heutige Kommunikationsprozeß ist alles andere als heil. Das müssen wir bedenken. Dieser Zustand wirkt auf die Kunstproduktion zurück. Hochleistungen, künstlerische Provokation auf der einen Seite, und auf der anderen Seite Unverständnis – das ergibt den Hochmut vieler Künstler auf der einen und das Sich-Verschließen vor der Kunst, den willig aufgenommenen Kitsch auf der anderen Seite. Das ergibt auch letzten Endes die Pornographie, gegen die ich persönlich viel weniger habe, als es hier bei dieser Aufzählung scheinen mag. Pornographie ist schlechte Unterhaltung, und mit schlechter Unterhaltung muß sich unsere Kulturpolitik auseinandersetzen. Schlechte Unterhaltung durch Scheinkunst, gedankenlose, illusionenfördernde Talmikunst. Falsche sentimentale Entspannung, Demobilisierung der Phantasie der Menschen, ihres Gefühles, ihres Gemütes – gegen das müssen wir ankämpfen.

Ganz selbstverständlich, wofür wir eintreten müssen: für die Motivation zur Eigenbetätigung und der spielerischen Bildung. Gerade hier liegt auch eine ungeheure Chance für die neuen technischen Medien. Das ist ein wichtiges Betätigungsfeld für unsere Kulturpolitik. Gerade die Bildung – Bildung verstanden als Lebensbildung, als Bildung der Seele – sollte immer verbunden sein mit der Freude, mit der Lust, mit dem Interesse, mit einer Art natürlichem Anreiz. Woran wir so oft scheitern bei unseren kulturpolitischen Bemühungen, ist ja eben der Umstand, daß es so schwierig ist, diese Freude, diese Lust, dieses Interesse am Lernen zu wecken. Das beginnt schon in der Institution Schule, die offensichtlich nicht mehr imstande ist, Freude am Lernen zu wecken. Vielleicht kann uns die Kunst hier helfen. Wenn es ihr gelingt, eine pädagogische Dimension anzunehmen, ist schon viel gewonnen. Am besten scheint sie mir dort, wo sie uns im Leben orientiert, wo sie zwischenmenschliche Beziehungen ermöglicht, wo sie sozial motiviert, wo sie zur Selbstentfaltung anreizt. Die heutige Ghettoisierung der Kunst und des Künstlers, die Trennung von Kunst und Gesellschaft haben eine bedauerliche Atmosphäre geschaffen. (...)

Mut zum Unvollendeten

Und um ein weiteres Mißverständnis gar nicht aufkommen zu lassen: Wir wollen niemandem Zwang antun, wir wollen niemanden zu seinem Glück zwingen, wir wollen ihm nicht vorschreiben, wie er seine Freizeit verbringt. Die persönliche Freizügigkeit jedes einzelnen ist ja gerade die Voraussetzung für unsere Arbeit. Das Individuum soll frei sein, und nicht unfrei sein und bleiben gerade durch die gegenwärtigen Zwänge seiner kulturellen Unterprivilegierung. Unsere Arbeit wird mühsam sein, ich weiß das, und ich glaube, daß wir uns mitten in dieser mühseligen Arbeit oft an einen Satz des Genossen Kreisky erinnern sollten, der auf dem Villacher Parteitag gesagt hat, daß man in der Politik Mut zum Unvollendeten braucht. Und er sagte weiter, daß vielen, denen dieser Mut fehlte, auch die Kraft versagt, das Notwendige zu tun.
Wir jedenfalls haben es begonnen und wollen es fortsetzen trotz all den Schwierigkeiten und Mühseligkeiten, denen wir entgegengehen.

aus: Zeitdokumente, Nr. 3, Wien, 1976

ZUM PROGRAMM BIN ICH DER MEINUNG …

Bruno Kreisky

Als die Diskussion über das neue Parteiprogramm begann, wurde öfters die Frage „Wozu?“ gestellt. War sie in diesem Umfang wirklich notwendig?

Ich habe seinerzeit aus zwei Gründen angeregt, daß wir uns an die Arbeit für ein neues Programm machen sollten: Erstens habe ich mir – was ja selten genug geschieht – das Programm der Partei wieder einmal angeschaut und dabei festgestellt, daß es darin Dinge gibt, die man sicher auch in zehn oder zwanzig Jahren nicht verwirklichen kann, weil sie einfach nicht mehr der Realität entsprechen. Ich habe deshalb meinen Freunden gesagt: Wenn wir unser Programm ernst nehmen wollen, müssen wir es auf seine Aktualität hin überprüfen. Zum zweiten ist mir bei der Lektüre des Programms aufgefallen, daß es keine Antwort auf jene neuen Probleme gibt, die mit einer Dringlichkeit aufgetaucht sind, wie man sie kaum je erwartet hat – die Umwelt- und Wachstumsproblematik zum Beispiel, die neuen Entwicklungen im Kommunismus usw. Diese Fragen ließen es mir geboten erscheinen, dem Parteivorstand meine Vorschläge zu unterbreiten.

Offene Partei – ernstgenommen

Das Ganze wurde aber zu einer sehr langwierigen Angelegenheit. Warum?

Wir sind diesmal auf eine ganz neue Art an die Programmarbeit herangegangen. Statt der früher üblichen Vorgangsweise, den Entwurf durch eine kleine Kommission erarbeiten zu lassen, haben wir uns diesmal an jüngere, problembewußte Genossen gewandt und ihnen gesagt, daß sie auf Grund ihrer Überlegungen einen „Problemkatalog" zusammenstellen sollen. Zusätzlich sollten sie Experten aus dem In- und Ausland einladen, ihre Überlegungen vorzutragen. Und so sind einige der bedeutendsten Intellektuellen der Welt hier gewesen und haben dargelegt, wie sie die Probleme sehen, was zweifellos zu einer zusätzlichen Bereicherung geführt hat. Das war eine durchaus neue Sache, und wir haben damit auch dem Begriff der „offenen Partei" in einem höheren Sinn Rechnung getragen: Wir sind nicht nur offen für alle, die zu uns kommen wollen, sondern auch für alle, die einen geistigen Beitrag zur Programmatik der Partei leisten wollen.

So entstand der „Problemkatalog" als Gemeinschaftsarbeit unter der Führung von Genosse Matzner, dessen Leistung ich nicht hoch genug einschätzen kann. Wir haben sehr gut zusammengearbeitet, obwohl er weit weg vom politischen Establishment ist und ich wahrlich mitten drin bin. Nachdem der „Problemkatalog" fertig war, konnten wir uns an die eigentliche Programmarbeit machen. Da es gelungen ist, dabei den größten Teil der Mitglieder des Parteivorstandes einzuschalten, kam es zu einer fruchtbaren Konfrontation von sehr theoretisch ausgerichteten Genossen und jenen, die fast nur praktisch wirken.

Im Parteivorstand wurde der so erarbeitete Entwurf nochmals diskutiert und dann beim Parteirat in Graz veröffentlicht. Daß es dort keine langen Diskussionen gegeben hat, führte zu einigen Mißverständnissen. Aber es war nicht der Zweck der Beratungen des Parteirates, die Diskussion der Partei zu präjudizieren. Hätten wir die Diskussion in den Parteirat verlegt, wäre nur erreicht worden, daß jene Genossen, die in den Führungsgremien der Partei sind, sich dort sozusagen verausgaben, statt daß sie dort diskutieren und ihren Beitrag leisten, wo sie ihre Wurzeln haben.

Wie die tausend Anträge, die bis jetzt schon eingelangt sind, beweisen – und wahrscheinlich werden bis zum Parteitag noch ein paar hundert dazukommen –, ist das von uns verfolgte Ziel offenbar erreicht worden. In mindestens tausend Veranstaltungen wurde das Programm nicht nur diskutiert, sondern es wurden auch sehr konkrete Stellungnahmen erarbeitet. Dazu kommen noch die vielen Anregungen, die nicht in Form von Anträgen zu uns gelangt sind. Wenn zum Beispiel ein Mann wie Nell-Breuning Stellung genommen hat und auch aus vielen anderen Kreisen Beiträge gekommen sind, so heißt das wiederum, daß das Wort von der „offenen Partei" ernstgenommen wird. Nie vorher ist ein Programm in dieser Breite diskutiert worden, wobei es immer klar war, daß es sich um ein sozialistisches Programm handelt, und nicht um irgendeine Denkschrift.

Hier wird nichts abgeschworen

Soll dieser Diskussionsstil auch künftig beibehalten werden?

Dieser Stil ist Ausdruck jener Zielvorstellung, für die ich von allem Anfang an als Parteivorsitzender eingetreten bin und den wir auch unabhängig von der Programmdiskussion praktizieren, wenn wir zum Beispiel in der Renner-Stiftung Leute einladen, die andere nicht einladen. Vielleicht gibt es deshalb heute schon einige Leute außerhalb der Partei, die sich geistig bei uns ein bißchen zu Hause fühlen. Dieser Stil ist geradezu die Essenz meiner politischen Vorstellung, nämlich die Partei aufzumachen und sie nicht so, wie es andere verstanden haben, wie eine Kaderpartei zu schließen. Wir wissen ja, was in den kommunistischen Staaten aus Kaderparteien geworden ist, und wir wissen, daß auch in demokratischen Staaten sozialdemokratische Parteien sehr leicht erstarren und zu exklusiven Funkionärsparteien werden können. Das schien mir die allergrößte Gefahr für unsere Partei zu sein, weil dadurch auch ein geistiger Verödungsprozeß ausgelöst würde.

Und wo sehen Sie die Grenzen für diese Öffnung?

Das alles kann natürlich nur geschehen, wenn man sich andererseits sehr bemüht, das, was wir unter demokratischem Sozialismus verstehen, eindeutig zu fassen. Daher muß dieses Programm auch sehr viel deutlicher sagen, was wir unter sozialer Demokratie oder unter demokratischem Sozialismus verstehen. Ich habe das auch den Herren der Kirche in St. Pölten gesagt: „Sie kritisieren an dem Programm das eine oder das andere – es sei zu sehr marxistisch, es enthalte zuviel marxistisches Gedankengut –, aber es handelt sich um kein Programm, das von der katholischen Kirche approbiert werden muß, sondern um das Programm einer demokratisch-sozialistischen Partei, und das soll es bleiben." Aus politischem Opportunismus wird hier nichts abgeschworen, ganz im Gegenteil: Will man die Offenheit einer Partei bewahren, bedarf es größter intellektueller Klarheit.

Der politische Opportunismus, von dem Sie sprechen, resultiert aber doch aus dem Bestreben, Wähler zu gewinnen, die sozialdemokratischen Zielvorstellungen bisher skeptisch oder ablehnend gegenüberstehen. Andererseits verpflichtet das Parteiprogramm zu gesellschaftspolitischen Veränderungen. Stehen diese beiden Aufgaben einander nicht im Wege?

Wenn man unsere Zielvorstellungen nicht klar zum Ausdruck bringt und auch dementsprechend handelt, können natürlich gewisse Schwierigkeiten entstehen. Aber sie sind meiner Meinung nach durch die offene Art, in der wir unsere Ansichten deklarieren und diskutieren, ausgeschlossen worden. Niemand kann sagen, daß wir unsere Ziele verheimlichen. Es spricht für die Tragfähigkeit der Ideen unserer Bewegung, daß so viele deklarierte Nicht-Sozialisten sich mit so vielem aus dem Programmentwurf identifizieren konnten. Dazu hat es auch in der Diskussion mit der Kirche interessante Äußerungen gegeben. Und es hat sich auch gezeigt, wie schwer sich einige tun, wenn sie begründen sollen, warum sie gegen gewisse Dinge sind, die für uns den Inbegriff elementarer sozialistischer Grundsätze darstellen.

Kein Verzicht auf Karl Marx

Sie haben vorhin die Kritik „zu marxistisch" zitiert. Andererseits wurde aber auch das Fehlen einer marxistischen Analyse im Programmentwurf kritisiert. Was meinen Sie zu dieser Einschätzung, und wie stehen Sie überhaupt zum Marxismus?

Zuerst einmal ist zu sagen, daß es nur innerhalb der kommunistischen Parteien den Versuch gibt, ein System, das Marxismus genannt wird, herauszuarbeiten. Für diejenigen unter uns, die nicht bereit sind, die wissenschaftlichen Erkenntnisse und Ergebnisse der Tätigkeit von Karl Marx und Friedrich Engels einfach über Bord zu werfen, weil sie politisch inopportun sind, gibt es kein geschlossenes marxistisches System. Ich erinnere mich in diesem Zusammenhang an die erste Schrift, die ich als Jugendlicher noch vor dem Kommunistischen Manifest gelesen habe. Es war ein dünnes Heftchen von Max Adler, *Marxismus als proletarische Lebenslehre,* erschienen 1923. In seinem Vorwort spricht der Autor von der fortwirkenden Bedeutung von Karl Marx für die heutige Zeit und wie das Denken von Marx zu einer Reform des Bewußtseins geführt hat: „Die Reform des Bewußtseins besteht nur darin, daß man die Welt ... aus dem Traum über sich selbst aufweckt und daß man ihre eigenen Aktionen ihr erklärt." Das ist für mich auch heute der Inbegriff dessen, was wir Marx zu verdanken haben. Er hat uns geholfen, diese Reform des Bewußtseins herbeizuführen. „Marxismus" habe ich immer in diesem Sinne verstanden. Weil alles das, was Marx an Schlußfolgerungen gezogen hat, von größter Tragweite für die Arbeiterbewegung war und weil er ihre besondere historische Rolle herausgearbeitet hat, hat er für uns eine besondere Bedeutung, und die behält er auch. Ob jetzt im einzelnen zum Beispiel die Lehre vom Mehrwert aller ökonomischen Kritik standhält, ist dabei ganz gleichgültig. Das Wesentliche ist, daß er auf seine einfache Art und Weise erklärte, worin die gesellschaftliche Situation der Arbeiter und aller, die vom Verkauf ihrer Arbeitskraft leben, besteht.

Für mich ist der Marxismus keine Lebensphilosophie, kein geschlossenes System, sondern die Summe der Ideen von Karl Marx, die auch heute noch politische Relevanz haben. Ich habe diesbezüglich schon mehrmals eine Parallele zu den Naturwissenschaften gezogen: Sicherlich hat die Einsteinsche Relativitätstheorie größtes wissenschaftliches Gewicht, aber deshalb wird niemand auf die Newtonschen Gravitationsgesetze verzichten. Denn sie sind eine der Voraussetzungen für den heutigen Stand der Wissenschaft. Genausowenig kann man heute auf Marx und Engels verzichten; irgendwie wird auf sie Bezug genommen. Das Groteske ist ja, daß sogar ein Gelehrter wie Karl Popper, der bei den Leuten, die von Marx nichts wissen wollen, als großer Philosoph gilt, seine Größe gerade in der Auseinandersetzung mit Marx erlangt hat.

Verstaatlichung ist nicht alles

Der Passus aus dem Programm von 1958 über die Vergesellschaftung großer Unternehmen scheint im neuen Entwurf nicht mehr auf. Werden damit bisher geltende Grundsätze aufgegeben?

Ich war sehr erstaunt, daß diese neue Programmformulierung von jenen kam, die als links gelten und die sich als Linke verstehen. Sie stammt nicht von mir, aber ich glaube, daß sie ihre Berechtigung hat. Erstens gibt es Entwicklungen, die zur Zeit von Marx noch nicht da waren: die Anonymisierung des Kapitals, dieser Aufspaltungsprozeß, den Galbraight sehr deutlich dargelegt hat, die Aufspaltung von Eigentum und Verfügungsgewalt über Eigentum, wie wir sie in der modernen Industriegesellschaft in der Technostruktur erleben. Das zeigt sehr deutlich, daß die Frage, wem ein Unternehmen gehört – sofern es überhaupt einen eindeutigen Eigentümer gibt – für uns nicht mehr dieselbe Bedeutung haben kann, wie dies früher der Fall war. Ich bemerke das auch in der Praxis, seit ich mit der verstaatlichten Industrie zu tun habe. Die Rechte des Eigentümers Staat sind juristisch sehr gering. Und die Macht der Organe des Vorstandes und dann des Aufsichtsrates ist ungleich größer als die des Eigentümers. Für uns stellt sich deshalb die Frage, wie sich die Gesellschaft in Unternehmen durchsetzen kann, die vergesellschaftet sind. Ich weiß sehr genau, daß eine Koalition etwa des Managements eines großen Unternehmens mit den Betriebsräten eine Macht darstellt, die für die Eigentümer sehr unangenehm sein kann. Das hat große und sehr wichtige praktische Konsequenzen. Man muß nur daran denken, wie schwer es ist, zum Beispiel den notwendigen Ausgleich zwischen einem Betrieb, der von der Hochkonjunktur profitiert, und einem anderen durchzuführen, der zeitweilig in Schwierigkeiten geraten ist. Da stoßen wir an Grenzen, und daher muß man sehr viel mehr nachdenken, wie man bei vergesellschafteten Betrieben den Einfluß des gesellschaftlichen Faktors vergrößern kann. Die Antwort, daß dies Aufgabe des Staates sei, ist leider zu vereinfachend.

Weiters: Der Umstand, daß der Staat ein Unternehmen besitzt, muß noch lange keinen Fortschritt darstellen. Ich möchte nur darauf verweisen, daß ein großer Teil der Schwerindustrie in Franco-Spanien verstaatlicht war. Deswegen wies die Gesellschaft noch keine besseren Züge auf als in der Demokratie mit sehr viel Privatkapital. Die Vergesellschaftung kann sogar – wie wir es ja in den kommunistischen Ländern erlebt haben – zu einer totalen Despotie führen. Daher haben die Genossen recht, wenn sie sagen, daß Verstaatlichung nicht alles ist. Die Frage ist lediglich, ob das bedeutet, daß wir unter gar keinen Umständen mehr vergesellschaften wollen. Das bedeutet das keineswegs. Aber man muß sich überlegen, welche Eigentumsform für welchen Zweck jeweils die beste ist und ob das, was wir gegenwärtig an Administration des vergesellschafteten Eigentums haben, ausreicht. Dazu ist meine Antwort aus der Praxis klar und eindeutig nein. Daß es bei uns gut geht in der Verstaatlichten und in England zum Beispiel schlechter, hängt mit dem Reifegrad der Arbeiterschaft zusammen, mit dem Umstand, daß sie in diesen Betrieben ein hohes Maß an Mitbestimmung hat, und mit der Klugheit und Parteiverbundenheit der Betriebsräte und Gewerkschafter. Wäre das nicht gegeben, würden wir furchtbare Kalamitäten haben.

Das Problem als Ganzes scheint mir aber noch nicht genügend diskutiert zu sein, und ich bin der Meinung, daß wir es bis zum Parteitag auch nicht mehr ausdiskutieren können. Es wird das große Thema für morgen sein.

Unser Reformismus

Das jetzt zu beschließende Programm ist das Programm der Regierungspartei. Ist es auch das Regierungsprogramm einer SPÖ-Alleinregierung?

Das Parteiprogramm ist in dem Maße gut, als es erlaubt, aus ihm Programme für einzelne Bereiche abzuleiten. Wir haben nun die Aufgabe, dort, wo es sie nicht schon gibt, abgeleitete Programme für unsere Regierungstätigkeit zu erstellen, die mit dem Parteiprogramm konform gehen. Die Vorstellung, daß ein Parteiprogramm das eine und ein Regierungsprogramm etwas ganz anderes ist, würde die Glaubwürdigkeit unserer Partei erschüttern. Eine sozialistische Regierung muß bereit sein, das zu realisieren, was im Parteiprogramm steht. Das ist unsere Aufgabe, und daraufhin muß man uns immer wieder prüfen.

Beim Programm, das für einen Zeitraum von ungefähr 20 Jahren gelten soll, handelt es sich um die neue Sicht dessen, was man früher verächtlich „Reformismus" genannt hat. Heute gibt es den damit verbundenen Streit aus vielen Gründen nicht mehr. Was es gibt, ist in unserem Programm sichtbar geworden. Es gibt Reformen, die im System der gegenwärtigen Gesellschaft bleiben und solche, die über sie hinausweisen. Wann nun eine Reform systemimmanent ist, läßt sich nicht immer mit Eindeutigkeit bestimmen, ebensowenig, wann eine Reform über das Gesellschaftssystem, in dem wir leben, hinausweist. Es kann durchaus sein, daß hier das dialektische Prinzip gilt, wonach die Quantität der Reformen in eine andere Qualität umschlägt. Es kann ja niemand bestreiten, daß es ein Riesenunterschied ist, ob ein Staat von seinen Finanzen 15 oder 40 Prozent für Zwecke des Wohlfahrtsstaates ausgibt: Das sind ganz einfach andere Staaten mit anderen moralischen Maßstäben.

Eine sozialdemokratische Politik ist also durch ein hohes Maß an systemimmanenten Reformen gekennzeichnet, um die Gesellschaft effizienter zu machen, um aus dem Staat die Gesellschaft zu machen; gleichzeitig ist sie durch die Inangriffnahmen gesellschaftsveränderter Reformen gekennzeichnet, die diese Gesellschaft so gestalten, daß die Menschen sich mit ihr stärker identifizieren können, als sie das früher und auch heute noch mit dem Staat tun.

(Mit Bruno Kreisky sprachen Hubert Friesenbichler und Alfred Magaziner.)

aus: Die Zukunft, Jg. 1978, H. 5, S. 2 ff.

ICH WILL DEN FRAUEN MUT MACHEN

Franziska Fast

Für mich gilt immer noch, daß das Sein das Bewußtsein bestimmt, sagte Franziska Fast in diesem Interview, und dies müsse auch im Bemühen um die Gleichberechtigung zwischen Mann und Frau beachtet werden. Die wichtigste Aufgabe sieht die Staatssekretärin im Sozialministerium deshalb darin, das Sein zu verändern, eine Aufgabe, die die Frauen freilich nicht allein bewältigen können.

Durch die Familienrechtsreform, Änderungen in der Sozialgesetzgebung usw. wurden in den siebziger Jahren wichtige Maßnahmen gesetzt, um der Gleichberechtigung zwischen Mann und Frau näher zu kommen. Wo liegen nun die Schwerpunkte für die achtziger Jahre?

Nunmehr wird es vor allem darum gehen, die wirtschaftliche Gleichstellung zwischen Mann und Frau durchzusetzen. Das heißt, daß die Berufspalette für Mädchen erweitert werden muß, um so auch die Folgebeschäftigung für die Mädchen zu sichern. Und zweitens geht es nach wie vor um die Überwindung des Zustandes, daß Frauen schlechter bezahlt werden als Männer, auch dann, wenn sie die gleiche Qualifikation mitbringen. Auf diese Weise wird es auch möglich sein, den notwendigen Bewußtseinsbildungsprozeß zu verstärken. Die Veränderungen, die zum Beispiel die Familienrechtsreform gebracht hat, haben auch geholfen, alte Rollenklischees in Frage zu stellen. Die angestrebte wirtschaftliche Gleichstellung wird helfen, die traditionelle Vorstellung zu beseitigen, daß die Frau nur „dazuverdient“, daß Haushalt und Kindererziehung ihre eigentliche Aufgabe sei und ähnliches mehr.

Das Ziel der wirtschaftlichen Gleichstellung ist also bisher zu sehr auf dem Papier geblieben?

Das neue Staatssekretariat beginnt keineswegs im Jahre Null. Ich möchte hervorheben, daß zum Beispiel die Arbeitsmarktverwaltung in den letzten Jahren sehr viel geleistet hat: Frauen wurden in höherem Maße gefördert als Männer. Aber das und vieles andere, was schon geschehen ist, genügt nicht. Wenn heute eine Frau im Durchschnitt nur rund 59 Prozent des Männergehaltes bekommt, zeigt das schon, wieviel noch zu tun ist. Aber darüber hinaus geht es darum, daß sich die ganze Gesellschaft bemühen muß, ein überholtes Rollenklischee zu überwinden. Man wird die Schulbücher daraufhin überprüfen und ändern müssen, man wird auf das Elternhaus einwirken müssen, wobei der Öffentlichkeitsarbeit und den Medien eine besondere Aufgabe zukommt. Wir sollten uns auch bemühen, in unserer Sprache dem Gleichheitsgrundsatz Rechnung zu tragen. Wir sagen zu einem Krankenpfleger ja auch nicht „Krankenbruder", warum muß es dann eine Krankenschwester geben? Welchen Einfluß die Sprache auf das Denken der Menschen hat, habe ich erst unlängst im Gespräch mit Unternehmervertretern bemerkt, als ich mich gegen den Begriff „Hilfsarbeiterin" wandte. Man sagte mir, daß man darauf nicht verzichten könne: Wenn ein Lehrling seine Lehrabschlußprüfung nicht machen will, droht man ihm damit, daß er als Hilfsarbeiter enden werde. Hilfsarbeiter, und noch mehr Hilfsarbeiterinnen erscheinen damit als „Neger der Nation", obwohl es in Wirklichkeit doch so ist, daß es auch bei Angestellten und Beamten höhere und niedrigere Qualifikationen gibt. Den Hilfsarbeiter gibt es aber nur in der manuellen Arbeitswelt, als Disziplinierungsinstrument. Rollenklischees gibt es eben nicht nur im Verhältnis Mann – Frau, aber hier treten sie besonders deutlich in Erscheinung.

Sie gelten allgemein als „Frau der Praxis". Worin sehen Sie die vordringlichsten Aufgaben Ihres Sekretariats?

Bei den Arbeiterinnen müssen wir versuchen, eine bessere Einstufung zu bekommen, weiters sollen bessere Möglichkeiten der Qualifizierung geschaffen werden, auch mit Hilfe der Arbeitsmarktförderung. Im allgemeinen sehe ich meine Aufgabe vor allem darin, zu den Frauen sehr viele Kontakte herzustellen, um ihnen Mut zu machen. Ich selbst bin ja ein Beweis dafür, daß auch eine Hilfsarbeiterin lernen und sich weiterbilden kann. Der Mensch muß an sich selber glauben, dann wird er auch imstande sein, seine Situation zu verändern.

Im Bereich der Angestellten finden wir die völlig ungerechtfertigte Struktur vor, daß in den leitenden Positionen fast keine Frauen zu finden sind, daß verheiratete Frauen bei den Zulagen gegenüber verheirateten Männern benachteiligt werden. Die Aufgabe des Staatssekretariats wird es also sein, einerseits die offenen Diskriminierungen verstärkt, rascher und intensiver zu beseitigen. Ebenso aber gilt es, die versteckten Diskriminierungen aufzuzeigen und alles daranzusetzen, um sie zu überwinden.

Um der Doppelbelastung der berufstätigen Frau entgegenzuwirken, haben die sozialistischen Frauen eine Verkürzung der täglichen Arbeitszeit, den 6-Stunden-Tag, gefordert, was zu Meinungsverschiedenheiten mit Gewerkschaftsvertretern geführt hat. Sind Sie auch für den 6-Stunden-Tag?

Im Grundsätzlichen decken sich die Vorstellungen der Gewerkschaften und der sozialistischen Frauen voll und ganz, daß nämlich der Weg der Arbeitszeitverkürzung begangen werden muß. Differenzen gibt es nur in der Frage, was man zuerst in Angriff nehmen soll. In den Gewerkschaften ist man zur Auffassung gekommen, daß man jetzt einmal mehr Urlaub verlangen muß. Die jährliche Arbeitszeit soll um eine Woche verkürzt werden. Würde man diese 40 Stunden Arbeitszeitverkürzung aber auf die 240 Arbeitstage aufteilen, ergäbe das pro Tag nur wenige Minuten, was den Betroffenen als Farce erscheinen müßte. Eine weitergehende Arbeitszeitverkürzung ist aber in den nächsten drei Jahren schwer vorstellbar.
Bei der Forderung der sozialistischen Frauen gibt es außerdem eine Unklarheit. Man ist nämlich der Frage ausgewichen, ob es sich um einen 6-Stunden-Tag bei einer 5- oder einer 6-Tage-Woche handelt. Wenn die Forderung auf der 6-Tage-Woche beruht, auf einer wöchentlichen Arbeitszeit von 36 Stunden, könnte sie durchaus in der zweiten Hälfte der achtziger Jahre Wirklichkeit werden. Aber eine 30-Stunden-Woche wird in den achtziger Jahren kaum zu realisieren sein.
Wir dürfen uns aber nicht der Illusion hingeben, daß eine kürzere Arbeitszeit die Doppelbelastung der Frau beseitigen würde. Auch die bisherigen Arbeitszeitverkürzungen haben ja nicht automatisch bewirkt, daß die Männer nun mehr im Haushalt mitarbeiten und so die Frauen entlasten. Auch wenn es hier schon eine Besserung gibt, liegt die Hauptlast nach wie vor auf den Frauen. Wie die Untersuchung, die ich Ende des vergangenen Jahres vorstellte, ergab, zeigt sich zudem, daß bei den Söhnen in allen Bildungsschichten das alte Rollendenken noch voll wirksam ist.

Eben in dieser Frage zeigt sich aber auch, daß das Denken in den Rollenklischees nicht nur ein Privileg der Männer ist, sondern daß viele Frauen ihre traditionelle Rolle gern akzeptieren.

Ich stehe immer noch auf dem Standpunkt, daß das Sein das Bewußtsein bestimmt. Wir waren im Bereich der Metallwirtschaft zum Beispiel nicht imstande, die Frauen für einen Kampf um bessere Einstufungen zu gewinnen. Diese Resignation hängt nicht zuletzt mit den Produktionsmethoden zusammen, die dort vorherrschen. Wenn jemand täglich acht Stunden lang eine sehr schmalspurige Arbeit verrichten muß, wird auch der Geist eingeengt. Hier muß man also ansetzen; die Weckung des Bewußtseins, vorhandene Möglichkeiten auch wirklich zu nützen, durch Weiterbildung die berufliche Situation zu verbessern, wird im Kampf gegen die Diskriminierung einer der wichtigsten Aspekte sein. Ich bin überzeugt, daß uns die achtziger Jahre gerade auf diesem Gebiet einen großen Schritt weiterbringen werden.

In den letzten Jahren ist auch in Österreich eine Frauenbewegung entstanden, die außerhalb der politischen Parteien agiert. Wie schätzen Sie das Wirken dieser Frauen ein?

Auch innerhalb der Sozialdemokratie gibt es Personen und Gruppen, denen der Fortschritt zu langsam vor sich geht. Und das ist gut so. In einer großen Partei kann man die Dinge oft nicht so akzentuiert aussprechen wie andere, die von parteipolitischen Bewegungen und der Notwendigkeit, einen Konsens verschiedener Gesellschaftsschichten zu erzielen, völlig unbelastet sind. So kann auch die unabhängige Frauenbewegung eine Vorreiterrolle spielen.

Wie Sie eingangs gesagt haben, liegt das Hauptgewicht Ihrer Bemühungen auf der wirtschaftlichen Gleichstellung zwischen Mann und Frau. Das wird aber unvermeidlich Kosten verursachen. Wer soll sie tragen?

Selbstverständlich werden die Unternehmer sagen, daß eine bessere Einstufung und Entlohnung der Frauen Kostenbelastungen darstellen, die sie nicht verkraften können. Dazu ist folgendes zu sagen: Vielleicht muß man sich überhaupt die ganze Lohn- und Gehaltsstruktur ansehen. Man muß überprüfen, ob es richtig ist, jedem eine gleich hohe prozentuelle Gehaltserhöhung zu geben, gleichgültig wie hoch sein Einkommen derzeit schon ist. Bisher haben leitende Angestellte und Direktoren durch dieses System Gehaltserhöhungen bekommen, die dem entsprechen, was eine Arbeiterin an der Maschine als Monatslohn bekommt. Hier wird eine Änderung notwendig sein. Es geht nicht an, daß jene, bei denen jede Minute abgewogen wird, die im Akkord arbeiten, die unter den schwierigsten Arbeitsbedingungen Werte schaffen, am schlechtesten entlohnt werden. Die Zuwachsraten der achtziger Jahre sollten deshalb verstärkt jenen zugute kommen, die bisher in Wirklichkeit die Stiefkinder der Konjunktur geblieben sind. Natürlich wird es nicht leicht sein, dies in der Praxis durchzusetzen. Aber die Frage nach der Verteilung der Zuwächse der achtziger Jahre wird stärker als bisher in den Vordergrund treten müssen, damit die großen Ungleichheiten in der Einkommenspolitik ein wenig gemildert werden.

Wir danken für das Gespräch.

aus: Die Zukunft, Jg. 1980, H. 2, S. 14 f.

DIE SPÖ UND DIE GRÜNE PROBLEMATIK

Josef Cap / Michael Häupl

Die Arbeitsgemeinschaft Ökologie hat sich ein hohes Ziel gesetzt. Es sollen nach dem Wirtschaftsprogramm nicht nur ein Ökologieprogramm und/oder entsprechende Beiträge für die Wahlplattform 1983 erarbeitet werden, sondern auch sowohl Grundsatzdiskussionen (etwa zur Möglichkeit der Versöhnung von Ökologie und Ökonomie) als auch Diskussionen zu konkreten Problembereichen (Nationalpark, Kamptalkraftwerke, Hainburger Donaukraftwerk, Einweggebinde und dergleichen mehr) geführt werden. Ein reichhaltiges Programm, zu dessen Auf- und Vorbereitung sechs Arbeitskreise (AK 1: Ökologie und Energie; AK 2: Ökologie und Fremdenverkehr; AK 3: Ökologie und Land- und Forstwirtschaft; AK 4: Ökologie und Wirtschaft, Industrie und Arbeitsplatzsicherung; AK 5: Ökologie und Nationalparks; AK 6: Ökologie und Lebensraum) eingesetzt wurden. Der Zeitdruck – ein Zwischenbericht soll noch vor dem Sommer erstellt werden – ist als zusätzlicher Faktor zu berücksichtigen. Eine Widerspiegelung vielfältiger und unterschiedlicher Interessen oder ein politischer „Ganzheitsanspruch" an diese Diskussion, das ist die Frage, die sich einem angesichts dieser Situation notwendigerweise aufdrängt. Sie steht zur Beantwortung noch an.

Notwendigerweise wird diese Diskussion auch in schriftlicher Form und Auseinandersetzung zu führen sein, wobei die folgenden Thesen der beiden Autoren, die Mitglieder der Arbeitsgemeinschaft Ökologie sind, einen Beitrag zur Entwicklung dieser Diskussion leisten sollen.

1. *Die ökologische Krise ist keine böswillige Erfindung romantischer Umweltschützer, sondern Ausdruck und Folge der ökonomischen Entwicklung.*

Vielfach ist bis weit in unsere Bewegung hinein die Vorstellung zu beobachten, daß etwa am Verlust von Arbeitsplätzen (zum Beispiel Baubranche) nicht die tiefgreifende strukturelle Krise des kapitalistischen Wirtschafts- und Wachstumsmodells die Schuld trägt, sondern die Umweltschutzbewegung, und hier insbesondere die Bürgerinitiativen, die Bauprojekte verhindern. Ein zu einfacher Analyseansatz, denn die strategische Schlußfolgerung daraus wäre: Man beseitige die Bürgerinitiativen beziehungsweise die Ökologiebewegung, und die Arbeitsplätze sind wieder da. Ein Ansatz, dem Reagan in den USA – so scheint's – erlegen ist, als er, weil ihm der Bericht „Global Future – Time to act" nicht in seine Politik paßte, bis auf zwei Ausnahmen das gesamte wissenschaftliche Personal des Council on Environmental Quality (die US-Umweltbehörde) entließ. Die Arbeitslosenrate stieg dennoch in den USA auf nahezu zehn Prozent. Die Ursachen für die Arbeitslosigkeit liegen daher offensichtlich nicht im Bereich Umweltschutz, sondern im Bereich des wirtschaftlichen Systems.

Worin liegen nun die großen Problemfelder unserer Zeit tatsächlich:
- nach wie vor im Klassengegensatz zwischen Kapital und Arbeit, sowohl in den entwickelten Industriestaaten als auch in der immer weiteren Schere zwischen erster und dritter Welt;
- in der immer größer werdenden Unverträglichkeit der von Profitlogik getriebenen Produktionsweise mit den Naturgrundlagen der Menschheit;
- in der zunehmenden Entfremdung und der damit verbundenen psychischen und menschlichen Verelendung der Bevölkerung, insbesondere in den sogenannten entwickelten Gesellschaften;
- in dem aus den weltweit feststellbaren, vielfältigen Krisen resultierenden Hang, politische Probleme militärisch zu lösen, und damit der Gefahr, die Menschheit atomar zu vernichten.

Die zunehmenden analogen Krisenerscheinungen in den staatsbürokratischen, ausschließlich auf Produktivitätssteigerung orientierten Wachstumsmodellen der Länder im Einflußbereich der Sowjetunion sind keine „real existierenden" Gegenargumente, sondern lediglich Beweis für den Verlust des Modellcharakters der Oktoberrevolution.

Entscheidend für unsere politische Tätigkeit ist die Erkenntnis, daß die Entwicklung des Kapitalismus in den Industriestaaten des Westens nach wie vor durch die Ausbeutung des Arbeiters wie der Natur gekennzeichnet ist, das heißt, konkret für unsere Situation heute, sowohl Arbeitslosigkeit wie Zerstörung der Natur hervorruft.

2. Schlußfolgerungen für die Ziele der Bewegungen, die an der Notwendigkeit der Veränderung unserer Gesellschaft festhalten.

- die Fortsetzung der Entspannungspolitik und somit die Verhinderung der kriegerischen, keineswegs „nur" atomaren Auseinandersetzungen mit der Tendenz zur Auflösung der Militärblöcke;
- die Unterstützung der Interessen der Arbeiter um bessere Lebensbedingungen, um tatsächlich sichere Arbeitsplätze, um Arbeitszeitverkürzung und um das demokratische Recht der Mitbestimmung, der Mitentscheidung und der Mitverantwortung;
- die Unterstützung der Frauen gegen ihre Benachteiligung und Unterdrückung;
- die Unterstützung der Kämpfe für die Erhaltung und Verbesserung der natürlichen Lebensgrundlagen der Menschheit;
- die Unterstützung der Ansätze zur Entwicklung alternativer Lebensformen nicht nur für elitäre Nein-Gruppen;
- die Unterstützung der Befreiungsbewegungen in den Ländern der Dritten Welt in ihrem Kampf gegen kolonialistische und imperialistische Unterdrückung;
- die Unterstützung der Auseinandersetzungen um eine neue, soziale und gerechte Weltwirtschaftsordnung, die es den freien Ländern möglich macht, ihren eigenständigen Weg zu einer Gesellschaft des Sozialismus und der Demokratie zu gehen.

Aus all dem geht hervor, daß die Kräfte der Erneuerung – Arbeiterbewegung wie die neuen sozialen Strömungen – in den Auseinandersetzungen um die Ausbeutung von Mensch und Natur klar auf der Seite der Entrechteten und Ausgebeuteten zu stehen haben.

3. Die Lösungsmöglichkeiten für die neuen Fragestellungen der Ökologie liegen in der Veränderung der Wirtschaft.

Wer die Auffassung vertritt, die ökologischen Probleme seien ohne wirtschaftliche, politische und gesamtgesellschaftliche Zusammenhänge zu sehen, wird notwendigerweise zu keinem Politikansatz finden, sondern lediglich apokalyptische Endzeitvorstellungen entwickeln. Dennoch ist auch die modern gewordene „Untergangssprache" ernst zu nehmen und als Hilferuf von politisch „Sprachlosen" zu werten. Als politischer Diskussionsansatz für diesen Bereich bieten sich nicht mehr nur die Fragestellungen: „Wieviel wird produziert und wie wird es verteilt?" – obgleich dieses Problem, weltweit gesehen, nach wie vor seine Berechtigung hat – an, sondern vornehmlich auch die Fragen: „Was wird produziert, für wen und unter welchen Bedingungen?" Diese Fragestellungen problematisieren das Verhältnis von Tauschwert und Gebrauchswert der Warenproduktion in unserer Gesellschaft und stehen damit im Widerspruch zur Profitlogik kapitalistischer Produktionsverhältnisse. Konkret für Österreich bedeutet das etwa, daß die Produktion von Einweggebinden nicht nur auf die Frage zu reduzieren ist, wieviel betriebswirtschaftlichen Erfolg diese Produktion dem Teilbetrieb der verstaatlichten Industrie bringt beziehungsweise wieviele Arbeitsplätze damit gesichert werden. Gleichwertig damit ist die Frage zu stellen: Was bedeutet die Produktion von Einweggebinden für die volkswirtschaftliche Gesamtrechnung, für die Umwelt, für die Gesundheit des Arbeiters im Betrieb und letztendlich für den Konsumenten, der etwa die 2-Liter-Coca-Cola-Plastikflasche teurer bezahlt als zwei 1-Liter-Glasflaschen mit Rückgaberecht. Dies bedeutet, daß nicht ein Mehr an „Marktwirtschaft" die wirtschaftlichen, gesellschaftlichen und damit auch ökologischen Probleme der Zukunft lösen kann, sondern ein Mehr an Investitionskontrolle, an Produktionskontrolle, an Mitbestimmung, an Selbstverwaltung mit demokratischer Rahmenplanung und damit letztlich die Perspektive einer sozialistischen Wirtschaftsdemokratie.

4. Die Veränderung des Wirtschaftssystems erfordert auch eine Neudefinition der Funktion der Wissenschaft.

Die Wertfreiheit der Wissenschaft und der wissenschaftlichen Produktivkraft ist insbesondere im Bereich der Naturwissenschaften ein weit verbreiteter Irrtum. Die international geführte Debatte um die Energiegewinnung aus der Kernspaltung und die Rüstungsproduktion hat jedoch wesentlich zur Problematisierung dieses Irrtums beigetragen. Ein erheblicher Teil der naturwissenschaftlich tätigen Kopfarbeiter ist heute in den entwickelten Industrieländern im Bereich der Rüstung tätig, und ebenso wird ein erheblicher Teil auch der öffentlichen Gelder in Forschung und Entwicklung für Rüstung ausgegeben. Daraus läßt sich nicht nur ein Widerspruch zu dem Grundsatz: „Die Wissenschaft und ihre Lehre ist frei" feststellen, sondern auch klar die ökonomische Abhängigkeit weiter Teile der Wissenschaft erkennen. Die Bestimmung der Entwicklungsrichtung der Wissenschaft und damit die Unterwerfung der wissenschaftlichen Produktivkraftentwicklung unter die Profitlogik ist allerdings keineswegs auf den Bereich der Rüstung eingeschränkt. Diese „Fesselung der Produktivkräfte" läßt sich ebenso für den chemisch-pharmazeutischen Bereich bis hin zur Agrarwirtschaft exemplarisch belegen. Die Funktion der Wissenschaft als Träger bürgerlicher Ideologie sei hier nur angedeutet. Die notwendige Kontrolle der Wissenschaft beziehungsweise der Entwicklungsrichtung der wissenschaftlichen Produktivkräfte muß daher im Produktionsbereich selbst ansetzen und mit der Veränderung des Wirtschaftssystems verknüpft werden.

5. Eine Veränderung des Wirtschaftssystems unter Einbeziehung der Ökologie muß von den kapitalistischen Metropolen ausgehen.

Zunächst sei festgehalten, daß diese These nicht als Entschuldigung für Defizite realer Umweltpolitik in einzelnen Ländern geltend gemacht werden kann. Dennoch ist festzustellen, daß mit der Internationalisierung des Akkumulationsprozesses in den entwickelten Industrieländern auch die ökologische Problemstellung eine Internationalisierung erfahren hat. Nicht erst das Sterben der Wälder durch den säurehaltigen Regen hat auf diese Frage aufmerksam gemacht, auch die ökologischen Probleme in der dritten Welt durch die internationale Ausbeutung belegen diese These. Die daraus folgende Konsequenz ist die notwendige Einbeziehung des Kampfes für eine neue, gerechte und solidarische Weltwirtschaftsordnung in den Kampf der arbeitenden Menschen in den Industrieländern gegen ihre eigene Ausbeutung und die Vernichtung der natürlichen Lebensgrundlagen. Das Verhältnis von Reform und Revolution – von Rosa Luxemburg in der internationalen historischen Diskussion verdeutlicht – erfährt vor diesem Hintergrund eine neue und aktuelle Bedeutung.

6. Die Sozialdemokratie und die Gewerkschaften müssen sich von ihrer Mitträgerschaft des kapitalistischen Wachstumsmodells lösen.

Die Konservativen können auf Grund ihrer objektiven Funktion als Träger der Interessen der Bourgeoisie weder die „alten" noch die „neuen" Fragen unserer Gesellschaft lösen. Es ist Bestandteil ihrer Politik, auf die Aktualisierung der sozialen Frage mit Arbeitslosigkeit und Polizeistaat nach innen und mit Krieg nach außen zu reagieren. Sie können daher auch für die ökologischen Probleme oder im Bereich der Aufhebung der Unterdrückung der

Frau keinen vorwärtsweisenden Lösungsansatz bieten. Es muß und kann daher nur Aufgabe der Arbeiterbewegung und ihrer Organisation sein, in den Klassenauseinandersetzungen in einer politisch ganzheitlichen Alternative auch die politisch „neuen" Fragen mitaufzunehmen. Dazu wird es notwendig sein, die bisherige Form der Sozialpartnerschaft grundsätzlich zu relativieren und die umfassenden Interessen der Arbeiter im wirtschaftlichen, politischen, ökologischen und kulturellen Bereich mit aller Deutlichkeit zu artikulieren. Die Krise des kapitalistischen Wachstumsmodells wird die für die Arbeiter so unheilvollen Zwillinge – Arbeitslosigkeit und Zerstörung der Natur – noch verstärken. Unsere Partei muß daher alle politischen und geistigen Kräfte mobilisieren, um der Taktik der Konservativen mit dem Ausspielen des einen Problembereichs gegen den anderen mit einer starken Politik der Arbeitsplatzsicherung und Erhaltung der natürlichen Lebensgrundlagen zu begegnen, will sie nicht ihren Anspruch als gesellschaftlich führende Kraft, ihren Anspruch als Integrationspartei und damit ihren Anspruch, auch bei Wahlen entsprechende Mehrheiten zu erhalten, aufgeben.

7. Die „Alternativen Listen" bei den Grünen sind nicht böswillige Konkurrenten, sondern natürliche Bündnispartner der Arbeiterbewegung.

Die Ökologiebewegung spielt insbesondere bei jungen Menschen in ihrem politischen Bewußtseinsprozeß eine wesentliche Rolle. Dies löst unweigerlich eine entsprechende Reaktion der konservativen, restaurativen bis rechtsradikalen und neofaschistischen Gruppierungen in unserer Gesellschaft aus. Allzuviele versuchen als „Trittbrettfahrer" dieser neuen sozialen Strömung aus ihrem politischen Ghetto zu entrinnen. Umso entscheidender ist es daher, eine klare Analyse und Perspektive in der Haltung zur Ökologiebewegung seitens der Arbeiterbewegung zu finden. Die Unglaubwürdigkeit von Schmitz, Tull oder gar Kräften aus ANR und NDP in diesen neuen sozialen Strömungen ist heute unzweifelhaft gegeben, jedoch keineswegs für immer garantiert. Es ist daher notwendig, die Alternativbewegung als eine Bewegung zu begreifen, die Antworten auf Fragen sucht, für die auch unsere Partei und die Gewerkschaften Defizite erkennen lassen. Diese Suche nach Antworten schließt das Recht auf Irrtum ebenso ein wie die Möglichkeit, der „historischen Wahrheit" näher zu kommen. Konkret bedeutet dies für unsere politischen Positionen als kritische, linke Sozialisten, daß wir von den „Alternativen" in den Bereichen Ökologie, Basisdemokratie, Umgang von Menschen miteinander, Solidarität und dergleichen einiges lernen können, ebenso wie wir überzeugt sind, in den Bereichen der Einschätzung und Veränderung der Wirtschaft, in der Gesamtsicht der Gesellschaft und einer Veränderungsstrategie sowie in einzelnen konkreten Politikbereichen (zum Beispiel Kommunalpolitik) wesentliches für ihre Diskussionen beitragen zu können. Bei klarem Festhalten der Unterschiedlichkeit der politischen Projekte von kritischen Sozialisten und Alternativbewegung und den daraus folgenden Organisationsfragen sind die „Alternativen" als gesellschaftskritische und gesellschaftserneuernde Kraft zu erkennen. Über Wahlauseinandersetzungen hinaus – wobei natürlich differenzierende Argumente eine wechselseitig wesentlichere Rolle einnehmen werden – ist daher ein offener, ehrlicher Dialogprozeß ohne „Missionarismus" und „Vereinnahmung" zu führen, der für die Herausbildung eines „neuen sozialen Blocks", das heißt für ein historisches Bündnis einer veränderten Arbeiterbewegung und einer veränderten Alternativbewegung von so großer Bedeutung erscheint. Unserer Partei und der Gewerkschaft kommen dabei große Aufgaben zu: Die Partei muß erkennen, daß Mehrheiten bei Wahlen „nur" dann entsprechendes Gewicht beigemessen werden kann, wenn sie für sozialistische Veränderungen genutzt werden; die Gewerkschaft muß erkennen, daß ihre Aufgabe der Interessensvertretung der Arbeiter mehr umfaßt als ein ausschließlicher „Trade-union"-Ansatz beziehungsweise die Intervention für Subventionen oder billige Kredite für „ihren" Betrieb beziehungsweise Unternehmer; und die Alternativbewegung muß erkennen, daß auch ihre politischen Auffassungen zur Disposition stehen und daß letztlich kein Weg an der Arbeiterbewegung und ihren Organisationen vorbeiführt.

Vor dem Hintergrund dieser kurz dargelegten Thesen gewinnt der Beschluß des Bundesparteivorstandes nach Einrichtung der Arbeitsgemeinschaft in der Tat historische Bedeutung. Gelingt es hier, zumindest die Notwendigkeit zu vermitteln, diese Debatten in unserer Partei zu führen, haben wir viel erreicht. Gelingt es, diese Diskussion über ein notwendiges Wahlprogramm hinaus entsprechend vorzubereiten und in die Partei und Gewerkschaft hineinzutragen, so ist allen Beteiligten mehr gelungen, als ursprünglich – nach der Diskussion über die „Rot-grünePlattform" – zu hoffen war. Wir sind überzeugt, daß sich damit auch das unterkühlte Interesse an einer Beteiligung von Genossinnen und Genossen aus unserer Gewerkschaftsfraktion beheben läßt.

aus: Die Zukunft, Jg. 1982, H. 7/8, S. 27 ff.

AUSTRO-KEYNESIANISMUS

Herbert Ostleitner

Es ist der österreichischen Wirtschaftspolitik seit 1970 gelungen, die Folgen der weltweiten Krise weitgehend von Österreich abzuhalten. Einige Daten über die wirtschaftliche Entwicklung können dies eindeutig belegen:

- In der Periode 1970–1981 lag die durchschnittliche reale Wachstumsrate des Bruttoinlandsprodukts in Österreich bei 3,7 Prozent. Die europäischen OECD-Staaten erreichten in dieser Periode 2,9 Prozent, die OECD insgesamt 3,1 Prozent.
- Diese überdurchschnittliche reale Wachstumsrate war begleitet von einer unterdurchschnittlichen Inflationsrate. 1970–1981 betrug die durchschnittliche Inflationsrate in Österreich 6,2 Prozent, in den europäischen OECD-Staaten 10,2 Prozent und in der OECD insgesamt 8,8 Prozent.
- Die überdurchschnittliche Wachstumsrate und die unterdurchschnittliche Inflationsrate trugen entscheidend zur Erhaltung der Vollbeschäftigung in Österreich bei. Die Arbeitslosenrate schwankte in Österreich in den siebziger Jahren zwischen 1,5 und zwei Prozent, noch im Jahr 1980 lag die Arbeitslosenrate mit 1,9 Prozent unter dem Krisenjahr 1975, wo sie bei zwei Prozent lag.

- Für das Jahr 1982 rechnen die Wirtschaftsforscher mit einem realen Wachstum von ein bis zwei Prozent, mit einer Inflationsrate von 5,5 bis 6,5 Prozent und einer Arbeitslosenrate von 3,5 bis 3,6 Prozent.
- Die mit großer Unsicherheit behafteten Prognosen für die kommenden Jahre weisen reale Wachstumsraten von knapp über zwei Prozent auf und eine geringe Zunahme der Arbeitslosenrate bis etwa 3,8 Prozent.

Diese wenigen Zahlen verdeutlichen aber auch, daß es zunehmend schwieriger wird, in den nächsten Jahren vergleichbare wirtschaftliche Erfolge zu erzielen. Deshalb gehen auch die beiden Beschäftigungsprogramme der Bundesregierung über die traditionelle globale Nachfragesteuerung hinaus, da sie nicht nur kurzfristige konjunkturelle, sondern auch mittelfristige Effekte auf die Wirtschaftsstruktur haben sollen und außerdem so konzipiert worden sind, daß mit möglichst geringem Einsatz an Budgetmitteln der gewünschte Nachfrage- und Beschäftigungseffekt erzielt werden kann.
Die Erfolge der österreichischen Wirtschaftspolitik seit 1970 waren kein ökonomischer Zufall, sondern Resultat einer originären wirtschaftspolitischen Strategie, die die besonderen institutionellen Voraussetzungen des politischen Systems Österreichs optimal nützte. Ich möchte diese originäre wirtschaftspolitische Strategie, durch die sich die Wirtschaftspolitik der österreichischen Bundesregierung von der Politik anderer Regierungen unterscheidet, als „Austro-Keynesianismus" bezeichnen.
Wirtschaftspolitik in kapitalistischen Marktwirtschaften ist nicht dazu verurteilt, nur Krisenmanagement ohne Reformperspektive zu sein. Der österreichische Weg in der Wirtschaftspolitik beweist, daß es möglich ist, aktuelle wirtschaftliche Krisenphänomene mit einer wirtschaftspolitischen Strategie zu bekämpfen, die gleichzeitig als Teil einer langfristigen Reformstrategie konzipiert ist.
Wir müssen und können unsere Reformpläne mit solchen Mitteln verwirklichen, die immer auch ökonomisch effizienter als die entsprechende konservative Politik sind.
Eine meiner grundlegenden Überzeugungen ist, daß die Erweiterung der Mitbestimmung, die Einbeziehung der Interessen aller von den Investitions- und Produktionsentscheidungen betroffenen Gruppen in den Entscheidungsprozeß auch ökonomisch effizient und jeder anderen Strategie überlegen ist.

Zum Charakter der gegenwärtigen Krise

Von den zahlreichen Interpretationen der Krise sind jene sicher falsch, die die Krisenursachen entweder allein im ökonomischen Sektor oder allein im politischen Sektor sehen. Es ist falsch, die gegenwärtige Krise ausschließlich durch die restriktive Wirtschaftspolitik konservativer Regierungen verursacht zu sehen, weil eine solche Interpretation die Möglichkeiten staatlicher Wirtschaftspolitik – wenn auch in einem negativen Sinn – überschätzt. Es ist ebenfalls falsch, die Krise ausschließlich durch das Wirken ökonomischer Gesetze zu erklären, weil angesichts von Staatsquoten zwischen 40 und 50 Prozent des Bruttoinlandsprodukts die Aktivitäten des Staates nicht ignoriert werden dürfen.

Die gegenwärtige Stagnationsphase der Weltwirtschaft ist das Resultat des Zusammenwirkens der Instabilität der kapitalistischen Marktwirtschaft mit der Wirtschaftspolitik der Konservativen, die jeden Vorwand benützt, um restriktiv nachfragedämpfend zu wirken.

Die Marktwirtschaften sind heute wahrscheinlich genauso instabil wie vor der großen Krise in den dreißiger Jahren. Ein Grund für diese Instabilität liegt in der wachsenden Bedeutung der Geld- und Kapitalmärkte. Auf den Geld- und Kapitalmärkten dominiert immer das Spekulationsmotiv. Nicht der Nutzen realer Investitionen wird geschätzt, sondern der monetäre Nutzen kurzfristiger spekulativer Veranlagungen. Die hohe und steigende Verschuldung der meisten Staaten trägt dazu bei, daß die Geld- und Finanzmärkte in der Gesamtwirtschaft an Gewicht gewinnen. Das führt schließlich dazu, daß das auf den Finanzmärkten angesiedelte Spekulationsmotiv die realen Investitionsentscheidungen zu dominieren beginnt.

Wenn in einem solchen instabilen Gefüge dauernd restriktive Wirtschaftspolitik betrieben wird, so ist eine Entwicklung wie die gegenwärtige unvermeidlich.

Machtpolitische Implikationen

In der Debatte um Keynesianismus gegen Monetarismus ist ein entscheidender Unterschied zwischen konservativer und sozialistischer Politik oft untergegangen. Der Unterschied zwischen einer konservativen und einer sozialistischen Wirtschaftspolitik besteht nicht darin, daß die einen – nämlich

die Konservativen – von der Wirksamkeit der Geldpolitik überzeugt sind, während die anderen – die Sozialisten – an die Möglichkeit gesamtwirtschaftlicher Nachfragesteuerung über die öffentlichen Haushalte glauben. Der Unterschied ist wesentlich fundamentaler: Die konservativen Regierungen haben in Wirklichkeit jedes reale wirtschaftspolitische Ziel aufgegeben. Sie setzen sich keine realen Wachstumsziele und keine Beschäftigungsziele. Hinter dem Deckmantel wirtschaftspolitischer Konzeptionen betreiben sie eine Politik, deren einziges Ziel die ökonomische Entmachtung der Kernschichten der Arbeiterbewegung ist. Am deutlichsten kann man das wohl gegenwärtig in Großbritannien beobachten.
Aber nicht nur für das Verständnis der gegenwärtigen Krise ist es notwendig, die machtpolitischen Implikationen konservativer Politik ganz genau zu sehen. Denn auch eine erfolgreiche Wirtschaftspolitik einer sozialistischen Regierung greift in die Machtverhältnisse ein. In den fünfziger und sechziger Jahren haben viele noch daran geglaubt, daß es möglich sei, allein durch makroökonomische Maßnahmen des Staates – Verringerung oder Vergrößerung des Budgetdefizits – ein solches gesamtwirtschaftliches Nachfrageniveau aufrecht zu erhalten, das zur Vollbeschäftigung führt. Damals haben viele geglaubt, es wäre in einer kapitalistischen Marktwirtschaft eine Wirtschaftspolitik möglich, die erfolgreich ist, ohne in die Entscheidungssituationen der einzelnen Unternehmer und der Konsumenten einzugreifen. Der damals verbreitete Gedanke war, daß der Staat auf makroökonomischer Ebene tun darf, was er will, und die Unternehmer auf mikroökonomischer Ebene tun dürfen, was sie wollen. Dieses für viele politisch so verlockende Konzept beruht meiner Ansicht nach auf einem entscheidenden Denkfehler. Dieser Denkfehler besteht darin, die Zustimmungsbedürftigkeit erfolgreicher wirtschaftspolitischer Maßnahmen zu übersehen Denn jede staatliche Aktivität kann in einer dezentralisierten Marktwirtschaft durch Aktivitäten einzelner Gruppen unterlaufen werden. Das gilt für die Verteilungspolitik ebenso wie für die Wachstums- und Beschäftigungspolitik. Die Erfolge der österreichischen Wirtschaftspolitik seit 1970 lassen sich damit erklären, daß die getroffenen wirtschaftspolitischen Maßnahmen entweder auf die Zustimmung der davon betroffenen Gruppen stießen oder in solchen wirtschaftlichen Sektoren ansetzten, in denen auf Grund der großen Bedeutung des staatlichen Eigentums kein systematischer Widerstand privater Kapitalgruppen möglich war. Damit sind zwei wichtige institutionelle Voraussetzungen für den Erfolg der österreichischen Wirtschaftspolitik angedeutet: die Rolle der Sozialpartnerschaft und die Rolle der verstaatlichten Industrie.

Diese beiden wichtigen institutionellen Voraussetzungen haben auch bewirkt, daß es in Österreich in den letzten Jahren jene erbitterte Kontroverse zwischen Monetaristen, Angebotstheoretikern und Keynesianern, die die wirtschaftspolitische Diskussion anderer Länder kennzeichnet, nicht gegeben hat. Das mag auch damit zusammenhängen, daß die berühmtesten österreichischen Ökonomen es nach dem Zweiten Weltkrieg vorgezogen haben, nicht nach Österreich zurückzukommen. Ich nenne nur Hayek, Haberler oder Machlup. Wichtiger aber dürfte sein, daß es bis heute keine relevante politische Gruppierung gibt, die die wirtschaftspolitische Verantwortung des Staates leugnen würde. Wenn auch viele Einzelvorschläge österreichischer Konservativer eine große Ähnlichkeit mit der konservativen Politik in anderen Staaten zeigen, so trauen sich die konservativen Parteien in Österreich dennoch nicht zu behaupten, der Staat wäre nicht für das Funktionieren des wirtschaftlichen Sektors verantwortlich.

Keynes und der Keynesianismus

Kann keynesianische Politik überhaupt die Politik einer sozialistischen Regierung sein? War Keynes politisch nicht ein Liberaler?
Diese Zweifel lassen sich leicht beseitigen, wenn man sich mit dem auseinandersetzt, was Keynes – vor allem in seinem 1936 erschienenen Hauptwerk *Die allgemeine Theorie der Beschäftigung, des Zinses und des Geldes* – gesagt hat, und nicht mit dem, was in den fünfziger und sechziger Jahren unter dem Titel „Keynesianismus" diskutiert wurde. Eine Überzeugung, die den Grundgedanken des Keynesianismus der Nachkriegszeit bildet, hat Keynes nämlich nie geteilt: daß es möglich wäre, allein durch antizyklische Budget- und Geldpolitik die Vollbeschäftigung zu erhalten. Keynes war kein mechanistischer Keynesianer. Sein entscheidender Beitrag lag gerade darin, daß er gegenüber der ökonomischen Orthodoxie der zwanziger und dreißiger Jahre die Instabilität, die Krisenanfälligkeit kapitalistischer Marktwirtschaften betont und damit die wirtschaftspolitische Aktivität des Staates begründet hat. Ohne auf Einzelheiten der Keynesschen Theorie eingehen zu können, will ich nur in Erinnerung rufen, daß seine beiden wichtigsten wirtschaftspolitischen Forderungen mit antizyklischer Fiskalpolitik überhaupt nichts zu tun haben. Ich meine die Sozialisierung der Investitionen und die Euthanasie des Rentiers. Keynes war von der

Instabilität kapitalistischer Marktwirtschaften so sehr überzeugt, daß er eine stetige Ausweitung des Anteils der öffentlichen Investitionen verlangt hat mit der Begründung, solche Investitionen seien langfristiger planbar als Privatinvestitionen und würden daher auch weniger stark schwanken. Er hat eine antizyklische Veränderung öffentlicher Investitionen ausdrücklich abgelehnt. Und auch seine zweite zentrale Forderung, die nach der Euthanasie des Rentiers, hat mit antizyklischer Wirtschaftspolitik nichts zu tun. Denn darunter verstand Keynes eine langfristige Senkung der langfristigen Zinssätze auf ein möglichst niedriges Niveau. Diese Vorschläge konnte Keynes machen, weil er als Liberaler nicht von der konservativen Orthodoxie beherrscht blieb. Was man ihm aber vom sozialistischen Standpunkt vorhalten muß, ist seine Unfähigkeit, die politischen Implikationen seiner wirtschaftspolitischen Forderungen klar zu erkennen. Denn eine Ausweitung der öffentlichen Investitionen und eine dauerhafte Senkung des Zinsniveaus sind Forderungen, die ohne tiefgehende Änderungen in den Machtverhältnissen des ökonomischen und politischen Sektors nicht durchgesetzt werden können.

Aus diesem Grund würde ich sogar die These vertreten, daß Keynessche Politik heute nie von einer liberalen Partei, sondern nur von einer sozialistischen Partei gemacht werden kann.

Wenn man den österreichischen Weg in der Wirtschaftspolitik als „Austro-Keynesianismus" bezeichnet, so meint man damit also zweierlei: Einerseits den absoluten Vorrang des Ziels einer möglichst hohen Beschäftigung gegenüber anderen ökonomischen Zielen und andererseits die Erkenntnis, daß dieses Ziel ohne Reformen der Entscheidungsverhältnisse nicht zu verwirklichen ist. Das 1978 beschlossene neue Programm der SPÖ beruht auf dieser Überzeugung, wie zum Beispiel das folgende Zitat zeigt:

„Sozialisten gehen davon aus, daß die Grundrechte der sozialen Demokratie – das Recht auf Arbeit, das Recht auf humane Umwelt, Mitbestimmung und Mitverwaltung – sowie die Ziele Vollbeschäftigung, stetiges qualitatives Wachstum, außenwirtschaftliches Gleichgewicht, gleichmäßigere Einkommensverteilung und Preisstabilität nur dann verwirklicht werden können, wenn die Entscheidungsverhältnisse grundlegend verändert werden. Veränderung der Entscheidungsverhältnisse bedeutet die verstärkte Beteiligung bisher unzureichend vertretener Gruppen und die Berücksichtigung ihrer Interessen im Entscheidungsprozeß sowie die Ausrichtung der Entscheidungen auf gesamtgesellschaftliche und langfristige Zielsetzungen statt auf kurzfristige Ertragserwartungen."

Das Zitat bringt zum Ausdruck, daß auch die sogenannten traditionellen wirtschaftspolitischen Ziele wie Wachstum und Vollbeschäftigung nur durch eine Reformpolitik erreicht werden können, und nicht durch mechanistische Wirtschaftspolitik im Rahmen einer instabilen Marktwirtschaft.

Die Bedeutung der Sozialpartnerschaft und der verstaatlichten Industrie

Die österreichische Wirtschaftspolitik seit 1970 hat sich die Erhaltung eines möglichst hohen Beschäftigungsniveaus zum obersten Ziel gesetzt und war dabei außerordentlich erfolgreich. Die Arbeitslosenrate lag in den meisten Jahren zwischen 1,5 und zwei Prozent. Dieser Erfolg war nur möglich, weil das gesamte Bündel der zur Verfügung stehenden wirtschaftspolitischen Maßnahmen eingesetzt wurde und weil gleichzeitig dazu die Entscheidungsverhältnisse des ökonomischen Sektors in solcher Weise benutzt beziehungsweise reformiert wurden, daß sie die Voraussetzungen für den Erfolg der Wirtschaftspolitik herstellten. Eine ganz entscheidende Voraussetzung für den Erfolg der österreichischen Wirtschaftspolitik lag in der absoluten Mehrheit der sozialistischen Partei, die sie bei den Nationalratswahlen 1971, 1975 und 1979 erzielen konnte. Es ist offensichtlich, daß die Notwendigkeit, so rasch wie möglich bei auftretenden Krisenphänomenen wirtschaftspolitische Entscheidungen herbeizuführen, mit den Möglichkeiten einer Koalitionsregierung in Widerspruch steht.

Diese allgemeine politische Voraussetzung findet ihre Ergänzung in den zwei bereits genannten institutionellen Voraussetzungen: der Sozialpartnerschaft und der verstaatlichten Industrie.

Von den zahlreichen wichtigen Aspekten des österreichischen Systems der Sozialpartnerschaft sei hier nur auf drei hingewiesen. Erstens wird eine Vielzahl von Gesetzen, die den wirtschaftlichen Sektor betreffen, vor ihrer parlamentarischen Behandlung in den Gremien der Sozialpartner (Regierung, Gewerkschaften und Unternehmer) beraten. Wann immer durch diese vorparlamentarische Beratung ein Kompromiß über ein wirtschaftspolitisches Gesetz gefunden werden kann, entlastet dieser Kompromiß die Tätigkeit der Regierung. Diese Entlastung sehe ich in einem technischen und in einem politischen Sinn. Die technische Entlastung besteht darin, daß zahlreiche wirtschaftspolitische Maßnahmen, die in anderen Ländern von der Regierung allein gesetzt und verantwortet werden müssen, in Österreich von den Sozialpartnern und ihren Verbänden geplant, beraten und mitgetragen werden. Die politische Entlastung sehe ich darin, daß nicht die gesamte Wirtschaftspolitik Gegenstand von Konflikten ist, sondern sich die politische Auseinandersetzung auf wenige, allerdings zentrale ökonomische Maßnahmen beschränkt.

Der zweite wichtige Aspekt der Sozialpartnerschaft scheint mir darin zu liegen, daß durch die ständigen Verhandlungen über Preise und Löhne in den entsprechenden Unterausschüssen sich Preis- und Lohnreaktionen deutlich verzögern. Das trägt dazu bei, daß nicht kleine Schwankungen der Nachfrage bereits zu großen Schwankungen in den Preisen oder Löhnen führen. Dadurch wird keynesianische Budgetpolitik überhaupt erst möglich. Denn über die öffentlichen Haushalte kann in einer Rezession nur dann die gesamtwirtschaftliche Nachfrage angeregt werden, wenn die zusätzlichen Ausgaben des Staates nicht unmittelbar zu einer Erhöhung der Inflationsrate führen, sondern sich auf die reale Produktion der Beschäftigung auswirken.

Eine dritte, sehr fundamentale Bedeutung der Sozialpartnerschaft sehe ich schließlich darin, daß die Sozialpartnerschaft das Prinzip des Verhandelns und des Kompromisses verkörpert. Das politische und ökonomische System Österreichs unterscheidet sich von dem anderer Länder dadurch, daß neben dem Steuerungsmechanismus des Marktes und dem Steuerungsmechanismus der staatlichen Administration ein dritter Mechanismus – nämlich Verhandeln und Kompromisse finden – von zumindest gleichrangiger Bedeutung ist. Wegen der großen Bedeutung von Verhandlungslösungen im österreichischen System kommt es daher auch nicht zu den eindeutigen Frontstellungen zwischen orthodoxen Verfechtern der Marktwirtschaft und Vertretern einer zentralen Planung der Wirtschaft, eine Kontroverse, die ich für völlig unproduktiv ansehen würde.

Die zweite Voraussetzung für den Erfolg der österreichischen Politik, das staatliche Eigentum an großen Bereichen der Industrie und der Banken, hat ebenfalls technische und politische Aspekte. Der wichtigste technische Aspekt liegt darin, daß die heute sosehr erforderlichen strukturpolitischen Maßnahmen im Bereich der verstaatlichten Industrie relativ leichter durchgesetzt werden können als gegenüber einer rein privatwirtschaftlich agierenden Industrie, wenn auch gegenüber der verstaatlichten Industrie Strukturpolitik schwer genug durchzusetzen ist. Die fundamentale politische Bedeutung des verstaatlichten Sektors liegt darin, daß es, wie durch die Lohn- und Preisverhandlungen der Sozialpartner, zu einer sinnvollen Verzögerung bestimmter Entscheidungen kommen kann. Das Verhalten der verstaatlichten Industrie Österreichs während der Krise 1974/75 unterschied sich wesentlich von dem Verhalten etwa der deutschen Industrie in derselben Zeit. Die verstaatlichte Industrie Österreichs hat ihren Beschäftigungsstand gehalten und damit unerwünschte Multiplikatorprozesse gar nicht erst in Gang gesetzt.

Erfolge auch in der Zukunft?

Es gibt Ökonomen, die diese beiden institutionellen Voraussetzungen des Erfolges der österreichischen Wirtschaftspolitik durch eine dritte ökonomische Voraussetzung ergänzen würden, nämlich einen hohen wirtschaftlichen Wachstumstrend. Es ist natürlich richtig, daß die Wirkung einer wirtschaftspolitischen Maßnahme entscheidend davon abhängt, ob sie in einer Phase hoher wirtschaftlicher Wachstumsraten oder in einer Stagnationsphase gesetzt wird. Wenn man die Bedeutung des Wirtschaftswachstums hervorhebt, so stellt sich die Frage, ob die österreichische Wirtschaftspolitik auch in der Zukunft angesichts einer weltweiten Stagnation erfolgreich sein kann.

Wirtschaftspolitische Maßnahmen in einer Phase der wirtschaftlichen Stagnation unterscheiden sich von der Wirtschaftspolitik in Zeiten eines hohen Wachstumstrends vor allem dadurch, daß ihre Auswirkungen auf die Einkommensverteilung unmittelbar spürbar werden. Es gibt keine wirtschaftspolitische Maßnahme, die nicht in irgendeiner Weise auf die Verteilung zwischen Löhnen und Gewinnen oder auf die Verteilung des Volkseinkommens auf die verschiedenen Haushalte einwirkt, sei es über die Preise, über Steuern, über Löhne. In einer Phase hohen Wirtschaftswachstums sind diese Verteilungswirkungen der Wirtschaftspolitik deshalb unproblematischer, weil das Einkommen aller gesellschaftlichen Gruppen real wächst. In einer Stagnationsphase hingegen läßt es sich kaum vermeiden, daß einzelne Gruppen auch mit realen Einkommensrückgängen rechnen müssen. Ich sehe daher in der gegenwärtigen Situation keine Möglichkeit, die Verteilungsfrage zu umgehen und aus der wirtschaftspolitischen Debatte auszuklammern. Dies gilt weder für konservative Wirtschaftspolitik, die ja unübersehbare Verteilungseffekte für die Arbeitslosen und die Sozialhilfeempfänger hat, noch für alternative sozialistische Strategien der Wirtschaftspolitik.

Es gibt in der gegenwärtigen Situation wirtschaftspolitische Möglichkeiten, das Beschäftigungsniveau teilweise vom Wirtschaftswachstum abzukoppeln. Diese Möglichkeiten sind für eine kleine, außenwirtschaftlich stark verflochtene Wirtschaft wie die Österreichs außerordentlich wichtig. Angesichts einer weltweiten Stagnation ist es der österreichischen Wirtschaftspolitik nicht möglich, ein beliebig hohes Wachstumstempo zu erreichen. Was uns aber möglich wäre, ist die Erhaltung eines hohen Beschäftigungsniveaus, wenn auch etwas unterhalb der Werte der vergangenen Jahre. Wirtschaftspolitische Programme, die das Beschäftigungsniveau bei niedrigem Wachstum erhalten können, sind grundsätzlich solche, die die Kapazitäten nicht stärker ausweiten als die Einkommen. Solche Programme werden vor allem im Bereich des Umweltschutzes und des Energiesparens sinnvoll sein. Ich möchte aber betonen, daß selbst große Umweltschutz- und Energiesparprogramme nur dann das Beschäftigungsniveau erhalten, wenn es einen Konsens darüber gibt, wie solche Programme finanziert werden und wie die realen Lasten auf die verschiedenen Gruppen verteilt werden sollen. Die Erhaltung eines hohen Beschäftigungsniveaus ist möglich, wenn die beschäftigungspolitischen Programme durch eine entsprechende Verteilungspolitik abgesichert sind. Dabei kommt es sicher weniger darauf an, eine ganz bestimmte Änderung der Einkommensverteilung durchsetzen zu wollen, als vielmehr darauf, einen breiten gesellschaftlichen Konsens über die Angemessenheit einer bestimmten Einkommensverteilung beziehungsweise deren Änderung zu finden.

Verteilungspolitik in der Krise kann also nicht heißen, Maßnahmen zu setzen, die die in einer Krise ohnehin niedrigen Gewinne weiter verringern, sondern Maßnahmen zu setzen, die die beschäftigungspolitischen Programme unterstützen.

Damit können auch in Zukunft vom österreichischen Weg des Austro-Keynesianismus überdurchschnittliche wirtschaftspolitische Erfolge erwartet werden. Wenn es gelingt, neben Preisen und Löhnen auch Fragen der Verteilungspolitik und der Strukturpolitik in den gesamtgesellschaftlichen Verhandlungsprozeß miteinzubeziehen, dann wird auch weiterhin die Krisenanfälligkeit, die natürlich auch die österreichische Wirtschaft charakterisiert, unter Kontrolle gehalten werden können.

aus: Die Zukunft, Jg. 1982, H. 12, S. 7 ff.

SOZIALDEMOKRATIE 1984

Fred Sinowatz

Der Druck der Wirtschaftskrise hat in den vergangenen Jahren auch sozialdemokratische Parteien – insbesondere jene mit Regierungsverantwortung – in schwierige Situationen gebracht. Stagnation und Wahlniederlagen waren die Folgen. Um so wichtiger ist es, konkrete Antworten zu geben, wie sozialdemokratische Politik unter diesen Bedingungen aussehen soll. Der Parteitag der SPÖ vom vergangenen Oktober hat dazu Zielvorstellungen formuliert. Über einige von ihnen sprachen wir mit dem neuen Parteivorsitzenden, Bundeskanzler Sinowatz.

Beim Parteitag war des öfteren vom Wind die Rede, der den Sozialisten ins Gesicht weht. Worauf führen Sie es zurück, daß die Sozialdemokratie in Mitteleuropa und Großbritannien Rückschläge hinnehmen mußte, während neu entstandene sozialistische Parteien in Südeuropa überraschende Erfolge erzielten?

Es sind vor allem die wirtschaftlichen Rahmenbedingungen, die uns in der Gegenwart als Regierungspartei Schwierigkeiten bereiten. Natürlich neigt ein Teil der Bevölkerung dann, wenn die objektiven Faktoren der Krise subjektiv verspürbar sind, dazu, vorerst einmal der Regierung die Schuld zuzuteilen. In Österreich tragen wir seit 13 Jahren die Verantwortung, und es wird notwendig sein, in nächster Zeit glaubhaft zu machen, daß die Maßnahmen, die wir jetzt setzen müssen, einige Opfer abverlangen, aber auf längere Sicht hin die großen Erfolge des letzten Jahrzehnts absichern werden.

Die unterschiedliche Entwicklung für die Sozialdemokraten Deutschlands oder Englands auf der einen Seite und jene in den romanischen Staaten oder in Griechenland andererseits ist wohl darauf zurückzuführen, daß es bei den ersteren einen gewissen Vertrauensverlust nach einer längeren Regierungsführung gegeben hat, der sich auch auf die innere Struktur dieser Partei ausgewirkt hat.

Allgemein geltende Unterschiede könnten vielleicht darin bestehen, daß die traditionelle Sozialdemokratie vor allem die Vertreterin des klassischen Proletariats ist, das an Zahl und Bedeutung aber abnimmt. Die neuen sozialistischen Parteien sind dagegen eher ein Sammelbecken eines heterogenen Kreises unzufriedener Wähler. Würden Sie einer solchen Analyse zustimmen?

Für eine sozialistische Partei muß es ein Grundsatz sein, Programmatik und Strategie auf Grund von gesellschaftlichen Veränderungen immer wieder aufs neue zu hinterfragen.
Natürlich ist der Anteil jener, die in der Produktion tätig sind, im letzten Jahrzehnt immer geringer geworden, während jene Arbeitnehmer, die dem Dienstleistungssektor zuzuzählen sind, an Zahl zugenommen haben. Das bringt neue Bewußtseinsinhalte mit sich, neue Auffassungen von der Politik und eine andere Beurteilung gesellschaftlicher Zusammenhänge. Wir müssen uns dieser Entwicklung stellen und trachten, auch in der Gegenwart auf neue Fragen sozialdemokratische Antworten zu geben. Die Grundwerte, die wir vertreten, bleiben die gleichen; wir müssen sie nur unter neuen gesellschaftlichen Bedingungen zu realisieren versuchen.

Bei der Beurteilung gesellschaftlicher Zusammenhänge wurde in letzter Zeit mehrmals und in unterschiedlicher Weise die Frage beantwortet, wie das Wirtschaftssystem in Österreich einzuschätzen sei. Leben wir noch im Kapitalismus?

Die österreichische Sozialdemokratie hat einen sehr selbständigen Weg in der Wirtschaftspolitik gestaltet. Wir haben ein gemischtes System von staatlicher Obsorge und freier unternehmerischer Initiative, von einer weitgehend sozialen Verantwortung und der Beachtung marktwirtschaftlicher Gegebenheiten. Niemand kann heute realistischerweise in Österreich von einem rein kapitalistischen Wirtschaftssystem reden. Die Entwicklung zu einer Verbindung von freier Entfaltung wirtschaftlicher Initiative und einer starken sozialen Absicherung sowie der Einbindung der Arbeitnehmer in den wirtschaftlichen Entscheidungsprozeß ist sehr weit gediehen.

Neue Bewußtseinsinhalte und neue Auffassungen von Politik hängen eng mit den neuen sozialen Bewegungen zusammen. Manchmal wird deshalb die mangelnde Fähigkeit der SPÖ beklagt, neue Anliegen rechtzeitig zu erkennen. Besteht ein derartiger Mangel?

Die sozialistische Bewegung hat in Österreich sehr frühzeitig auf neue soziale Strömungen und politische Aufgabenbereiche Bezug genommen. Die Außenpolitik Österreichs ist in Wahrheit ein Beispiel dafür, wie auch ein kleiner Staat aktive Friedenspolitik betreiben kann. Fragen der Umwelt haben in der tatsächlichen Arbeit sozialistischer Politiker stets eine große Bedeutung gehabt, und schließlich ist das Umweltministerium gerade in einer sozialistisch geführten Bundesregierung geschaffen worden. Was die Frauenbewegung betrifft, so hat sie eine besondere politische Artikulation in einem von Bundeskanzler Dr. Kreisky geschaffenen Staatssekretariat gefunden, und nur in der Atmosphäre erhöhter Liberalität ist es möglich gewesen, daß auch alternative Gruppierungen sich zusammenfinden konnten.

Betrachten Sie diese neuen Bewegungen als dauerhafte politische Kraft oder als vorübergehende Modeerscheinung? Könnten sie unter Umständen die in der SPÖ weitgehend verwirklichte Einheit der Linken gefährden?

Die Anliegen dieser neuen gesellschaftlichen Gruppierungen bedürfen einer Einbindung in ein politisches Gesamtkonzept, weil jede Eindimensionalität zum politischen Mißerfolg führen würde. Die SPÖ muß sich allen geistigen Strömungen der Gegenwart stellen, sie muß sich mit ihnen auseinandersetzen und offen für ihre Anliegen sein. Das bedeutet aber andererseits nicht, daß wir alle – oft auch radikale – Schlußfolgerungen dieser Gruppierungen kritiklos akzeptieren und übernehmen. Im Gegenteil. Unsere Aufgabe muß es sein, eine politische Synthese von „alten" und „neuen" Ideen zu finden.
Das Bemühen um eine politisch einheitliche Vorgangsweise entspricht dem gesellschaftspolitischen Auftrag der Partei und stellt in keiner Hinsicht einen Gegensatz zur offenen Partei dar.

Sind angesichts der soziologischen Veränderungen in unserer Gesellschaft Änderungen in der Organisationsstruktur oder der Programmatik der Partei notwendig?

Soziologische Veränderungen hat es in der Vergangenheit immer schon gegeben. Organisatorisch muß sich die sozialistische Partei darauf einstellen.

Wenn diese Veränderungen Rahmenbedingungen schaffen, in denen die Grundwerte der Bewegung gefährdet erscheinen, dann muß auch von der Programmatik her eine Modifizierung der Zielsetzung erfolgen. Diese Dialektik von Idee und Praxis zu bewältigen, ist eine stete Aufgabe der Sozialdemokratie.

Wenn das politische Gefüge Österreichs durch neue Fragestellungen und neue Gruppierungen in Bewegung geraten ist, ist es dann nicht logisch und unvermeidlich, daß auch innerhalb der SPÖ unterschiedliche Antworten formuliert werden, auch von führenden Funktionären?

Innerhalb der SPÖ wird es zu gesellschaftspolitischen Fragen im einzelnen auch unterschiedliche Auffassungen geben. In dieser Partei ist für alle Platz, die sich vom Prinzip her zu den Grundwerten der Bewegung bekennen. Diskussion und geistiges Ringen müssen geradezu eine Voraussetzung für eine moderne sozialistische Partei darstellen. Das darf uns aber nicht daran hindern, in der organisatorischen Umsetzung von gemeinsam erarbeiteten Zielen ein hohes Maß an Schlagkraft zu entwickeln. Dabei geht es nicht um Disziplinierung, wie das so oft in diskriminierender Art behauptet wird, sondern um Solidarität in der politischen Auseinandersetzung und um Selbstdisziplin bei der Durchsetzung unserer Ideen.

Man solle zuerst in den Parteigremien diskutieren und erst dann an die Öffentlichkeit gehen, wurde am Parteitag gesagt. Ist so etwas überhaupt möglich?

Wenn heute in einer großen Partei eine Diskussion geführt wird, dann kann sie sich natürlich nicht allein auf den organisatorischen Rahmen beschränken. Im Gegenteil, es ist geradezu Aufgabe der Partei, das Gespräch mit allen zu suchen und zu führen. Es scheint mir aber doch wichtig zu sein, daß es dabei eine prinzipielle Zielsetzung, nämlich unsere programmatischen Leitlinien und unsere Regierungsaufgabe geben muß.

Programmatische Leitlinien und Programm einer Koalitionsregierung können aber nicht identisch sein. Was sagen Sie zur Befürchtung, daß bei dieser Konstellation die Pragmatik die Programmatik verdrängen werde?

Wir sind eine historische Partei in dem Sinne, daß wir uns die Veränderung der Gesellschaft im Sinne unserer Grundwerte zu einer steten Aufgabe gemacht haben. Wir sind keine Allerweltspartei mit einer politischen Gesichtslosigkeit, sondern eine Partei der arbeitenden Menschen im weitesten Sinne des Wortes. Die Frage von Koalitionen mit anderen Parteien ist dabei eine Frage der politischen Zweckmäßigkeit. Niemand von uns, der innerhalb einer Koalitionsregierung seine Aufgabe wahrnimmt, wird deswegen seine Gesinnung aufgeben. Die programmatische Zielsetzung der Bewegung bleibt unberührt von temporären Fragen der Regierungsbeteiligung. Aus jeder politischen Konstellation erfließen aber Aufgaben für die Organisation, und diese müssen wahrgenommen werden.

(Mit Bundeskanzler Sinowatz sprach Hubert Friesenbichler.)

aus: Die Zukunft, Jg. 1984, H. 2, S. 2 f.

DIE SANFTE REVOLUTION

Karl Blecha

Das Jahr 1985 ist das große Jubiläumsjahr der Zweiten Republik. Vor 40 Jahren ist die nazistische Gewaltherrschaft zerbrochen worden. Im April und Mai 1945 ist das österreichische Volk aus den Kellern gestiegen, um den Morgen einer neuen Zeit zu schauen.
Damals, 1945, hat man gewußt, daß der Krieg nicht mit Hörnerklang und Schrammelmusik enden wird. Das Chaos aber, das sich geboten hatte, ist dennoch von niemandem vorausgeahnt worden. In diesen schicksalhaften Apriltagen des Jahres 1945 nahm der greise Sozialist Dr. Karl Renner den Auftrag an, eine provisorische österreichische Staatsregierung zu bilden. Die Österreicher, von der eigenen tragischen Geschichte belehrt, begannen ihr Land aufzubauen, schöner und gefestigter, als es vor der faschistischen Barbarei und vor dem katastrophalen Krieg war. Das ist in der Tat der Hauptgrund, warum wir Sozialisten uns auch heute zu gemeinsamen Anstrengungen und zur gedeihlichen Zusammenarbeit in Österreich bekennen.
Vor 30 Jahren, im Mai 1955, wurde die Sehnsucht des österreichischen Volkes nach Wiedererlangung der ihr in all den Jahren nach 1945 widerrechtlich vorenthaltenen Souveränität erfüllt. Gestützt auf den zähen, unermüdlichen Aufbauwillen der Menschen, die allen Verlockungen zum Trotz den Weg der Demokratie nicht verlassen haben, verhandelten Raab, Schärf, Figl und Kreisky in Moskau und kehrten vor nunmehr 30 Jahren erfolgreich nach Wien zurück. Der Staatsvertrag konnte im Mai 1955 unterzeichnet werden, Österreich war wirklich frei!

Vor 15 Jahren brachte dann eine Nationalratswahl die große historische Wende in der Geschichte der Republik Österreich: Im April 1970 bildete Bruno Kreisky die erste sozialistische Alleinregierung. Die sanfte Revolution begann.

Die Ausgangslage 1970

Die Wahl 1970 brachte den ersten politischen Erdrutsch. Die internationale Demokratisierungswelle, die Auflockerungstendenzen in der katholischen Kirche, die Änderungen der Sozialstruktur, die neuen Mittelschichten, die Aufsteiger und die in ihrer Protesthaltung gegen Konservative und gegen verkrustete Strukturen gestärkten Jungen begünstigten die SPÖ als progressiv-reformistische Kraft stärker als die durch jahrzehntelange Regierungstätigkeit abgenützte ÖVP. Die ÖVP war mit dem Slogan „Keine Experimente", mit der Feststellung „es soll uns nicht schlechter gehen" und mit absurden Angstparolen unzeitgemäß.

Die SPÖ wurde von der öffentlichen Meinung als „die moderne Partei" akzeptiert. Die kompromißlose Distanzierung von jeder Form des Kommunismus, etwa durch die Eisenstädter Erklärung, die gelungene Mobilisierung der Experten aller Fachgebiete für ein zukunftsorientiertes Programm, die Annäherung an die Kirche und die Persönlichkeit Kreiskys, der seinen Konkurrenten Klaus an Popularität, insbesondere in der Wertschätzung bei den gehobenen Bildungsschichten, weit übertraf – all das waren die Gründe für den spektakulären Wahlsieg der SPÖ.

Vor genau 15 Jahren begann das Experiment einer sozialistischen Regierung. Wer heute die damaligen Sorgen Revue passieren läßt, die die SPÖ vor fast genau 15 Jahren bewegten, wird – so schnell vergeht die Zeit – selbst der eigenen Erinnerung mit Unverständnis begegnen: Wie, so überlegte man damals, können wir möglichst rasch unsere Regierungsfähigkeit (oder besser: unsere Fähigkeit zur Führung einer Alleinregierung) unter Beweis stellen? Wie jene Angst zerstreuen, die viele – wiewohl eher aus Gründen propagandistischer Zerrspiegelungen als aus solchen historischer Erfahrung – vor den „Roten", den Sozialisten, hegten? Wie jenen Ruf loswerden, eine passable Koalitions-, eine hervorragende Oppositions-, aber vielleicht keine Alleinregierungspartei zu sein?

Heute scheinen solche Bedenken skurril. Viele Jüngere identifizieren die SPÖ geradezu mit dem Begriff „Regierungspartei", und daran hat auch die Tatsache nichts geändert, daß sie derzeit nur der große Partner in einer „kleinen Koalition" ist.

Der Weg zur absoluten Mehrheit

Viel erstaunlicher noch als dieser Befund ist aber die Entwicklung nach der Bildung der ersten sozialistischen Alleinregierung. Die SPÖ tat nämlich nicht, was man vielleicht reflexartig in einer solchen Ausgangslage tun würde, nämlich angstvoll rundum zu versichern, daß man gar nicht so sei, wie vielleicht angenommen werde, sondern viel „ungefährlicher", zahmer, zurückhaltender und verbindlicher.

Die SPÖ begann ihre Arbeit offensiv, mit einer Art von Reideologisierung. Gewiß, und man darf dies auch zugeben: Der Rückenwind der großen Bewegung der späten sechziger Jahre, deren antiautoritärer Gehalt sich hervorragend mit der Absicht der Sozialisten traf, den schon modernen Stau nicht durchgeführter, aber gesellschaftlich notwendiger Reformen endlich abzubauen, ist nicht zu unterschätzen. Aber dennoch galt es, den Begriff der „sanften Gesellschaftsveränderung" durch Reformpolitik breiteren Schichten der Bevölkerung erst zu vermitteln, während andererseits der drängenden Jugend die Dialektik vor Augen geführt werden mußte, daß die Reformqualität in eine neue Gesellschaftsqualität umschlagen muß.

Niemand anderer hätte dies in so kurzer Zeit (zwischen der Regierungsübernahme und dem ersten „absoluten Wahlsieg" in der Geschichte Österreichs lag ja nur ein Jahr) vermocht wie Bruno Kreisky. Er vermittelte einerseits den „neuen Mittelschichten", die er zum erstenmal für die SPÖ gewann, das Vertrauen, daß sich die SPÖ keinen Fußbreit von den demokratischen Spielregeln entfernen würde, und er verkörperte andererseits die besten Traditionen der kämpferischen Sozialdemokratie der Zwischenkriegszeit. Gleichzeitig war er wie kein anderer dazu befähigt, jenen intellektuellen Prozeß einzuleiten und auch zu tragen, der die Grundlage für die dann folgende Phase der Reformpolitik war.

Es war also ein entschlossener und mutiger Schritt der SPÖ, ihre Regierungszeit mit einem ehrgeizigen, grundsatzbezogenen Reformprogramm zu beginnen, ein Schritt, der auch von günstigen Randbedingungen erleichtert wurde.

Die Wahl vom Oktober 1971 schuf dann klare Verhältnisse. In bloß 18 Monaten war es gelungen, mit alten Vorurteilen so gründlich aufzuräumen, daß

die SPÖ durch die größte Mehrheit als alleinige Regierungspartei bestätigt wurde, die jemals zuvor eine Partei in Österreich gewonnen hatte.
Die Forderungen und Versprechen, Österreich europareif zu machen, die Armut zu bekämpfen, das Sterben vor der Zeit zu verhindern, die Chancengleichheit auf dem Bildungssektor herzustellen und die Demokratisierung auf alle Bereiche der Gesellschaft auszudehnen, entsprachen dem Problembewußtsein der Mehrheit der Bevölkerung.

Sozialistische Vorhaben sind umsetzbar

Ein Problem, vor dem die SPÖ damals vor 15 Jahren stand, habe ich in einem Beitrag zu den 1972 erschienenen *Roten Markierungen* so zu charakterisieren versucht: „Es ist unbestritten, daß die Europareife, die nur durch einen Modernisierungsschub erreicht werden kann, im Interesse privatwirtschaftlicher Machteliten liegt. Ebenso muß unbestritten sein, daß die Demokratisierung zu einer einschneidenden Verminderung des Einflusses dieser Machteliten führen soll." Die Sozialisten mußten also erst jene Nachholarbeit leisten, die eine bürgerliche Regierung versäumt hatte und die vorerst jene Gesellschaftsform stärken mußte, die die SPÖ eigentlich verändern wollte. Aber wie konnte man sonst den Wohlfahrtsstaat ausbauen, wenn die materiellen Grundlagen dafür nicht vorhanden waren? Wie das System der sozialen Sicherheit enger knüpfen? Wie jene Reformen zu mehr Gleichheit der Chancen durchführen, die ja zu einem nicht geringen Teil nur über Transferleistungen erst durchführbar wurden? Nein, die SPÖ wollte nicht ein Museum auf sozialem und ökonomischem Gebiet verwalten und vielleicht neu gruppieren, sondern Demokratisierung auf höherem wirtschaftlichen Niveau durchführen. Daß dies zum Teil auch den Interessen bestimmter wirtschaftlicher Machtgruppen entgegenkam, ist klar und wird aus den gerade in dieser Phase zunehmenden Spannungen zwischen den einzelnen Flügeln der ÖVP deutlich: Das durchgängige „Nein" der ÖVP, das wir ja auch aus der Gegenwart kennen, führte mehr als einmal zu einer internen Zerreißprobe. Allerdings hatte die Modernisierungsstrategie der Sozialisten auch einen zweiten Teil, den ich ja in dem zitierten Satz aus den *Roten Markierungen* angesprochen habe. Es war für die Sozialisten unvorstellbar, nur die „bessere kapitalistische Politik" zu machen, die Verteilung der Lebenschancen, der Entscheidungsverhältnisse und der Mitbestimmungsmöglichkeiten aber

unverändert zu lassen. Die Beispiele, was auf diesen Gebieten geschah, sind Legion: Durch das Arbeitsverfassungsgesetz wurde die Mitbestimmung in den Betrieben, durch das Universitätsorganisationsgesetz jene an den Hochschulen erweitert. Durch vielfältige Maßnahmen im Bereich der Schul- und Familienpolitik wurde der Zugang zur Bildung – und damit eben zu jenen erwähnten größeren Lebenschancen – maßgeblich erleichtert, in der Rechtspolitik wurden Meilensteine gesetzt, um die teilweise ein Jahrhundert lang gerungen worden war, die Sozialpolitik beseitigte Ungerechtigkeiten und Privilegien, an denen vorher niemand zu rütteln wagte.
Kein Wunder, daß diese Seite der „Modernisierung" bei den Konservativen auf einhellige Ablehnung stieß. So hatte man sich das nicht vorgestellt. Und wieder waren es Mut und Entschlossenheit, daß sich die Sozialisten nicht von diesen Reformvorhaben abbringen ließen – zu Recht, wie wir heute wissen: Alle diese Reformwerke sind heute unbestritten und fester Bestandteil des Denkens und Empfindens der Österreicher. Das starre, variationslose und angsterfüllende Schulsystem, das bis Ende der sechziger Jahre herrschte, die Universität der Honoratioren, die oft auf der gesetzlichen Basis des beginnenden 19. Jahrhunderts operierende Justiz, die sogar in vielen Gesetzen verankerte Diskriminierung der Frau, die Kerkerstrafe, die etwa schwangerschaftsabbrechenden Frauen und Homosexuellen drohte, dies alles erscheint heute fast schon „mittelalterlich", obwohl uns von jenen Zeiten kaum mehr als ein Jahrzehnt trennt. Als damals Reformen gefordert wurden, dröhnte es vor Menetekel-Rufen und Warnungen vor „umstürzlerischen Ideen".
Der Beweis ist gelungen: Sozialistische Vorhaben sind umsetzbar, es lassen sich für sie Mehrheiten finden. Das Bewußtsein über ihre Notwendigkeit läßt sich bei peinlicher Wahrung der Demokratie, ja sogar erst durch ihre Erweiterung auf Räume, in denen sie bisher nicht Platz hatte, schaffen.
Wir sprachen damals vom „Geräumigmachen des Wohlfahrtsstaates", was in der Zeit der Hochkonjunktur ja noch weit leichter zu verwirklichen war, als dies heute der Fall ist. Rückblickend werfen uns heute viele vor, wir hätten leichtfertig Geschenke verteilt, wären unvorsichtig mit den Staatsfinanzen umgegangen. Wir sollten uns davon nicht irremachen lassen: Jene, die uns dies heute vorwerfen, waren auch früher dagegen – nicht aus Angst vor dem Staatsbankrott, der gar nicht eingetreten ist und auch nicht eintreten wird, sondern aus Angst um ihre Vorteile in dieser Gesellschaft.
Bruno Kreisky sprach vom „Durchfluten aller gesellschaftlichen Bereiche mit mehr Demokratie". Viele haben damals über diesen Slogan gelächelt, und

viele tun es heute noch. Aber auch diese Geringschätzung kann nicht mehr rückgängig machen, was geschehen ist, kann nicht mehr die verzopften Universitäten zurückbringen, kann nicht mehr die Mitbestimmung in Betrieb und Schule beseitigen, die Gleichstellung der Partner in der Familie oder gar die vielen neuen Oppositionsrechte im Parlament. Ja, Österreich begann ein anderes Land zu werden, als es vor diesem historischen 1970 war.

Der Kampf gegen die Krise des kapitalistischen Wirtschaftssystems

Und die Partei, die sich anschickte die Gesellschaft zu verändern, begann 1975 die Diskussion darüber, wie sie sich selbst verändern könnte. Die große Parteireform 1976 zeigte, daß die SPÖ, die alle gesellschaftlichen Bereiche demokratisieren will, bereit ist, ihre eigenen Entscheidungsstrukturen zu überprüfen. Noch heute muß der Satz gelten: Wer die Teilnahme der Bürger an der Entscheidungsfindung in der Demokratie fordert, ist verpflichtet, selbst Gelegenheiten für die Teilnahme anzubieten!
Es war dieser sozialistischen Regierung unter Bruno Kreisky nicht beschieden, mehrere Perioden unter dem Schönwetterhimmel einer kraftvollen internationalen Konjunktur zu arbeiten. Aber sozialistische Regierungen sind keine bloßen Schönwetterregierungen, wie uns viele unserer politischen Gegner unterstellen.
Denn, so fragen wir heute, hätte es auch eine andere, eine konservative Regierung vermocht, die sich abzeichnende Krise des kapitalistischen Wirtschaftssystems so rasch und so rechtzeitig ihrer Natur nach zu erkennen? Hätte sich diese nicht auf jene Milchmädchenrechnung verlassen, die all diese neuen Probleme auf die „Ölschocks" schob, und sich der trügerischen Hoffnung hingegeben, in wenigen Monaten, schlimmstenfalls in einem Jahr, sei alles wieder vorbei und alles so wie früher?
Auch damals wurden wir, wurde vor allem Bruno Kreisky belächelt, als er über die wahre Natur der Krise sprach. Das sei doch alles Schnee vom vergangenen Jahr, das seien alte Klassenkampfparolen, bekamen wir zu hören. Der Kapitalismus sei stark und lebensfähig, er könne vielleicht ab und zu einen kleinen Schwächeanfall bekommen, aber nie ein dauerhaftes chronisches Leiden. Hätten wir uns damals auf diese Stimmen verlassen, Österreich stünde heute wahrlich schlechter da!

Günstig wirkte sich in der Zeit der Krise jener große Wachstumsvorsprung aus, der im Zuge der „Modernisierungskampagne" in den ersten Regierungsjahren erreicht werden konnte. Österreich ging mit einer weit geringeren Arbeitslosen- und Inflationsrate in die Phase der Rezession als die meisten anderen Länder und wurde mit der Krise entsprechend besser fertig.

Die sozialistische Bundesregierung stand dabei vor zwei grundsätzlichen Möglichkeiten: Sie konnte durch staatliche Intervention die Nachfrage ankurbeln und so – um den Preis höherer Budgetdefizite – für erträgliche Arbeitslosenzahlen sorgen. Oder sie konnte – wie es etwa die Konservativen in Österreich empfahlen und in anderen Ländern auch durchführten – auf Sparkurs gehen und auf die Selbststeuerung des Marktes hoffen. Die Entscheidung ist bekannt und auch das Ergebnis: Man vergleiche dazu die entsprechenden Wirtschaftsdaten Österreichs mit einem jener Staaten, in denen man sich für das konservative Rezept entschied.

Daß auch dieser Entschluß von der Bevölkerung akzeptiert wurde, wird wohl am besten dadurch bewiesen, daß Bruno Kreisky mit seiner Maxime, ein paar Milliarden mehr Schulden würden ihm weniger schlaflose Nächte bereiten als ein paar Tausend mehr Arbeitslose, zwei Wahlen – jene von 1975 und die von 1979 – auf grandiose Weise gewann.

Auch dieses Vorhaben war nicht ohne entsprechende Bewußtseinsarbeit möglich: Mit Staatsschulden, mit Budgetdefiziten läßt sich trefflich Angstpropaganda betreiben. Nicht immer erfolgreich allerdings, wie das Beispiel beweist.

Daß dies nicht ohne eine beträchtliche außenpolitische Anstrengung möglich war, darf nicht verschwiegen werden: Die großen Exporterfolge, die viele österreichische Betriebe vor einer schweren Krise und viele Tausende Arbeitnehmer vor einem Verlust ihres Arbeitsplatzes bewahrte, wären ohne sie nicht möglich gewesen.

Und auch hier waren wieder Mut und Entschlossenheit vonnöten: Jeder erinnert sich an das propagandistische Sperrfeuer, das das außenpolitische und damit außenwirtschaftliche Engagement Bruno Kreiskys begleitete. Heute ist auch dieses unbestritten: nicht nur, weil konkrete positive Auswirkungen auf Österreich unübersehbar sind, sondern auch, weil die bedeutende Rolle Österreichs als Friedensfaktor heute international anerkannt wird. Auf das, was einmal so unpopulär schien, ist Österreich heute stolz.

Neue Etappe unter schwierigeren Bedingungen

Nicht vergessen darf auch werden, daß in dieser Phase der Krisenbewältigung 1978, eine zweijährige Arbeit für ein neues Grundsatzprogramm als Kompaß für die achtziger und neunziger Jahre abgeschlossen wurde. Ein Programm ist erstellt worden, um das uns heute viele Bruderparteien beneiden, das als Vorlage programmatischer Erklärungen von Sozialisten in aller Welt gilt und eine Synthese von Vision und Wirklichkeit ist. Der wichtigste Schluß, den die Sozialisten zogen, lautete: Es darf nicht wieder so werden wie in den furchtbaren dreißiger Jahren! Es dürfen die Folgen dieser Krise nicht wieder ausschließlich auf die arbeitenden Menschen in Form von Massenarbeitslosigkeit abgewälzt werden!

Auf dem Spiel stand – und wir haben es immer und immer wieder gesagt – nicht nur das Schicksal von Hunderttausenden Menschen, auf dem Spiel stand die Zukunft der Demokratie überhaupt. Wir zogen unsere Schlüsse und handelten danach.

Grundwertekatalog und Grundsätze der Politik, sozialistische Zielvorstellungen und Etappen ihrer Verwirklichung, die dieses Programm enthält, haben heute die gleiche Gültigkeit wie 1978. Sie sind durch nichts ersetzbar.

Die aktuellen Forderungen dieses Programmes aber sind zu einem erheblichen Teil erfüllt. Probleme, die uns jetzt beschäftigen und die rasche Lösung erzwingen, hat es nur kursorisch behandelt. Deshalb bemühen wir uns nach 15 Jahren sanfter Revolution, neue Perspektiven für die neunziger Jahre zu entwickeln, aktuelle Problemlösungen im Sinne des Grundsatzprogrammes auszuarbeiten, Visionen einer menschengerechten Zukunft zu beschreiben.

Die sanfte Revolution hat ein völlig neues Österreich geschaffen: modern, menschlich, gerecht. Die Strafrechtsreform hat die unsinnigen kurzen Freiheitsstrafen zurückgedrängt, das sozial gerechte Geldbußensystem gebracht und mit der Beseitigung des Abtreibungsparagraphen die Möglichkeiten wirksamer Hilfe der Gesellschaft für Frauen in Konfliktsituationen geschaffen.

Das neue Familienrecht hat Frau und Mann, Mutter und Vater gleichgestellt und den Partnerschaftsgedanken in den persönlichen und vermögensrechtlichen Beziehungen verwirklicht. Die Scheidungsreform brachte mehr Persönlichkeitsverwirklichung statt diskriminierender Abhängigkeit, das Tilgungsgesetz gab jedem zehnten Österreicher die gerichtliche Unbescholtenheit wieder zurück, und die Unterhaltsbevorschussung demonstrierte für 50.000 Kinder den Übergang vom bürgerlichen zum sozialen Recht in der Praxis.

Chancengleichheit wurde in Österreich erst durch die permanente Bildungsreform der letzten 15 Jahre erzielt, durch freie Schulfahrten und kostenlose Schulbücher, durch Direktzahlung der Familienbeihilfen statt Steuerfrei- und Steuerabsetzbeträgen.

Die Zahl der Lehrer stieg von 60.000 auf 120.000, die Zahl der mittleren und höheren Schulen wurde verdoppelt, Universitäten und Forschungseinrichtungen demokratisiert und ausgebaut.

Das soziale Netz wurde engmaschig wie kaum anderswo in Kontinentaleuropa, die Pensionen kontinuierlich gesteigert, die Krankenanstalten verbessert, Gesundenuntersuchungen eingeführt, Mutter-Kind-Paß geschaffen und wirkliche Pioniertaten im Kampf gegen die Umweltzerstörung, wie Revitalisierung der Seen und Schadstoffemissionsbeschränkungen, gesetzt. Und die Erfolge blieben nicht aus: Die Säuglingssterblichkeitsrate wurde halbiert, die durchschnittliche Lebenserwartung um vier Jahre erhöht!

Und das alles trotz einer von 1974 bis 1984 dauernden Krise der Weltwirtschaft, die den meisten Staaten Massenarbeitslosigkeit, Inflation und galoppierende Staatsverschuldung gebracht hat. In Österreich stieg die Produktivität rascher und bedeutender als in allen anderen Staaten, ausgenommen Japan. Fünf Steuersenkungen ließen den Steuerdruck in Österreich – entgegen den verleumderischen Behauptungen einzelner Medien und der Opposition – weniger stark anwachsen als in der Mehrzahl der europäischen Industriestaaten. Die Pro-Kopf-Verschuldung des österreichischen Staates ist heute niedriger als die der BRD oder der Schweiz, die Devisenreserven haben sich in 15 Jahren sozialistischer Regierung real verdoppelt, die Spareinlagen real fast verdreifacht … Man würde noch viele Seiten benötigen, um nur die wesentlichsten Ergebnisse fünfzehnjähriger sozialistischer Reformpolitik in Österreich, die ihresgleichen nicht nur in der eigenen, sondern in der europäischen Geschichte suchen, darstellen zu können.

Synthese von Vision und Wirklichkeit

Und dennoch gibt es Mißstimmung im Lande, wird Politik verunglimpft, werden Politiker und Parteien diffamiert, eine Krise der Demokratie beschworen und den Menschen die notwendigen Informationen vorenthalten. Nicht zu leugnen ist, daß auch die sanfte Revolution Schattenseiten hat: Manche Reiche wurden reicher, die Raffgier weniger führte zu Korruption und diskreditierte auch die Regierungspartei, ein zu langsamer Prozeß der Entprivilegierung blieb in der öffentlichen Meinung unwirksam, die Versöhnung der Ökonomie mit der Ökologie wurde nicht sichtbar.

Aber diese Schatten der ersten Hälfte der achtziger Jahre können und dürfen das Licht nicht verdunkeln, in dem sich die Gesellschaft in Österreich ab Mitte der achtziger Jahre weiterentwickeln muß: Zu noch mehr Freiheit für den einzelnen und zu mehr Gerechtigkeit unter den Menschen, zu mehr Toleranz und zu mehr Solidarität, zu sozialer Ausgewogenheit und Wohlbefinden.

Unter Bundeskanzler Dr. Fred Sinowatz hat eine neue Etappe dieser sanften Revolution begonnen – unter ungleich schwierigeren Rahmenbedingungen, als sie die siebziger Jahre gekennzeichnet haben. Wenn aufgrund von Überzeichnungen mancher Schatten, wenn wegen der Mißinterpretation mancher ungelöst gebliebener Probleme der Vergangenheit in der Gegenwart geschlußfolgert wird, das Ansehen der Parteien sei auf deren Angst vor unpopulären, aber notwendigen Entscheidungen zurückzuführen, dann geht dieser Vorwurf bei der SPÖ ins Leere. Nicht das Zögern, nicht die Unentschlossenheit oder ein Zuviel an Taktik waren es, die ihr die hier skizzierten Erfolge gesichert haben, sondern Mut und Grundsatzfestigkeit.

Die Aufgaben, vor denen wir heute stehen, sind noch größer als jene, die wir in den vergangenen 15 Jahren bewältigt haben. Das Rezept aber, wie sie zu meistern sind, braucht nicht umgeschrieben zu werden.

aus: Die Zukunft, Jg. 1985, H. 5, S. 4 ff.

HAINBURG UND DIE FOLGEN

Josef Cap / Peter Pelinka

1. Hainburg steht für eine wachsende Auflösung traditioneller politischer Lager in Österreich

Selten zuvor in der österreichischen Nachkriegsgeschichte mußte man in einer wichtigen politischen Auseinandersetzung so verwirrt sein wie in der Frage Hainburg: Auf der einen Seite die Regierungsparteien (weit weniger gespalten als in der Frage Zwentendorf), die ÖVP (mit schon wesentlich mehr „Dissidenten") und die Spitzen von ÖGB, Industriellenvereinigung, AK und Bundeswirtschaftskammer. Auf der anderen Seite die früher der ÖGB-Spitze nahestehende größte Zeitung Österreichs, zahlreiche mehr oder minder glaubwürdige Vertreter der „grünen" Szene, größere Teile der ÖVP, kleine der SPÖ sowie eine Vielzahl von Wissenschaftern, Künstlern und anderen Opinionleaders. Diese scheinbar verwirrenden „Bündnisse" zu Einzelfragen wird es in Zukunft in wachsender Zahl geben, vor allem bei Fragen, die nicht von vornherein relativ einfach weltanschaulich zuordenbar sind. Das ist ein entscheidendes Merkmal der „Amerikanisierung" der Politik, die basiert:

- auf der Tendenz zur weiteren Entideologisierung in allen weltanschaulichen Lagern;
- auf der Auflösung der an diese Lager gebundenen festen kulturellen, sozialen und geistigen Grenzen;
- auf einer wachsenden Personalisierung der Politik, die wiederum Hand in Hand geht mit der wachsenden Bedeutung der Medien für die Information und Kommunikation der Bevölkerung;

- auf der wachsenden Kritik an den Berufspolitikern, Experten und Technokraten und der damit zusammenhängenden Bereitschaft von politischen „Amateuren", aktiv in gesellschaftliche Entscheidungen einzugreifen;
- und auf der damit verbundenen Infragestellung des Entscheidungsmonopols für verfassungsmäßige (Parlament) und außerhalb der Verfassung stehende (Sozialpartnerschaft) Institutionen.

2. Hainburg steht für schwere taktische Fehler in der Umweltpolitik

Zweifellos haben die SPÖ und die von ihr geführte Bundesregierung wesentliche Schritte in der Umweltpolitik getan. Das in Villach bei der Klubklausur vorgestellte Umweltschutzprogramm zählt ebenso dazu wie die zusätzlichen Maßnahmen, die anläßlich der Regierungsklausur im Jänner vereinbart wurden. Dennoch hat die SPÖ ganz im Gegensatz zu diesen Punkten nach Hainburg mehr denn je das Image einer „Betoniererpartei":

- weil der Bau eines konkreten Kraftwerkes nicht unbedingt etwas in einer bindenden Regierungserklärung zu suchen hat;
- weil die immer wieder angeregten Alternativen für den Standort des Donaukraftwerkes Hainburg offenbar nicht gründlich genug geprüft wurden (daß es sie gibt, wird sich spätestens in einigen Monaten herausstellen);
- weil das wachsende Unbehagen in der Bevölkerung über gewisse Praktiken in der E-Wirtschaft unterschätzt wurde;
- weil immer wieder zwischendurch Rufe nach taktischen Hintertürchen für die Inbetriebnahme Zwentendorfs laut wurden und werden;
- und weil man den vielfältigen Absichten der Umweltschützer unrecht tut, wenn man sie ausschließlich als eindimensional Fixierte bezeichnet.

3. Hainburg steht für schwere politische Fehler

Im Herbst 1984, Monate nach Vorstellung des Konrad-Lorenz-Volksbegehrens und Wochen vor der Hainburg-Auseinandersetzung, hatten erst 20.000 Menschen das Volksbegehren unterschrieben. Lächerlich wenig angesichts der täglich trommelnden *Kronen Zeitung*. Die gewaltige Aufwärtsbewegung gab es erst,

- nachdem die ORF-Führung Freda Meissner-Blau die Diskussionsführung im *Club 2* entzog, was zu einer gewaltigen Solidarisierung im gesamten liberal-radikaldemokratischen Lager führte, vor allem bei Intellektuellen, Künstlern und Journalisten;
- nachdem kurz darauf der SP-Parteivorstand auf Grund derselben provokativen Äußerung Meissner-Blaus gegen Landesrat Brezovszky und der Solidarisierung von Günther Nenning die Einsetzung eines Schiedsgerichtes beschloß, andererseits kein Wort des prinzipiellen Protestes gegen die Maßnahmen im ORF fand (womit endgültig eine „Verschwörung der Mächtigen" von Küniglberg und Löwelstraße konstruierbar wurde);
- nachdem auf Grund von Polizeieinsätzen auch viele von denjenigen, denen Hainburg sympathisch oder egal war, aus demokratiepolitischen Gründen auf die Seite der Aubesetzer traten und nachdem ihre Zahl noch durch unsympathische und verkürzende „Hintermännertheorien" erhöht wurde;
- nachdem auf eine vielfach undifferenzierte Sicht der Gewerkschaftsbewegung durch die Aubesetzer eine noch schädlichere Hetze gegen „die Studenten" oder „die Intellektuellen und Künstler" gefolgt war;
- und nachdem man weder die Abwicklung des Volksbegehrens abzuwarten gewillt war noch die diversen juridischen Einsprüche gegen erlassene Bescheide.

Dies alles hat dazu geführt, daß der erhoffte Sympathieaufschwung nach der Regierungsumbildung nur wenige Wochen hielt, daß die Regierung für kurze Zeit den Anschein der Abhängigkeit von einzelnen ÖGB-Spitzenfunktionären erweckte und daß dem bis dahin äußerst heterogenen Lager der organisierten Grün-Alternativen zwei integrative und bekannte Leitfiguren förmlich geschenkt wurden.

4. Hainburg steht für eine abnehmende Bedeutung traditioneller Machtträger und für eine Neuaufteilung politischer Macht

Zwentendorf war schon das erste Anzeichen dafür: Trotz der klaren Festlegung der Sozialpartner und trotz einer klaren Empfehlung der Regierung scheiterte die Inbetriebnahme des Atomkraftwerkes. Diesmal wurde die abnehmende Bedeutung traditioneller Machtträger noch klarer sichtbar: Alle drei Parlamentsparteien hatten sich mit unterschiedlicher Mehrheit für den Bau eingesetzt, dazu noch sämtliche Sozialpartnerorgane. Und dennoch deuten alle Anzeichen darauf hin, daß das Projekt – zumindest nicht in der eingereichten Form – durchsetzbar ist. Das ist nicht nur das Produkt einer seltsamen Bündniskoalition der Gegner (ein schwerpunktmäßig konservatives Boulevardblatt mit Jugendgruppen aus allen weltanschaulichen und religiösen Lagern bis hin zu deklariert alternativ-linken Gruppen und der überwiegenden Mehrheit all dessen, was sich in Österreich künstlerische und wissenschaftliche Elite nennt). Das ist auch ein deutliches Signal, daß die Zeiten endgültig vorbei sind, in denen ein „Zusammensetzen" der Sozialpartner hinter verschlossenen Türen genügte, um technokratische Sachzwangpolitik über die Bühnen von Parteien und Parlament zu bringen.

Denn mit der wachsenden Bedeutung der Medien im Zuge der Amerikanisierung der Politik wächst auch ihr Hang zum Aufdeck- und „Trendsetter"-Journalismus. Vor allem bei den Printmedien, die nur so der Konkurrenz der elektronischen Medien, die bei der reinen Nachrichtenübermittlung unschlagbar sind, standhalten können. Damit wird aber auch ihr Drang nach „Politik-Machen" größer, mit all den Vor- und Nachteilen, die das für eine demokratische Gesellschaftsentwicklung haben kann. Zahlreiche wirkliche Skandale der letzten Zeit wären auch in Österreich ohne kritische Medien nicht aufgedeckt worden. Gleichzeitig bringt die extrem hohe Monopolisierung des Zeitungsmarktes die Gefahr unkontrollierter Machtentfaltung der „Riesen" mit sich. Auf jeden Fall sind Zustände überholt, in denen gerade auch die zwei größten Printmedien durch Einflußnahme der Sozialpartner im Ernstfall dirigierbar erschienen.

In den Sozialpartnergruppen selbst wächst die innere Differenzierung. Die vielfältigen Entwicklungen in der Arbeitswelt, neue Technologien und soziale Verschiebungen führen auch im ÖGB immer mehr zu unterschiedlichen Meinungen über die Möglichkeit der Fortführung traditioneller Politik und über die Notwendigkeit, auf den stärkeren Wunsch in Richtung Mitwirkung oder weitgehender Selbstbestimmung am Arbeitsplatz und im ÖGB selbst mehr einzugehen – und dies nicht nur bei Spitzenfunktionären. Das Auftreten neuer Gewerkschaftsgruppen – von denen etwa „Alternative Gewerkschafter" bei den VÖEST-Angestellten sensationelle acht Prozent erhielten – ist dafür ebenso ein Symptom wie unterschiedlich „harte" Aus-

sagen zu Hainburg zwischen der Angestelltengewerkschaft (wo es nach Aussagen von GPA-Vorsitzendem Dallinger eine beachtliche Minderheit gegen den Bau gibt) und den unmittelbar betroffenen Bau- oder Metallarbeitern.
Ähnliche Phänomene sind auch auf der anderen Seite bemerkbar: Ist zwar die Industriellenvereinigung (zumindest ihr Generalsekretär Krejci) entschiedenste Stimme für so ziemlich alle Kraftwerke, die zur Diskussion stehen, so sehen die Dinge in der Bundeswirtschaftskammer schon anders aus: Präsident Sallinger und sein Wiener Spiegelbild Dittrich werden kritisiert, Wirtschaftsbund-Generalsekretär Schüssel unterstützt offen den Kurs seines Freundes Busek gegen den Bau, und immer mehr Funktionäre bezweifeln die Sinnhaftigkeit von „Großprojekten" für ihre kleingewerbliche Mitgliederstruktur.
Noch differenzierter sieht es innerhalb der drei Parlamentsparteien aus: In der SPÖ blieben die auch sonst kritischen Bereiche vor den Hainburg-Auseinandersetzungen relativ ruhig (zu sehr ist man hier prinzipiell für den Wasserkraftausbau), danach wuchs das Unbehagen. Außerdem gab und gibt es über das weitere Vorgehen beträchtliche Auffassungsunterschiede zwischen der Regierungs- und Parteispitze und einigen ÖGB-Funktionären.
In der ÖVP sieht es noch viel zerklüfteter aus: Zwei stellvertretende Parteivorsitzende haben sich klar auf einen „Grün-Kurs" festgelegt, dazu die Frauen- und die Jugendorganisation sowie der Generalsekretär des größten Bundes, des ÖAAB. Dagegen meutern der Energiesprecher der Partei, der ehemalige Obmann und jetzige Industriesprecher, der außenpolitische Sprecher und einige Abgeordnete als Mandatsträger der Industriellenvereinigung. Es wäre für die SPÖ verhängnisvoll, dies bloß als Ausdruck einer „Doppelstrategie" zu werten dahinter verbergen sich Wertumbrüche, die alle Parteien erfaßt haben.
In der FPÖ schließlich konnte nicht einmal bei einer der wenigen an sich unumstrittenen Fragen – eben dem Ja zu Hainburg – ein neuerlicher interner und öffentlicher Streit vermieden werden. Kein Zufall: Muß doch diese Partei im Falle einer Formierung einer starken „Grün-Partei" um ihr parlamentarisches Überleben fürchten. Ein Haider könnte zuwenig sein, in genügendem Maße das Protestpotential zu binden, einige „Nationale" zuwenig, um das Abwandern anderer Wähler nach ganz rechts zu verhindern, eine klare Anti-Zwentendorf-Linie zuwenig, um sich glaubwürdig als blaugrün zu präsentieren.

5. Hainburg steht für einen grundlegenden Wertewandel in der jungen Bevölkerung – nicht nur in ihr

Die heutigen Machtträger in Politik und Wirtschaft – meist zwischen vierzig und sechzig Jahre alt – gehören derjenigen Generation an, die als Kinder von unmittelbaren oder mittelbaren Bürgerkriegs- und Weltkriegserlebnissen, als Jugendliche von der Zeit der (Nach-)Kriegswirren und des Wiederaufbaus geprägt wurden. Das unbestrittene Credo der fünfziger, sechziger und teilweise noch der siebziger Jahre war davon geprägt: Wirtschaftswachstum, individueller Aufstieg, „Leistung", Sozialpartnerschaft, Konfliktscheu und mangelnde Aufarbeitung der eigenen Geschichte.
Das hat sich heute gründlich geändert. Nun ist es keineswegs so, daß in ähnlicher Geschlossenheit alternative Werte vorhanden wären, aber die Geschlossenheit ist weg. Ähnlich wie in der BRD (wo eine eben veröffentlichte Studie den Bezug zwischen drastischen Änderungen des Parteiensystems und höchst unterschiedlichen „Milieus" herstellt) gibt es auch in Österreich unter Jugendlichen höchst unterschiedliche Werte, Kulturen, Lebensweisen und Interessen. Grob schematisiert:

- Bewußt gesellschaftskritische Linke, zum Unterschied von den siebziger Jahren „offener" und organisationsfeindlicher;
- Alternative mit einer relativ geschlossenen Lebenskultur, spontan und eher individuell auf eine Änderung der Lebensformen konzentriert (Stichworte: Bauernhof, Biokost, Grün-Fundamentalisten);
- Hedonisten mit meist abgesichertem materiellen Hintergrund aus den „neuen Mittelschichten", ebenfalls mit einer relativ geschlossenen Lebenskultur (Stichworte: städtisch, liberal, Schickerialokale, Zeitschrift *Wiener*);
- eine im Vergleich zu anderen Ländern schwach ausgeprägte Szene der Subkultur (Stichworte: Punks, Gassergasse);
- immer stärker politisierte religiös motivierte Jugendliche;
- die nach wie vor größte Zahl von „angepaßten" Jugendlichen mit bürgerlichen oder kleinbürgerlich-aufstiegsorientierten Wertmustern;
- schließlich die ebenfalls große Zahl von Jugendlichen aus dem traditionellen Arbeitermilieu, meist nicht besonders für Ziele, die außerhalb des unmittelbaren Lebenshorizontes liegen, engagiert.

Zwischen diesen keineswegs fest abgegrenzten Gruppen gibt es ebenso wechselnde „Bündnisse" wie bei den „Erwachsenen" – nur viel häufiger. Ausdruck dessen sind etwa die „neuen sozialen Bewegungen“: Frauen-, Friedens- und Ökologiebewegung. Vor allem letztere trifft sich voll mit den neuen Wertvorstellungen von immer mehr Menschen auch aus der älteren Generation:

- unmittelbare Selbstverwirklichung statt unmittelbarer nur-materieller Ausrichtung: mehr Zeit für Kommunikation, Eigenschau, Freunde statt für die Karriere;
- direkte Mit- und Selbstbestimmung in allen Bereichen statt indirekter;
- mehr überprüfbare Subjektivität auch in der Politik statt sachzwangorientiertem, glattem Technokratenverhalten;
- eine stärkere Berücksichtigung und Kontrolle der Persönlichkeit. Kritik an der „Charaktermaske“ von Politikern und dem traditionellen Funktionärstypus;
- eine größere Sensibilität für „idealistische“ Ziele wie soziale Gerechtigkeit, Naturerhalt oder Solidarität statt der ausschließlichen Verteidigung von quantitativen Wachstumsraten.

6. Schlußfolgerungen

Die SPÖ könnte mit diesem Wertewandel an sich am besten von allen drei „etablierten“ Parteien fertig werden. Viele dieser Ziele sind humanistisch-demokratische, die im Rahmen der sozialistischen Strategie unverzichtbar sind. Hainburg hat freilich einen großen Graben innerhalb derjenigen Wählergemeinschaft aufgerissen, die der SPÖ bis 1983 die absolute und danach die relative Mehrheit gebracht hat. Das Bündnis aus „traditioneller“ Arbeiterbewegung, liberal-demokratischen Intellektuellen („Kreisky-Wähler“) und neuerdings Teilen der neuen sozialen Bewegungen, vor allem innerhalb der Jugend, ist zerbrochen. Gerade im nicht nur quantitativ wichtigen Teil der studierenden Jugend werden diese Gräben kurzfristig kaum zu schließen sein (schon heute beträgt der Anteil der SPÖ-Wähler unter ihnen nur mehr 13 Prozent gegenüber 21 für die „Grün-Alternativen“). Unter dieser Voraussetzung wäre es vermessen, an eine absolute Mehrheit im Jahre 1987 zu denken.
Realistisch muß man auch davon ausgehen, daß die derzeitige Form der Koalition über 1987 hinaus nur geringe Überlebenschancen hat. Vor allem in Fragen der Energiepolitik, der Wirtschafts- und Sozialpolitik (8. Dezem-

ber!) stehen trotz des Umdenkprozesses in Sachen Hainburg noch weitere Hürden bevor. Der Dorn im Auge, der gerade vielen Kreisky-Wählern, Intellektuellen und Künstlern die FPÖ ist, ist einer nach wie vor bedeutenden Wähler- und Funktionärsschicht des nationalen FP-Flügels die SPÖ. Bei einem Antreten einer einigermaßen geschlossenen und glaubwürdigen Grün-Gruppierung muß die FPÖ ums Überleben bangen.
Die schlechteste Alternative dazu wäre eine große Koalition. Sie würde die Widersprüche innerhalb der Großparteien nur verschärfen. Die „Sozialpartnerschaft auf Parlamentarierebene" hätte in Wirklichkeit keinerlei integrative Kraft, das Protestpotential würde auf allen Ebenen gestärkt werden.
Falls die ÖVP trotz aller derzeitigen Schwächen die stärkste Partei würde, bliebe der SPÖ nur der Gang in die Opposition. Was vom Standpunkt parteiinterner Erneuerung sympathisch, vom Standpunkt der generellen gesellschaftspolitischen Weichenstellung in Österreich keineswegs angenehm wäre.
Die einzige Möglichkeit für den Erhalt der Mehrheitsfähigkeit der SPÖ beziehungsweise für die Möglichkeit einer demokratisch-fortschrittlichen Gesellschaftsveränderung ist das Beschreiten eines dritten Weges abseits des Festhaltens an der kleinen Koalition um jeden Preis und den immer stärker werdenden Kassandrarufen nach einer großen Koalition: der des Weiterbestehens eines rot-grünen Wählerbündnisses. Ob dies weiter im Rahmen der SPÖ möglich sein wird (was sicher einfacher wäre) oder durch andere Formen der Zusammenarbeit beziehungsweise der Koalition mit neuen grünalternativen Gruppen, wird erst die Zukunft weisen. (Unabhängig von den großen Differenzen mit Günther Nenning oder Freda Meissner-Blau kann man mit ihnen sicher besser reden als mit Alexander Tollmann oder Herbert Fux.) Viel wird davon abhängen, wie Hainburg bewältigt wird: mit Verdrängung oder Aufarbeitung. Und ob man aus letzterem folgende Konsequenzen zu ziehen bereit ist.

- Fortführung der Initiativen zum Schutz der Umwelt, die am 15. Jänner als Regierungsprogramm bekanntgegeben wurden;
- Festhalten am Prinzip der Errichtung weiterer Donaukraftwerke und des Ausbaus der Wasserkraft als einzig sauberer Energiequelle bei gleichzeitigem Abgehen vom derzeitig geplanten Standort;
- Auflösung der einzelnen Landesgesellschaften der Energiewirtschaft (notfalls durch ein neues Verstaatlichungsgesetz) und Schaffung einer einzigen, demokratisch kontrollierten Gesellschaft bei gleichzeitiger

Beseitigung der zahlreichen angesammelten Privilegien in diesem Bereich. Personelle Konsequenzen allein werden zuwenig sein;
- endgültige Versenkung Zwentendorfs in der energiepolitischen Gruft;
- Ausbau der direkten Demokratie (etwa durch Schaffung eines Gesetzes, wonach ab einer bestimmten Höhe von erreichten Unterschriften für ein Volksbegehren verpflichtend eine Volksabstimmung abzuhalten ist). Ferner Stärkung des Persönlichkeitswahlrechtes und der realen Freiräume für einzelne Abgeordnete unter weitgehender Vermeidung des Klubzwanges;
- Änderungen der personellen Zusammensetzung aller gesellschaftlichen Machtträger bei gleichzeitigem Abbau der Hierarchien entsprechend dem Wertewandel in weiten Teilen der jüngeren Bevölkerungsgruppen und angesichts der Tatsache, daß die alters- und einstellungsmäßige Verkrustung der Machtapparate beinahe schon kremlmäßige Züge angenommen hat.

Sicher ist jedenfalls eines: Die Reduzierung der SPÖ auf klassische „Kernschichten" (die schon soziologisch immer kleiner werden) würde eine 35-Prozent-Partei kreieren. Die hätte zwar mit einer gleich starken ÖVP noch immer eine 70prozentige Mehrheit und könnte Hainburg und Zwentendorf durchsetzen. Gleichzeitig würde durch eine solche „Koalition der Verlierer" (Erhard Busek) endgültig der Anspruch auf demokratische Gesellschaftsveränderung auf dem Altar eines sozialen Scheinfriedens geopfert werden. Der aber würde rasch zu einem umso heftigeren Unfrieden führen, da das Protestpotential drastisch an Größe gewinnen würde und Identifikationsfiguren im Bereich der traditionellen Parteien verlorengingen.

aus: Die Zukunft, Jg. 1985, H. 2, S. 19 ff.

ZWEITE ODER DRITTE REPUBLIK?

Heinz Fischer

Man muß die Demokratie in Bewegung halten, damit sie stabil bleibt", lautet eine oft zitierte Weisheit des früheren französischen Staatspräsidenten Herriot.

Auch das österreichische politische System der Zweiten Republik können wir uns nirgends patentieren lassen, sondern man muß – ganz im Gegenteil – das demokratische System immer wieder kritisch analysieren, auf Schwachstellen abklopfen und um eine sinnvolle Weiterentwicklung bemüht sein – wie dies auch seit 1970 mit vielen Reformen geschehen ist –, damit Erstarrung und Verkrustung vermieden werden.

Auf der anderen Seite eignet sich aber die Verfassung eines Staates nicht für parteitaktische Spielereien, und eine Partei, die mit der Verfassung hadert, weil sie mit ihrer Rolle nicht zufrieden ist, gleicht einer Fußballmannschaft, die die Spielregeln ändern will, weil sie in Abstieggefahr geraten ist.

Die Erfinder des Schlagwortes von der „Dritten Republik" streben nach eigener Aussage eine Verfassungsverordnung an, durch die der Bundespräsident zu einem Staatschef mit weitreichenden Machtbefugnissen werden soll (vor rund 40 Jahren haben sich Ignaz Seipel und die Christlich-Sozialen einschließlich der Heimwehren schon um eine massive Stärkung der Stellung des Bundespräsidenten bemüht). Sie halten das Parlament für unfähig, längerfristige Entscheidungen zu treffen, und die Opposition für so überflüssig, daß sie (im Rahmen einer Konzentrationsregierung) ersatzlos abgeschafft werden kann.

Einer der Autoren dieser Konzeption, der steirische ÖVP-Politiker Dr. Bernd Schilcher, greift bis in die Monarchie zurück und verweist auf die Stellung eines starken Monarchen (?), der bei langfristigen Großprojekten, wie zum Beispiel dem Bau der Semmeringbahn, eine „Protektionsfunktion" ausgeübt habe, die es auch bei zeitgenössischen Problemen geben müßte. Schilcher nennt dabei die Problembereiche verstaatlichte Industrie, Sozialstaatsfinanzierung, ÖBB und so weiter. Auch wenn hier Einzelfragen nicht diskutiert werden können, sondern nur Konzeption als solche erörtert werden soll, ist allein schon die Nennung der Beispiele außerordentlich informativ und verräterisch: Da es der ÖVP ja offenbar nicht um einen Ausbau der verstaatlichten Industrie oder des Sozialstaates geht, deutet sie an, daß man sich nicht zutraut, eine Reprivatisierung von Teilen der verstaatlichten Industrie oder einen Abbau des Sozialstaates auf der Basis der heutigen parlamentarischen Demokratie durchzusetzen, daß dies aber eine von der ÖVP geführte Exekutive in einer Dritten Republik sehr wohl auf die Tagesordnung setzen könnte.

Der eindeutig autoritäre und antiparlamentarische Grundzug des Modells einer Dritten Republik sollte nach Aussage ihrer Vertreter durch eine verstärkte plebiszitäre Komponente gemildert werden, obwohl ein Blick in die Geschichte zeigt, daß autoritäre oder auch nur autoritär angehauchte Regierungen – man kann da ruhig auch einen „autoritären Demokraten" wie de Gaulle heranziehen – Plebiszite in den meisten Fällen nicht als Instrument der demokratischen Willensbildung oder gar Kontrolle, sondern zur Absegnung vorprogrammierter Entscheidungen benutzt haben.

Ob diese Konzepte nun „All-Austrian-Government" heißen (Josef Krainer) oder „Kurswechsel mit Neuanfang auf breiter Basis", den Kurt Bergmann herbeisehnt, oder „Dritte Republik"[1] – sie drücken auf jeden Fall ein Grundverständnis aus, das uns von jenem Verfassungsverständnis weit wegführt, das von Renner bis Raab und von Schärf bis Figl, aber auch für Kreisky, Klaus und Taus jenen Basiskonsens dargestellt hat, auf dem politische Gegensätze überhaupt erst sinnvoll und fruchtbar ausgetragen werden können.

„Ein so kleines Land", meint Schilcher, „mit so großen Problemen kann sich das aufwendige Modell von Regierung und Opposition nicht leisten. Es bleibt nichts anderes übrig, als den Aufbruch in die Dritte Republik zu wagen." Schilcher nennt auch den Zeitplan: rasche Neuwahlen, danach Bildung einer großen Koalition auf nur zwei Jahre mit dem Auftrag, die Staatsverfassung in Richtung „Dritte Republik" zu ändern. Bis etwa 1990 müßte seiner Meinung

nach dieses Ziel erreicht sein. Ist das endlich die staatspolitische Konzeption der ÖVP?
Wie immer man die Situation Österreichs im vierzigsten Jahr der Zweiten Republik einschätzt – und ich bin überzeugt, daß wir guten Grund haben, insgesamt ein positives Bild zu zeichnen, weil es gelungen ist, die schlimmsten Fehler der Ersten Republik zu vermeiden, und weil sich auch die sozialen, ökonomischen und nicht zuletzt die außenpolitischen Basisdaten in positiver Weise von den dunklen Jahren der Geschichte unseres Landes unterscheiden –, ist es doch absurd, von einer Staatskrise zu sprechen, um die Zählung der Republiken auf die Tagesordnung setzen zu können.
Ist es angesichts der historischen Erfahrungen, über die unsere Heimat verfügt, wirklich zu verantworten, die Zweite Republik wie ein ungeliebtes Spielzeug wegzuwerfen und eine „Dritte Republik" herbeizusehnen? Drückt sich darin nicht viel eher Fadesse, Saturiertheit, Beziehungslosigkeit zur Zweiten Republik aus als die objektive Notwendigkeit zum Verfassungsexperiment? Ist denn Landeshauptmann Krainer nicht aufgefallen, wie stark die vor allem in der Steiermark propagierte „Dritte Republik" in ihren antiparteienstaatlichen und antiparlamentarischen Ressentiments dem Konzept der „Wahren Demokratie" Ignaz Seipels gleicht?[2] Gerade auf Grund der Erfahrungen in der Ersten Republik reagieren wir Sozialisten äußerst sensibel darauf, wenn ohne Rücksicht auf größere historische Zusammenhänge die Verfassung zu einem Objekt für tagespolitische Manöver gemacht werden soll. Für eine Verfassungsreform, die das Ziel hätte, die parlamentarische Demokratie einzuschränken und sie durch autoritäre, wenn auch plebiszitär verbrämte Strukturen zu ersetzen, wird es in Österreich keine Mehrheit geben.

Parteienstaatlicher Parlamentarismus als Bestandteil der politischen Kultur Österreichs

Ein anderes Problem stellt die Frage einer Ergänzung der parlamentarischen Demokratie durch direktdemokratische Elemente dar. Der Wunsch nach mehr politischer Beteiligung zeigt sich nicht nur in der Zunahme von Bürgerinitiativen und in der immer stärkeren Ausnützung der bereits jetzt bestehenden Möglichkeiten, direkte Demokratie zu praktizieren. Der Wunsch nach mehr politischer Beteiligung in der Gestalt direktdemokratischer Verfahren kommt auch in den Ergebnissen der Meinungsforschung zum Ausdruck. Politikwissenschaftliche Untersuchungen zeigen aber auch, daß für die überwiegende Mehrheit der Bevölkerung der Wunsch nach mehr Möglichkeiten, direkte Demokratie zu praktizieren, keinesfalls mit einer Ablehnung der parteistaatlichen parlamentarischen Demokratie verbunden ist. Es ist vielmehr so, daß der österreichische Parlamentarismus – auch im internationalen Vergleich – von der Bevölkerung positiv beurteilt wird und das Parlament als zentrale Instanz der repräsentativen Demokratie über hohe Zustimmungswerte verfügt.[3]

Betrachtet man die historische Entwicklung der politischen Demokratie in Österreich, so zeigt sich, daß diese Entwicklung eine politische Kultur hervorgebracht hat, in der der Repräsentationsgedanke zum prägenden Prinzip der Demokratie geworden ist, das nie als Einschränkung des demokratischen Entscheidungsprozesses empfunden wurde.

Es muß einmal mit Klarheit und mit Deutlichkeit ausgesprochen werden, daß die plebiszitäre Demokratie nicht eine höhere Entwicklungsstufe der repräsentativen parlamentarischen Demokratie ist, die zu erreichen wir uns bemühen müssen. Die historisch weit ältere (bis ins Altertum zurückreichende) plebiszitäre Demokratie wurde im Gegenteil in einer Jahrhunderte langen Entwicklung abendländischen Denkens zur repräsentativen Demokratie mit ihrer Möglichkeit zum Kompromiß, zur differenzierten Problemlösung, aber auch mit ihren Einrichtungen der Gewaltenteilung und der Kontrolle weiterentwickelt und verfeinert.

Dazu kommt, daß auch die politischen Parteien in der Demokratie eine Funktion haben, zu der man sich als Demokrat bekennen muß, weshalb der Opportunismus aufgezeigt werden soll, der darin besteht, daß sich Obmänner oder Generalsekretäre von Parteien so aufführen, als müßten sie ihre Mitbürger vor den Parteien in Schutz nehmen: Die Kritik an den Parteien von außen und von innen, von Journalisten und von zur Kontrolle der Parteien berufenen Instanzen ist legitim und notwendig, aber das opportunistische Einstimmen in den Chor der Kritiker und Gegner politischer Parteien – den es gibt, seit Parteien existieren – durch die führenden Exponenten eben dieser Parteien ist peinlich und unehrlich.

Es ist schon oft gesagt worden, muß aber offenbar noch oft wiederholt werden: Es gibt keine Demokratie ohne konkurrierende politische Parteien, und die enge Verbindung zwischen politischer Demokratie und politischen Parteien liegt unserem Demokratieverständnis zugrunde.

Am prägnantesten brachte diese Verbindung von Parteien und Demokratie wohl Hans Kelsen zum Ausdruck. Er leitete die Bedeutung der Parteien für die Demokratie daraus ab, „daß Demokratie ernstlich nur möglich ist, wenn sich die Individuen zum Zweck der Beeinflussung des Gemeinschaftswillens unter dem Gesichtspunkt der verschiedenen politischen Ziele zu Gemeinschaften integrieren, ... nur Selbsttäuschung oder Heuchelei kann vermeinen, daß Demokratie ohne politische Parteien möglich sei. Die Demokratie ist notwendig und unvermeidlich ein Parteienstaat."[4]

Im Zusammenhang mit der eingangs erwähnten Diskussion über eine „Dritte Republik" ist es nicht uninteressant, daß sich die antidemokratischen Bestrebungen der Heimwehrbewegung und Ignaz Seipels „Wahre Demokratie" gegen die politischen Parteien als Träger des Demokratisierungsprozesses wendeten. Folgerichtig hat auch der Austrofaschismus nicht nur die Sozialdemokratische Arbeiterpartei ausgeschaltet, sondern in weiterer Folge auch die bürgerlichen Parteien in eine „Vaterländische (Einheits-)Front" zusammengepreßt.

Auch die Zweite Republik war von Beginn an vom parteienstaatlichen Parlamentarismus geprägt. Von Gerhard Leibholz wurde der parteienstaatliche Parlamentarismus als die „rationalisierte Erscheinungsform der plebiszitären Demokratie" bezeichnet.[5]

Diese sicher nicht vollständige Skizzierung der historischen Grundlagen der parteienstaatlichen Demokratie zeigt deren starke politisch-kulturelle Verankerung in Österreich. Dennoch darf man die Augen nicht davor verschließen, daß die politischen Parteien heute nicht mehr in dem Maß wie in der Ersten Republik und wie zu Beginn der Zweiten Republik von der Bevölkerung als die einzigen Instrumente politischer Beteiligung angesehen werden. Meinungsforschungsergebnisse zeigen, daß gewisse Loyalitätseinbußen der politischen Parteien zu verzeichnen sind. Wir können beobachten, daß krisenhafte Prozesse der Ökonomie mit verheerend hohen Arbeitslosenraten die Einstellungen der Menschen zum jeweiligen politischen System, insbesondere zu den politischen Parteien, negativ beeinflußt haben. Dazu kommen eine Umorientierung in den Werthaltungen der Bevölkerung, ein stärkeres Bewußtwerden ökologischer Probleme, die Angst vor der atomaren Vernichtung, eine zunehmende Sensibilität für die Probleme der dritten Welt und nicht zuletzt das Heranwachsen einer kritischeren, vom obrigkeitsstaatlichen Denken sich immer weiter entfernenden jungen Generation.

Wenn dieser Befund für die Parteien als bestehende Organisationen mit traditionellen Strukturen und – wer könnte dies bestreiten – in manchen Bereichen eingefahrenen Denkmustern auch unbequem ist, so kann er im Sinne einer schöpferischen Weiterentwicklung der Demokratie in allen gesellschaftlichen Bereichen auch als durchaus positiv und ermutigend angesehen werden. In diesem Zusammenhang nach einer „Dritten Republik" zu rufen, an deren Spitze ein starker Mann steht, der sich seine Entscheidungen durch plebiszitäre Mechanismen absegnen läßt, scheint mir aber ein in gleicher Weise reaktionäres wie auch gefährliches Konzept zu sein.

Partizipative Demokratie als Alternative zum plebiszitären Modell

Manche Vorschläge, die für einen Ausbau der direktdemokratischen Einrichtungen auf Bundesebene in den letzten Wochen und Monaten publiziert wurden, zielen aber gar nicht auf eine Totaländerung der Bundesverfassung und eine De-facto-Ersetzung des Parlamentarismus durch eine plebiszitär gesicherte Präsidialstruktur, wie dies im Konzept der „Dritten Republik" vorgesehen ist, sondern streben eine Ergänzung der bestehenden parlamentarisch-demokratischen Entscheidungsverfahren durch eine Verstärkung direktdemokratischer Elemente an.

Die österreichische Bundesverfassung kennt solche direktdemokratischen Elemente bereits in der Form des Volksbegehrens, also eines Rechtes auf Gesetzesinitiative, das mindestens 100.000 Stimmberechtigten oder je einem Sechstel der Stimmberechtigten dreier Länder zusteht.[6] Das B-VG sieht aber auch die Einrichtung der Volksabstimmung vor. Wenn der Nationalrat es beschließt oder die Mehrheit seiner Mitglieder dies verlangt, müssen einfache Gesetzesbeschlüsse einer Volksabstimmung unterzogen werden.[7] Bei teiländernden Verfassungsgesetzesbeschlüssen muß eine Volksabstimmung bereits stattfinden, wenn dies von einem Drittel der Mitglieder des Nationalrates oder des Bundesrates verlangt wird. Wir sprechen in diesen Fällen von fakultativen Volksabstimmungen. Obligatorisch ist eine Volksabstimmung auf jeden Fall bei gesamtändernden Verfassungsgesetzesbeschlüssen.

Das Referendum, die Volksabstimmung, ist also der österreichischen Verfassungsordnung auch auf Bundesebene nicht unbekannt. Bemerkenswert erscheint mir aber, daß die Anlaßfälle, die in der letzten Zeit zu der verstärkt erhobenen Forderung nach Ausbau der direkten Demokratie geführt haben, nicht Akte der Gesetzgebung, sondern solche der Vollziehung betroffen

haben. Dies gilt vor allem für das geplante Donaukraftwerk bei Hainburg, aber auch für die meisten anderen Zielkonflikte im Bereich der Ökologie.
Die Forderungen nach einem Ausbau der Einrichtung der Volksabstimmung in der Bundesverfassung, wie sie auch von ÖVP-Obmann Alois Mock vertreten werden, zielen auf die sogenannte plebiszitäre Gesetzesinitiative hin, das heißt auf die Möglichkeit einer bestimmten Anzahl von Unterzeichnern eines Volksbegehrens, eine Volksabstimmung zu erzwingen.[8] Dies würde bedeuten, daß auch gegen den Willen des Parlaments, das ja vom Volk gewählt ist, Gesetze zustandekommen könnten.
Hier stellt sich die Frage, ob mit einer solchen plebiszitären Gesetzesinitiative nicht bereits die Grenze zwischen einer Ergänzung der parlamentarischen Demokratie durch direktdemokratische Elemente einerseits und einer anderen Form der Demokratie, der plebiszitären Demokratie, überschritten ist.
Ich habe meine Bedenken gegen solche Bestrebungen bereits an anderer Stelle dargelegt und möchte nur einige Argumente stichwortartig wiederholen.[9]

1. Es ist unübersehbar, daß ein solches Instrument keine demokratische Chancengleichheit gewährleistet, sondern mächtigen Einflußgruppen, insbesondere starken Massenmedien, die Möglichkeit gibt, über das Parlament hinweg Gesetze und sogar Verfassungsgesetze zu erzwingen. „Medienschwache" Teile der Bevölkerung oder gar soziale Rand- und Unterschichten werden sich dieses Instrumentes nie bedienen können, sondern eher Opfer seiner Anwendung und Auswirkung sein.
2. Die Reduzierung komplexer Probleme auf eine Ja-Nein-Alternative trägt weniger zu einer Problemlösung durch Verhandlung und Kompromiß, sondern mehr zur Polarisierung verhärteter Standpunkte bei.
3. Es würde auf jeden Fall dem österreichischen Verfassungssystem widersprechen, wenn durch einfache Mehrheit bei einer Volksabstimmung Verfassungsgesetze beschlossen oder geändert werden könnten, für die im Nationalrat eine Zweidrittelmehrheit erforderlich wäre.
4. Die plebiszitäre Gesetzesinitiative scheint mir auch mit dem österreichischen System der Verfassungsgerichtsbarkeit nicht oder nur schwer vereinbar. Ist überlegt worden, ob ein vom Volk auf diese Art beschlossenes Gesetz vom Verfassungsgerichtshof wegen Verfassungswidrigkeit aufgehoben werden kann, wie das beim normalen parlamentarischen Gesetzgebungsverfahren der Fall ist?

5. In Österreich treten die politischen Parteien zu den Wahlen mit Programmen an, die sie zu verwirklichen trachten. Kann nun eine Regierung, die der Mehrheit im Parlament verpflichtet ist, die wiederum auf dem mehrheitlichen Willen der Wähler basiert, gezwungen werden, von diesem Programm und ihrer Regierungserklärung auf Grund einer Volksabstimmung abzuweichen? An Nationalratswahlen beteiligen sich in Österreich immerhin regelmäßig mehr als 90 Prozent der Bevölkerung. Volksabstimmungen in der Schweiz erreichen Beteiligungsquoten von nur 30 bis maximal 50 Prozent. Hier bestünde also ohne weiteres die Möglichkeit, daß de facto eine Minderheit den in der Wahl erklärten Willen der Mehrheit unterläuft.

Es zeigt sich also, daß es eine Reihe von Problembereichen gibt, in denen plebiszitäre Gesetzgebung mit der in Österreich historisch gewachsenen und von allen politischen Kräften befürworteten parlamentarischen Demokratie nur schwer in Einklang zu bringen ist. Daher bietet sich eher das Modell der partizipativen Demokratie an, also der Versuch, die Bevölkerung an Entscheidungen, von denen sie unmittelbar in ihrem Lebensbereich betroffen ist, stärker zu beteiligen.

Ausländische Beispiele und Erfahrungen

Auch von ausländischen Erfahrungen sollte man bereit sein zu lernen, wobei ein Vergleich mit den anderen europäischen Verfassungsordnungen zeigt, daß Österreich mit den derzeit gegebenen Möglichkeiten direktdemokratischer Beteiligung keineswegs im europäischen Schlußfeld liegt. Wenn in diesem Bereich überhaupt quantifizierende Vergleiche möglich sind, besteht ein Mehr an direkter Demokratie nur in der in diesem Zusammenhang oft zitierten Schweiz und mit Einschränkungen in Italien. In allen anderen europäischen Verfassungsordnungen sind direktdemokratische Beteiligungsformen zum Teil in annähernd gleichem Ausmaß wie in Österreich, zum Teil in geringerem Ausmaß und zum Teil gar nicht vorhanden.

Was die direktdemokratischen Elemente in der Schweiz betrifft, kennt die schweizerische Verfassung auf gesamtstaatlicher Ebene das Referendum, also die Volksabstimmung, die Volksinitiative, teilweise unserem Volksbegehren vergleichbar, und die sogenannte Petition, die ebenfalls unserem Volksbegehren vergleichbar ist. Für eine Totalrevision der Bundesverfassung und für den Beitritt zu internationalen Organisationen ist ein obligatorisches Referendum vorgesehen. Bundesgesetze und allgemeinverbindliche Bundesbeschlüsse sind nur dann dem Volk zur Annahme oder Verwerfung vorzulegen, wenn das von 50.000 stimmberechtigten Schweizer Bürgern oder von acht Kantonen verlangt wird. Für den Erfolg eines obligatorischen Referendums ist nicht nur die Mehrheit des Volkes, sondern zusätzlich die Mehrheit der Kantone erforderlich.

Eine Volksinitiative, also ein Volksbegehren, ist nur im Hinblick auf eine Total- oder Teilrevision der Bundesverfassung möglich. Die Initiative muß von 100.000 stimmberechtigten Schweizer Bürgern unterstützt werden. Das Ergebnis der Beratungen in der Bundesversammlung, auch ein allfälliger Gegenentwurf, ist dem Volk und den Kantonen zur Abstimmung vorzulegen. Diese „plebiszitäre Verfassungsinitiative" gilt aber nicht für einfache Gesetze. Für diese ist auch kein Volksbegehren vorgesehen, wohl aber kann das Petitionsrecht, wenn entsprechend viele Unterschriften vorliegen, als solches angesehen werden. Wie in Österreich ist aber in diesem Fall die Bundesversammlung in inhaltlicher Hinsicht nicht an die Petition gebunden. So erzielte im Jahr 1973 eine Petition zur Beibehaltung der Kavallerie der Schweizer Armee 432.000 Unterschriften. Dennoch beschloß der Gesetzgeber deren Auflösung.

In der Wirkung war die Einrichtung der Volksabstimmung in der Schweiz seit ihrer Einführung im Jahre 1891 im allgemeinen konservativ. Mit der Volksinitiative hingegen wurden oft extrem reaktionäre, aber auch manchmal sehr progressive Postulate vorgebracht, die aber in der Folge von Volk und Kantonen regelmäßig nicht akzeptiert wurden. In der Schweiz nehmen an Volksabstimmungen zwischen 30 und 50 Prozent der Stimmbürger teil.

In der verfassungspolitischen Diskussion ist das Referendum weniger umstritten als die Volksinitiative. An dieser wird nämlich kritisiert, daß sehr oft für Befürworter und Gegner bestimmter Vorhaben völlig ungleich verteilte materielle Mittel und Möglichkeiten, vor allem im Hinblick auf die Massenmedien, zur Verfügung stehen.

Professor Walter Wittmann, einer der bekanntesten Politikwissenschafter der Schweiz, der – wenn ich nicht irre – erst vor wenigen Monaten von der steirischen ÖVP zu einem Vortrag nach Graz eingeladen wurde, hat kürzlich unter dem Titel *Wohin treibt die Schweiz?* ein Buch veröffentlicht, in dem ein Kapitel die Überschrift „Direkte Demokratie in der Sackgasse" trägt. Dort heißt es wörtlich:

„Die direkte Demokratie ist in eine historische Endphase getreten, in der sie außerstande scheint, zentrale Zukunftsprobleme zu lösen. Für die Mehrheit der Schweizer und vor allem für jene Ausländer, die die Schweiz als eine geradezu ideale politische Institution sehen, mag dies unbegreiflich erscheinen. Für Eingeweihte ist aber seit Jahren klar, daß die direkte Demokratie sich nur noch dazu eignet, Entscheidungen weitgehend zu blockieren. Genau das ist aber in Zeiten beschleunigten weltweiten Wandels eine schlechte politische Option. Das politische System der Schweiz ist inzwischen so festgefügt, daß sich neuerungsfreudige Persönlichkeiten kaum noch wie früher durchsetzen können, so daß zukunftsgerechte Innovationen ausbleiben. Im Vordergrund stehen Tagespolitik und kosmetische Retuschen, die die Politiker so stark beschäftigen, daß sie die langfristige Entwicklung der Schweiz und ihre Gestaltung aus den Augen verlieren. Seit der Rezession ist nur noch von Konsolidierung die Rede, während die alten, aber auch die wichtigen neuen Aufgaben ungelöst bleiben. So ist die Frage überfällig, wohin das politische System steuert und ob die direkte Demokratie die Probleme der Zukunft überhaupt noch bewältigen kann."[10]
Professor Wittmann setzt fort: „Das Referendum ist das klassische Instrument zur nachträglichen Korrektur politisch unerwünschter Entscheidungen von Parlament und Regierung. Es ist nichts anderes als eine verfassungsmäßige Bremse gegen die Fortentwicklung der schweizerischen Demokratie, die schon im 19. Jahrhundert eingebaut wurde. Vor allem die finanzstarken Interessensverbände können davon Gebrauch machen, womit sich die Allgegenwart dieses dominierenden Faktors der Innenpolitik erneut manifestiert. Mit diesem Instrument können nicht nur parlamentarische Entscheidungen, sondern auch gutgemeinte Bemühungen des Bundesrates rückgängig gemacht werden. Es ist geradezu grotesk, dem Bundesrat mangelnde Führung vorzuwerfen, wenn Referenden schon seit Jahren und Jahrzehnten zaghafte Neuerungsversuche von vornherein als aussichtslos erscheinen lassen. Je mehr es mit Hilfe des Referendums gelingt, in gesamtschweizerischem Interesse liegende Gesetze und Verfassungsartikel zu Fall zu bringen, desto bedenklicher wird – immer unter dem demokratischen Aspekt – das politische Erlebnis."[11]
Von einem „Pluralismus zwischen theoretischem Anspruch und Verfassungswirklichkeit" ist auch in dem vor wenigen Monaten von Ulrich Klöti herausgegebenen *Handbuch des politischen Systems der Schweiz* die Rede, und zwar deshalb, weil der moderne Leistungsstaat in zunehmendem Maße auf eine konzeptionelle Politik angewiesen ist, die durch die plebiszitäre

Komponente in der längerfristigen Planung gestört wird, woraus „eine generelle Innovationsschwäche des politischen Systems" der Schweiz stammt (Seite 254).

Dazu kommt, daß man von einer Chancengleichheit der Betroffenen – wie es im *Handbuch des politischen Systems der Schweiz* heißt – „ein gutes Stück entfernt ist": „Volksbegehren kosten Zeit und Geld; für finanz- und organisationsschwache Gruppierungen ist der Aufwand nur bedingt tragbar. Dazu lassen sich bestimmte gesellschaftliche Interessen, insbesondere jene von wenig konfliktfähigen, über keine klar abgrenzbaren Artikulärinteressen verfügenden Gruppierungen nur schlecht organisieren und mobilisieren."[12]

Und genau das will die ÖVP nach Österreich importieren, wobei die von ÖVP-Seite geforderte plebiszitäre Gesetzesinitiative in der vom ÖVP-Obmann vorgeschlagenen Form nicht einmal in der Schweiz existiert, da die Volksinitiative dort, wie schon erwähnt, auf Verfassungsänderungen beschränkt ist?

Interessant ist aber, daß im Rahmen der Reformbestrebungen in der Schweiz ein sogenanntes Verwaltungsreferendum und eine Verwaltungsinitiative diskutiert werden, Einrichtungen also, mit denen direktdemokratische Elemente in den Bereich der Vollziehung eingebaut würden. Dabei wird vor allem an die Genehmigung bestimmter großtechnischer Anlagen, wie zum Beispiel Kernkraftwerke, Bau und Linienführung von Nationalstraßen und ähnliches gedacht, und deshalb überlegen wir auch in Österreich eine Umweltverträglichkeitsprüfung mit Elementen einer partizipatorischen Demokratie.

Die schwedische Verfassung kennt die Volksabstimmung bei Verfassungsänderungen sowie die konsultative Volksbefragung in sonstigen Fällen. Volksabstimmungen wurden bisher nicht durchgeführt, Volksbefragungen nur in wenigen Fällen.

In Luxemburg ist der Gesetzgeber durch die Verfassung ermächtigt, Volksabstimmungen vorzusehen. Von dieser Ermächtigung ist jedoch nicht Gebrauch gemacht worden.

In Irland sind Volksabstimmungen bei Verfassungsänderungen obligatorisch, andere Gesetzesbeschlüsse können nach der irischen Verfassung einer Volksabstimmung unterzogen werden. Bisher wurde von dieser Möglichkeit aber nicht Gebrauch gemacht.

In der spanischen Verfassung sind Volksabstimmung und Volksbegehren vorgesehen. Ein Volksbegehren, das von 500.000 wahlberechtigten Personen eingebracht werden könnte, wurde bisher nicht durchgeführt. Die Durch-

führung einer Volksabstimmung muß vom Parlament beschlossen werden und ist für 1986 über den Verbleib Spaniens in der NATO vorgesehen.
Belgien und Norwegen kennen nur die konsultative Volksbefragung. In der portugiesischen Verfassung ist die Volksabstimmung vorgesehen, es gibt dafür aber noch kein Ausführungsgesetz. Die BRD sieht Volksabstimmungen nur für den Fall der Neugliederung des Bundesgebietes vor.
In Großbritannien und den Niederlanden bestehen auf gesamtstaatlicher Ebene überhaupt keine Einrichtungen der direkten Demokratie.
Nach der französischen Verfassung ist das Instrument der Volksabstimmung vorgesehen, jedoch spielt der Staatspräsident dabei eine zentrale Rolle, der – je nach der Materie – mit der Regierung und dem Parlament zusammenwirkt.
Nach der griechischen Verfassung gehört es überhaupt zu den Prärogativen des Staatspräsidenten, auf Antrag der Regierung mittels Dekret eine Volksabstimmung über wichtige nationale Fragen anzuordnen. Hier bestehen allerdings Demokratisierungsbestrebungen dahingehend, im Sinne einer Schwächung der Stellung des Staatspräsidenten und einer Stärkung der Stellung des Parlaments diese Prärogative zu streichen.
Diese kurze Übersicht[13] zeigt, daß das stark ausgeprägte Repräsentationsprinzip in Österreich mit den ergänzenden Möglichkeiten der direkten Demokratie auch auf Bundesebene durchaus mit den Regelungen in einer Reihe anderer europäischer Staaten vergleichbar ist. Es scheint mir daher auch nicht besonders zielführend, aus dem einzigen Beispiel einer ausgeprägten plebiszitären Demokratie, nämlich der Schweiz, jene Einrichtungen unkritisch auf Österreich zu übertragen, ohne die innerschweizerische Situation und die Unterschiede im Staatsaufbau zwischen der Schweiz und Österreich zu berücksichtigen.

Echte Beteiligungschance, nicht plebiszitäre Rituale

Es geht mir nicht darum, die vielfach als Ausdruck der Bestrebung, die Demokratie zu stärken, vorgetragene Forderung nach dem Ausbau der Einrichtungen der direkten Demokratie mit dem Hinweis auf die historische Entwicklung des Repräsentationsprinzips oder auf die ausländischen Erfahrungen zurückzuweisen. Ich glaube aber, daß eine Demokratiereformdiskussion nur dann fruchtbar und zielführend sein kann, wenn auch diese Gegebenheiten gebührend berücksichtigt werden. Die simple Formel, je direkter die Demokratie, je mehr Volksabstimmungen, um so demokratischer ist das Gemeinwesen, erweist sich sowohl im Lichte der historischen als auch im Lichte der ausländischen Erfahrungen als falsch. Ein Ausbau der Möglichkeiten der direkten Demokratie im Rahmen der Bundesverfassung scheint mir nur unter voller Wahrung der Rechte des Parlaments und als Mittel zu seiner Unterstützung sinnvoll. Ein Abrücken von den Prinzipien der parlamentarischen Demokratie zugunsten plebiszitärer Entscheidungsmechanismen scheint mir nicht vertretbar. Als parlamentarismuskonforme Erweiterung der Möglichkeiten direkter Demokratie der Bundesverfassung könnte man die von manchen Bundesländern bereits mit mehr oder weniger Erfolg praktizierte Volksbefragung auf Bundesebene diskutieren.

Was übrigens die Steiermark betrifft, deren Landeshauptmann sich so stark den Kopf über eine Totaländerung der österreichischen Bundesverfassung zerbricht, wäre die schlichte Frage zu stellen, warum sich Landeshauptmann Krainer nicht zunächst durch eine Reform der steirischen Landesverfassung Lorbeeren verdient, indem er die steirische Landesverfassung wenigstens an das Basisdemokratieniveau der Bundesverfassung heranführt. Es ist ja sehr bemerkenswert, daß zur Wahrung steirischer Interessen nur deshalb ein Instrument der Bundesverfassung, nämlich ein bundesweites Volksbegehren, benützt werden soll, weil das Instrument des Volksbegehrens in der steirischen Landesverfassung bis heute nicht enthalten ist.

Ich glaube aber – und dies zeigt auch die verfassungspolitische Diskussion in der Schweiz –, daß die derzeitigen Problembereiche, die den Wunsch nach mehr direkter Demokratie auslösen, gar nicht primär auf der Ebene der Gesetzgebung angesiedelt sind.

Viel demokratisierungsbedürftiger als das Gesetzgebungsverfahren und im Lichte aktueller Ereignisse viel wichtiger scheint mir das Verwaltungsverfahren zu sein. Hier einen direkteren Zugang von Betroffenen und Interessierten zu schaffen, wäre mir ein vordringliches Anliegen einer substantiellen Demokratisierung. Die Bundesregierung hat in dieser Hinsicht bereits Initiativen ergriffen und ist dabei, diese mit den Bundesländern abzuklären. Es geht dabei zum Beispiel um eine Verstärkung der Auskunftspflicht der Behörden, um Betroffenen als Grundlage ihrer Beteiligung an der Entscheidungsfindung die notwendige Information zu vermitteln. Darüber hinaus wird eine Umweltverträglichkeitsprüfung für Großanlagen vorbereitet, in deren Rahmen das jeweilige Projekt in verständlicher Form veröffentlicht werden muß und alle, die von einem solchen Projekt betroffen sind, das Recht haben, zur Projektbeschreibung Stellung zu nehmen. Als echtes Element direkter Demokratie käme auch eine Regelung in Frage, wonach Bürgerinitiativen, die von mindestens (zum Beispiel) zehn Prozent der zum Landtag wahlberechtigten Bürger in dem Bezirk, in dem eine Großanlage errichtet werden soll, befürwortet werden, die Parteienstellung mit allen daraus resultierenden Rechten und das Recht der Beschwerde beim Verwaltungsgerichtshof eingeräumt wird. In seinen Auswirkungen würde dies einen echten partizipativen Zugang zum Verwaltungsverfahren bedeuten.

Ein weiteres Betätigungsfeld für Demokratisierungsbestrebungen scheinen mir die Bezirksverwaltungsbehörden zu sein. Diese, gerade im Zusammenhang mit ökologischen Problemen enorm wichtige Entscheidungsinstanz zwischen der Gemeinde und dem Land entzieht sich seit dem Ende der Monarchie dem Prozeß der Demokratisierung und selbst der demokratischen Legitimierung.

Es gibt also noch viel zu tun, um – wie dies in unserem Parteiprogramm formuliert wird – die „auf ökonomischer und demokratischer Macht beruhende Herrschaft über Menschen durch solidarische und kooperative Beziehungen zwischen den Menschen zu ersetzen",[14] und wir brauchen dafür nicht die schon vor fünf Jahrzehnten als Irrweg erkannten Konzepte der Kombination einer autoritären Staatsführung mit plebiszitären Legitimationsinstrumenten, wie sie von den Verfechtern einer „Dritten Republik" zur Diskussion gestellt wurden. Was wir brauchen, ist die Bereitschaft zur Fortsetzung einer Politik der Demokratisierung und der Erweiterung von Mitbestimmungs- und Partizipationsmöglichkeiten im Rahmen des demokratisch-parlamentarischen Systems der Zweiten Republik.

Anmerkungen

[1] Kurier vom 8. und 9. 3. 1985.

[2] Vgl. Ignaz Seipel, Der Kampf um die österreichische Verfassung, Wien 1930.

[3] Vgl. Peter Gerlich, Karl Ucakar, Staatsbürger und Volksvertretung, Salzburg 1981.

[4] Hans Kelsen, Vom Wesen und Wert der Demokratie, 2. Auflage, Tübingen 1929, S. 20.

[5] Gerhard Leibholz. Strukturprobleme der modernen Demokratie, Frankfurt 1974, S. 94.

[6] Vgl. Art. 41 B-VG.

[7] Vgl. Art. 43 und 44 B-VG.

[8] ÖVP-Pressedienst 4. 4. 1985.

[9] Hainburg und die direkte Demokratie, Die Presse 7. 1. 1985.

[10] Walter Wittmann, Wohin treibt die Schweiz? (Die Schweiz in den achtziger Jahren – verpaßte Chancen oder Bewältigung der Zukunft), Scherz-Verlag, S. 225/226.

[11] ebd., S. 239.

[12] Handbuch des politischen Systems der Schweiz, Bern/Stuttgart, 1984, S. 252 ff.

[13] Vgl. David Butler, Austin Ranney (Hg.). Referendums. A. Comparative Study of Practice and Theory. Und Auskünfte der österreichischen Botschaften.

[14] Das Programm der SPÖ 1978.

aus: Die Zukunft, Jg. 1985, H. 6, S. 8 ff.

DIE KÜNFTIGEN AUFGABEN DER SOZIALPOLITIK

Alfred Dallinger

Wer vor 40 Jahren gewagt hatte, den Wohlfahrtsstaat des Jahres 1985 zu prognostizieren, hätte bei den meisten nur Unverständnis geerntet. Er wäre als Träumer, Utopist oder Spinner abgetan worden – ein Schicksal, das auch heute gelegentlich jenen zuteil wird, die ein wenig weiter denken, die Visionen für einen unverzichtbaren Teil sozialistischer Politik halten und daher versuchen, auch in Österreich über längerfristige Perspektiven zu diskutieren.

Die staatliche Sozialpolitik seit 1945 hat eine Zielvorstellung der Gewerkschaften verwirklicht: den ausgebauten Sozial- und Wohlfahrtsstaat. Gleichzeitig treten aber, sozusagen mitten in diesem verwirklichten Traum, neue Fragen und neue Probleme auf.

Trotz Wachstum steigende Arbeitslosigkeit

Noch in den frühen siebziger Jahren haben viele Wirtschaftsforscher und Ökonomen angenommen, das Problem der Arbeitslosigkeit sei ein für allemal gelöst und die zyklische Phasenfolge des kapitalistischen Wirtschaftssystems endgültig durchbrochen. Massenarbeitslosigkeit, so meinten viele, sei ein bloß historisches Phänomen, in Gegenwart und Zukunft würde stetiges Wachstum für Vollbeschäftigung sorgen.

Heute erleben wir unter dramatischen Umständen das Zusammenbrechen dieses Ökonomenglaubens. Einerseits stoßen wir an die „Grenzen des Wachstums", andererseits haben sich Wachstum und Beschäftigung voneinander abgekoppelt. Die Konjunkturbelebung – ausgedrückt in Wachstumsraten, die um die Drei-Prozent-Marke liegen, in Einzelfällen auch darüber – hat keine oder kaum spürbare Auswirkungen auf den Arbeitsmarkt: Wachstum verhindert oder verzögert das rasche Ansteigen der Arbeitslosigkeit, schafft aber kaum zusätzliche Beschäftigung.
Wachstum und Arbeitslosigkeit – das ist das neue Phänomen und die Herausforderung der letzten eineinhalb Jahrzehnte unseres Jahrhunderts. Die Ökonomen sprechen von einem „jobless growth" und von „technologischer Arbeitslosigkeit". Zu diesen Stichworten einige Zahlen: Eine Studie der Akademie der Wissenschaften kam zu dem Ergebnis, daß in Österreich von der technologischen Entwicklung – vor allem durch die Mikroprozessoren – 600.000 Arbeitsplätze betroffen sein werden.
Einige Zahlen machen das Ausmaß der Rationalisierungsmöglichkeiten – im Produktionsbereich und im Dienstleistungssektor – deutlich: Das deutsche Institut für Produktionstechnik hat errechnet, daß Computer und Industrieroboter bis zum Jahr 1990 bis zu 90 Prozent der Industriearbeit übernommen haben werden. In ganz Westeuropa könnten schon in naher Zukunft Automaten rund fünf Millionen Sekretärinnen einen Großteil ihrer Arbeit abnehmen. Japanische Unternehmer erwarten, daß die dortige Produktion bis zum Jahr 2000 völlig „entmenscht" sein wird.
In der New Yorker Zentrale von IBM nimmt man an, daß erst fünf Prozent des einsetzbaren und technisch umsetzbaren Rationalisierungswissens auch tatsächlich eingesetzt werden. Wir stehen also erst am Anfang dieser Entwicklung.

Finanzierungsprobleme

Arbeitslosigkeit ist teuer. Die Ausgaben der Arbeitsmarktverwaltung haben sich im Zeitraum von 1970 bis 1985 von 1,8 Milliarden auf 21,8 Milliarden verzwölffacht. Arbeitslosengeld und Notstandshilfe haben sich im gleichen Zeitraum von rund 932 Millionen Schilling auf mehr als elf Milliarden ebenfalls auf das zwölffache gesteigert.
Jeder Prozentpunkt Arbeitslosigkeit verursacht direkte und indirekte Kosten in Höhe von 5,1 Milliarden Schilling.

Ein Blick auf die Arbeitslosenrate anderer Länder macht deutlich, daß die mit der Arbeitslosigkeit verbundenen Finanzierungsprobleme immer drückender werden.

Die Wirtschaftsforscher erwarten für 1985 folgende Arbeitslosenraten:

Dänemark	10 %
Belgien	15 %
Niederlande	15,5 %
Portugal	14 %
Spanien	21,5 %
GB	12 %
BRD	8,5 %

Das ergibt für die kleineren Industrieländer eine durchschnittliche Arbeitslosenrate von 12,8 Prozent. Die damit verbundenen Finanzierungsprobleme liegen auf der Hand.

In konservativ regierten Ländern werden die Finanzierungsprobleme als Sachzwang-Paravent gebraucht, hinter dem ein massiver Sozialabbau betrieben wird. Drastische Leistungskürzungen für Arbeitslose, Pensionisten, Kranke, Behinderte, Sozialhilfeempfänger, Kürzungen bei Studienbeihilfen, Erhöhungen bei Kostenbeteiligungen möchte ich nur als Indikatoren für die generelle Tendenz in konservativ bestimmten Staaten anführen.

Finanzierungsprobleme werden allerdings sehr selektiv als Argumentationshilfe für Kürzungen eingesetzt. Denn während zum Beispiel im Budget für das nächste amerikanische Fiskaljahr die Sozialausgaben radikal zusammengestrichen wurden, sollen die Rüstungsausgaben als einziger Posten noch gesteigert werden auf Kosten der Sozialleistungen! – Einmal mehr ein Beweis dafür, daß die zitierten „Finanzierungsprobleme" in Wahrheit nicht ökonomischer, sondern politischer Natur sind.

Die Finanzierung wird auch durch die höhere Lebenserwartung und durch die demographische Entwicklung erschwert. Die durchschnittliche Lebenserwartung steigt pro Jahrzehnt um zwei bis zweieinhalb Jahre. Die Pensionsleistungen haben in Österreich ein im internationalen Vergleich sehr hohes Niveau. Die Pensionsgrenze ist relativ niedrig: Männer gehen mit 65, Frauen mit 60 Lebensjahren in Pension. Das Frühpensionsalter liegt jeweils um fünf Jahre tiefer, und unter bestimmten Umständen ist der Übertritt in den Ruhestand noch früher möglich.

Im Jahr 1982 waren 19,5 Prozent der Österreicher älter als 60 Jahre, bis zum Jahr 2010 werden es 22,6 Prozent sein. Schon in fünf Jahren werden wir in der Pensionsversicherung um 111.000 Beitragszahler weniger und um 200.000 Leistungsempfänger mehr haben.
Anfang der siebziger Jahre sind auf 1.000 Arbeiter 581 Pensionisten gefallen, auf 1.000 Angestellte 326 Pensionisten, auf 1.000 Gewerbetreibende 533 Pensionisten, auf 1.000 Bauern 542 Pensionisten.

Die Negativseite der Kommunikationsgesellschaft

Die technische Entwicklung der letzten Jahrzehnte birgt viele Chancen. Sie hat aber auch negative Folgen. Verstärkter Druck am Arbeitsplatz, die Gefahr einer Dequalifizierung und die Gefahr einer um sich greifenden Entsolidarisierung.
Es gibt aber auch Folgen, die nicht nur jene treffen, die – noch – einen Arbeitsplatz haben. Es gibt eine Negativseite unserer modernen Kommunikationsgesellschaft, in der Nachrichten mit früher unvorstellbarer Geschwindigkeit in alle Welt verbreitet werden und die ganze Welt in den Wohnzimmern der Menschen präsent ist.
Den scharfen Kontrast zu dieser Entwicklung bildet eine zunehmende Vereinsamung, vor allem der älteren Menschen. Für sehr viele Menschen ist das Problem heute nicht die materielle Bedürftigkeit, sondern die gesellschaftliche Vereinsamung. Das „psychosoziale Elend“, bis hin zu seiner extremsten Form im Selbstmord, kann durch finanzielle Zuwendungen nicht gemildert werden, sondern muß durch menschliche Zuwendung gelöst werden.
Was an Einsamkeit mitten in einer hochentwickelten Kommunikationsgesellschaft möglich ist, wird andernorts bereits in der Wirklichkeit ausprobiert.
Im Jahr 1983 hat eine Umfrage in Amerika folgende Ergebnisse gebracht: In einem durchschnittlichen Haushalt läuft der Fernsehapparat sieben Stunden pro Tag. Bevor ein amerikanisches Kind in die Schule kommt, hat es 5.000 Stunden vor dem Fernseher verbracht, bis zum Schulabschluß 16.000 Stunden. Im Alter von 40 Jahren hat der Durchschnittsamerikaner mehr als eine Million Werbeeinschaltungen gesehen. Der amerikanische Medienwissenschafter Neil Postman hat im vergangenen Jahr bei der Frankfurter Buchmesse dazu festgestellt: „Amerika ist dabei, das aufwendigste Experiment der Welt durchzuführen – das heißt, sich total mit den technologischen Zerstreuungen

gleichzuschalten, die der elektrische Stecker möglich gemacht hat." Die Folge ist nach Ansicht Postmans, „daß Amerika als erste Kultur der Welt Gefahr läuft, sich buchstäblich zu Tode zu amüsieren". Die demokratiepolitischen Folgen dieser Entwicklung können noch gar nicht abgeschätzt werden.

Aufgaben der unmittelbaren Zukunft

Aufgabe einer künftigen Sozialpolitik wird es zunächst einmal sein, das bisher Erreichte zu sichern und das Bewährte zu erhalten. Das ist nicht durch starres Festhalten an traditionellen Formen erreichbar, sondern nur durch Anpassung an gesellschaftliche und technologische Veränderungen.

Zunächst einige Themenbereiche, in denen sich schon jetzt wichtige Auseinandersetzungen abspielen und in denen es um wichtige Weichenstellungen für die nächste Zukunft geht.

Die Gleichbehandlung von Frauen und Männern in der Arbeitswelt, das Ende der Diskriminierung der Frauen etwa bei der Entlohnung, bleibt ein Ziel, das nichts an Aktualität und Dringlichkeit verloren hat. Die Rollenbilder von Mann und Frau sind Veränderungen unterworfen, denen auch die Sozialpolitik Rechnung tragen muß. Die Möglichkeit eines wahlweisen Karenzurlaubes von Mann oder Frau ist nur ein Beispiel dafür.

Wir arbeiten weiter an der Kodifikation des Arbeitsrechts. Der allgemeine Teil eines Arbeitsgesetzbuches und eines Arbeitsvertragsrechtes wird voraussichtlich bis Herbst fertiggestellt sein.

In diesem Zusammenhang bleibt die Zielsetzung, die Regelungen für die Entgeltfortzahlung bei Krankheit und Unfall für Arbeiter jenen für Angestellte anzunähern und letztlich gleichzustellen – ein sozialpolitisches Postulat.

Die Diskussion über neue gesetzliche Regelungen für die Heimarbeit – besonders im Hinblick auf Bestandsschutz und damit verbunden auf einen Anspruch auf Abfindung – ist so weit gediehen, daß wir schon bald zu konkreten Ergebnissen kommen werden.

Ebenfalls in nächster Zukunft werden wir die Leiharbeit neu regeln. Die gegenwärtige Regelung reicht nicht aus, längst überwunden geglaubte Formen von Sklaverei zu verhindern. Die sozial nachteiligen Folgen der Leiharbeit – sie umfaßt rund 78.000 Arbeitnehmer, davon 80 Prozent Arbeiter und 20 Prozent Angestellte – treffen den Arbeitnehmer umso härter, je niedriger seine Qualifikation ist.

Durch eine Novelle zum Nachtschicht-Schwerarbeits-Gesetz sollen weitere Berufsgruppen in den Geltungsbereich dieses Gesetzes einbezogen werden. Eine bleibende Aufgabe ist die Integration von Behinderten in Gesellschaft und Arbeitswelt. Dabei werden wir die Zusammenarbeit mit freien Verbänden verstärken.

Wir werden auch unsere Methoden in der Bekämpfung der Arbeitslosigkeit weiter modernisieren. Bisher erzielte Erfolge in der experimentellen Arbeitsmarktpolitik sind die Grundlage dafür, daß wir unsere Anstrengungen verstärken werden, in Zusammenarbeit mit den anderen Gebietskörperschaften, Unternehmern und Institutionen.

Neuverteilung und Neubewertung von „Arbeit"

Die Sozialpolitik war bisher in einem hohen Maß an die Arbeit gebunden. Sehr viele der sozialen Leistungen stehen in einem direkten Zusammenhang mit Art und Umfang eines Lohnarbeitsverhältnisses.

In der modernen Gesellschaft ist Arbeit nicht nur das Mittel, mit dem die materiellen Grundlagen des Überlebens geschaffen und gesichert werden. Sie bestimmt ganz wesentlich die Stellung und den Stellenwert des Menschen. Arbeit ist oft der Schlüssel für ein sinnvolles Leben, sie gehört zur Identität des Menschen. Daraus folgt in einer Situation, in der die Arbeit – im Sinn von menschlicher Lohnarbeit – immer weniger wird, zweierlei: kurz- und mittelfristig ist eine Neuverteilung von Arbeit, langfristig eine Neudefinition von Arbeit unumgänglich. Es muß überlegt werden, ob sich nicht aus der Entkoppelung von Wachstum und Beschäftigung die Konsequenz einer Entkoppelung von Arbeit und Lohn ergibt.

Keine Alternative zur Arbeitszeitverkürzung

Die Verkürzung der Arbeitszeit ist ein wichtiges Mittel der Umverteilung von Arbeit. Das gilt für die Lebensarbeitszeit, für die jährliche Arbeitszeit und ganz besonders für die wöchentliche Arbeitszeit. Die positiven Wirkungen der Arbeitszeitverkürzung auf dem Arbeitsmarkt sind unbestreitbar. Je rascher und je entschiedener wir in diesen Prozeß einsteigen, desto besser wird es für uns alle sein.

Daß es zur Arbeitszeitverkürzung keine Alternative gibt, ist durchaus nicht nur die Meinung von Arbeitnehmervertretern: Schon 1961 hat etwa Ludwig Erhard prophezeit, daß im Jahr 1984 die 35-Stunden-Woche verwirklicht wäre.
Die Arbeitszeitverkürzung wird mit der Verwirklichung der 35-Stunden-Woche nicht zu Ende sein. Sie ist ein Prozeß, für den sich ein Endpunkt nicht angeben läßt und der politisch gesteuert werden muß.

Wertschöpfungsabgabe

Die Arbeitszeitverkürzung allein wird aber nicht ausreichen, die Folgen der rasanten technologischen Entwicklung abzufangen. Die Vernichtung von Arbeitsplätzen in einem bisher unbekannten Ausmaß wird uns die Frage aufzwingen, ob die traditionelle Orientierung von Sozialversicherungsbeiträgen an der Zahl der Beschäftigten aufrechterhalten werden kann oder ob wir nicht neue Orientierungsmaßstäbe heranziehen werden müssen.
Künftige technologische Entwicklungen könnten zu steigender Kapitalintensität der Produktion und zu sinkenden Lohnquoten führen. Die negativen Auswirkungen für ein Pensionsversicherungssystem, dessen Finanzierung an die Entwicklung der Lohnsumme gebunden ist, liegen auf der Hand.
Demgegenüber konnte die aufkommensneutrale Heranziehung nicht nur eines einzigen Produktionsfaktors zur Beitragsfinanzierung eine größere Strukturneutralität des Finanzierungssystems gewährleisten. Vor allem könnte auf diese Weise vermieden werden, daß technologische Entwicklungen zu einer abnehmenden Aufkommenselastizität der Pensionsversicherungsbeiträge in Relation zum Bruttoinlandsprodukt führen. Außerdem würde die Einbeziehung des Faktors Kapital in die Beitragsgrundlagen zu einer erhöhten Kostenneutralität zwischen Arbeits- und Kapitaleinsatz führen. In bestimmten Fällen kann davon sogar ein positiver beschäftigungspolitischer Effekt ausgehen.

Grundeinkommen ohne Arbeit?

Wenn es richtig ist, daß der modernen Gesellschaft die Arbeit im traditionellen Sinn ausgeht – und vieles deutet darauf hin, daß es so kommt –, hat das viel weiter reichende Konsequenzen. Eine Neubestimmung der Arbeit wird notwendig. Arbeit kann nicht mehr gleichgesetzt werden mit Lohnarbeit.

Wenn wir von künftigen Aufgaben der Sozialpolitik reden, werden wir daher auch über einen Vorschlag zu diskutieren haben, den vor kurzem die Katholische Sozialakademie aktualisiert hat, den Vorschlag eines „Grundeinkommens ohne Arbeit", eines „Basislohns".

In einer Gesellschaft, in der die Arbeit ganz wesentlich zur Identität des Menschen und zur Beschreibung seiner gesellschaftlichen Position gehört, geraten alle, die keine Arbeit haben, an den Rand. Sozialpolitik muß einen Beitrag zur gesellschaftlichen Integration auch dieser Randgruppen leisten.

Mitbestimmung

Zur Neubestimmung der Arbeit gehört ganz wesentlich die Selbstbestimmung des arbeitenden Menschen. Art und Ausmaß der Arbeit sind ebensowenig vorgegebene Größen wie der konkrete Arbeitsplatz und die Entlohnung, sondern für menschliche Gestaltung offen.

Wir müssen meines Erachtens die Mitbestimmung verstärken und intensivieren, durch langfristige und umfassende Planung der betrieblichen und überbetrieblichen Entwicklung unter Einbeziehung der Arbeitnehmer und ihrer Vertretungen.

Man wird dabei nach gesamtgesellschaftlichen Strategien trachten müssen. Es ist für einen Gewerkschafter paradox und unvorstellbar, daß wir gesamtgesellschaftliche Mitbestimmung und Basisdemokratie – in welcher Form auch immer – zur Kenntnis nehmen, aber den letzten und sehr bedeutenden Teil der Gesellschaft, nämlich die Wirtschaft, nicht mit Mitbestimmung durchfluten. Jene, die die Auswirkungen dieser Wirtschaft letztlich als Konsequenz zu tragen haben, nicht in diesen Entscheidungsprozeß zu involvieren, ist undenkbar. Und deshalb lege ich so viel Wert auf die Reform der Arbeitsverfassung, und deswegen werde ich wirklich – und ich sage das sehr drastisch – mit Zähnen und Klauen dafür kämpfen, daß in dieser Arbeitsverfassungsreform die Erweiterung der Mitbestimmung enthalten ist.

Sozialpolitik war in der Vergangenheit der bevorzugte Ort der Utopie, wenn ein Paradoxon gestattet ist. Sie muß auch in Zukunft Platz für Vision und Uto-

pie bieten, daher darf sie sich weder am Muster der Wirtschaftspolitik orientieren noch zur bloßen Reparaturwerkstatt einer von ökonomischen Zwängen beherrschten Gesellschaft machen lassen.
Eine Sozialpolitik, die bei den Ursachen ansetzen statt die Symptome kurieren will, muß alle Bereiche umfassen. Angesichts der Entwicklung auf dem Gebiet der Kommunikation etwa hat die Bildungspolitik eine gewaltige Aufgabe vor sich: die Förderung der Fähigkeit der Menschen, mit sich selbst und ihrer Zeit etwas anzufangen. Schöpferische, kommunikative Möglichkeiten müssen zur Entfaltung kommen und gefördert werden.
In der modernen Welt müssen die Problemlösungen global erfolgen, weil auch die Probleme global sind. Es ist notwendig, von internationaler Solidarität zu sprechen, weil in der dritten Welt rund 800 Millionen Menschen arbeitslos sind, weil Millionen Menschen verhungern, während Nahrungsmittel tonnenweise vernichtet und Wahnsinnsbeträge für Rüstung ausgegeben werden. Eine künftige Sozialpolitik kann an diesen Fragen nicht vorbeigehen. Die großen Institutionen unseres Landes, die in diesem Jahr mit der Zweiten Republik ihren Geburtstag feiern, stehen vor neuen Aufgaben. Ihr Beitrag zur Lösung dieser Probleme wird in dem Maß wachsen, in dem sie sich in der gegenwärtigen Umbruchssituation neu orientieren.
Unsere Antwort auf die Entkoppelung von Wachstum und Beschäftigung ist eine Um- und Neuverteilung von Arbeit. Der drohenden technologischen Arbeitslosigkeit müssen wir eine neue Wertigkeit von Arbeit entgegenstellen.
Finanzierungsprobleme in der Pensionsversicherung im Gefolge des technologischen Fortschritts können durch eine Neuorientierung der Bemessungsgrundlage für die Beiträge entschärft werden. Beitragserhöhungen können jedenfalls nicht mehr zur Lösung finanzieller Schwierigkeiten herangezogen werden. Die steigende Lebenserwartung wird perspektivisch zu strukturellen Veränderungen Anlaß geben.
Gegen Entfremdung, Entsolidarisierung und Einsamkeit in Beruf und Gesellschaft setzen wir Selbstbestimmung, Mitbestimmung und die Entwicklung der kreativen und kommunikativen Fähigkeiten des Menschen.
Die Sozialpolitik der Zukunft wird bei den Ursachen in allen Bereichen ansetzen und die enge Verbindung globaler Entwicklungen in ihrer Praxis berücksichtigen.
Noch sind das Visionen und Utopien. Aber der Sozial- und Wohlfahrtsstaat war vor 40 Jahren ebenso eine Utopie. Und manches von dem, was heute Vision ist, wird in 40 Jahren Realität sein. Wie diese Realität aussehen wird,

hängt davon ab, wieweit es gelingt, Sozialpolitik als Wirtschafts- und Gesellschaftspolitik zu verwirklichen.

aus: Die Zukunft, Jg. 1985, H. 4, S. 36 ff.

VERSTAATLICHTE: AUF NEUEM KURS

Ferdinand Lacina

Seit Mitte November 1985 ist die österreichische innen- und wirtschaftspolitische Diskussion – ausgelöst durch Spekulationsverluste der VOEST-Tochter Intertrading – geprägt durch Auseinandersetzungen um die verstaatlichte Industrie.
Die sofort einsetzende Vermischung von Berichten und Polemiken macht eine seriöse Beurteilung schwierig, Resultate der Untersuchungen durch Behörden, Wirtschaftsprüfer und Rechnungshof stehen zum Teil noch aus. Zu kurz gekommen ist in all diesen Auseinandersetzungen eines: die Zukunft der verstaatlichten Industrie.

Nationale Katastrophe?

Die verstaatlichte Industrie stand mitten in einem durch veränderte weltwirtschaftliche Rahmenbedingungen notwendig gewordenen Strukturanpassungsprozeß, als die hohen Verluste im Ölhandel in der VOEST-Alpine-Intertrading bekannt wurden. Dieser Strukturanpassungsprozeß hatte in einzelnen Unternehmen schon beachtliche Erfolge gezeitigt, aber gerade im größten Unternehmen der verstaatlichten Industrie, der VOEST-Alpine, wurde dieser Prozeß durch hohe Verluste in Randbereichen seiner Aktivitäten in Frage gestellt.

Daß in letzter Zeit so häufig von einer „nationalen Katastrophe" die Rede war, kann aber nur im Bewußtsein dessen geschehen, daß es sich bei den ÖIAG-Unternehmen, insbesondere bei der VOEST, um *die* österreichische Großindustrie handelt, um Unternehmen, die über Nachfragebeziehungen Lebensnerv Tausender österreichischer Klein- und Mittelbetriebe sind, die fast ein Viertel des österreichischen Exports tätigen und immerhin einem Fünftel aller österreichischen Industriebeschäftigten Brotgeber sind. Dies vor Augen, grenzt es geradezu an Zynismus, die aktuelle Krise dazu zu nützen, politische Süppchen zu kochen, so wie es uns die ÖVP in den letzten Wochen vorexerzierte.

Kampf um neue Märkte

Nüchtern betrachtet, aber ohne verharmlosen zu wollen, hat die VOEST bei ihrem gigantischen Umstrukturierungs- und Diversifizierungsprozeß, dessen grundsätzliche Richtigkeit alle ernst zu nehmenden Fachleute bestätigen, in einigen Bereichen „Schiffbruch" erlitten. Doch derartige „Schiffbrüche" sind im Umbruch der weltwirtschaftlichen Strukturen, die wir heute erleben, leider nicht selten, und sie treffen auch Unternehmen, denen gegenüber die VOEST als Kleinbetrieb bezeichnet werden muß.

Erst jüngst berichtete die bundesdeutsche Wochenzeitschrift *Die Zeit* unter dem Titel „Ein Hauch von Größenwahn. Amerikanische Multis mußten Ausflug in die Zukunftstechnik teuer bezahlen" über fehlgeschlagene Diversifizierungsversuche amerikanischer Konzerne. EXXON verkündete 1979, daß der Konzern durch die Übernahme von Reliance Corp. die Möglichkeit erworben habe, einen revolutionären, energiesparenden Elektromotor zu produzieren. Bei näherer Überprüfung mußte EXXON feststellen, daß sie für ihre Zukunftsinvestition in Höhe von 1,2 Milliarden Dollar nur einen von Verlusten geplagten Hersteller diverser elektromechanischer Utensilien erworben hatte.

Bei EXXON allerdings handelt es sich nicht um irgendwen: Immerhin war dieser Konzern 1984 das umsatzstärkste Industrieunternehmen der Welt. United Technologies, ebenfalls eines der größten Industrieunternehmen der Welt, mußte Ende vergangenen Jahres die Schließung des Halbleiter-Herstellers Mostek Corp. bekanntgeben. Die japanische Konkurrenz war zu stark. Verlust: 424 Millionen Dollar. Diese beiden Beispiele charakterisieren besonders drastisch, wie sich der internationale Kampf um Märkte und

Marktnischen in den letzten Jahren verschärft, wie sich die Risken aus Diversifikationsstrategien erhöht haben. Das rechtfertigt noch nicht riskante Ölspekulationsgeschäfte, soll aber zumindest als Hinweis für jene aus der selbsternannten Wirtschaftspartei namens ÖVP betrachtet werden, die es „immer schon gewußt hatten" (wenn auch oft erst im nachhinein).

Ende eines nationalen Konsenses?

Bis zum Bekanntwerden der Intertrading-Verluste bestand zum System der gemischten Wirtschaft in Österreich doch ein breiter politischer Konsens. Dies hat vor allem historische Ursachen: Die Verstaatlichungsgesetze nach dem Zweiten Weltkrieg waren nicht in erster Linie ideologisch motiviert, sondern vielmehr ein Gebot der Stunde. Keine österreichische Kapitalgruppe hätte sich gefunden, die in deutschem Eigentum befindlichen und für ein Großreich dimensionierten Grundstoffindustrien zu übernehmen, daher blieb einzig der Weg einer Verstaatlichung, um die für den Wiederaufbau von nationalem Interesse scheinenden Unternehmen in österreichisches Eigentum überführen zu können. Die ÖVP allerdings schaffte es zu keinem Zeitpunkt, ihr aus ideologischen Gründen gestörtes Verhältnis zur verstaatlichten Industrie restlos abzubauen. In der Zeit der großen Koalition und der Alleinregierung (also bis 1970) interpretierte sie die öffentliche Aufgabe dieses „ungeliebten Kindes" vor allem in die Richtung, daß die Verstaatlichte billige Rohstoffe für die Privatwirtschaft liefern sollte.

Während gerade in den letzten zehn Jahren die verstaatlichte Industrie verstärkt den Weg der Kooperation mit Privaten ging, scheinen sich zumindest nicht unmaßgebliche Teile der ÖVP immer mehr vom politischen Konsens über die eine, gemischte Wirtschaft wegzubewegen. Waren es zunächst kleine, aber regelmäßige Nadelstiche, wie die endlos erhobene Forderung nach Privatisierung (von der zunächst allerdings der Großteil der verstaatlichten Industrieunternehmen ausdrücklich ausgeklammert war), so nützt die ÖVP die aktuelle Krise zu einer noch nie dagewesenen Kampagne, die von Forderungen nach Neuwahlen und Kurswechsel, über Abschütteln von Mitverantwortung bis hin zu massiven Privatisierungsforderungen (jetzt auch der Verstaatlichten) reicht, in der es der ÖVP aber bis heute nicht gelang, auch nur annähernd eine einheitliche, vor allem aber plausible Meinung insbesondere zur Zukunft der Verstaatlichten zu finden.

Mit diesen Worten umriß die Grazer *Kleine Zeitung* die Vorgangsweise der ÖVP in Sachen Verstaatlichte. Die Kapriolen in der Argumentation der ÖVP füllen schon Bände, sie lassen sich nicht zuletzt durch die großen Schwierigkeiten der Oppositionspartei erklären, die vielfältigen Standes- und Bündeinteressen unter einen „Parteihut" zu bringen. Denn nicht einmal in der Privatisierungsfrage, die anscheinend zur Gretchenfrage Konservativer geworden ist, hat die ÖVP bis jetzt Einigkeit erzielt. Sie will Privatisierung, aber mit Einschränkungen – vielleicht in vier bis fünf Legislaturperioden oder aber auch gar nicht, wie der Präsident der oberösterreichischen Handelskammer, Trauner, meint.

Skandalisierung in den Medien

Untermalt und übertönt wird die konservative Propaganda durch eine Medienkampagne bürgerlicher Provenienz – von der verwendeten Terminologie her oft an Kriegsberichterstattung erinnernd –, die jedes Geschäft, undifferenziert die gesamte verstaatlichte Industrie, zu skandalisieren versucht. Damit wurde und wird nicht nur Verunsicherung gestiftet, sondern die internationale Reputation der gesamten österreichischen Wirtschaft gefährdet. Bei Anerkennung eines größeren öffentlichen Interesses an „Staatsbetrieben" sollte das gesamtwirtschaftliche Interesse nicht so aus den Augen verloren werden. Auch ist diese „Begleitmusik" sicherlich einer sachlichen Diskussion der Lösung der anstehenden Probleme nicht förderlich. Die Großkundgebungen der Belegschaften am 16. Jänner manifestierten allerdings, daß Skandalisierung und Populismus jetzt fehl am Platz sind, daß es vielmehr eines nationalen Kraftaktes bedarf, um die Verstaatlichte wieder auf feste Standbeine zu stellen, eines Kraftaktes, der aber auch die sich nicht wieder so schnell bietende Chance nützen muß, die Weichen für eine gesicherte Zukunft dieses wichtigen Teiles der österreichischen Wirtschaft zu stellen.

Die vorhandenen Ansätze nützen …

Dabei gilt es, aus der Analyse der bisherigen Entwicklung, den Umstrukturierungsversuchen und den dabei begangenen Fehlern die entsprechenden Konsequenzen zu ziehen. Es ist ja nicht so, daß die verstaatlichte Industrie

völlig darniederliegt, daß sich Struktur, Organisation und Management in den letzten zehn, fünfzehn Jahren nicht verändert haben, wiewohl manchmal versucht wird, diesen Eindruck zu erwecken.
Zahlreiche, teils einschneidende Maßnahmen sind bereits gesetzt worden. Dabei wurden auch von den Belegschaften erhebliche Opfer gebracht. Allein die Veränderungen der Produktionsstruktur sind ein klarer Beweis für diese Dynamik: Seit 1975 wurden 35 Produktionen eingestellt, im selben Zeitraum aber auch 27 neue Fertigungen – zum Teil an neuen Standorten – aufgenommen. Die VOEST hat 1984 rund 20 Prozent des gesamten Umsatzes mit Produkten erzielt, die sich fünf Jahre zuvor noch nicht im Produktionsprogramm befanden, bei der Austria Metall beträgt dieser Anteil gar 25 Prozent. All diese Anstrengungen, sich den veränderten weltwirtschaftlichen Rahmenbedingungen anzupassen, sind aber teilweise zu unkoordiniert, zuwenig überlegt und zu schnell, zuwenig vorausschauend und teilweise auch mit einer zu schmalen Basis von technischem Wissen und Marktzugang vollzogen worden. Die derzeit angestellten Überlegungen gehen zwar von der grundsätzlichen Richtigkeit einer Diversifikationsstrategie aus, versuchen aber, diese auf neue, einheitliche und straffere Grundlagen zu stellen.

Eine neue ÖIAG

Eine grundlegende Voraussetzung dafür soll mit dem derzeit im Parlament behandelten Gesetzesentwurf über die Österreichische Industrieholding AG geschaffen werden. Danach soll die ÖIAG zu einer echten Konzern-Obergesellschaft werden mit in vergleichbaren Konzernen üblichen Kompetenzen der Richtlinienvorgabe, der Koordination und des Controlling. Ihr Aufsichtsrat soll verkleinert und mit anerkannten Fachleuten aus Industrie und Wissenschaft besetzt werden. Das bisher praktizierte Proporzsystem, das die Besetzung der Gremien streng nach parteipolitischen Kriterien vorsah (erst unter den Regierungen Kreisky gab es erste Bemühungen, dies aufzuweichen), muß einem System weichen, bei dem fachliche Qualifikation vor Parteizugehörigkeit geht. Das mit der Staatsnähe der verstaatlichten Industrie erklärbare und an die Praxis der staatlichen Verwaltung angelehnte Entlohnungssystem des Managements – international verglichen niedrige Aktivgehälter, dafür hohe „verbriefte" Pensionsansprüche – muß dem international üblichen Standard angepaßt werden, was vor allem eine zum Teil erfolgsorientierte Bemessung der Aktivbezüge bedeutet. Der Erfolg eines verstaatlichten Unternehmens wird nach betriebswirtschaftlichen Kriterien zu beurteilen sein, das heißt, die Verzerrung durch politische Auflagen, welcher Art immer, muß beseitigt werden.

Gelebte strategische Planung

Einen zentralen Stellenwert muß in Zukunft eine längerfristige und verbindliche strategische Unternehmens- und Konzernplanung auf allen Ebenen einnehmen. Auch hier kann durchaus an hoffnungsvolle Ansätze in einzelnen Bereichen und Unternehmen angeknüpft werden. Entscheidend wird sein, daß diese Planungen zu einem permanenten dynamischen Prozeß werden, dessen Notwendigkeit allen Beschäftigten in den Unternehmen einsichtig ist und der zur verbindlichen Grundlage allen Handelns wird, mit anderen Worten: eine strategische Unternehmensplanung, die „gelebt“ wird. Strategische Planung heißt: Auf allen Unternehmensebenen werden vorausschauende Budgets erstellt, die auf der jeweils nächsthöheren Ebene koordiniert und zusammengefaßt werden bis hinauf zur Konzernobergesellschaft. Diese Budgets sind zugleich Richtschnur für den Erfolg der jeweils Verantwortlichen. Durch laufendes Controlling können Planabweichungen rasch erkannt und analysiert werden. Wird der Einstieg in neue Aktivitäten ins Auge gefaßt, haben entsprechende Stärken-Schwächen-Analysen vorauszugehen, mit dem Ziel, die Voraussetzungen dafür bezüglich Technologie und Management auszuloten. Dem Gesamtkonzern bietet ein solches Instrumentarium eine Handhabe, die einzelnen Produktbereiche der verschiedenen Unternehmen zu koordinieren beziehungsweise parallele Aktivitäten und damit unnötige Konkurrenzierung zu verhindern.

Entpolitisierung?

Seit Bekanntwerden dieser ersten Überlegungen haben einzelne Details die Gemüter besonders erhitzt, oft auch nur, weil sie nicht im Gesamtzusammenhang diskutiert oder einfach mißverstanden wurden.
Besondere Wogen hat das Schlagwort von der „Entpolitisierung“ ausgelöst: Wirtschaft und Politik seien nicht zu trennen; Entpolitisierung bedeute Vernachlässigung (berechtigter) struktur-, regional- und sozialpolitischer An-

liegen; Entpolitisierung sei nur durch Privatisierung erreichbar; (fast) jeder Manager stehe irgendeiner Partei zumindest nahe usw., lauteten die häufigsten Einwände. Doch halten wir auseinander: Es geht um die Abschaffung des Proporzsystems, jenes Systems aus Zeiten der großen Koalition, das penibel für jedes „rote" Vorstandsmitglied ein „schwarzes" Pendant verlangt (und umgekehrt). Das heißt keineswegs, daß ein „roter" oder „schwarzer" Manager zwangsläufig ein schlechter Manager ist – es geht nur um die Priorität der Kriterien bei der Bestellung.
Daß die Bestellung des ÖIAG-Aufsichtsrates in die Kompetenz des Ministers für öffentliche Wirtschaft und Verkehr fallen soll, ist im Grunde genommen nur eine „Wiedereinsetzung in den üblichen Stand", eine möglichst weitgehende Anpassung an das Aktienrecht: Der den Bund als Eigentümer vertretende Bundesminister bildet die Hauptversammlung und bestellt den Aufsichtsrat. Und erst dann kann politische Verantwortung auch ausgeübt werden: Bestellt der Minister einen Aufsichtsrat oder einzelne Aufsichtsratsmitglieder, die ihrer Aufgabe nicht gewachsen sind, und wirkt sich dies zuungunsten des Unternehmens aus, dann ist er voll politisch verantwortlich.

Regionalpolitik ade?

Daß die verstaatlichten Unternehmen (auch angesichts ihrer wirtschaftlichen Lage) von gewissen regionalpolitischen oder anderen Anliegen entlastet werden sollen, bedeutet noch nicht die Preisgabe der regionalpolitischen Verantwortung der Regierung. Sie wird weiterhin alles denkbare unternehmen, um in traditionellen Problemregionen Entindustrialisierung nach britischem Muster zu verhindern. Hier hat die Regierung die traditionellen Instrumente, wie Regionalförderung, Industrieansiedlung usw., sie wird aber auch neue Wege der regionalen Strukturpolitik gehen müssen, wie beispielsweise ein Programm für die „alten Industrieregionen" in der Steiermark. Die Zukunft von „Problembetrieben", wie dem Werk Donawitz, kann jedoch nicht losgelöst vom Unternehmenskonzept für das Gesamtunternehmen diskutiert werden. Sollte im Konsensweg der Betroffenen eine Lösung unterhalb des betriebswirtschaftlichen Optimums gefunden werden, sind die entsprechenden Kosten von der Gesellschaft, also von Bund und Land zu tragen. „Pleitenholdings" á la ÖVP, die Ausgliederung sämtlicher Problembetriebe, bereiten nur das Absterben der Betriebe vor.

Zerschlagung?

Schon vor dem Bekanntwerden der Intertrading-Verluste geisterte das Schlagwort von der „Zerschlagung der Verstaatlichten“ durch die Öffentlichkeit. Hintergrund dieser Panikmache sind Überlegungen für ein schon damals in Aussicht genommenes neues Strukturkonzept für die VOEST-Alpine. Dabei wurde von manchen Kreisen der Eindruck erweckt, daß in Hinkunft quer durch das Werksgelände der VOEST Zäune geschlagen werden sollen. Worum es dabei wirklich geht, ist, daß die derzeitige Struktur der VOEST-Alpine nicht mehr den Anforderungen eines modernen Konzerns genüge tut. Es wird Aufgabe des neuen VOEST-Vorstandes sein, im Einvernehmen mit der Belegschaft hier neue Wege zu entwickeln, vor allem, was eine Dezentralisierung der Entscheidungsabläufe betrifft. Diese Überlegungen sind wiederum im Zusammenhang mit der Neuorganisation des gesamten ÖIAG-Konzerns zu sehen.

Harte Arbeit für die Sozialdemokratie

Nicht zum erstenmal werden hier die berechtigten Sorgen der Beschäftigten und ihrer Vertretungen in der verstaatlichten Industrie mißbraucht, um Verunsicherung zu stiften, zu einem Zeitpunkt, wo angestellte Überlegungen bei weitem noch nicht ausgegoren sind. Und es zeigt sich abermals: Die aktuelle Krise der verstaatlichten Industrie ist nicht nur ein Schock für die ernstlich um ihren Weiterbestand Bemühten – dieser Schock war hoffentlich der letzte und heilsam –, sie ist auch ein Lehrbeispiel dafür, daß gewissen Kreisen noch die größte Katastrophe gut genug ist, um sie zum Spielball für die Durchsetzung bornierter Interessen zu machen – durch übertriebene Panikmache, durch Versuche, die Arbeitnehmer zu verunsichern und zu entsolidarisieren, oder bloß durch destruktives Verzögern von anstehenden Entscheidungen. Die österreichische Sozialdemokratie stand in den letzten Wochen sicherlich vor schwierigen Aufgaben und einer schweren Belastungsprobe. Wir müssen das Gezeter über den „Moloch Staat“ entschieden zurückweisen, die konservative Ideologie und ihre Auswirkungen auf die Arbeitnehmer aufzeigen. Und es muß uns gelingen, unsere Kompetenz und Problemlösungskapazität bei diesem „zweiten Wiederaufbau“ unter Beweis zu stellen. Mit der Bestellung des neuen Vorstandes für die VOEST-Alpine ist eine erste wichtige Weichenstellung erfolgt. Generaldirektor Dr. Lewinsky und der zukünftige Hüttenchef Dr. Bogdandy sind international anerkannte Fachleute. In ihren ersten Stellungnahmen haben sie durchaus die Herausforderung, vor die sie gestellt sind, gesehen – sie haben aber Optimismus gezeigt.

Auch wenn der eine oder andere aus unseren Reihen „die Welt nicht mehr versteht", eines sollte man zu bedenken geben. Mit einer Exportquote von über 70 Prozent ist die VOEST-Alpine dem zunehmend rauher werdenden internationalen Konkurrenzkampf voll ausgesetzt. Um bestehen zu können, braucht sie eine moderne Organisations- und Führungsstruktur. Erst dann werden die Sachkenntnis und die Erfahrungen der VOEST-Mitarbeiter voll zum Tragen kommen, und die VOEST-Alpine wird wieder schwarze Zahlen schreiben. Und ich bin zuversichtlich, daß wir das in angemessener Zeit schaffen können.

aus: Die Zukunft, Jg. 1986, H. 4, S. 13 ff.

POLITIK DER SOLIDARITÄT

Hannes Swoboda

Trotz eines attraktiven Spitzenkandidaten haben wir bei den letzten Nationalratswahlen gegenüber 1983 ungefähr vier Prozent der Stimmen verloren. Leider kein Einzelergebnis, sondern Ausdruck eines längerfristigen Trends. Seit den frühen achtziger Jahren hat sich unsere Wählerbasis kontinuierlich verringert. Die Gründe dafür liegen vor allem im gesellschaftlichen Strukturwandel, dem die SPÖ in Theoriebildung wie politischer Praxis zu wenig Aufmerksamkeit geschenkt hat.

Wollen wir Sozialdemokraten weiterhin die bestimmende politische Kraft in Österreich bleiben, müssen wir verstärkt bereit sein, neue Tendenzen und gesellschaftliche Entwicklungen zu analysieren und daraus Konsequenzen ziehen, auch wenn diese mit tradierten Vorstellungen nicht übereinstimmen. Im Folgenden möchte ich die geänderten Bedingungen, Veränderungen im Wohlstandsniveau, in der Wirtschaftsstruktur, der Klassenstruktur und – damit in Zusammenhang – die geänderte Rolle des einzelnen in der Gesellschaft kurz analysieren. Zunächst einige Vorbemerkungen.

Jede Partei muß sich zwischen zwei prinzipiellen Wegen politischer Strategie entscheiden. Einerseits kann sie sich ausschließlich auf ihre eigene Kernschicht konzentrieren, ohne daran interessiert zu sein, auch andere Gruppen oder Schichten durch das Eingehen von Kompromissen anzusprechen und zu gewinnen. Weil sie die Verwässerung ihres Standpunktes und ihrer Ideologie befürchtet, ist sie bereit, auch eine Minderheitspartei zu bleiben.

Der andere Weg wäre, daß die Partei versucht, die Interessen ihrer Mitglieder zu vertreten, indem sie eine Mehrheitsposition anstrebt. Daraus folgt, daß über die eigene Kernschicht hinaus auch andere Gruppen und Schichten angesprochen werden müssen, die, wie es Bruno Kreisky ausgedrückt hat, „ein Stück des Weges" mit der Sozialdemokratie gehen.
Ich glaube, daß sich eine große Partei, wie die Sozialistische Partei insbesondere unter den geänderten gesellschaftlichen Bedingungen, nur für die zweite Alternative entscheiden kann. Ihr Ziel muß es also sein, „Koalitionspartner" zu suchen, die Meinungen, Ansichten und Werthaltungen vertreten, die nicht ident, aber doch verwandt und vereinbar mit den Werthaltungen und Interessen der Kernschichten sind.
Bei der Analyse gesellschaftlicher Entwicklungen muß man erkennen, daß diese immer prozeßhafter Natur sind und es kaum plötzliche, zeitlich festzulegende Brüche in der Entwicklung gibt, sondern diese sind immer auch von Widersprüchen, von Ungleichzeitigkeiten gekennzeichnet. Auch wenn wir von neuen Entwicklungen sprechen, ist damit nicht gesagt, daß ältere, tradierte Formen des gesellschaftlichen Handelns und Organisierens nicht mehr vorhanden sind. Sie treten nur in den Hintergrund und verlieren relativ an Bedeutung.

Es gibt keine Patentrezepte

Die Komplexität der gesellschaftlichen Verhältnisse verunmöglicht heute das politische Agieren mit Patentrezepten, mit einfachen und überzeugenden Strategien. Prof. Steindl, einer der renommiertesten Ökonomen Österreichs, meinte kürzlich in einem Vortrag: „Alle Ideologien sind bankrott." Auch wenn wir dieser pointierten Aussage nicht zustimmen, müssen wir uns doch eingestehen, daß die Klarheit unserer Strategien, unserer Konzepte unter Fehlentwicklungen der letzten Zeit – denken wir nur an die verstaatlichte Industrie –, gelitten hat. Es ist trotz relativer Stagnation in den letzten Jahren unbestritten, daß sich – im langfristigen Vergleich – der gesellschaftliche Reichtum eindeutig erhöht hat. Niveauveränderungen – selbst wenn die Umverteilung der Einkommen und Vermögen nicht in dem Ausmaß erfolgt ist, wie wir uns das vielleicht erwartet haben – verändern aber gesellschaftliche Strukturen und vor allem auch Werthaltungen und Einstellungen. Da der erhöhte gesellschaftliche Reichtum, die Höhe des Sozialprodukts auch das Ergebnis des politischen Handelns der Sozialdemokratie ist, wäre es durchaus konsequent, auch die Folgewirkungen, die sich daraus ergeben, positiv zu bewerten.

Strukturwandel der Wirtschaft

Der Prozeß der Akkumulation gesellschaftlichen Wohlstands war und ist mit der Änderung der Wirtschaftsstruktur verbunden. Es kam zur Herausbildung einer Dienstleistungsgesellschaft. Der industriell gewerbliche Sektor hat, wie zuvor der landwirtschaftliche Sektor – was die Anzahl der Beschäftigten betrifft –, relativ an Bedeutung verloren. Der Dienstleistungssektor, und davon abgeleitet auch der vierte Sektor, der sogenannte Informationssektor, nimmt anteilsmäßig an der Produktion, vor allem aber an der Beschäftigung zu. Darüber hinaus gibt es auch innerhalb der Betriebe, vor allem der Produktionsbetriebe eine zunehmende Verlagerung zu Dienstleistungsaktivitäten, das heißt zu Forschung, Entwicklung, Marketing, also Aktivitäten, die nicht traditionell handwerklicher, manueller Art sind.

Eine zweite Veränderung in der Wirtschaftsstruktur betrifft die Betriebsgröße. Der Konzentration auf Unternehmens-, aber auch Betriebsebene wurden unerwartete Schranken gesetzt. Damit wird aber der Orientierung der Sozialdemokratie am industrialisierten Großbetrieb tendenziell die Basis entzogen. Wir müssen uns verstärkt darauf einstellen, daß es eine viel stärkere Differenzierung – auch auf betrieblicher Ebene – zwischen Klein-, Mittel- und Großbetrieb gibt. Die vor allem von manchen Marxisten erwartete Tendenz zur großen betrieblichen und unternehmerischen Einheit hat nicht in dem Maße stattgefunden, wie ursprünglich erwartet und in theoretischen Ansätzen analysiert.

Ein besonderes Problem ergibt sich daraus sicherlich für die Gewerkschaften, die eine immer stärker differenzierte Schicht von Arbeitnehmern zu vertreten haben: den Hilfsarbeiter am Bau, den Facharbeiter im Industriebetrieb, den Wissenschafter in der Gentechnologiefirma, den Angestellten in einer Bank und den öffentlich Bediensteten in einer Verwaltungseinheit, um nur einige zu nennen. Mehr denn je stellt sich heute die Frage, wie die Arbeiterbewegung diese einzelnen Gruppen vertreten kann, welcher gemeinsame Nenner zu finden ist.

Neue Mittelschicht

Im Rahmen sozialdemokratischer Theoriebildung wurde die Unterscheidung in zwei Klassen, die relativ klar voneinander getrennt sind und sich antagonistisch gegenüberstehen, schon seit einiger Zeit als nicht mehr realitätsabbildend bezeichnet. In unserer praktischen Politik haben wir uns aber immer wieder an diesem Zweiklassenmodell orientiert. Erst allmählich beginnen wir nun, starke Zersplitterung als relevant für politische Entscheidungen, für die Bildung von Werthaltungen und Einstellung anzusehen.
In diesem Zusammenhang ist besonders das in der soziologischen und sozialempirischen Theorie konstatierte Phänomen der „Neuen Mittelschichten“ erwähnenswert. Es ist davon auszugehen, daß diese Mittelschicht zusätzlich zu gemeinsam notwendigen Maßnahmen auch verstärkt auf individuelle Leistung Wert legt, um Lebenslagen zu verändern. Der Angehörige der Mittelschichte erkennt zwar, daß gemeinsame, auch staatliche Maßnahmen notwendig sind, um die Lebenssituation zu verbessern, aber er legt besonderen Wert darauf, auch durch eigene Leistung etwas dazu beizutragen.
Selbstverständlich bedeutet die Erweiterung des Klassenmodells zu einem Vielschichtenmodell aber nicht, daß es kein Oben und Unten in der Gesellschaft, keine Unterdrückung, keine Macht-, Einkommens- und Vermögensunterschiede mehr gibt. Nur sind diese in weitaus differenzierterer Form zu behandeln, als in einem Zweiklassenmodell möglich.
Diese Veränderungen in der Klassen- und Schichtstruktur der Gesellschaft schaffen natürlich auch bei Wahlen Probleme. So haben wir insbesondere bei den Mittelschichten, vor allem bei den jüngeren Altersgruppen zunehmend Schwierigkeiten, ihre Zustimmung für unsere Politik zu finden. So liegen wir bei den Maturanten nur mehr relativ knapp vor den Grünen. Dazu kommen Verluste bei den Kernschichten und jenen Gruppen, die in der Kreisky-Ära sozialdemokratisch wählten. Wenn wir aber „Koalitionspartner“ suchen, die vor allem die liberale, humanistische Grundhaltung der Sozialisten schätzen, dann sind es vor allem die jüngeren Angehörigen der Mittelschicht mit höherer Schulbildung, die uns zwar skeptisch, aber nicht prinzipiell ablehnend gegenüberstehen.
Parallel zur geänderten Wirtschafts- und Sozialstruktur müssen wir Sozialisten auch zur Kenntnis nehmen, daß die Bedeutung des einzelnen, des Individuums in der Gesellschaft tendenziell zunimmt. So besteht ein Trend zur Selbständigkeit, zur Unabhängigkeit, auch zur Mitwirkung bei gesellschaft-

lichen Prozessen. Es gibt daneben auch eine Neigung, Entscheidungen nur den Regierenden zu überlassen, also eine Tendenz zur Privatisierung und zur Nichtteilnahme am öffentlichen Leben. Diese Apathie hängt auch mit dem Mißtrauen gegenüber der Politik zusammen. Sie ist Resultat einer oft begründeten Resignation und widerspricht nur zum Teil dem Wunsch nach Selbständigkeit und Mitbestimmung.

Privatwirtschaftliche Regeln

Aus diesen strukturellen Veränderungen auf Basis eines gehobenen Wohlstandes ergibt sich eine Reihe von Konsequenzen. Will die Sozialdemokratie ihre humanistische und soziale Einstellung in die Tat umsetzen und erfolgreich jene „Koalition" schmieden, die sowohl den Interessen der Kernschichten entspricht als auch denen der wachsenden Mittelschicht entgegenkommt, müssen wir die strukturellen Veränderungen und ihre Folgewirkungen erkennen und unsere Politik danach ausrichten.
Es genügt nicht mehr, allein an die Klasseninteressen der Kernschichten zu appellieren. Zum einen nehmen die Kernschichten quantitativ ab, zum anderen wächst die Distanz und Skepsis gegenüber der „eigenen Partei", die Lagerbindung nimmt ab. Darin soll sich keine Distanz gegenüber der Kernschicht ausdrücken. Es geht nur darum, gesellschaftliche Entwicklungen, die ja nicht zufällig und willkürlich veränderbar sind, zur Kenntnis zu nehmen und daraus die entsprechenden Konsequenzen zu ziehen.
Im Zuge der gesellschaftlichen Veränderungen und als Antwort auf krasse Mißstände hat die SPÖ immer auch dafür gekämpft, den Staat zu verändern. Damit verbunden war auch – vor allem im Interesse der sozial Schwachen, primär der Arbeiter und Angestellten – ein Ausbau des „Staates", um die Macht der Unternehmer zu beschränken. Die Spitzenpositionen der öffentlichen und quasi öffentlichen Institutionen wurden vielfach durch Mitglieder und Vertreter der SPÖ besetzt. Manche haben dann – in einer Art Privatisierung – diese Institutionen gelegentlich als „eigene" Institutionen – nicht im privatkapitalistischen Sinn, aber doch in einem machtmäßigen Sinn – betrachtet. Kritik an diesen Funktionären oder deren Praxis wurde von ihnen zumeist als Kritik am Sozialismus oder an der sozialistischen Politik per se interpretiert und konnte daher leicht abgewehrt werden. Die Diskussion über die politischen Ziele und Lösungskompetenz dieser Institutionen trat oft hin-

ter das Ziel, die Funktionen mit Sozialisten zu besetzen oder diese Funktionäre auch bei Fehlverhalten zu „decken".
In diesem Zusammenhang spielen natürlich auch die Verwaltung und die öffentlichen Unternehmungen eine besondere Rolle. Ohne Verwaltungseinrichtungen und öffentliche Unternehmungen, die sich zum Teil auf dem Weltmarkt behaupten müssen, gleichsetzen zu wollen, sind doch bestimmte gemeinsame Grundregeln einzuhalten, die die Voraussetzung für einen Erfolg darstellen. Dabei soll man durchaus auch von privatkapitalistischen Unternehmungen lernen, wenn man die Zielsetzungen und Praktiken solcher Unternehmungen adaptiert und anpaßt.
Die Wissenschafter Thomas Peters und Robert Waterman haben ihrem Buch *Auf der Suche nach Spitzenleistungen* eine Reihe erfolgreicher amerikanischer Unternehmungen untersucht und sich die Frage gestellt, warum gerade diese Unternehmungen so erfolgreich sind. Aufgrund ihrer Analyse kamen sie auf einen Katalog von Regeln, deren Einhaltung eine Art Erfolgsgarantie bietet. Leider müssen wir feststellen, daß diese Regeln in unserem eigenen gemeinwirtschaftlichen Bereich kaum Beachtung finden. Die Regel „Nähe zum Kunden", also in unserem Fall die Nähe zum Klienten, zum Patienten, zum Bürger ist eine solche. Eine andere besagt, daß die Mitarbeitermotivation Grundlage des Erfolges ist, oder wie es wörtlich heißt: „Auf den Mitarbeiter kommt es an." Das „sichtbar gelebte Wertsystem", das vom Spitzenmanagement an bis zum einzelnen Mitarbeiter zum Ausdruck bringt, worum es im Kern, im Unternehmen, bei der Verwaltungseinheit geht, wäre eine weitere wichtige Regel. Der „einfache, aber flexible Aufbau", das „Primat des Handelns" und andere „Gebote" belegen recht deutlich, daß nur die Einhaltung verständlicher Regeln garantieren kann, daß das Unternehmensziel wirklich erreicht wird. Es ist noch ungewohnt für uns, aus den Regeln der Privatwirtschaft zu lernen. Aber wenn wir daraus Nutzen ziehen können für die Gestaltung unserer eigenen gemeinwirtschaftlichen Unternehmungen und der öffentlichen Verwaltung, so kann damit auch der Durchsetzung sozialdemokratischer Ziele geholfen werden.

Keine Reform ohne politischen Inhalt

Der Reformeifer darf sich aber nicht nur auf die Institution selbst, vor allem auf Verwaltung und öffentliche Unternehmungen beziehen, sondern muß auch den politischen Inhalt miteinbeziehen. An einem Beispiel sei klargestellt, was damit gemeint ist. Im Gesundheitsbereich wurde in den letzten Jahren der

Krankenanstaltenzusammenarbeitsfonds gegründet, der – wenn auch begrenzte – Erfolge bei der Spitalsfinanzierung erzielt hat. Nun besteht aber das Gesundheitssystem nicht nur aus Spitälern und niedergelassenen Ärzten, sondern zunehmend – positiverweise – auch aus einer Reihe anderer Einrichtungen: ambulante Einrichtungen inner- und außerhalb des Krankenhauses, Tageskliniken, Nachtkliniken, mobile Schwestern, Selbsthilfegruppen usw. Ziel ist eine breite Palette von Einrichtungen, vom praktischen Arzt bis zur hochspezialisierten stationären Einrichtung für Akutfälle. Es ist die Aufgabe der politischen Entscheidungsträger, jene Organisationsform zu finden, die diese Vielfalt an Einrichtungen garantiert und dafür sorgt, daß jene Einrichtung, die dem einzelnen Krankheitsfall am ehesten gerecht wird, auch tatsächlich zur Anwendung kommt. Da aber die Institutionen, die sich an der Organisierung und Finanzierung der Krankenanstalten beteiligen, kein oder nur ungenügendes Interesse am Ausbau jener notwendigen intermediären, also zwischen dem Spital und dem niedergelassenen Arzt liegenden Bereiche haben, ist diese umfassende Versorgung nicht gewährleistet.
Gerade in einer Gesellschaft, in der die alten Menschen einen steigenden Prozentsatz der Bevölkerung ausmachen, ist es notwendig, vor allem Pflegeeinrichtungen zu schaffen. Länder und Gemeinden werden aber diese Einrichtungen kaum im notwendigen Ausmaß schaffen, wenn sie wissen, daß die Behandlung von Pflegefällen in Spitälern von den Krankenkassen mitfinanziert wird, die Behandlung von Pflegefällen in speziellen dafür geeigneten Einrichtungen – Pflegeheimen, Tageskliniken usw. – aber ausschließlich von ihnen selbst zu finanzieren ist. Also nicht nur die Institutionen selbst, wie etwa die Spitäler, sind patientengerecht zu organisieren, auch das Verhältnis der einzelnen Institutionen zueinander ist so zu gestalten, daß sie der gesellschaftlichen Aufgabe – der optimalen Gesundheitsversorgung – gerecht werden und alle ein Interesse an einer konstruktiven Zusammenarbeit zur Lösung dieser Aufgabe haben.

Differenziertheit und Flexibilität

Bei der Reform von Organisationen müssen wir auch daran denken, daß sich insbesondere Großorganisationen auf eine viel differenziertere Umwelt, auf eine viel differenziertere Mitgliederstruktur einstellen müssen. Das trifft die Parteien, das trifft die Gewerkschaften, das betrifft die Wohnbauträger und viele andere große Organisationen.

So hat vor kurzem der baden-württembergische Ministerpräsident Lothar Späth (CDU) in einer Rede in Wien sehr genüßlich die Probleme referiert, denen die Gewerkschaften heute gegenüberstehen, wenn sie einen Streik organisieren wollen. Den Streik in einem industriellen Großbetrieb zu organisieren, in dem eine sehr einheitliche Arbeiterschaft tätig ist, das war nicht schwierig, meinte er. Den Streik in einem Unternehmen zu organisieren, in dem die Arbeiterschaft sehr differenziert ist, in sehr vielen unterschiedlich strukturierten Einheiten arbeitet, in dem in viel größerem Ausmaß Einzelinteressen verfolgt werden und die Arbeitnehmer auch die Anliegen der eigenen Gewerkschaft hinterfragen, ist viel schwieriger. Für Lothar Späth und andere Vertreter einer modernen kapitalistischen Gesellschaft ist das sehr angenehm und erfreulich. Jene, die am Wohlergehen der sozialistischen Parteien und der Gewerkschaften interessiert sind, stimmt es eher nachdenklich. Wir können uns nämlich weder unsere Umwelt noch unsere Mitgliederstruktur aussuchen, wir müssen auf gesellschaftliche Veränderungen konstruktiv reagieren. Wir müssen trachten, jene Flexibilität zu gewinnen, die es auch Großorganisationen ermöglicht, auf unterschiedliche, differenzierte Interessen einzugehen.
Dort, wo es möglich ist, müssen wir kleinere Einheiten schaffen. So sollten wir im Wohnbereich bei uns nahestehenden Wohnbauträgern und auch im Rahmen der Wiener Wohnhäuserverwaltung kleinere Einheiten schaffen, die es ermöglichen, die empfundene und tatsächliche Anonymität zu überwinden und für den einzelnen befriedigende, das heißt flexible und rasche Lösungen anzubieten.

Zentrale Lösungen problematisch

So wie Großorganisationen Probleme haben, schaffen auch zentrale Lösungen Probleme. Zentrale Lösungen werden vor allem dann problematisch, wenn es gar nicht möglich ist, diese tatsächlich durchzusetzen. Im Wohnbaubereich galt lange Zeit die Devise, daß eine zentrale, bundeseinheitliche Regelung am besten unserer Ideologie entspricht. Zug um Zug wurde jedoch dezentralisiert, allerdings in einer nicht sehr demokratischen Form. Der Bundesgesetzgeber hat zwar immer weniger bestimmt, aber die Landesverwaltung, und nicht der Landesgesetzgeber hat die einzelnen Durchführungsbestimmungen geregelt. Aber selbst die verbliebenen zentralen Regelungen wurden kaum durchgesetzt. Damit ergibt sich hier ein Beispiel für eine sinnvolle Dezentralisierung, nämlich die Veränderung der Wohnbauförderung. Ähnliches scheint auch auf Ebene einzelner Länder und großer Gemeinden zweckmäßig. Dezentrale Lösungen sollten dort angestrebt werden, wo zentrale Lösungen nicht sinnvoll durchgesetzt werden können und wo die dezentralen Lösungen auch den Problemen des Einzelfalles gerechter werden können.

Ebenso problematisch erscheinen vielfach kollektive Lösungen, denn auch sie haben ihre Grenzen. Es wäre völlig verkehrt, sie rundweg abzulehnen, aber sie sind zu differenzieren und zu ergänzen. Wieder ein Beispiel aus dem Gesundheitssystem: Die Finanzierung auf kollektiver Ebene durch das Gesundheitssystem als solches und die Sozialversicherung ist eine notwendige Voraussetzung, damit ein Gesundheitssystem auch sozial ist! Aber dieses kollektive gemeinsame System kann keineswegs alle Probleme lösen. Im besonderen gilt das für den Bereich der psychischen Probleme, so der Nachbetreuung, der Nachbehandlung nach schweren Operationen, bei Behinderungen. Hier wird man aufgrund kollektiver, offizieller Maßnahmen in größeren Organisationen kaum eine befriedigende Lösung erreichen. Hier sind Selbsthilfegruppen nicht ein notwendiges Übel, sondern sollten das Ziel sozialistischer Gesellschaftspolitik sein. Wir müssen also bereit sein, entsprechende Freiräume und Möglichkeiten zu schaffen, ohne jenen, die diese Freiräume ausnützen, mit Mißtrauen zu begegnen.

Der stärkeren Differenzierung in der Gesellschaft, vor allem der Sozialstruktur muß eine stärkere Differenzierung im politischen Bereich, so bei Angeboten der öffentlichen Hand entsprechen. Auch hier gibt es ein sehr erfolgreiches Beispiel aus dem Gesundheitsbereich: So hat ja die Psychiatriereform in Wien nicht nur bedeutet, daß aus der Großorganisation, aus der kollektiven Lösung Krankenhaus viele Patienten entlassen wurden. Gleichzeitig ist nämlich ein differenziertes Angebot an Therapieformen, von ambulanten Einrichtungen, von Tages- und Nachtkliniken geschaffen worden, in denen je nach Art der Erkrankung unterschiedlich intensiv reagiert werden kann.

Auch für die Frage der Arbeitszeitverkürzung ist eine differenzierte Strategie zu überlegen, nämlich ein unterschiedliches Vorgehen für einzelne Wirtschaftssektoren und Branchen, aber auch Beschäftigtengruppen. So werden sicherlich Wissenschafter und Techniker aus anderen Modellen der Arbeitszeitverkürzung und Arbeitszeiteinteilung Nutzen ziehen als weniger qualifizierte Gruppen von Beschäftigten. Im Spital wird es sinnvoller sein, nicht die tägliche Arbeitszeit weiter zu reduzieren, um zu vermeiden, daß die Patienten im Laufe eines Spitalsaufenthaltes von Dutzenden von Ärzten – zum Teil auch unterschiedlich – behandelt werden. Hier sind Modelle denkbar, nach denen man jeweils über einen längeren zusammenhängenden Zeitraum tätig ist und dafür einen größeren Zeitraum für die eigene Fortbildung und andere Interessen zur Verfügung hat.

Arbeitszeitverkürzung

Das gehobene Wohlstandsniveau und die geänderten Strukturen in der Gesellschaft müssen ihren Ausdruck sicherlich auch in einer anderen Einstellung zur Demokratie finden. Dabei geht es nicht nur um die Dichotomie zwischen direkter und indirekter Demokratie, sondern vor allem um Formen, wie die öffentliche Hand, wie die Verwaltung mit dem Bürger „umgeht", wie sie ihm gegenübertritt, wie sie ihn an Entscheidungsprozessen beteiligt. Diesbezüglich sind eine Reihe von Maßnahmen und Verhaltensweisen auf Wiener Ebene, wie die Planung des Donauraumes – ursprünglich bei der Gestaltung der Donauinsel, aber auch die Verfahren im Zusammenhang mit der neuen Gestaltung des Donauraumes mit den Überlegungen zum Wiener Kraftwerk –, die Gestaltung des Gürtelbereiches und vieles andere beispielhaft. Beispielhaft vor allem insofern, als sie in und außerhalb von Wien für viele andere Bereiche zur Nachahmung empfohlen werden können. So wäre es durchaus sinnvoll, die Informationspflicht der Behörden in einer Art Informationscharta zusammenzufassen, so daß der behördlichen Informationspflicht ein Informationsrecht des Bürgers gegenübersteht. Diese offene Einstellung zur Demokratie seitens der Sozialisten, aber auch der öffentlichen Hand, soweit sie von Sozialisten beeinflußt wird, scheint mir ganz wichtig für die Entwicklung von mehr Vertrauen in Demokratie und Politik zu sein. Nur so kann Demagogen wie Jörg Haider der Boden entzogen werden.
Wir müssen auch eine offenere, diskussionsfreudige Einstellung zu Fortschritt und Wissenschaft entwickeln. Der blinde Glaube an den Fortschritt und an die Wissenschaft ist heute doch weitgehend erschüttert worden. Auf der anderen Seite jedoch ist jenen grünen Tendenzen, die jeglichen Fortschritt im Bereich Wissenschaft leugnen oder diesen nur als gefährlich ansehen, entschieden entgegenzutreten.
Sozialisten müssen beides anerkennen und diskutieren: den Fortschritt, den Wissenschaft und Forschung bringen können, und die Gefahren, die damit

verbunden sind. Denken wir nur an die Möglichkeiten der Gentechnologie. Hier ist ein ungeheures Fortschrittspotential zu sehen, etwa im medizinischen Bereich, bei der Herstellung von Heilmitteln, aber eben auch ein ungeheures Gefahrenpotential. Jene großen Probleme, die in diesem Bereich stecken, aufzugreifen, zu diskutieren, in einen gesellschaftlichen Zusammenhang zu bringen, ist eine große Aufgabe, die eine sozialistische Bewegung heute hat, derzeit aber nur unvollständig erfüllt.

Kampf der Entsolidarisierung

Zuletzt ist eine politische Herausforderung zu erwähnen, die zum Teil durchaus im Gegensatz zu den bisher erwähnten politischen Konsequenzen steht. Der gehobene Wohlstand ist nämlich keineswegs automatisch mit einer Verringerung der Einkommens-, Vermögens- und Machtunterschiede verbunden. Im Gegenteil, die mit gehobenem Wohlstand verbundenen Veränderungen in der Wirtschafts- und vor allem auch Sozialstruktur und viele daraus abgeleitete Tendenzen der Individualisierung und Differenzierung verstärken eher die Gefahr einer Entsolidarisierung, die Gefahr einer Ausweitung der Einkommens-, Vermögens- und Machtunterschiede. Nun ist bei all den Notwendigkeiten, die zuvor erwähnt worden sind, bei den Reformen der Organisationen und Institutionen, vor allem auch der öffentlichen Verwaltung bei der Dezentralisierung, bei der Verstärkung von Bildung und Ausbildung besonderer Wert darauf zu legen, daß diese Maßnahmen vor allem im Sinne der sozial Schwachen erfolgen.
Denn es ist nicht zu verkennen, daß der Strukturwandel, daß die notwendigen Reformmaßnahmen im budgetären Bereich besonders die sozial Schwachen treffen können. Es sind deshalb bewußt und eindeutig Maßnahmen zu setzen, die die Unterschiede in den Einkommen, in den Vermögen, in den Machtpositionen verringern. Dies auch, wenn wir gerade in den letzten Jahren bei der Umverteilung nur sehr wenig Fortschritt erzielt haben.
Zwar ist objektiv erkennbar, daß eine Gesellschaft mit geringeren Einkommensunterschieden und mit einem größeren Wohlfahrtsstaatsanteil sozial und ökonomisch besser fährt, wie das insbesondere die skandinavischen Länder zeigen. Dies ist aber denen, die unmittelbar aus einer stärkeren Differenzierung der Einkommens-, Vermögens- und der Machtstrukturen profitieren, subjektiv nicht verständlich zu machen. Wenn wir den öster-

reichischen Medienmarkt betrachten, wird diese Vermittlung besonders schwierig sein.

Schutz der sozial Schwachen

All unsere Bestrebungen, ein Mehr an Pluralität, an Liberalität, an Individualismus und Differenziertheit und Dezentralität nicht nur zuzulassen, sondern auch zu fördern, sind also zu koppeln mit einer sozialen und solidarischen und damit sozialistischen Einstellung. Die Kompromisse mit der neuen Mittelschicht dürfen nicht dazu führen, daß diese wesentliche sozialistische Komponente aufgegeben wird.

Verteilungspolitik und der Schutz von sozial Schwachen bedeutet allerdings nicht, daß man eine konservative und konservierende Politik betreibt. Die Probleme des öffentlichen Sektors, die Probleme der verstaatlichten Industrie zeigen, daß ein Aufschieben von Lösungen, sei es aus Bequemlichkeit, sei es aus dem vermeintlichen Schutz der sozial Schwachen, nur sehr kurzfristig möglich ist und sich bitter rächen kann. Gerade die jetzige politische, wirtschaftliche und soziale Situation sollte doch recht deutlich machen, daß vom Grundsatz her das rechtzeitige Lösen von Problemen auch das den sozialistischen Vorstellungen angemessenere ist.

Denn das Hinauszögern von Lösungen bringt immer die Gefahr mit sich, daß dann radikalere Einschnitte, vor allem auch konservativere Maßnahmen notwendig werden.

So wäre es also falsch, das Nichtbehandeln von Problemen, das säumige Verhalten von Managern und Bürokratien als sozialpolitisch motiviert darzustellen. Im Gegenteil, auch eine sozialpolitisch orientierte, eine solidarische Politik muß notwendige Strukturreformen selbst herbeiführen. Sie muß aber auch dafür sorgen, daß die Opfer, die gebracht werden müssen, gerecht verteilt und vor allem die sozial Schwachen geschützt werden.

aus: Die Zukunft, Jg. 1987, H. 3, S. 11 ff.

FRAUENPOLITIK IN UND MIT DER SPÖ

Johanna Dohnal

Sozialistinnen wissen heute deutlicher denn je, und davon sind auch unsere Ansprüche geprägt, daß sich die Frauenfrage, oder, besser ausgedrückt, die Abhängigkeiten der Frauen nicht automatisch mitlösen, wenn wir eine Gesellschaft anstreben, in der soziale Gegensätze überwunden sein werden.

Obschon ich mehr und mehr den Eindruck habe, daß es uns gelungen ist, für unsere Anliegen mehr Verbündete zu gewinnen, weiß ich gleichzeitig, daß der Großteil der parteiinternen Überzeugungsarbeit erst vor uns liegt. Zudem sind wir derzeit mit einem Koalitionspartner konfrontiert, der auch die erkämpften Frauenrechte und Reformen teils bedroht, teils offen in Frage stellt.

Verwaschene, konservative Rhetorik

Die Erwartung an unsere Partei, Chancengleichheit und Gleichberechtigung für alle Menschen zu erreichen, war seit jeher sehr hoch. In dem Maße, in dem diese Fragen zunehmend im Bewußtsein eines großen Teiles der Bevölkerung verankert wurden, hat auch die tragende konservative Partei in Österreich ihre Linie geändert. Dies gilt insbesondere – aber nicht nur – für die Frauenpolitik.

Heute übernimmt die ÖVP teilweise unsere Forderungen, gleichzeitig kritisiert sie die getroffenen Maßnahmen und will durch Alibihandlungen selbst den Eindruck einer frauenfreundlichen Partei erwecken. Dabei kommt ihr die verwaschene Rhetorik der Konservativen besonders entgegen. Eine Rhetorik, welche die Seichtheit einer politischen Phantasie unter Propagierung von Begriffen wie Leistung, Konkurrenz, Fleiß, Sparsamkeit, Flexibilisierung versteckt.

Der Vorteil dieser Rhetorik für die Konservativen ist, daß die hinter diesen Aussagen stehenden Absichten für die Menschen nicht immer auf den ersten Blick erkennbar sind – auf den zweiten Blick aber um so klarer!

Wenn heute auch in Österreich wieder von „Stärkung der Familie, Verankerung der Ehe und Familie in der Verfassung, Schutz der Familie ...“ die Rede ist, dann, um einer intakten Institution Aufgaben und soziale Leistungen zurückzuverweisen, die man seitens des Staates gerne abbauen würde. Wenn ich nun einmal davon ausgehe, daß wir diese Angriffe abwehren können, daß wir Rückschritte auf keinen Fall zulassen, bleibt noch immer die Frage der gesellschaftlichen Weiterentwicklung einerseits beziehungsweise andererseits, sich den „neuen“ Herausforderungen zu stellen. Es geht also, richtiger gesagt, um die alten Herausforderungen in neuen Gewändern.

In der Geschichte unserer Partei fällt auf, daß Männer sich sehr für die Lebensverbesserung der Frauen eingesetzt haben. Männer wollten Frauen schlechte Lebenssituationen wie Doppelt- und Dreifachbelastung und zum Beispiel Nachtarbeit nicht zumuten. Sie verhielten sich wie gute, besorgte „Väter“. Dadurch konnten viele Forderungen der Frauen mit Hilfe der Männer durchgesetzt werden: die Schutzbestimmungen im Arbeitsrecht, der Mutterschutz bis hin zur Abschaffung des § 144.

Jetzt aber gibt es in der sozialistischen Frauenorganisation frauenpolitische Inhalte, die von Tausenden Frauen seit vielen Jahren immer wieder erarbeitet und von vielen Bundesparteitagen mehr oder weniger begeistert beschlossen wurden, die einen anderen Anspruch formulieren, die das „Patriarchat“ beseitigen sollen. Im Verhältnis zu den vielen Forderungen und Programmen nimmt sich die Praxis eher bescheiden aus, obwohl durchaus auch Fortschritte nachzuweisen sind.[1]

Aber die Kluft zwischen Theorie und Praxis ist noch allzugroß. Wir kommen ganz einfach nicht umhin festzustellen, daß unsere Ziele nicht von allen Exponenten unserer Partei mitgetragen werden. Wir kennen natürlich die persönlichen Widerstände, die manche Funktionäre damit haben. Das

Faulbett der kleinbürgerlichen Ideologie ist ja gerade in dieser Frage für den einzelnen viel zu bequem, um freiwillig herauszusteigen.

Frauenpolitik

Ohne mich jetzt auf die breit gefächerten Interpretationsmöglichkeiten des Begriffes näher einzulassen – also ob dies eine Politik von, mit und für Frauen ist, im Interesse welcher Frauen sie geschieht, ob sie generell „weibliche" Sichtweisen formuliert oder sich feministisch versteht –, wie auch immer, sie ist jedenfalls mehr als Politik von Frauen.

Frauenpolitik findet überall und jederzeit statt – ob für oder gegen sie –, nur häufig in ihrer Abwesenheit. Frauen sind nicht überall und jederzeit dabei, Männer schon. Wesentlich scheint mir aber über Parteigrenzen hinweg ein Merkmal zu sein: Es ging und geht bei der Politik von Frauen meist um Abgrenzungen, Verteidigung, Fordern, Anklagen und auf das Darauf-Hinweisen, „daß wir wieder einmal etwas nicht erreicht haben", und viel zuwenig um die Machtfrage in einer männlich dominierten Organisation.

Es ist aber auch kein Wunder: Jahrhundertelang mußte sich die Stärke der Frauen darauf beschränken, gemeinsam aus gemeinsamer Unterdrückung und/oder Benachteiligung heraus das Nichtbekommene einzuklagen.

„Vor kurzem wurde ich gefragt, warum so viele Frauen Angst vor der Macht haben. Ob das damit zusammenhinge, daß Frauen größere Angst vor dem Verlust der Zuwendung ihrer Mitmenschen hätten als davor, unterdrückt zu werden. In dieser Frage war die Antwort bereits enthalten: Wer als Frau Macht hat, muß mit Liebesverlust rechnen."[2]

Was allerdings auffälliger denn je ist, ist das zunehmende Interesse von Frauen, sich mit dem Verhältnis Frau und Macht auseinanderzusetzen. Ich stelle bei Frauen so etwas wie eine produktive Unruhe fest. Sie mischen sich ein, und sie verlassen zunehmend ihre ihnen zugewiesenen Bahnen – und das vor dem Hintergrund eines deutlich sichtbaren gesellschaftlichen Rechtsruckes.

Auffällig ist auch, daß diese Entwicklung ziemlich neben „der" Frauenbewegung läuft und ihr Zentrum eher im parteipolitischen Spektrum zu haben scheint.

Frauenpolitik in der SPÖ

Viele Frauen wollen endlich „Politik machen". Viele versuchen es auch und sind dabei der Gefahr des Müde-Werdens vom innerparteilichen Kampf um Machtbeteiligung ausgesetzt.

„Wer sich als Frau dazu entschließt, seine Fähigkeiten offen zu nutzen, selbständig Entscheidung zu fällen, für Verhaltensänderungen bei sich und anderen zu kämpfen, seine Angst vor notwendigen Aggressionen zu überwinden, muß seine masochistische Unschulds- und Vorwurfshaltung aufgeben. Ich weiß, wie schwer das ist, aber ohne kritisches und selbstkritisches Aufbegehren gerade der Frauen kann und wird sich in dieser Gesellschaft nichts ändern."[3]

Ich habe geschrieben, daß Frauenpolitik mehr ist als Politik von Frauen. Sozialistische Frauenpolitik hingegen ist auch noch nicht alleine durch eine gleichberechtigte Teilnahme von Frauen erreichbar. Es geht darum, daß Frauen mit ihrer gesamten Kompetenz auf sachlich/fachlicher Ebene und auf Grund ihrer Lebenserfahrung bestimmen, gestalten und verantworten wollen. Es geht für die Frauen in der SPÖ nicht „nur" um die Machtfrage, sondern um eine andere politische Kultur. Eine andere politische Kultur bedeutet für mich vor allem eine ganzheitliche Sicht des Menschen und auch der Fragen, die es zu lösen gilt. Eine Politik, die den Menschen nicht zu einem Objekt verschiedener Politikbereiche macht. Eine andere politische Kultur schließt ein, daß Behinderungen sichtbar werden – Behinderungen an der Teilhabe an politischen Entscheidungen. Ich denke etwa an jene Frauen, die Familie/Kinder mit ihrem politischen Engagement verbinden wollen. Konkret bedeutet dies derzeit für viele Mitarbeiterinnen die teilweise Abhängigkeit vom „Wohlwollen" der Lebenspartner (und dies ist meist auch schwer errungen) oder von anderen Menschen. Daher sollten Kinderbetreuungsangebote bei allen Veranstaltungen/Sitzungen/Tagungen der Partei selbstverständlich sein.

Es ist mittlerweile eine Binsenweisheit, daß in jedem kapitalistisch modern gemanagten Betrieb das „Betriebsklima" eine wichtige Voraussetzung für die Kreativität und Produktivität des/der einzelnen ist. Zur Erhöhung der Produktivität und damit zur Steigerung von Profiten wird dieses Mittel ganz legal angewandt. Unsere Partei könnte dieses Mittel zu einer erhöhten Einsatzbereitschaft und zu einer erfolgreichen „Mach-mit-in-der-Politik"-Aktion anwenden. Für sozialistische Zielsetzungen würde es sich doch lohnen.

Aber diese Erkenntnis scheint sich nicht in allen Gremien unserer Partei herumgesprochen zu haben, wenn ich hier etwa an die ohnehin vergleichsweise „weiche" Forderung und die darauf folgende Diskussion über die Quotenregelung denke. Sehr motivierend war diese Diskussion der Genossen nicht. Sie hat lediglich unsere jahrzehntelange Erfahrung bestätigt, daß wir immer genauso viele Rechte erhalten, wie wir mit Nachdruck und ohne Ausfluchtmöglichkeiten zu fordern in der Lage sind.
Wenn sozialistische Frauenpolitik Chancen auf Verwirklichung haben will, dann ist neben der relativen Einheit der Frauen auch die Zustimmung von Männern in der Partei eine Voraussetzung. Immerhin stellen die Männer die Mehrheit. Allerdings: Nachdem wir Frauen weder auf Wunder hoffen wollen noch auf die Emanzipation der Männer warten können (was hieße, daß sie sich in ihren Machtansprüchen in aktiver Zurückhaltung übten), wissen wir auch um das langwierige und beschwerliche Geschäft, dem wir uns hier unterziehen: die Herausforderungen auf allen Gebieten. Es geht nämlich nicht darum, daß wir sagen: „Seht, ihr müßt was für uns Frauen machen." Es geht darum, daß diese Partei uns Frauen braucht, sonst bleiben ihre Analysen, ihre Politik und ihre Perspektiven einseitig.

Politik mit der SPÖ

Wie viele und welche Frauen mit uns in der SPÖ Politik machen wollen, wird letztlich davon abhängen, wieweit unsere Partei ihre Versprechen einlöst und wie es ihr glaubhaft gelingt zu vermitteln, daß Frauen mehr sind als Notlösungen, personifizierte Quoten oder Aufputz auf Wahlplakaten.
Eine Politik von Frauen mit der SPÖ wird dann attraktiv, wenn diese Partei Frauen konsequent fördert und bei ihren Versuchen auf wesentliche politische Einflußnahmen unterstützt. Das Gegenteil davon wäre: die Einfordernden, die durch zu lange strapazierte Geduld lästig Gewordenen als störend zu diffamieren und auszugrenzen. Eine Partei, die solches macht, will keine wirkliche Gesellschaftsveränderung.
Eine Partei wird auch sehr stark von Bildern geprägt. Bilder, die auf die Menschen durch die Medien, durch Plakate wirken. Heute ist eine grau oder dunkelblau gekleidete Männereinheit in einer etwa gleichen Alterskategorie hervorstechend. Dieses Bild sollte vielfältiger werden, durch junge und alte Menschen und durch Frauen.

Die Wirksamkeit einer Frauenpolitik läßt sich nicht nur an erfüllten Quoten ablesen, sondern auch daran, welche Wirkung sie nach innen und nach außen zeigt. Ob sich Frauen dadurch in ihren Lebensbereichen ermutigt fühlen, ihre Geschicke in die Hand zu nehmen. Denn die Zukunft der Frauen liegt in ihren Händen oder nirgendwo. Der wahrscheinliche Protest gegen diese Aussage ist eingeplant.

Anmerkungen

1 Im Linzer Programm 1926 lautete die Formulierung: „Die Sozialdemokratie bekämpft die Vorurteile, die sich der Gleichberechtigung der Frauen entgegenstellen. Sie fordert auch für die Frauen volle Möglichkeit der Entfaltung der Persönlichkeit", um gleich mit der nächsten Formulierung im selben Programm einen Widerspruch deutlich zu machen. Nämlich mit der Forderung „Höhere Würdigung der gesellschaftlichen Funktion der Frau als Mutter und als Hausfrau und Schutz gegen die Überbürdung der Frauen durch die doppelte Arbeit in Erwerb und im Haushalt". Die Forderungen lauteten: gesetzliche Einrichtungen im Rahmen des gemeinnützigen Wohnbaues, durch Errichtung öffentlicher Tagesheimstätten für Schulpflichtige, Vorschulpflichtige und Krippenkinder. Das Patriarchat wurde nicht benannt. Rund 50 Jahre später – in unserem jetzt gültigen Parteiprogramm – wurde erstmals die gemeinsame Verantwortung von Mann und Frau für Haushalt und Kindererziehung festgelegt und auch festgestellt, daß die Doppelbelastung der Frau neben den notwendigen gesellschaftlichen Einrichtungen auch nur durch die gemeinsame Arbeit von Männern und Frauen bekämpft werden kann. / Johanna Dohnal, Mai 1987, Kongreß „Zukunft der Frauen".

2 Mitscherlich-Nielsen, aus Elke A. Richardsen/Regina Michalik (Hg.), „Die Quotierte Hälfte". Frauenpolitik in den grünalternativen Parteien.

3 Ebd.

Aus: Die Zukunft, Jg. 1987, H. 10, S. 13 ff.

SIEBEN PUNKTE FÜR EIN SOZIALISTISCHES PROGRAMM

Franz Vranitzky

Was haben wir vor uns? In der heutigen Zeit scheinen die politischen Parteien einander sehr ähnlich zu sein, manche sagen, überhaupt zu ähnlich. Ich glaube auch nicht, daß das richtig ist, denn wenn wir auch heute mit der ÖVP in einer großen Koalition zusammenarbeiten, so werden sich beide Parteien beim kommenden Wahlgang doch wieder getrennt den Österreicherinnen und Österreichern präsentieren. Aber man sollte sich den Fragen stellen: Wodurch unterscheidet ihr euch von den anderen? Was macht ihr eigentlich anders als die anderen? Worauf kommt es euch im Gegensatz zu den anderen an? Diese Fragen sind die Fragen nach den Grundsätzen einer Partei, nach dem Selbstverständnis einer Partei. Es sind dies all jene Werte und Einstellungen, zu denen wir auf Grund unserer Erfahrungen aus der Vergangenheit und der Analyse der Gegenwart gefunden haben.

Bei den wichtigen komplexen politischen Entscheidungen der heutigen Zeit kommen wir ohne sie nicht aus. Deshalb ist es gerade heute wichtig, die Grundsätze der eigenen Überzeugung offen auszubreiten und im Wettstreit mit anderen politischen Gruppierungen auszutragen. Ich bin zutiefst davon überzeugt: Nur wenn wir sagen, wer wir sind, werden wir akzeptiert werden. Nur wenn wir sagen, wozu wir uns bekennen, werden wir auch gewählt werden.

1. Ich bekenne mich zur Arbeit als dem zentralen Begriff unserer Bewegung

Nicht nur unsere politischen Gegner, auch wohlmeinende Freunde sagen uns, in der heutigen Gesellschaft sei für uns als Partei der Arbeit kein Platz mehr. Sie sagen, unserer Gesellschaft gehe langsam aber sicher die Arbeit aus, und die Sozialisten seien nicht in der Lage, ihr Versprechen von der Vollbeschäftigung weiterhin aufrechtzuerhalten. Ich bin völlig anderer Meinung: Weder geht unserer Gesellschaft die Arbeit aus, noch werden wir uns damit abfinden, daß heute Menschen ohne Arbeit sind.

Das Ziel der Vollbeschäftigung ist weiterhin ungebrochen gültig. Gewandelt hat sich allerdings die Meinung, wie wir ein möglichst hohes Beschäftigungsniveau am besten erreichen können. Dies nicht nur unter dem Eindruck, daß das Budget als beschäftigungsschaffendes Finanzierungsinstrument vorerst nicht im selben Ausmaß wie früher zur Verfügung steht und daß das frühere Beschäftigungsausmaß etwa in der verstaatlichen Industrie auf Dauer nicht gehalten werden konnte, sondern vor allem dadurch, daß sich die industrielle Produktionsweise und mit ihr Inhalt und Charakter der Arbeit stark verändert haben. Damit ist aber auch das Selbstverständnis der Arbeitnehmer ein anderes geworden. Ein Arbeitnehmer am Computer heute hat wohl ein anderes Bild von sich selbst als ein Ziegelarbeiter der Jahrhundertwende. Deshalb müssen wir auch den Begriff der Arbeit erweitern. Unser Verständnis von Arbeit umfaßt nicht nur den Arbeitnehmer, sondern generell alle Menschen, die etwas leisten, die etwas schaffen wollen, ja man kann sogar sagen, die etwas unternehmen wollen, die in diesem Sinne unternehmerisch tätig sind.

Der Fortschritt in den neuen Techniken ist so rasant wie noch nie. Dadurch werden große Rationalisierungspotentiale eröffnet. Für uns Sozialisten kommt es darauf an, daß wir diese als Chance nutzen. Wir treten dafür ein, daß durch die Rationalisierung sinnentleerte Arbeiten zurückgedrängt werden und neue, qualitativ höherstehende Arbeit geschaffen wird. Auf diese Weise wird es uns gelingen, mit Hilfe der Maschinen den Trend weg von der wiederholenden Arbeit hin zur kreativen Arbeit zu verstärken.

Manchmal scheint es so, als hätten uns die Konservativen den Leistungsbegriff „verschleppt". Wir Sozialisten bekennen uns zum Begriff der Leistung, wir huldigen dabei allerdings nicht einem Leistungsgötzen. Wir wollen jenen, die etwas leisten wollen, die Grundlagen zur Verfügung stellen. Für uns geht

es darum, alle Talente zu fördern, die es in unserer Gesellschaft gibt. Wir wollen aber allen jenen Schutz bieten, die aus bestimmten Gründen nicht soviel leisten können, wie sie wollen. Daneben gibt es aber viele neue Felder, auf denen wir Sozialisten Arbeitsmöglichkeiten sehen. Ein aktuelles Beispiel ist der Umweltbereich, wo es gelungen ist, eine große Zahl neuer Arbeitsplätze zu schaffen. Ähnliches gilt für den gesamten sozialen Sektor, wo die gesellschaftlichen Entwicklungen zu einem vermehrten Bedürfnis nach Betreuung und Pflege geführt haben. Nicht nur bei der Krankenpflege, sondern im gesamten Beratungs- und Betreuungsbereich. Hier wird es vor allem darum gehen, die Arbeit nicht nur zu finden, sondern sie richtig zu organisieren und zu finanzieren.
In diesem Sinne wird auch die Gesellschaft der Zukunft eine Arbeitsgesellschaft sein. Wir haben die Arbeit immer als die Grundlage für den gesellschaftlichen Wohlstand gesehen, für den materiellen wie für den nichtmateriellen. Und auch für die Zukunft gilt: Nur die Arbeit wird den Wohlstand weiter mehren.

2. Ich bekenne mich zu einem neuen Verständnis von Fortschritt

Die ökonomischen Krisen der siebziger Jahre und die enormen Entwicklungen der Technik in den achtziger Jahren haben das Bild vom Fortschritt für viele schwer erschüttert. Wir mußten zur Kenntnis nehmen, daß sich die ökonomische Entwicklung nicht ganz einfach beliebig fortsetzen läßt, und auch, daß man nicht jede technische Neuerung ganz einfach im Griff hat. Es wäre aber verfehlt, angesichts dieser Entwicklungen dem Fortschritt als solchen zu entsagen und den Weg zurück in eine neue alte Romantik anzutreten. Was wir brauchen und wozu wir uns bekennen, ist ein neues Bild vom Fortschritt: Wir meinen nicht, daß alles von Haus aus machbar ist, wir sind aber überzeugt, daß es für unser Denken keine Grenzen geben darf. Nur wenn wir allen Entwicklungen gegenüber offen sind, werden wir entscheiden können, welche wir für die Menschen akzeptieren können und welche nicht. Wir sind jedem Fortschritt in der Technik gegenüber offen, allerdings darf diese Offenheit nicht eine blinde sein, sie muß vielmehr kritisch ausfallen. Um ein eventuelles Beispiel zu verwenden: Wir sagen ja zur Gentechnik, wenn durch sie Geißeln der Menschheit, wie etwa der Krebs oder AIDS, wirklich effektiv bekämpft werden können. Wir sagen aber nein zu

einem Mißbrauch der Gentechnik, der unser Sein als Menschen und die Achtung vor der Natur massiv verletzen würde.
Die Vielzahl von neuen Verfahren bedeutet ohne Zweifel einen qualitativen Sprung im Leben der Menschen. Damit diese Technologien Segen werden und nicht Fluch, müssen wir als Sozialisten Stellung nehmen. Wir werden die Stimme erheben und sagen, was davon für die Menschen akzeptabel ist und was wir nicht hinnehmen können. Wir sagen ja zum Fortschritt, aber keine Gruppe darf auf Kosten der anderen vom Fortschritt profitieren, keine Gruppe darf vom Fortschritt ausgeschlossen sein.

3. Ich bekenne mich uneingeschränkt zur sozialen Verantwortung

Wir dürfen unsere Kompetenz in sozialen Fragen niemals aufgeben. Wir haben doch nicht für den Wohlstand aller gekämpft, um jetzt einige von diesem Wohlstand ausgeschlossen zu sehen. Der politische Kampf der Sozialdemokratie war im Grunde stets ein Kampf gegen die Benachteiligung und für die Benachteiligten. Es ging darum, die Benachteiligung bestimmter Gruppen aufzuheben. Und es stellte sich schlußendlich immer heraus: Was der benachteiligten Gruppe guttat, war auch immer gut für die Gesellschaft als ganzes.
Historisch gesehen, hat die Sozialdemokratie die soziale Frage, das heißt die Beteiligung der arbeitenden Massen am Wohlstand, gelöst. Trotzdem sind wir heute aufgerufen, uns mit neuen an uns herankommenden sozialen Fragen auseinanderzusetzen. Wir müssen allen Entwicklungen ganz entschieden entgegentreten, die zur Herausbildung einer polarisierten Gesellschaft auch in Österreich führen könnten. Selbst wenn unser Land durch die verantwortungsvolle Politik der Sozialisten weit von einer echten Zweidrittelgesellschaft entfernt ist: Gerade weil Sozialisten ein Bekenntnis zur Leistung ablegen, treten wir für die Schwachen ein. Gerade weil wir immer für die Chancengleichheit eintreten, wollen wir all jenen ihre Chance zurückgeben, die sie unverschuldet verloren haben.
Ich halte es mit Peter Glotz, der einmal gesagt hat: Die Sozialdemokratie darf keine Partei der Schwachen, sondern muß eine Partei der Starken sein, die das Herunterdrücken der Schwachen verhindert. Das heißt in der politischen Praxis: Unser großes Konzept der Modernisierung darf selbst unter derzeit schwierigen Umständen, wie dem geringen wirtschaftlichen Wachstum und

den knappen öffentlichen Mitteln, nicht auf Kosten einer Minderheit von neuen Dauerarbeitslosen oder neu Verarmenden gehen.
Verstärkt muß unsere Aufmerksamkeit all jenen gelten, die sich außerhalb vom oder nur teilweise im Arbeitsprozeß befinden. Es sind dies neben den Arbeitssuchenden auch unsere Kinder oder unsere Pensionisten. Überall dort, wo die eigene Arbeit das Lebensschicksal nicht mehr oder noch nicht verändern kann, haben wir dafür Sorge zu tragen, daß diesen Menschen daraus kein Nachteil erwächst. Unsere Forderung nach Gerechtigkeit und Gleichheit ist auch solange nicht erfüllt, als wir nicht die volle Gleichstellung der Frau in allen Lebensbereichen erreicht haben. Nachdenklich und veränderungswillig muß uns nicht das Thema Gleichstellung der Frau machen, sondern die Tatsache, daß wir diese Forderung im zu Ende gehenden 20. Jahrhundert noch immer stellen müssen. Und wir nennen unsere Bewegung auch eine emanzipatorische, mit dem Ziel der vollen und freien Entfaltung aller Menschen. Das ist mehr als das Aufsagen von Slogans, das ist eine Frage der Glaubhaftigkeit. Wollen wir glaubhaft sein, dürfen wir keine einseitigen Benachteiligungen zulassen, weder der Frauen gegenüber den Männern noch der Jugend gegenüber den Erwachsenen noch der Arbeitslosen gegenüber den Arbeitenden.
Für uns Sozialisten ist der Mensch das Maß aller Dinge. Unser oberstes Ziel war es immer, ihn aus seinen vielfältigen Abhängigkeiten zu befreien und ihm die Möglichkeit zur umfassenden Selbstbestimmung zu geben: Das ist uns bisher auch zu einem großen Teil gelungen. Heute drohen aber neue Formen der Fremdbestimmung, die die Menschen hindern, sich frei zu entwickeln: Die Abhängigkeit von großen anonymen Apparaten, die zunehmende Zerstörung der Umwelt und der natürlichen Lebensgrundlagen, die Vereinsamung und Reizüberflutung sind nur einige der Probleme, mit denen sich der Mensch heute konfrontiert sieht.
In dieser Phase geht es um ein ungeheures humanitäres Anliegen, nämlich für die Menschen den Kern jedes politischen Engagements sicherzustellen: die Selbstvertretung der eigenen Interessen. Die Menschen müssen über ihre unmittelbaren Lebensbereiche entscheiden können. Auch wenn das Abschieben von Verantwortung an eine höhere Ebene der einfachere Weg scheint, ist er doch nicht der richtige. Wir müssen dafür Sorge tragen, daß der einzelne wieder bereit ist, abgegebene Verantwortung zu übernehmen. Das Bekenntnis zur Selbstbestimmung des Menschen ist aber kein Bekenntnis zu einem schrankenlosen Individualismus, auch wenn ihn manch falschverstandener Zeitgeist noch so stark propagiert. Wir sind der Meinung, daß sich

Selbstbestimmung am besten in einem funktionierenden Gemeinwesen verwirklichen läßt, das die formelle und materielle Absicherung der individuellen Freiheit sicherstellt. Dieses funktionierende Gemeinwesen ist für uns Sozialisten der demokratische Staat. Nur er kann die Rahmenbedingungen schaffen und sichern, die die freie Selbstverwirklichung der Menschen ermöglichen und fördern.

4. Ich bekenne mich zu einem demokratischen Humanismus

Lassen wir uns dabei auch nicht blenden: Gerade jene, die am meisten mit Worten gegen den Staat zu Felde ziehen, sind oft die ersten, die bei Problemen diesen Staat um Hilfe anrufen. Man muß den Bogen noch weiter spannen: Jeder, der sich einigermaßen ernsthaft mit Wirtschaft und Gesellschaft beschäftigt, wird eingestehen müssen, daß uneingeschränkter Wettbewerb nicht immer zu bestmöglichen Ergebnissen führt. Es liegt in der Verantwortung des Staates, lenkend einzugreifen und zu verhindern, daß etwa einzelne Gruppen der Bevölkerung von bestimmten Leistungen ausgeschlossen werden. Das heißt aber nicht, daß man generell davon ausgehen kann, daß jeder staatliche Eingriff die Effizienz erhöht. Auch staatliche Institutionen können bei der Wahrnehmung ihrer Aufgaben versagen, manche Regulierungen schützen lediglich die Interessen kleiner Gruppen auf Kosten von anderen. Und schließlich ändern sich gesellschaftliche und wirtschaftliche Bedingungen, die einmal eine bestimmte Regulierungsmaßnahme als gerechtfertigt erscheinen ließen, und werden zu einem Hindernis für dynamische Entwicklungen in Wirtschaft und Gesellschaft. Wir haben daher ständig zu prüfen, ob das bestehende System zeitgemäß ist und die gestellten Anforderungen erfüllen kann.

Der Staat kann jedenfalls dort seine wesentlichen Aufgaben nicht erfüllen, wo eine überdimensionierte Bürokratie das klaglose Funktionieren hemmt. Gerade wir Sozialisten müssen uns daher zum Ziel setzen, den öffentlichen Bereich dort, wo er unnötigerweise verbürokratisiert oder gar verfilzt ist, besser und effizienter zu organisieren. Am Ende muß stehen, daß die Institutionen dem Menschen zu dienen haben und nicht umgekehrt.

Uns Sozialisten geht es also um ein Miteinander von Staat und Markt. Wir halten den Staat dort für notwendig und wirkungsvoll, wo der Marktmechanismus keine Rücksicht auf soziale Spannungsfelder nimmt. Das ist der Fall

im Gesundheitswesen, in weiten Bereichen des Bildungswesens, bei der Altersvorsorge und bei der Umweltpolitik – sie alle eignen sich ganz einfach nicht für einen freien Wettbewerb und das Spiel von Angebot und Nachfrage. Wir sehen aber auch ein, daß sich andere Bereiche effizienter, billiger und für die Menschen dienlicher über den Markt regeln lassen. Es geht uns also nicht um die vordergründige Frage, ob Staat oder Markt, sondern wir müssen das Miteinander von Staat und Markt möglichst effizient gestalten. Ich habe schon gesagt: Das Bekenntnis zum selbstbestimmten Menschen schließt auch ein Bekenntnis zur Demokratie ein. Unser Verständnis von Demokratie endet aber nicht bei der Stimmabgabe in der Wahlzelle. Demokratie hat nach unserer Meinung alle Lebensbereiche zu umfassen, sie muß täglich neu gewagt werden. In der Arbeit, in der Lehre, in der Schule, in der Familie, in der Verwaltung, überall kann und muß Demokratie unser Verhalten bestimmen. Zur Demokratie gehört neben der Möglichkeit der Einflußnahme natürlich auch die Möglichkeit zur Kritik und Kontrolle. Jede Kontrolle bedingt aber als entscheidende Voraussetzung die Transparenz, die Offenlegung einmal getroffener Entscheidungen. Nur wenn wir Offenheit, Transparenz und Diskussion fördern, wenn wir gegen Verfilzung und über Bürokratisierung auftreten, sichern wir die Demokratie wirklich.
Immer wieder kommt hervor, daß der Platz der Sozialisten immer auf der Seite der Schwächeren, der Ärmeren und der Bedrängten ist. Ihnen muß unser Bemühen und unsere gesellschaftliche Verantwortung gelten, und das über alle Grenzen hinweg. Das darf sich aber nicht in einem bloßen Mitfühlen, in akademischen Analysen oder in karitativem Mitleid erschöpfen: Wir müssen gemeinsam die gesellschaftlichen Bedingungen dafür schaffen, daß einzelne oder ganze Gruppen nicht vom allgemeinen Wohlstand, von den Bildungsmöglichkeiten, von unserem Gesundheits- und Sozialsystem und von der Arbeit ausgeschlossen werden.

5. Ich bekenne mich zu Solidarität auf nationaler und internationaler Ebene

Das Prinzip der Chancengleichheit gilt es zu verwirklichen, und wir sind dabei schon weit gekommen. Wir haben aber noch nicht alles erreicht. Schließlich gilt es, dabei auch erhebliche politische Widerstände zu überwinden. Erinnert euch doch: Wie oft wurden wir schon als Gleichmacher bezichtigt, weil wir eine freie und einheitliche Schule für unsere Kinder gefordert haben? Wieviel Kritik müssen wir nun für Maßnahmen wie die Arbeitsstiftung oder die Sonderunterstützungen einstecken, die nichts anderes bezwecken, als Menschen nicht einfach in die Arbeitslosigkeit zu entlassen? Und – auch wenn ein gutes System von einzelnen überbeansprucht wird – wieviele Erklärungen sind eigentlich nötig, um zynischen Zeitgenossen klarzumachen, daß die Schwachen, die Ausgegrenzten, die Arbeitslosen nicht selber schuld sind an ihrem Schicksal und wir sie nicht alleine lassen dürfen und sie auch nicht alleine lassen werden!

Wir haben eine stolze Tradition als international orientierte Bewegung. Unsere Solidarität darf sich aber nicht auf Österreich beschränken. Wir nehmen Anteil an den Vorgängen dieser Welt, versuchen sie zu beeinflussen und beziehen auch hier Partei für die Unterdrückten und Entrechteten, erheben unsere Stimme gegen Diktatur, Ausbeutung und Rassismus. Wir Sozialisten können und werden uns nicht mit einer Aufteilung der Welt in Reiche und Arme, in Privilegierte und Benachteiligte, in Satte und Hungernde abfinden!

Der arbeitende Mensch hat sich seit jeher die Natur zunutze gemacht, mit ihr und an ihr gearbeitet. Er hat dies lange Zeit unter Beachtung des Gleichgewichts zwischen Mensch und Natur vollbracht. Dieses Gleichgewicht droht uns seit einiger Zeit verlorenzugehen. Dem Glauben an uneingeschränktes Wachstum und quantitativen Fortschritt verhaftet, haben auch viele von uns ernste Warnungen vor der totalen Ausbeutung unserer Umwelt nicht oder nicht rechtzeitig hören wollen.

6. Ich erhebe das Bekenntnis zu einem umfassenden Umweltverständnis zum Prinzip

Unter dem Eindruck verheerender Umweltkatastrophen hat sich das allgemeine Bewußtsein doch so sehr geändert, daß heute kein Zweifel mehr an der Notwendigkeit einer umfassenden Umweltpolitik besteht. Wir haben diese neue Herausforderung erkannt und Anstrengungen unternommen, sie aktiv zu bewältigen. Wir sind uns jedoch bewußt, daß wir noch lange nicht am Ziel sind. Die Bedrohungen unserer Umwelt erweisen sich als umfangreicher und komplexer, als man es noch vor wenigen Jahren für möglich hielt. Ich erinnere an die vielfachen Ursachen des Waldsterbens und die Schwierigkeiten, unseren Wald durch geeignete Maßnahmen gesund zu erhalten. Hier und in anderen Fragen der Ökologie sind wir aufgerufen, Lösungen zu erarbeiten, indem wir die Forschung forcieren, indem wir die internationale Zusammenarbeit ausbauen und indem wir geeignete Rahmenbedingungen zur Nutzung des innovativen Potentials der Wirtschaft bereitstellen.

Wo Lebensräume unmittelbar bedroht sind, sollen Maßnahmen des Umweltschutzes ihre Erhaltung sichern. Aber so wichtig der Schutz unserer Umwelt ist, so muß man doch mehr wollen: Wir wollen von einem bloßen Krisenmanagement wegkommen und langfristig die Gefährdungen für unsere Umwelt verhindern. Wir starten dabei nicht vom Nullpunkt. Es muß uns gelingen, die Industriegesellschaft in Einklang mit den natürlichen Gegebenheiten zu bringen und die Ökologie als begleitendes Prinzip zu verankern. Wirtschaft und Umwelt schließen einander nicht aus, vielmehr bedingen sie einander. Wenn wir unsere Seen mit Ringleitungen umschlossen haben, so daß sie heute wieder Trinkwasserqualität haben, schützen und verbessern wir nicht nur unsere Umwelt, sondern geben dem Fremdenverkehr eine sichere Basis und Gewerbe und Industrie die Grundlage für neue Produkte. Sinnvolle Umweltpolitik ist daher auch immer sinnvolle Wirtschaftspolitik. Denn nur was ökologisch vertretbar ist, wird sich auch auf Dauer ökonomisch rechnen.

Auch bezüglich der Kernenergie haben viele von uns – mich eingeschlossen – einen Lernprozeß durchgemacht. Nach einer Volksabstimmung hat sich Österreich entschlossen, auf die Nutzung der Kernenergie zu verzichten. Die Ablehnung der Atomenergie auf breiter Ebene hat sich in unserem Land nach der Katastrophe von Tschernobyl noch verstärkt. Diese ablehnende Haltung kann und darf sich nicht nur auf Österreich beziehen, sondern muß auch jene Anlagen im Ausland einschließen, von denen eine potentielle Gefährdung für unser Land und unsere Menschen ausgeht. In diesem Sinne muß verantwortungsvolle Umweltpolitik daher immer auch internationale Politik sein, denn Umweltschädigungen machen vor Grenzen nicht halt!

7. Ich bekenne mich zu Offenheit und Toleranz

Für die Sozialdemokratie war Offenheit immer eine wesentliche Voraussetzung für den Fortschritt der Gesellschaft. Sie muß heute für uns heißen, neuen Ideen grundsätzlich positiv gegenüberzustehen. Offenheit heißt für uns aber auch, neugierig dem anderen gegenüber zu sein. Und Offenheit heißt für uns schließlich auch, die anderen Meinungen gelten zu lassen und sich mit ihnen auseinanderzusetzen. Warum ist diese Offenheit als politisches

Grundprinzip so wichtig? Zum einen, weil sie zu Anregungen führt und Neues vermittelt, und zum anderen, weil sie auch die Ausprägung von Vorurteilen und Feindbildern erschwert. Wer mit anderen Menschen, Gedanken und Verhaltensweisen konfrontiert wird, wird weniger leicht zu einem Freund-Feind-Denken neigen. Wer sich dagegen abschließt, neigt eher zu Vorurteilen, weil er sich auf Grund seiner Abgeschlossenheit kein Bild von der Wirklichkeit machen kann.

Das Bekenntnis zu Offenheit und Toleranz muß uns gerade jetzt besonders wichtig sein, weil wir uns wieder in einer Phase befinden, in der mit der Mobilisierung von Unterbewußtem und Vorurteilen versucht wird, zweifelhafte Politik zu machen. Wir müssen dafür Sorge tragen, daß das Kalkül mit dem Anderssein und der Not der Menschen nicht aufgeht. Gerade am Umgang einer Gesellschaft mit ihren Minderheiten, mit den Fremden und Andersdenkenden zeigt sich ihre demokratische Reife. Offenheit zeigt sich aber auch im Verfahren mit Kritik. Sachliche Kritik muß in einer offenen Gesellschaft nicht nur möglich, sondern auch erwünscht sein und gehört werden. Auch das kritische Umgehen mit sich selbst und das Hinterfragen der eigenen Vergangenheit gehört dazu. Wohin Verschweigen, Verdrängen und Sich-Verschließen gegenüber Kritik von außen führen, haben uns die vergangenen Monate ja reichlich bewiesen. Wir Sozialdemokraten haben deshalb versucht, anläßlich der Gedenktage zum März 1938 offen unsere Geschichte zu analysieren. Die Art und Weise, wie wir die Ereignisse vor 50 Jahren bedacht und ihrer gedacht haben, war ein richtiger Ansatz zu einer kritischen und würdigen Auseinandersetzung mit unserer eigenen Geschichte. Die Märztage 1938 allein erledigen aber noch gar nichts. Wir dürfen jetzt nicht wieder den Mantel des Schweigens oder die Decke des Vergessens darüberbreiten. Wir haben sie weggezogen, damit wir aus unserer Geschichte lernen und damit wir jenen, die sie nicht erlebt haben, sagen können, wie sie Ähnliches in der Zukunft vermeiden können.

Zu einer offenen Gesellschaft gehört auch, daß jeder und jede die Form der Partnerschaft wählen kann, die ihr oder ihm zusagt. Die überwiegende Anzahl der Menschen in unserer Gesellschaft erachtet Ehe und Familie als die für sie wichtigste und wünschenswerteste Form des menschlichen Zusammenlebens. Andere entscheiden sich anders. Wir haben uns längst entschieden, zwischen den einzelnen Formen keine Diskriminierungen zuzulassen, und wir werden diese Entscheidung nicht revidieren.

Zu einer offenen Gesellschaft gehört schließlich auch, daß die Menschen frei von Zwang und materieller Not ihren kulturellen Neigungen nachgehen können. Versuche der Zensur, der Einschränkung oder auch der Einschüchterung, wie sie bedauerlicherweise vor nicht allzulanger Zeit vorgekommen sind, finden in uns Sozialdemokraten entschiedene Gegner: Musiker müssen produzieren und senden können, was sie komponiert haben, Theaterdirektoren auf den Spielplan setzen können, was sie sich vorgenommen haben, und die Freiheit des Schriftstellers darf nicht als ein Zulassen, sondern muß als Einladung verstanden werden, das zu schreiben, was er sich denkt.

Wer sich zum Inhalt dieser sieben Punkte bekennen kann, den lade ich ein, gemeinsam mit uns die bevorstehenden Aufgaben zu lösen. Wer sich nicht zu ihnen bekennt, den will ich überzeugen, daß nur auf diese Art und Weise die künftigen Aufgaben auch wirklich lösbar sind. Es würde allerdings unserem Verständnis vom Sozialismus nicht entsprechen, wenn wir uns mit einem Bekenntnis zur modernen Sozialdemokratie begnügen. Sozialisten wollen handeln, Sozialisten wollen gestalten. Und wir wollen handeln auf Basis eines Programms, das alle Bereiche unseres Lebens umfaßt. Die Menschen erwarten von der Sozialdemokratie mit Recht eine Meinung zu den wichtigen Fragen von Wirtschaft und Gesellschaft. Und wir werden sie ihnen geben.

aus: Die Zukunft, Jg. 1988, H. 6, S. 4 ff.

EIN NEUES STAATSVERSTÄNDNIS

Sozialdemokratie und öffentlicher Sektor

Ewald Nowotny

Für Sozialdemokraten ist der Staat nicht Selbstzweck sondern ein Instrument zum Erreichen und Sichern gesellschafts- und wirtschaftspolitischer Zielsetzungen. Die von alten und neuen Konservativen geführte prinzipielle Diskussion um die Höhe der Staatsquote wie auch um das Verhältnis von Markt und Staat geht aus unserer Sicht ins Leere. Es ist vielmehr in jeder konkreten gesellschaftlichen und ökonomischen Situation neu zu prüfen, welche Aufgaben der öffentliche Sektor in welcher Weise zu erfüllen hat und wie das Miteinander von Staat und Markt zu gestalten ist. So ist weder mit niedrigeren Staatsquoten automatisch größere wirtschaftliche Leistungsfähigkeit noch mit höheren Staatsquoten automatisch größere soziale Gerechtigkeit verbunden. Die Diskussion um die künftige Rolle des öffentlichen Sektors muß sich daher aus historischen Fixierungen lösen und sich auf der Basis der grundlegenden Wertvorstellungen der Sozialdemokratie an zukünftigen Anforderungen orientieren.

Zu diesen zukünftigen Anforderungen zählt etwa die wachsende Internationalisierung von Wirtschaft und Gesellschaft. Es wurde schon vielfach darauf hingewiesen, daß in zunehmendem Maß „der Nationalstaat für die großen Probleme zu klein und für die kleinen Probleme zu groß" wird. Die wachsende wertwirtschaftliche Verflechtung bedeutet zum einen eine verringerte wirtschaftspolitische Handlungsautonomie des Staates. Die zunehmende soziale und regionale Differenziertheit von Problemen bedeutet zum anderen die wachsende Notwendigkeit, solche Probleme nicht auf zentralstaatlicher Ebene, sondern verstärkt in dezentralisierter und regionalisierter Weise zu lösen.

Neue soziale Differenzierungen

Nicht zuletzt die Erfolge des sozialdemokratischen Wohlfahrtsstaates haben zu einem tiefgreifenden Wandel der sozialen Strukturen geführt, der sich in Zukunft verstärkt fortsetzen wird. Der Ausbau des Bildungswesens und die Eröffnung von Aufstiegschancen haben die wirtschaftliche Lage einer großen Zahl von Menschen positiv verändert – und damit gleichzeitig auch deren Sicht und Ansprüche in bezug auf den öffentlichen Sektor. Gleichzeitig gibt es nach wie vor eine Vielzahl von sozialen und regionalen Problembereichen, die der Hilfestellung durch den Staat bedürfen. Es ist eine zentrale Herausforderung an die Sozialdemokratie, allen Tendenzen in Richtung einer Zwei-Drittel-Gesellschaft entgegenzuwirken. Für den öffentlichen Sektor geht es dabei darum, seine soziale Verantwortung und Einsatzfähigkeit zu erhalten und auszubauen und gleichzeitig individuelle Entfaltungsmöglichkeiten zu sichern und zu fördern.
Angesichts ihrer langfristigen Natur ist abzusehen, daß auch in Zukunft die Bewältigung der ökologischen Herausforderung besondere Anforderungen an den öffentlichen Sektor stellen wird. Dies gilt sowohl für verschiedene Formen einer ökologisch orientierten Wirtschaftslenkung über Steuern, Gebühren, Auflagen als auch für die Aufgabenerfüllung des öffentlichen Sektors selbst. Gerade die verstärkte Berücksichtigung langfristiger Aspekte kann in vielen Aufgabenbereichen des öffentlichen Sektors, wie etwa Verkehrspolitik, Wohnungspolitik, Energiepolitik, dazu beitragen, das Entstehen von Schadens- und Problembereichen und der sonst bei nachträglicher Reparatur damit verbundenen finanziellen Belastungen zu verhindern.

Ziel bleibt Vollbeschäftigung

Die Herausforderungen der Zukunft, von denen oben einige exemplarisch dargestellt wurden, werden neue Antworten erfordern. Es wäre naiv und vermessen, solche Antworten jetzt im Sinn einer Langfristplanung festschreiben zu wollen. Wohl aber erscheint es als sinnvoll, aus der Sicht der Sozial-

demokratie für einige wichtige Bereiche Überlegungen anzustellen, in welche Richtung sich solche Antworten entwickeln können und sollen.
Auch unter schwierigen weltwirtschaftlichen Bedingungen bleibt die Wiedererlangung der Vollbeschäftigung ein zentrales Ziel der österreichischen Sozialdemokratie. Diesem Ziel kann und darf sich der Staat nicht entziehen. Eine realistische Sicht hat dabei freilich davon auszugehen, daß die Möglichkeiten, das Vollbeschäftigungsziel zu erreichen, wesentlich auch von den außenwirtschaftlichen Entwicklungen, von den Maßnahmen der Wirtschafts- und Sozialpartner und der Geld- und Währungspolitik bestimmt werden, sodaß eine entsprechende Koordinierung mit diesen Politikbereichen von wesentlicher Bedeutung ist.
Im Rahmen der staatlichen Wirkungsmöglichkeiten bleibt nach wie vor der Einfluß des öffentlichen Sektors auf die Entwicklung der gesamtwirtschaftlichen Nachfrage ein unverzichtbares Element der Beschäftigungspolitik. Auch wenn, um eine Überforderung der wirtschaftlichen Leistungsfähigkeit des öffentlichen Sektors zu vermeiden, eine mittelfristige Politik der Budgetkonsolidierung erforderlich ist, ist bei der Durchführung dieser Politik im konkreten immer auch auf die jeweils damit verbundenen Beschäftigungswirkungen zu achten. Dies gilt in bezug auf die Struktur von öffentlichen Ausgaben und Einnahmen, auf die Reaktion auf konjunkturelle Veränderungen und auf die Koordinierung der beschäftigungspolitischen Effekte der einzelnen öffentlichen Haushalte.
Neben den gesamtwirtschaftlichen Nachfragewirkungen wird für den beschäftigungspolitischen Einsatz des Staates der strukturpolitische Aspekt von immer stärkerer Bedeutung. Dies erfordert neben allgemeinen Ansätzen der Struktur- und Technologiepolitik von seiten des öffentlichen Sektors insbesondere einen verstärkten Einsatz der „aktiven Arbeitsmarktpolitik" mit der Zielsetzung einer höheren beruflichen und regionalen Mobilität.
Wirtschaftswachstum und Strukturwandel werden primär von den Unternehmen in einer Volkswirtschaft getragen und beeinflußt. Der öffentliche Sektor kann jedoch vielfältige Hilfestellungen leisten. Neben speziellen Maßnahmen der Investitionsförderung und der Technologiepolitik ist hier vor allem die Schaffung wesentlicher Grundlagen von Bedeutung. Wichtigster Ansatzpunkt ist das Bildungswesen. Das heißt nicht eine einseitige Ausrichtung des Bildungswesens an wirtschaftlichen Zielsetzungen, wohl aber die Zielsetzung, es den Menschen zu ermöglichen, im Strukturwandel zu bestehen und wirtschaftliche Entwicklungen als Chance nutzen zu können. Der zunehmenden Internationalisierung der Wirtschaft entsprechend,

bedeutet dies zum Beispiel eine Ausweitung des Fremdsprachenunterrichtes auch im Pflichtschulbereich sowie erweiterte Möglichkeiten eines „lebenslangen Lernens" durch Ausbau des Fort- und Weiterbildungswesens auf allen Ebenen.
Wesentliche Grundlagen für Wachstum und Strukturwandel sind auch in einem zielgerichteten Ausbau der Infrastruktur zu sehen. Von wachsender Bedeutung sind hier leistungsfähige und kostengünstige Telekommunikationseinrichtungen und Verkehrs-Infrastrukturen. Angesichts der Langfristigkeit der Planungs- und Ausreifungszeiträume und der gewaltigen finanziellen und volkswirtschaftlichen Größenordnungen, um die es hier geht, sind die bestehenden Einzelplanungen in einem gesamtwirtschaftlichen Infrastruktur-Ausbau-Programm zu koordinieren und hinsichtlich der Finanzierung abzusichern. Dies eröffnet auch den österreichischen Unternehmen die Chance, ihre Planungen entsprechend abzustimmen, und erhöht die Bereitschaft zu technologischen Neuerungen.

Ungleichheiten verhindern

Nicht nur die Sicherung menschenwürdiger Mindeststandards, sondern auch die Verhinderung ungerechtfertigter Ungleichheiten in der Verteilung von Einkommen und Vermögen gehört aus der Sicht der Sozialisten, aber auch aus der Sicht der katholischen Sozialisten zu den unabdingbaren Aufgaben des öffentlichen Sektors. Das hier grundlegende Prinzip der Solidarität steht keineswegs im Widerspruch mit dem Bekenntnis der Sozialisten zum Leistungsprinzip im Sinne einer Verknüpfung von individueller und gesellschaftlicher Leistung und Gegenleistung. Leistung und Leistungsbereitschaft sind die Quellen von gesellschaftlichem Wohlstand und Fortschritt – sie werden das aber nur sein, wenn sie verknüpft sind mit gesellschaftlicher Solidarität zwischen den einzelnen Gruppen und Generationen einer Gesellschaft.
Die moderne Industriegesellschaft ist eine Hochleistungsorganisation, die einen hohen Lebensstandard nicht bloß durch den Einsatz fortgeschrittener Technologien – die ja auch nicht von selbst kommen – gewährleistet, sondern dazu eine hohe Leistungsmotivation der Produzenten braucht. Das Einkommen als Leistungsanreiz spielt dabei eine unentbehrliche Rolle. Die in der von Neokonservativen geführten Diskussion arrogante Gleichsetzung von Leistungsprinzip und hohen Einkommen ist aber zurückzuweisen.

Zweifellos sind die Leistungen von Spitzenkräften für eine Wirtschaft und Gesellschaft notwendig und berechtigen auch zu überdurchschnittlichen Einkommen. Es darf aber nicht übersehen werden, daß eine Volkswirtschaft vor allem vom Einsatz und der Leistung von Millionen von Arbeitern und Angestellten abhängt, die höchste Leistungsbereitschaft zeigen, ohne dafür Spitzeneinkommen zu beziehen.

Ein prinzipielles Anerkennen des Leistungsprinzips ist daher nicht identisch mit einem Akzeptieren der gegenwärtigen Verteilung von Einkommen und Vermögen als sozial und leistungsmäßig gerecht. Dies umso mehr, als die grundlegende Voraussetzung des Leistungsprinzips, das Prinzip der Chancengleichheit, in vielen Bereichen nach wie vor nicht oder nur unzureichend verwirklicht ist. Im hierfür zentralen Bereich des Schul- und Ausbildungswesens konnten sozialistische Regierungen in den letzten Jahren zwar deutliche Fortschritte erreichen, nach wie vor zeigen sich aber erhebliche Ungleichheiten nach regionaler und sozialer Herkunft und nach Geschlecht. Ebenso bestehen auf den Arbeitsmärkten nach wie vor Benachteiligungen weiblicher Arbeitskräfte, während es andererseits Gruppen von Spitzenverdienern gibt, die ihr Einkommen nicht so sehr ihren persönlichen Leistungen, als historischen Einkommensstrukturen und künstlichen Knappheitsverhältnissen, etwa durch Zulassungsbarrieren, verdanken. Schließlich ist nicht zu übersehen, daß lange Jahre einer Wohlstandsentwicklung zu einer stark gestiegenen Bedeutung von vererbtem beziehungsweise vererbbarem Vermögen gerade im Kreis der hohen Einkommensbezieher geführt hat, was sich in einem steigenden Anteil der ohne direkten Arbeitseinsatz erzielten „Rentier-Einkommen" niederschlägt.

Wie im Auftrag des Finanzministeriums erstellte Studien über die Verteilungswirkungen des öffentlichen Sektors zeigen, gehen positive Umverteilungseffekte hauptsächlich von der Seite der öffentlichen Ausgaben aus, wobei freilich zwischen einzelnen Formen erhebliche Unterschiede bestehen. Diese Strukturen sind insbesondere auch im Rahmen einer Politik der Budgetkonsolidierung zu berücksichtigen. Eine Festlegung allein auf ausgabenseitige Maßnahmen der Konsolidierung bringt hier die Gefahr eines verteilungspolitischen Ungleichgewichts mit sich.

Die Ungleichheit der Vermögensverteilung ist größer und wächst rascher als die der Einkommensverteilung. Dieses Problem gewinnt nach – erfreulicherweise – langen Jahren des wirtschaftlichen Wohlstandes und Fortschrittes zunehmende Bedeutung und erfordert Ausgleichsmaßnahmen. Diese müssen nicht notwendigerweise vom Staat ausgehen, sondern können auch auf Vereinbarungen der Wirtschafts- und Sozialpartner beruhen. Vorschläge zu Formen der überbetrieblichen Vermögensbildung der Arbeitnehmer wurden bereits vom Österreichischen Gewerkschaftsbund in die Diskussion gebracht und verdienen weitere politische Beachtung. Skepsis ist dagegen gegenüber Konzepten geboten, die unter dem Begriff des Miteigentums am Unternehmen zu einer Kumulierung von Arbeitsplatz- und Vermögensrisiko für den einzelnen Werktätigen führen.

Effizient, kostengünstig, unbürokratisch

Der Staatsbürger als Konsument öffentlicher Leistungen hat ein Recht darauf, daß diese Leistungen möglichst effizient, kostengünstig und unbürokratisch erbracht werden. Die Durchsetzung dieses Rechtes ist gerade für die Sozialdemokraten, die dem öffentlichen Sektor in vielen Bereichen wichtige Aufgaben zumessen, eine besondere Herausforderung. Jeder einzelne Bereich öffentlicher Tätigkeit ist daher kritisch danach zu untersuchen, ob er seine Aufgaben auch tatsächlich in effizienter und bürgerfreundlicher Weise erfüllt. Bei voller Anerkennung der erheblichen Leistungen und der Rechte der öffentlich Bediensteten auf allen Ebenen hat immer der Grundsatz zu gelten, daß der öffentliche Sektor der Gesamtheit der Staatsbürger zu dienen hat, deren Rechte und Interessen daher im Zweifelsfall vorrangig zu beachten sind.

Die immer stärkere Entwicklung des öffentlichen Sektors vom Hoheitsstaat hin zum sozialen Dienstleistungsstaat erzwingt auch ein Überdenken traditioneller Organisationsformen. Dies bedeutet einen Abbau traditioneller Besonderheiten des öffentlichen Dienstes. Dazu zählt auch eine Entwicklung hin zu einem privatwirtschaftlichen und öffentlichen Dienst gemeinsam umfassenden einheitlichen Arbeitnehmer-Begriff sowohl für aktive wie pensionierte Bedienstete. Hier handelt es sich um langfristige Anpassungsprozesse, wo aber rasch erste Schritte zu setzen sind.

Eine wesentliche Erhöhung der Effizienz des öffentlichen Sektors läßt sich auch durch klarere und straffere Zuständigkeitsregelungen erreichen. Die derzeitige Fülle von Mitkompetenzen, Überschneidungen und Kompetenzstreitigkeiten innerhalb der und zwischen den einzelnen Ebenen des öffentlichen Sektors führt zu erheblichen Reibungsverlusten und Kosten. Anzustreben ist hier ein „neuer Föderalismus", der nicht von historischen Besitzständen und bürokratischem Egoismus ausgeht, sondern sachbezogen eine neue Aufgabenteilung zwischen Bund, Ländern, Gemeinden und anderen öffentlichen Haushalten, insbesondere den Sozialversicherungsträgern festlegt. Im Sinne möglichst weitgehender unmittelbarer Mitwirkungsrechte der Bürger wird dabei vor allem die Stellung der Gemeinden zu stärken sein. Der stärkeren Eigenverantwortung dezentraler Entscheidungsträger hat auch eine stärkere Eigenverantwortung im Finanzierungsbereich durch ein stärkeres Gewicht eigener Abgaben anstelle von Ertragsanteilen an Bundesabgaben zu entsprechen. Eine grundlegende Neuordnung der Kompetenz- und Finanzierungsregelungen im Rahmen der bundesstaatlichen Ordnung Österreichs ist eine der wichtigsten Voraussetzungen für einen bürgernahen und effizienten öffentlichen Sektor und damit eines der wichtigsten Vorhaben des kommenden Jahrzehnts.

Die Steuerreform 1988 wird zu einer höheren gesamtwirtschaftlichen Effizienz des Steuersystems führen. Insbesondere wird auch die Tendenz zu einer immer stärkeren Verlagerung der Steuerlast auf die Lohnsteuer gestoppt und ein größeres Gewicht der Besteuerung von Kapitaleinkünften erreicht werden. Auch weiterhin werden sich freilich hinsichtlich der Finanzierung des öffentlichen Sektors erhebliche Herausforderungen ergeben, denen sich die SPÖ stellen muß.

Die für Österreich wünschenswerte Teilnahme am europäischen Binnenmarkt wird erhebliche Änderungen der Steuerstruktur erfordern. Im Vergleich zur Mehrzahl der westeuropäischen Staaten weist Österreich hohe Anteile der indirekten und niedrige Anteile der direkten Besteuerung auf. Tendenziell wird sich daher die Notwendigkeit einer Senkung der Mehrwertsteuer ergeben. Gleichzeitig ist zu beachten, daß im Bereich der direkten Besteuerung die Existenz von nach oben unlimitierten massiven steuerlichen Begünstigungen für Sonderzahlungen in dieser Form in keinem anderen Industrieland besteht (wohl aber zum Teil für Sonderzahlungen, wie Weihnachtsgeld, Freibeträge mit absoluten Obergrenzen). Es wäre daher rechtzeitig zu überlegen, wie hier ein Übergang zu einem mit westeuropäischen Verhältnissen vergleichbaren Steuersystem geschaffen werden kann, der aufkommensneutral ist und gleichzeitig eine Chance für eine Entlastung kleiner und mittlerer Einkommensbezieher in bezug auf ihre steuerliche Gesamtbelastung eröffnet.

Noch immer gibt es in vieler Hinsicht eine sehr unterschiedliche Erfassung einzelner Einkommensarten. Dies gilt etwa für Einkommen aus Land- und Forstwirtschaft, wo eine im Vergleich zu unselbständigen Einkommen deutlich geringere steuerliche Erfassung besteht, mit Weiterwirkungen auch auf sämt-

liche einkommensabhängigen Beihilfeleistungen. Hier sind Änderungen im derzeitigen System der Steuerpauschalierung dringend erforderlich.
Nach wie vor unbefriedigend ist der im internationalen Vergleich zu geringe steuerliche Beitrag des Vermögens und auch die unzureichende Durchsetzung der Gleichmäßigkeit der steuerlichen Erfassung in bezug auf Zinseinkommen, wenn auch hier erste Schritte in die richtige Richtung gesetzt werden konnten. Sowohl aus verteilungspolitischen Gründen als auch aus Gründen der Investitions- und Wachstumspolitik ist eine volle Durchsetzung der bestehenden Einkommensteuerpflicht für Zinserträge nach wie vor erforderlich. Dabei werden auch die entsprechenden Entwicklungen im EG-Bereich zu beachten sein.

Keine allgemeine Energiesteuer

Bei vielen wirtschaftspolitischen Zielsetzungen ist es günstiger, sie über Instrumente der Ausgabenseite als über spezielle steuerliche Regelungen anzustreben.
Die damit verbundene Stärkung der fiskalischen Funktion der Besteuerung liegt auch der Steuerreform 1988 zugrunde. Gerade im Bereich der Umweltpolitik eröffnen sich jedoch erhebliche neue Möglichkeiten, die wirtschaftslenkende Kraft der Besteuerung einzusetzen. So können etwa Emissionsabgaben in den Bereichen Wasser- und Luftverschmutzung in Kombination mit administrativen Regelungen und öffentlichen Förderungen zu einem rascheren und kostengünstigeren Erreichen umweltpolitischer Ziele beitragen. Analoges gilt für eine Ausweitung von Pfand-Lösungen, zum Beispiel auf Altbatterien.
Von grundlegender Bedeutung ist die entsprechende Anrechnung der gesamtwirtschaftlichen Kosten der verschiedenen Verkehrsträger, um der derzeit bestehenden Benachteiligung des öffentlichen Verkehrs entgegenzuwirken. Ein höherer Anrechnungsgrad der Kosten des Autoverkehrs, der insbesondere auch den Transitverkehr erfassen würde, würde sich etwa durch Autobahngebühren ergeben, wie sie gerade in europäischen Transitländern bereits bestehen.
Eine Neuregelung der Straßenbaufinanzierung erscheint auch deshalb erforderlich, weil in Zukunft mit einem Zusammentreffen erheblicher Rückzahlungsverpflichtungen und eines massiven Erneuerungsbedarfes zu rechnen ist. Nicht empfehlenswert sind dagegen umweltschutzpolitisch

motivierte Steuervorschläge, die, wie eine allgemeine Energiesteuer, eine überproportionale Belastung von Beziehern niedriger Einkommen bedeuten würden.

Deregulierung von links

Der Staat wird nicht nur durch öffentliche Ausgaben und Einnahmen, sondern auch über eine Vielzahl von Regelungen und Vorschriften tätig. Dies ist der Ansatzpunkt einer bis jetzt vor allem von konservativer Seite geführten „Deregulierungsdebatte". In Zukunft wird es für die Sozialdemokratie aber verstärkt darum gehen, diese Diskussion offensiv aufzugreifen und in sie die Interessenslage der von der Sozialdemokratie vertretenen Menschen einzubringen. Konkret ist bei jeder staatlichen Regelung die Frage nach den Nutzen und Kosten zu stellen, wobei zu diesen Kosten nicht nur die für den öffentlichen Sektor, sondern auch die für private Konsumenten und Produzenten zu zählen sind. Dabei wird sich in vielen Fällen zeigen, daß etwa in den Bereichen des Arbeitnehmer- und des Konsumentenschutzes sowie des Umweltschutzes entsprechende Regulierungen nötig und unter Umständen noch auszubauen sind.
Auch hier ist freilich stets zu untersuchen, ob durch Abänderungen, höhere Flexibilität usw. unter Umständen bessere gesamtwirtschaftliche Kosten-Nutzen-Verhältnisse zu erreichen sind. In anderen Fällen ist der Verdacht nicht von der Hand zu weisen, daß staatliche oder standespolitische Regulierungen genutzt werden, um durch Erschwerung von Zulassungsbedingungen, Wettbewerbseinschränkungen und ähnliches Gruppenprivilegien zu schützen. Dies ist von Nachteil für die Konsumenten wie für die Dynamik der Volkswirtschaft insgesamt.
Hier besteht für die SPÖ eine Herausforderung und Chance, durch Konzepte einer „Deregulierung von links" und einer wirksameren Wettbewerbspolitik mehr Wettbewerb und stärkere Dynamik in der österreichischen Volkswirtschaft zu erreichen. Demgegenüber hat sich gezeigt, daß in der Praxis die konservativen Parteien in Österreich eher an der Erhaltung bestehender Branchen- und Standesprivilegien interessiert sind als an der Durchsetzung eines konsumentenfreundlichen, chanceneröffnenden Wettbewerbes.
Wie schon im Parteiprogramm festgehalten, schafft eine Veränderung der Eigentumsverhältnisse allein noch keine Veränderung im Sinne des demokratischen Sozialismus. Im Gegensatz zu konservativ-liberalen Ökonomen

sind für die Sozialdemokraten Fragen des öffentlichen Eigentums nicht dogmatisch, sondern nach den jeweiligen konkreten Erfordernissen von Wirtschaft und Gesellschaft zu beantworten.
Auch die Fragen nach der Organisation öffentlicher Unternehmen sind jeweils nach den konkreten wirtschaftlichen Erfordernissen zu lösen. Das bedeutet, daß klare unternehmerische Zuständigkeiten und Verantwortlichkeiten bestehen müssen, Personalentscheidungen ausschließlich nach dem Kriterium der Qualifikation vorzunehmen sind und in geeigneter, nachvollziehbarer Weise auch die Mitwirkungsrechte der Belegschaften und des öffentlichen Eigentümers festgelegt werden müssen.

Differenzierteres Konzept

Gegenüber einer schematischen Privatisierungsideologie der Konservativen vertritt die Sozialdemokratie ein viel differenzierteres Konzept zur Frage des öffentlichen Eigentums. Dieses ist sicherlich nicht aus historischen „Besitzständen" abzuleiten, sondern bedarf jeweils einer konkreten ökonomischen und gesellschaftspolitischen Begründung.
So gibt es qualitäts-, verteilungspolitische und regionalpolitische Aspekte bei der Erfüllung von Versorgungsaufgaben zu berücksichtigen. Dies gilt für einen breiten Bereich kommunaler Dienste. Es gilt aber auch für den Bereich der Post, wo eine Privatisierung ertragsstarker Teilbereiche zu einer Angebotsverschlechterung bei den verbleibenden Leistungen führen würde, die vor allem niedrige Einkommensgruppen oder benachteiligte Regionen beträfen. Ein Aufrechterhalten des öffentlichen Post-Verbundes schließt dabei Kooperationen mit Privaten in Einzelbereichen nicht aus.
Weiters müssen gesamtwirtschaftliche Umweltqualitäts- und Sicherheitsaspekte berücksichtigt werden. Ersteres schließt etwa eine von bestimmten Lobbies geforderte Privatisierung der Bundesforste aus. Gesamtstaatliche Sicherheitsaspekte erfordern weiters eine Mehrheitsposition des Staates in den Bereichen der Energieversorgung, der ÖMV und der AUA.
Wo es sich um Unternehmen handelt, die, wie der ÖIAG-Bereich, sich überwiegend im harten, internationalen Konkurrenzkampf bewähren müssen, hat die Sicherung einer gesunden, ökonomisch selbsttragenden Unternehmensexistenz im Vordergrund zu stehen. Dies erfordert entsprechend leistungsfähige Organisationsformen, unabhängig von den jeweiligen Eigentumsverhältnissen. Gerade in einem kleinen Land wie Österreich ist freilich zu

beachten, daß die Alternative zu öffentlichem Eigentum an wichtigen Unternehmen vielfach nicht breit gestreutes österreichisches Privateigentum, sondern die Einbindung in ausländische Konzerninteressen heißt. Auch wenn speziell mit einem größeren gemeinsamen Markt in Europa eine stärkere Internationalisierung zu erwarten – und auch zu begrüßen – ist, hat Österreich, so wie andere kleine Industriestaaten, ein Interesse, daß die Internationalisierung nicht einseitig und damit langfristig zu Lasten der österreichischen Arbeitnehmer verläuft. Dies gilt sowohl für den privaten wie den verstaatlichten Sektor der österreichischen Wirtschaft. Historische Erfahrungen, wie auch die Beispiele anderer Staaten zeigen aber, daß hier der verstaatlichten Industrie als der größten Industriegruppe des Landes eine besondere Verantwortung zukommt.

Darüber hinaus kann es in bestimmten klar abgegrenzten Fällen auch sinnvoll sein, öffentliche und verstaatlichte Unternehmen als Instrumente der Wirtschaftspolitik, etwa im Bereich der Regional- und Technologiepolitik, einzusetzen. In diesen Fällen sind jedoch klare Kostenzurechnungen und entsprechende Abgeltungen erforderlich.

Ein traditionsreicher Ansatzpunkt sozialdemokratischer Wirtschaft, in dem vielfältige Chancen für die Zukunft liegen, ist der Genossenschaftsbereich. Die durch die Bildungs- und Erziehungsarbeit der Sozialdemokratie erreichte wachsende Fähigkeit und Bereitschaft vieler Bevölkerungsgruppen zu direkter wirtschaftlicher Mitbestimmung und Mitwirkung eröffnet dem Genossenschaftsbereich neue ökonomische und gesellschaftspolitische Chancen. Diese „neue Genossenschaftsbewegung" stellt einen Gegenentwurf dar zu bürokratisierten und zentralisierten Genossenschaftsorganisationen, wie sie insbesondere den Agrarbereich beherrschen.

Es geht darum, neue, dezentralisierte Formen gemeinwirtschaftlicher Effizienz mit neuen Formen der wirtschaftlichen Demokratie und der gesellschaftlichen Verantwortung zu verbinden. Dies kann über selbstverwaltete Unternehmen im Produktions- und Dienstleistungsbereich bis hin zu neuen Formen von Verbraucher- und Wohnbau-Organisationen reichen. Eine produktive Kooperation solcher neuen Formen mit bestehenden Organisationen im Genossenschaftsbereich bietet interessante und unterstützenswerte Perspektiven, auch wenn es sich vorerst nur um bescheidene volkswirtschaftliche Größenordnungen handelt.

aus: Die Zukunft, Jg. 1988, H. 12, S. 23 ff.

ÖSTERREICH IN EUROPA

Die europäische Integration hat mit der Entscheidung der zwölf Mitglieder der EG, bis 1992 einen einheitlichen Markt zu schaffen, eine neue Dynamik erfahren. Von ihr sind nicht nur die Länder innerhalb der EG betroffen, sondern vor allem auch jene Staaten mit einer freien Marktwirtschaft, die – wie Österreich – heute nicht Mitglied der EG sind. Für sie könnte die Vollendung des gemeinsamen Marktes bedeuten, im wahrsten Sinne des Wortes außerhalb zu stehen und von den positiven Effekten dieses Marktes ausgeschlossen zu sein.

Die Frage, wie unser Land in Zukunft sein Verhältnis zur EG gestalten soll, ist also eine für unsere Zukunft ganz entscheidende. Und mit Recht stellen sich die Österreicherinnen und Österreicher die Frage, wie es hier weitergehen soll. Die Sozialistische Partei Österreichs hat sich eingehend damit beschäftigt und hat die Vorarbeiten der Experten abgewartet und bewertet. Damit ist nun der Zeitpunkt für die erste Entscheidungsphase gekommen. Diese Entscheidung muß aufgrund klarer Fakten und darf nicht aufgrund von Sympathie bzw. Antipathie oder vordergründigen innenpolitischen Motiven fallen. Die vergangenen Wochen haben gezeigt, daß die österreichische Sozialdemokratie durch eine klare Entscheidung die Handlungsinitiative in einer Diskussion behalten muß, die andernfalls zunehmend von anderen politischen Parteien oder von außen bestimmt würde. Das entspricht ihrer historischen Rolle in unserem Land und ihrem Selbstverständnis. Sie nimmt durch eine klare Aussage in dieser Frage aber auch ihre politische Führungsrolle als stimmen- und mandatsstärkste Partei in unserem Staat wahr.

Die SPÖ – seit 1945 aktiv für ein friedliches Europa

Die Sozialdemokratie war von allem Anfang an eine internationale Bewegung. Das Internationale ist für die österreichische Sozialdemokratie selbstverständliche Dimension ihres politischen Auftrags.

Ein friedliches Europa

Die SPÖ hat sich daher auch mit großer Selbstverständlichkeit daran beteiligt, am Friedenswerk der europäischen Integration mitzuwirken.

Sie tat dies aus zwei Motiven:

- Erstens war es ihr ein zentrales Anliegen, die Kriegsgefahr auf unserem Kontinent durch ein Zusammenwachsen Europas für immer zu bannen.
- Zweitens war sie sich bewußt, daß ein wachsender Teil der wirklich großen gesellschaftlichen Aufgaben nur mehr im Zusammenwirken zwischen Nationen gelöst werden kann.

Es ist nur allzu offensichtlich, daß es für einen einzigen Staat unmöglich geworden ist, unabhängig von den anderen Wirtschafts-, Verkehrs-, Technologie- und Wissenschaftspolitik zu betreiben oder grundlegende Fortschritte im Umweltschutz zu erreichen.

Ein Europa der Zusammenarbeit

Im Sinn ihres Selbstverständnisses und ihres politischen Auftrags hat sich die österreichische Sozialdemokratie dafür entschieden, an der Gestaltung der europäischen Rahmenbedingungen für die Entwicklung unserer Gesellschaft aktiv mitzuwirken. Sie ist eine Bewegung der Reform und der Veränderung. Als solche kann sie sich nicht damit abfinden, Dinge passiv zur Kenntnis zu nehmen. Sie will und muß vielmehr trachten, sie zu beeinflussen und zu verändern. Das gilt selbstverständlich auch für den Prozeß, der in Europa die Staaten auf mannigfache Weise einander angenähert hat und weiter annähert.

Die österreichische Sozialdemokratie hat mit dem Begriff „Europa" nie euphorische Heilserwartungen verknüpft, sondern den konkreten Auftrag und die Möglichkeit, im Rahmen einer realistischen Einschätzung die Ziele Österreichs durchzusetzen.
So hat die österreichische Sozialdemokratie etwa gegen anfänglichen Widerstand konservativer Kräfte im Jahr 1956 die Mitgliedschaft Österreichs beim Europarat durchgesetzt. Sie war maßgeblich an der Gründung der EFTA beteiligt und hat, während andere dem Phantom eines Sondervertrags mit der EG nachgehangen sind, konsequent für einen Brückenschlag zwischen EG und EFTA gearbeitet, wie er dann 1972 tatsächlich erfolgt ist. Über sozialdemokratische Initiative ist es im Jahr 1984 auch zu jener gemeinsamen EFTA-EG-Erklärung von Luxemburg gekommen, die eine tragfähige politische und rechtliche Grundlage für die weitere Ausgestaltung der Beziehungen zwischen EG und EFTA bildet.
Mit derselben realistischen und gestaltungsfreudigen Grundhaltung müssen wir uns nun auch jenen Veränderungen stellen, die sich in den letzten Jahren in Europa ergeben haben.

Zwei dieser Veränderungen sind für uns von besonderer Bedeutung:
- Im Westen des Kontinents hat die wirtschaftliche Integration durch das Binnenmarkt-Programm der Europäischen Gemeinschaft eine neue Dimension erhalten.
- Im Osten des Kontinents läuft ein Prozeß rascher Veränderungen und Reformen, zu dem unsere Stellung gewiß eine andere und mehr sein muß als die eines interessierten Beobachters.

Die Reformen in Osteuropa

Niemand kann heute mit Sicherheit sagen, wie weit diese Reformbewegungen in Osteuropa gehen werden. Niemand kann sagen, ob es dabei nicht ernste Rückschläge geben wird. Jedermann ist sich darüber im klaren, daß die Reform hauptsächlich die Aufgabe der betroffenen Völker ist. Unbestritten ist, daß diese Reformen die Staaten des europäischen Ostens näher an das übrige Europa heranführen, daß ein Prozeß der Liberalisierung und des Pluralismus jenen menschlichen Grundbedürfnissen und Grundrechten entspricht, zu denen gerade die europäische Sozialdemokratie sich immer wieder und, wenn notwendig, auch kämpferisch bekennt. Unbestritten ist auch, daß sich nun zum ersten Mal die Chance eröffnet, das sicherheits-

politische Verhältnis zwischen dem östlichen und westlichen Teil des Kontinents grundsätzlich zu ändern, und daß Stabilität nicht länger im Weiterdrehen der Rüstungsspirale, sondern in einem Prozeß der Abrüstung und Vertrauensbildung gesucht wird.
Fraglos hat Österreich ein besonderes Interesse an der Fortführung und am Erfolg des Reformprozesses. Es hat in diesem Zusammenhang aber nicht nur Interessen, sondern auch die spezielle Aufgabe, diesen Prozeß zu unterstützen. Gerade dadurch hat sich der politische Stellenwert und der internationale Nutzen unserer immerwährenden Neutralität nicht gemindert, sondern er ist in diesen Zeiten der positiven Veränderung der gesamten europäischen Ordnung bedeutender als je zuvor.

Der Binnenmarkt – eine Herausforderung, die wir annehmen wollen

Gleichzeitig zu diesen Veränderungen im Osten hat nun das Binnenmarkt-Programm der EG die Voraussetzung für unsere weitere Teilnahme an der wirtschaftlichen Integration in Westeuropa geändert. Es ist durch seine Freihandelsverträge mit EG und EFTA auch voll an dem beteiligt, was es derzeit an wirtschaftlicher Integration in Westeuropa gibt.

Was will der Binnenmarkt?

Durch das „Binnenmarkt-Programm" wollen die EG-Staaten nun über diese schon erreichte Integration hinausgehen. Sie wollen ein Europa schaffen, in dem die Wirkung der Grenzen wegfällt und damit die meisten jener Hindernisse, die einem wirklich einheitlichen Wirtschaftsraum zur Zeit noch entgegenstehen.

Die EG nennt in ihrem Weißbuch drei Gesichtspunkte für die Vorhaben:
- Es soll der Zusammenschluß der zwölf Einzelmärkte der Mitgliedstaaten in einen einzigen Markt mit 320 Millionen Einwohnern erfolgen.
- Es soll sichergestellt werden, daß dieser große Binnenmarkt wirtschaftlich wächst.
- Der Binnenmarkt soll flexibel sein, sodaß alle Ressourcen, Kapital- und Investitionsmittel den wirtschaftlich rentabelsten Bereichen zufließen.

Die vier Freiheiten

Die im Weißbuch vorgeschlagenen Maßnahmen konzentrieren sich im wesentlichen auf Vorschläge zur Beseitigung der materiellen, technischen und steuerlichen Schranken, die heute im EG-Raum noch existieren. Als materielle Schranken werden vor allem die Grenzkontrollen von Gütern und Personen gesehen, die als Ausdruck der wirtschaftlichen und politischen Geschlossenheit der Gemeinschaft an den Binnengrenzen zur Gänze abgeschafft werden sollen. Unter den zu beseitigenden technischen Schranken faßt das Weißbuch eine Vielzahl von nationalen Regelungen zusammen, die den freien Verkehr von Waren und Dienstleistungen, die Freizügigkeit von Arbeitnehmern und Selbständigen, das öffentliche Auftragswesen, Kapitalbewegungen und die industrielle Zusammenarbeit behindern. Das dritte Kapitel des Weißbuchs beschäftigt sich mit dem Wegfall der steuerlichen Unterschiede, vor allem bei indirekten Steuern wie Mehrwertsteuern und Verbrauchsteuern.

Das Weißbuch sieht ca. 300 Maßnahmen zur Verwirklichung des Binnenmarkts vor. Mit Ende 1988 hat die Kommission davon bereits 228 dem Europäischen Rat unterbreitet, 107 davon wurden zur Gänze und 19 teilweise angenommen.

Trotz aller Schwierigkeiten, die die EG zweifellos noch zu bewältigen haben wird, muß sich Österreich darauf einstellen, daß die EG dieses Programm erfolgreich abschließen wird. Es ist sicher nicht sein Zweck, Außenseiter zu diskriminieren und in Europa eine neuerliche Trennung zwischen den Mitgliedstaaten und den Nichtmitgliedstaaten der EG herbeizuführen. Aber dennoch schafft das Binnenmarktprogramm einen Zustand, in dem die einen in einen einheitlichen Wirtschaftsraum eingeschlossen, die anderen damit aber automatisch aus ihm ausgeschlossen werden.

Für das zukünftige Zusammenwirken der drei großen Wirtschaftsräume USA – Japan – Europa ist damit auch die grundsätzliche Frage verbunden, ob die Weltwirtschaft insgesamt eine liberalere und offenere werden könnte oder ob es durch die Konsolidierung nach innen verstärkt zu Restriktionen und protektionistischen Maßnahmen gegenüber der Außenwelt kommen könnte.

Österreich und der Binnenmarkt

Die Bundesregierung hat sich daher das Ziel gesetzt, der österreichischen Wirtschaft die möglichst umfassende Teilnahme an diesem Binnenmarkt zu ermöglichen. Diesem Wunsch stehen aber Hindernisse entgegen. Auf seiten der EG sind die Dinge in Fluß, und es gibt noch kein Modell, wie sich Außenstehende ohne Mitgliedschaft in breiter Form am Binnenmarkt beteiligen könnten. Abgesehen davon besteht auch bei der EG noch keineswegs Klarheit darüber, ob es von ihrem Standpunkt aus überhaupt wünschenswert wäre, Außenstehende in umfassender Form an den komplexen Programmen zu beteiligen, oder ob diese Teilnahme nur den Mitgliedern offenstehen soll, die auch bereit und in der Lage sind, gemeinsam mit den Rechten und Vorteilen auch alle Pflichten des Binnenmarkts mitzutragen. Unsere bisherigen Konsultationen haben diese Schwierigkeiten aufgezeigt, die einer Teilnahme am Binnenmarkt durch Nichtmitglieder im Wege stehen.

Eine grundsätzliche Schwierigkeit, die sich für Nichtmitglieder ergibt, ist die beschränkte Mitbestimmung. Wir müssen – auf verschiedenste Weise – vieles von dem übernehmen, was von der EG beschlossen wird. Wir haben aber kaum Möglichkeiten, auf das Entstehen dieser Regelungen und Beschlüsse und damit auf deren Inhalt Einfluß zu nehmen.

Unter den heute gegebenen Umständen bleibt als klarste Form der vollen Teilnahme am Binnenmarkt nur die Mitgliedschaft. Wir müssen daher der EG eine klare Frage stellen: die Frage, ob sie gewillt ist, den immerwährend neutralen Staat Österreich als Mitglied aufzunehmen.

Die immerwährende Neutralität – ein unverzichtbares Gut

Dabei gilt ein für die Sozialistische Partei unverrückbarer Grundsatz: Die rechtlichen und politischen Erfordernisse, die sich aus der immerwährenden Neutralität unseres Landes ergeben, sind nicht verhandelbar.

Denn die österreichische Sozialdemokratie sieht in der immerwährenden Neutralität mehr als eine abstrakte völkerrechtliche Formel, die sich nur auf militärische Zusammenarbeit bezieht. Sie sieht in ihr den lebendigen und aktuellen politischen Auftrag, in Europa über die bestehenden Grenzen hinweg auf Entspannung, Vertrauensbildung und Zusammenarbeit hinzuwirken und damit zur gesamteuropäischen Stabilität beizutragen. Auch als Mitglied der EG könnte Österreich keine andere Politik verfolgen. Der allfällige österreichische Mitgliedsantrag stellt also der EG die Frage, ob sie bereit ist, Österreich mit vertraglicher Bindung jene Freiräume zuzusichern, die es gestatten, unsere politische Funktion als immerwährend neutraler Staat selbst dann

wahrzunehmen, wenn die EG als solche zeitweilig oder prinzipiell einen anderen Weg gehen will als Österreich. Damit eng verknüpft ist die Frage nach jener politischen Identität, die die EG zunehmend für sich selbst gewinnen möchte. Entwickelt sie sich in Zukunft zu mehr Geschlossenheit und stärkerem Zentralismus oder zu mehr Liberalismus und Pluralität?
Die immerwährende Neutralität und ihre Absicherung ist zweifellos die zentrale Frage bei den Verhandlungen, die einem österreichischen Antrag folgen werden. Die SPÖ ist sich bewußt, daß Wahrung der Neutralität und Mitgliedschaft nicht unmittelbar vereinbar sind. Sie geht jedoch davon aus, daß sie mit dem entsprechenden politischen Willen seitens der EG vereinbar gemacht werden können. Die Sozialistische Partei steht jedenfalls bedingungslos zu ihrem wichtigsten außen- und sicherheitspolitischen Selbstverständnis und würde es nicht akzeptieren, wenn ein engeres Mitwirken im Kreis der westeuropäischen Staaten um den Preis neuer und zusätzlicher Barrieren gegenüber anderen Staaten erkauft werden müßte.

Mitgliedschaft – aber nicht um jeden Preis

Zusätzlich gibt es sehr ernste und von einer Mehrheit der Bevölkerung geteilte Anliegen und Interessen, welche die SPÖ in das Verhandlungsprogramm mit der Europäischen Gemeinschaft aufnehmen wird. Es sind dies unter anderem Anliegen im Bereich der Sozial-, der Landwirtschafts-, der Umwelt- und der Verkehrspolitik. Dazu gehört auch der Wunsch, die bewährten Prinzipien der Bundesstaatlichkeit funktionsfähig zu erhalten.

Der soziale Standard

Aus heutiger Sicht ist nicht zu erwarten, daß die Anwendung bestehender sozialrechtlicher Vorschriften der EG zur Rücknahme innerösterreichischer Regelungen führen würde. Dennoch kann niemand ausschließen, daß der intensiver werdende Wettbewerb und die hohe Mobilität des Produktionsfaktors Kapital einen Nivellierungsdruck auf Länder mit überdurchschnittlich hohen Sozialstandards auslösen. Es ist daher heute schon festzuhalten: Wir werden weder unsere sozialen Errungenschaften zum Gegenstand eines „Standortwettbewerbs" machen, noch werden wir zulassen, daß – im Zuge des Abbaus von technischen Handelshemmnissen – die Sicherheit österreichischer Arbeitnehmer am Arbeitsplatz in Frage gestellt wird.

Die Umweltpolitik

Die österreichische Umweltpolitik ist in manchen Bereichen – nahezu durchgängig im Kfz-Verkehr – fortschrittlicher als die der EG. Da es grundsätzlich zulässig ist, daß ein Mitgliedsland strengere nationale Vorschriften in Kraft läßt bzw. setzt, als dies die EG vorsieht, wird Österreich in den Verhandlungen deutlich machen, daß es an seinen umweltpolitischen Standards – wie etwa der Kat-Regelung – festhalten will. Unser Ziel muß sein, gemeinsam mit den umweltpolitisch fortschrittlichen Ländern innerhalb der Gemeinschaft in Richtung einer planvollen, vorsorgenden und offensiven Umweltpolitik zu wirken.

Die Landwirtschaft

Österreichs Landwirtschaft hat neben der Versorgung mit Nahrungsmitteln eine zweite volkswirtschaftlich bedeutsame Aufgabe zu erfüllen, nämlich die Pflege und Erhaltung von Umwelt und Kulturlandschaft. Wir bekennen uns zu diesen Zielsetzungen, müssen aber der Tatsache gewahr sein, daß dies unsere Landwirtschaft – gemeinsam mit nicht günstigen klimatischen und geographischen Voraussetzungen sowie einem oftmals mangelnden Wettbewerb im Bereich von Produktion und Verarbeitung – im Fall eines EG-Beitritts unter einen starken Konkurrenzdruck bringen würde. Neben den fraglos durchzuführenden Strukturreformen wird es daher auch unsere Aufgabe sein, in Verhandlungen mit der EG die spezifischen österreichischen Gegebenheiten bei der Festlegung von Förderungen für benachteiligte Gebiete zu betonen.

Der Transitverkehr

Der Transitverkehr zwischen den EG-Ländern belastet Österreich bereits heute in einem unerträglichen Ausmaß und droht nach Verwirklichung des Binnenmarkts noch zuzunehmen. Österreich hat daher bereits heute ein Verkehrskonzept entwickelt, das ein sinnvolles Nebeneinander von privatem und öffentlichem Verkehr vorsieht und dort, wo notwendig, den Umstieg von der Straße auf die Schiene erleichtert. Die „Neue Bahn" ist eine attraktive, umweltschonende und effiziente Alternative zum Straßenverkehr. Mit Milliarden-Investitionen für die Bahn, insbesondere in den vom Straßengütertransit am härtesten betroffenen Regionen erbringt Österreich bereits heute große Leistungen, die auch im Hinblick auf die Zunahme des Transitverkehrs getroffen werden. Die Verwirklichung des Binnenmarkt-Prinzips der Freiheit des Verkehrs darf nicht weiter zu Lasten der umweltgeschädigten Anrainer gehen. Deshalb haben raschestmöglich Verhandlungen mit der EG stattzufinden, mit dem Ziel, noch vor der Verwirklichung des Binnenmarkts zu einer Lösung des Transitproblems zu kommen, die jedenfalls eine signifikante Verlagerung von der Straße auf die Schiene zum Inhalt haben muß. Das Transitproblem ist unabhängig von den Verhandlungen über eine Mitgliedschaft Österreichs zu behandeln und auch vor einem eventuellen Beitritt Österreichs zur EG abzuschließen.

Österreich – gut vorbereitet, die Chancen zu nützen

Die Sozialistische Partei hat innerhalb und außerhalb der Bundesregierung dafür gearbeitet, sich und der Bevölkerung Klarheit über die Auswirkungen eines Antrags und einer allfälligen Mitgliedschaft zu schaffen. Jedes andere Vorgehen wäre undemokratisch und auch unklug gewesen. Denn schließlich handelt es sich dabei um eine zentrale Frage hinsichtlich der Zukunft unseres Gemeinwesens, über die in der einen oder anderen Form letztlich der Souverän, also das österreichische Volk, entscheiden wird.

Die österreichische Wirtschaft

Es wurden daher folgerichtig auch die wirtschaftlichen Auswirkungen eines Beitritts zur EG untersucht. Alle diese Untersuchungen machen deutlich, daß die österreichische Wirtschaft wettbewerbsfähig und durchaus in der Lage ist, von den Chancen eines wirklich freien Binnenmarkts zu profitieren. Die jüngsten beachtlichen Erfolge der österreichischen Exportbemühungen haben das nachdrücklich unterstrichen.

Die Untersuchungen erwarten durch die Vollendung des Binnenmarkts einen positiven Effekt auf das Wirtschaftswachstum wie auch auf den Arbeitsmarkt und das Preisniveau, wobei eine Mitgliedschaft diese Effekte noch vergrößern würde. Die positiven Auswirkungen durch die Deregulierungs- und Liberalisierungseffekte sowie durch den Zugang zu den technologischen Forschungsprojekten und die verstärkte Investitionstätigkeit sind ebenfalls in Rechnung zu stellen.

Freilich werden die bislang noch geschützten Sektoren der Wirtschaft, etwa die Versicherungen, die Banken oder jene Betriebe, die landwirtschaftliche Produkte verarbeiten, einem stärkeren Konkurrenzdruck ausgesetzt werden.

Auch müßten im Zuge der Harmonisierung die Mehrwertsteuer gesenkt und Verbrauchsteuern angehoben werden. Zugleich hätte auch der österreichische Beitrag zum EG-Budget – wir werden in der EG „Nettozahler" sein – budgetäre Auswirkungen, die den bisher erfolgreichen Kurs der Budgetsanierung nicht gefährden dürfen.

Viele der hier erforderlichen Umstellungen sind aber solche, zu denen sich Österreich auf alle Fälle bereitfinden müßte und die die SPÖ auch in ihr Programm aufgenommen hat, unabhängig davon, ob unser Land nun am Binnenmarkt der EG als Mitglied teilnehmen wird oder nicht.

Österreich kann auf seine bisherigen wirtschaftlichen Erfolge mit Selbstbewußtsein blicken.

Sollte sich bei den Verhandlungen herausstellen, daß eine Mitgliedschaft mit unseren Vorstellungen nicht vereinbar wäre, dann wäre das für Österreich und die österreichische Wirtschaft keinesfalls jene von einigen so leichtfertig heraufbeschworene Katastrophe. Es wäre lediglich eine neue Herausforderung, die dann eben auf andere Weise bewältigt werden müßte und auch bewältigt würde.

Denn über ein Faktum darf kein Zweifel bestehen. Der Antrag selbst ist nicht gleichbedeutend mit der Mitgliedschaft. Er leitet einen jahrelangen Verhandlungsprozeß ein, der dazu dient, mit der EG jene Fragen zu klären, die oben dargestellt wurden. Österreich darf sich in diesem langen Zeitraum weder außenpolitisch noch innenpolitisch zum Stillhalten verurteilt sehen; und dies umso mehr, als der Ausgang der Verhandlungen ja tatsächlich ungewiß ist.

Österreich und die EFTA

Es ist also nicht Taktik, sondern ein Gebot der praktischen Vernunft, wenn Österreich auch in den kommenden Jahren, und auch, nachdem es sich bereit erklärt hat, mit der EG über eine Mitgliedschaft zu verhandeln, ein loyales Mitglied der EFTA bleibt und sich dort voll an allen Bemühungen beteiligt, einer neuerlichen wirtschaftlichen Teilung Westeuropas im Wege multilateraler Verhandlungen entgegenzuarbeiten. Österreich wertet in diesem Zusammenhang die Gesprächsangebote der EG an die EFTA als Angebote zu einem breiten Dialog über eine umfassende Regelung des gegenseitigen Verhältnisses mit dem Ziel, die Vorteile des Binnenmarkts – und zwar durchaus auch im Interesse der EG – auf einen möglichst großen Kreis europäischer Staaten auszudehnen.

Die vorstehend dargelegten Grundpositionen und Ziele der österreichischen Sozialdemokratie sind unumstößlich und unverzichtbar. Sie gelten für jede Art der Annäherung Österreichs an die EG als automatische Mitbedingung, insbesondere für den Fall eines Antrags zur Aufnahme von Verhandlungen über eine Vollmitgliedschaft Österreichs in der EG. Setzt die SPÖ einen solchen Schritt, so ist sie sich der weitreichenden gesellschaftlichen und politischen Folgen bewußt. Sie geht dabei von dem Auftrag aus, so am besten einen Beitrag dazu zu leisten, die Verhältnisse nicht nur in Österreich, sondern auch in Europa hin zu jenen Zielen und Werten zu bewegen, die ihr durch ihre hundertjährige Geschichte Unverwechselbarkeit und Identität gegeben haben.

aus: Bericht des Parteivorsitzenden an das Parteipräsidium und den Bundesparteivorstand der SPÖ am 3. 4. 1989.

20 MILLIONEN SUCHEN ARBEIT

Die Bekämpfung der Arbeitslosigkeit in Europa

Bruno Kreisky

Mein intensives Befassen mit Erscheinungen und auch Problemen des Arbeitsmarktes reicht lange zurück. Von allem Anfang an war meine Tätigkeit geprägt vom furchtbaren Erlebnis der großen Krise in den dreißiger Jahren, und es ist meine unverrückbare Überzeugung, daß zwischen der Weltwirtschaftskrise und dem späteren Zusammenbruch der europäischen Demokratien ein Kausalzusammenhang besteht. Es waren wirtschaftliche Ursachen, die für die bis dahin größte politische Katastrophe, den Zweiten Weltkrieg, ausschlaggebend waren. Daran zu erinnern, scheint mir heute besonders geboten zu sein, weil sehr leicht eine Fehlbeurteilung der historischen Ursachen zu einer ausschließlich politischen Sicht der Dinge führen könnte.

Wenn ich mich also in meiner aktiven Zeit in der Politik vorwiegend mit dem Problem der Arbeitslosigkeit beschäftigt habe, so stand dahinter das mich bewegende Problem des Friedens. Ich war mir der Begrenztheit der Möglichkeiten auf diesem Gebiet bewußt, aber ich erkannte, daß Österreich hier eine zwar limitierte, aber dennoch wichtige Aufgabe hatte.

Es fällt mir schwer zu glauben, daß die Überwindung der großen Krise allein dem Konjunkturzyklus zu verdanken war. Ich bin, um es noch einmal deutlich zu sagen, davon überzeugt, daß es die Kriegsvorbereitungen und der darauffolgende Krieg selbst waren, die die große Arbeitslosigkeit endgültig überwunden haben. Die normale Wirtschaft hätte das alles nicht leisten können.

Als Beveridge mitten im Zweiten Weltkrieg die Forderung nach Vollbeschäftigung erhob und auch ihre Kriterien bestimmte, schien mir das eines der wichtigsten Ergebnisse der politischen Erfahrungen unserer Epoche zu sein. Ich habe schweren Herzens zur Kenntnis nehmen müssen, daß führende Ökonomen in den letzten Jahren von dieser Forderung Abschied nahmen. Ich habe es nie getan. Das ist eine Art Standortbestimmung, auf die ich nicht verzichten kann.

Im politischen Kontext

Sicher sind Probleme der Vollbeschäftigung heute anders zu sehen, ihre psychologische Bedeutung ist heute anders geartet. Aber auch hier gibt es gewisse Symptome, die früh erkannt werden müssen, wenn wir nicht in absehbarer Zeit mit Problemen konfrontiert werden wollen, die unabweisbar unsere demokratische Sicherheit berühren. Ich möchte auch hier wieder ein konkretes Erlebnis schildern. Ich habe mir im Fernsehen die Übertragung eines Fußballspieles einer englischen gegen eine italienische Mannschaft angesehen. Da sich die Fernsehkommentatoren offenbar für die zu erwartenden Krawalle interessierten, haben sie manches Detail registriert. Eines, das mich besonders beeindruckt hat, war, daß britische Jugendliche vor die Kamera sprangen und reihenweise Hakenkreuze hinhielten mit der Frage: „Wissen Sie, was das ist? Warum stört es Sie so?"

Sicherlich, es mag von untergeordneter Bedeutung sein, aber jemand aus meiner Generation, mit den Erfahrungen, die wir gemacht haben, kann so etwas nicht ignorieren. In der Tat hat im westeuropäischen Maßstab eine signifikante Destabilisierung stattgefunden. Ich erinnere an die beträchtliche Nervosität, die die französischen Wahlen hervorgerufen haben. Aber nicht nur in Frankreich gab es diese Erscheinungen, auch in einigen anderen Ländern.

Es wird den Lesern nicht verborgen bleiben, daß ich viele der uns beschäftigenden Fragen im politischen Kontext sehe. Die große Wirtschaftskrise war mit einem gewaltigen geschichtlichen Ereignis, dem Zweiten Weltkrieg, verbunden. Jedenfalls sollte uns das eine Warnung sein. Die ungeheuren Menschenopfer, die der Zweite Weltkrieg gefordert hat, dürfen nicht isoliert gesehen werden. Unser Blick für den historischen Zusammenhang muß geschärft werden.

Erst in der jüngsten Zeit gibt es hier eine Wendung zum besseren Verständnis und die Hoffnung, daß die Bemühungen der Weltmächte, den Krieg zu verhindern, von Erfolg begleitet sein werden. Die Bemühungen um ein höheres Maß an Sicherheit haben sich vor allem in den letzten Monaten verstärkt und begründeten Optimismus entstehen lassen. Fragen der weltwirtschaftlichen Entwicklung werden damit durch neue Aspekte angereichert. Die europäische Integration und die Ost-West-Wirtschaftsbeziehungen scheinen mir eine neue deutliche Aktualisierung erfahren zu haben. Ich bin mir der Schwierigkeiten, denen wir auf diesem Wege begegnen werden, durchaus bewußt. Dennoch glaube ich, daß Europa neue Voraussetzungen für seine Entwicklung vorfinden wird. Sie sind in einigen Punkten bereits erkennbar.

Die Frage der Bekämpfung der Arbeitslosigkeit in Europa hat in den letzten Jahren relativ wenig Widerhall gefunden. Es scheint eine Art Entpolitisierung dieses Problems eingetreten zu sein. Ich halte das für eine falsche Einstellung, die katastrophale Folgen haben kann. Ich kann nicht genug vor den Folgen langdauernder Arbeitslosigkeit und deren sozialen Nebenwirkungen warnen. Der Eindruck, daß wir es im demokratischen Europa mit einem unlösbaren Beschäftigungsproblem zu tun haben, ist irreführend. Er könnte vor allem Politiker dazu verleiten, Arbeitslosigkeit als ein Problem von geringerer Priorität zu behandeln, bei dem Lippenbekenntnisse genügen.

Echte umfassende Maßnahmen zur Bekämpfung der Arbeitslosigkeit sind bisher nur von einigen wenigen Ländern gesetzt worden. Seit 1973 praktiziert man in vielen Ländern eine Politik, welche die Prioritäten verändert und der Sicherheit in der Gesellschaft ein anderes Gewicht gegeben hat. Wir sehen uns veranlaßt, diesen Fragen aufs neue erhöhte Bedeutung beizumessen und nicht in einen Entwicklungsfatalismus zu verfallen. Wenn sich auch die Geister in dieser Frage scheiden, so scheint mir das nicht unerwünscht, sondern geradezu notwendig zu sein.

Ich habe mich mit dieser Aufgabenstellung eingehend beschäftigt, so beispielsweise im Rahmen der Sozialistischen Internationale, wo es eine Art arbeitsteiliges System gibt. Willy Brandt hat sich bekanntlich dem gewidmet, was seine Nord-Süd-Kommission wollte und vorschlug. Das Ergebnis dieser Kommission ist – auch das sei ausdrücklich festgehalten –, was die Theorie betrifft, wirklich großartig. Die Schwierigkeiten ergeben sich bei der Umsetzung der Forderungen in die Praxis. Trotzdem muß man konstatieren: Heute gibt es kaum etwas auf diesem Gebiet, was nicht schon Gegenstand der Überlegungen einer Kommission war.

Olof Palme hat sich vor allem auf Fragen der Sicherheit und der Abrüstung

konzentriert. Zuletzt waren es Gro Harlem Brundtland und ihre Kommission, die sich mit der Umweltproblematik im umfassenden Sinn beschäftigt haben. Ich habe mich in der Sozialistischen Internationale vor allem mit Fragen des Mittleren Ostens und der Beschäftigungspolitik befaßt.
Einige von uns wurden berufen und erhielten die Chance, ihre Gedanken und Erfahrungen in die Praxis umzusetzen. Ich war stets bemüht, geprägt durch die Erlebnisse meiner Jugend, auch in der konkreten Regierungsarbeit die Erfahrungen der Krise nicht außer acht zu lassen. Bereits im Jahr 1972, anläßlich des Villacher Parteitages, habe ich auf die Gefahr der Arbeitslosigkeit aufmerksam gemacht.

Der österreichische Weg

Immerhin will ich nicht unerwähnt lassen, daß es uns in Österreich durch viele Jahre hindurch gelungen war, zu jenen wenigen Ländern der Welt zu gehören, für die die Devise Vollbeschäftigung Gültigkeit hatte. Das hat zu unserem Ansehen in der Welt beigetragen. So sprach unter anderen der amerikanische Ökonom und Nobelpreisträger Leontieff von einem „österreichischen Weg". Wir wären schlechte politische Strategen gewesen, hätten wir dieses von einem angesehenen Ökonomen geprägte Schlagwort nicht für uns verwendet. Die Frage, ob man unseren Kurs als Keynesianismus bezeichnet, scheint mir müßig, ohne Keynes zu unterschätzen.
Ich will nicht leugnen, daß ich sehr früh in meiner politischen Tätigkeit auf die Verhinderung der Krise fixiert war. Gut erinnere ich mich noch an einen Abend, als einer meiner Minister meinte: „Ich weiß nicht, was Bundeskanzler Kreisky immer mit der Krise will!" Es war Anfang 1975, als ich von der Verhinderung einer schweren Krise und die Ökonomen noch von Stabilisierung sprachen.
Was scheint mir an der heutigen Situation bedeutsam, ohne einem oberflächlichen Historizismus zu huldigen? Ich überlasse die rein ökonomischen Fragen gerne den in der Kommission vertretenen Persönlichkeiten. Ich glaube nur, wir erleben gegenwärtig eine Götterdämmerung der modernen Ökonomie. Sogenannte theoretische Axiome – wie etwa der Monetarismus –, die sich im Streit der Lehren ergeben haben, entleeren sich im Laufe der Zeit von selbst ihres Sinnes.
Ich will nur einige Punkte aus dem Bericht herausgreifen, die mir besonders wichtig erscheinen und wo ich zusätzliche Beschäftigungsmöglichkeiten sehe.

Umweltschutz

Der Umweltschutz ist eine Idee, welche die Politik in den nächsten Jahren beherrschen wird. Umweltschutz wird im landläufigen Sinn kostspielig, aber im Hinblick auf die Lebensqualität von großer Bedeutung sein. Auch in den nationalen Budgets wird man große Summen einplanen müssen, die mindestens so viel ausmachen werden wie die Rüstungsausgaben heute. Aber wenn die Menschen bereit waren, dem Staat gewaltige Beträge für Rüstungszwecke zur Verfügung zu stellen, warum nicht auch für die Rettung der Umwelt?

Wie immer das Umweltproblem gelöst wird, es schafft eine unvorhersehbare Zahl von Arbeitsplätzen – zum Teil auch traditioneller Art, etwa für Filteranlagen, Müllbeseitigung usw.

Noch vor kurzer Zeit fand eine Beratung statt, bei der Ökonomen, die dem traditionellen Gedankengut verhaftet waren, die Meinung vertraten, daß Umweltschutz keinen Einfluß auf die Beschäftigungslage haben werde. Heute beginnt man, es besser zu wissen.

Hier zu behaupten, daß es zu weit hergeholte Überlegungen wären, scheint mir geradezu von katastrophaler Kurzsichtigkeit zu sein: Es war ja das Schicksal vieler von uns, daß sie Phantasten genannt wurden, hoffnungslose Idealisten, bis diese „Götterdämmerung“ eingetreten ist. Was uns noch vor einiger Zeit als Vision erschien, ist heute unwiderrufliche Notwendigkeit.

Nehmen wir ein Beispiel: Die Sorge um die Ozonschicht, die unseren Erdball umgibt und die heute von höchster Aktualität ist.

Unsere Vorstellungskraft leidet ja ohnedies daran, daß wir sehr rasch glauben, an ökonomische Grenzen gestoßen zu sein.

In Wirklichkeit sind wir oft die Opfer unserer beschränkten Vorstellungskraft.

Und wieder scheint es mir notwendig, an das Wort Albert Einsteins zu erinnern: „Imagination is more important than knowledge.“

In Anbetracht einer gesamteuropäischen Entwicklung – und man wird ja in steigendem Maß in diesen Kategorien denken müssen – gewinnt der Nachholbedarf an Infrastrukturinvestitionen große Bedeutung. Es genügt, darauf zu verweisen, welche Chancen hier durch die europäische Integration gegeben sind, die aber noch viel größer werden, wenn man in kontinentalen Kategorien denkt.

Kultur und Bildung

Wir haben im Augenblick eine beträchtliche Arbeitslosigkeit im akademischen Bereich: Lehrer, Ärzte, Kulturschaffende. Das Problem ist vielleicht quantitativ nicht so bedeutsam, aber politisch. Es gibt eine landläufige Vorstellung: Wenn ein manueller Arbeiter arbeitslos wird, dann wird das oft als sein unentrinnbares Schicksal verstanden. Bei der Arbeitslosigkeit der im kulturellen Bereich Tätigen ist das anders. Sie zeichnet sich dadurch aus, daß die Betroffenen ihr eigenes Schicksal in hohem Maß artikulieren und meinungsbildend wirken.

Dieses Problem hat auch aus einem anderen Grund ein großes Gewicht. Hier kann das Defizit an Lebensqualität verringert werden, unter dem heute große Teile der zivilisierten Welt leiden.

Es scheint kein Zweifel mehr zu bestehen, daß die Entwicklungshilfe eines gründlichen Umdenkens bedarf. Konstruktive Persönlichkeiten können sich dem Eindruck nicht mehr verschließen, daß die Entwicklungshilfe de facto in weiten Teilen der Welt gescheitert ist. Einer der Beweise dafür ist das Fiasko der internationalen Schuldenpolitik.

Ich hoffe, daß sich hier neue Konzepte in den Vordergrund schieben, die durchaus vereinbar sind mit einer realistischen Sicht der Dinge. Ich habe früher einmal von einem „Marshall-Plan" für die Entwicklungsländer gesprochen. Wir müssen den Entwicklungsländern bessere Hilfestellung bei der Errichtung einer Infrastruktur leisten. Der Idealfall ist, einmal zu helfen und das Land in die Lage zu versetzen, selbst weiterzumachen. Tatsächlich sind viele Betriebe in Entwicklungsländern zu „Geisterfabriken" geworden, weil die einheimische Bevölkerung durch unsere Schuld nichts damit anzufangen wußte.

Ich hoffe, wir werden einen Teil der Öffentlichkeit auf die Bedeutung und die Gefahren der Arbeitslosigkeit in modernen Industriestaaten aufmerksam machen. Wir wollen nicht neue Interpretationen der Arbeitslosigkeit liefern, sondern Lösungsvorschläge. Es gibt große Probleme, mit denen wir in den nächsten Jahren fertigwerden müssen. Die Lösung dieser Probleme bietet beachtliche Beschäftigungsmöglichkeiten.

Ich glaube, daß die Frage der Arbeitslosigkeit von substantieller Bedeutung ist für unsere Entwicklung. Sehr bald wird sich zeigen, daß die gegenwärtig übliche Nonchalance sehr folgenschwer sein und zu einer nicht zu unterschätzenden Destabilisierung der europäischen Politik führen kann.

Gegen Zweidrittelgesellschaft

Die Gefährlichkeit der politischen Situation wird nicht mit einem Schlage bewußt, sondern sie hat verschiedene Erscheinungsformen. Das Gefühl des Sich-Abfindens mit einer eigentlich katastrophalen Situation führt zur Gleichgültigkeit großer Massen, die dann zu einer ernsten Gefahr für die Demokratie wird. Das Sich-Abfinden mit der Zweidrittelgesellschaft, das wir im Augenblick in großen Teilen Europas vorfinden, birgt nicht nur die Gefahr der Entpolitisierung mit sich, sondern auch jene der Hoffnungslosigkeit, die Dinge zum Besseren zu wenden.

Wir stehen allmählich vor einer neuen Verelendung, einer neuen Pauperisierung. Es kann doch nicht der Sinn einer fortschreitenden Demokratie sein, einen solchen Prozeß zuzulassen und die Hände in den Schoß zu legen. Wir verlieren ja auch den Sinn für die sozialpolitischen Derivate einer solchen Situation. Die furchtbare Entwicklung im Bereich der Rauschgifte und der diesbezüglichen Kriminalität müssen uns doch Warnung genug sein. Es mag sein, daß man sich innerhalb gewisser politischer Kreise der Meinung hingibt, es handle sich lediglich um Fragen der Kriminalität und der Staatsorgane, die damit unmittelbar zu tun haben. Wer sich dieser Täuschung hingibt, darf sich nicht wundern, wenn diese Gefahren bald überdimensionale Bedeutung erlangen. Die Qualität unseres gesellschaftlichen Lebens verschlechtert sich zusehends und kann an der Größe dieser Probleme gemessen werden.

Es ist höchste Zeit zu verstehen, daß eine geographische Abgrenzung vor allem der Umweltpolitik, etwa auf gewisse Teile Europas, immer sinnloser wird – besonders wenn man hofft, man könne hier in geo-politischem Sinne (ich verwende dieses Wort bewußt) Abgrenzungen vornehmen. Wie will man hier zu einer Scheidung in diesem Sinne kommen, wenn man glaubt, ausschließlich politische Scheidelinien ziehen zu können. Wo sind die Scheidegrenzen zwischen dem Osten und Westen Europas? Wo lassen sie sich ziehen, wie können sie ignoriert werden? Ist es wirklich denkbar, daß man sich selbst bei den engen Grenzen, die uns hier gezogen sind, auf politische Kleinstaaterei berufen kann?

Wir wissen doch, wie kontinental die Probleme des Umweltschutzes sind, und wir wissen sehr genau, wie dramatisch die Situation im Klimabereich ist. Welche Schlüsse zieht man daraus für die Entwicklung des europäischen Westens und des europäischen Ostens? Will man hier mit Kühnheit an die Lösung sogar kurzfristiger Probleme gelangen, so muß man eine neue Sicht der Außenpolitik vertreten, und das mit großer Dringlichkeit.

Wieviel Zeit ist uns gegeben, endgültige Katastrophen zu verhindern? Ich bin überzeugt davon, daß wir sehr bald diesen Gefahren sogar in globalem Sinn entgegentreten müssen, mindestens aber in gesamteuropäischem Ausmaß.

Nutzung gewaltiger Reserven

Hier werden wir Lösungen anvisieren müssen, die auch in umfassendster Weise der Beschäftigungspolitik gelten. Gewaltige Reserven können genutzt werden, und es wird von unserer Kühnheit abhängen, ob wir hier große neue Lösungen zu finden in der Lage sind. Das alles will ich nur demonstrativ andeuten. Mit all diesen Fragen hat sich die Kommission beschäftigt.
Ich weiß, man wird diesem Bericht vorwerfen, er verkünde nichts Neues. Die Versuchung dazu ist immer groß, ebenso wie der Vorwurf der mangelnden realpolitischen Vorstellungen naheliegt. Trotzdem glaube ich, daß wir in diesem Bericht Fragen aktualisieren, die dieser Aktualisierung dringend bedürfen. Das wird sich auch angesichts der Entwicklung in der Sowjetunion, in den Vereinigten Staaten und in Europa mit aller Deutlichkeit zeigen. Ich würde es begrüßen, wenn so manche Argumente unüberhörbar würden. Ich erinnere an ein Wort von Sir Bertrand Russell: „Die moralischen Ideen gehen manchmal Hand in Hand mit politischen Entwicklungen. Manchmal eilen sie ihnen aber auch voraus." Die Lösungsvorschläge reichen ja bekanntlich bis in die Jahre der Weltwirtschaftskrise zurück. Sie muten heute keineswegs so phantasiereich an wie damals. Ich möchte ein Beispiel anführen, das ob seiner Einfachheit und des gleichzeitigen Ideenreichtums zu den verpaßten Gelegenheiten gehört. Der große österreichische Politiker und Sozialdemokrat Otto Bauer machte im Jahre 1931 einen damals sensationellen und zugleich „unrealistischen" Vorschlag, der heute noch faszinierend wirkt. Er schlug eine internationale Kreditaktion für Mitteleuropa vor mit den Worten: „Ungeheure Kapitalien liegen in den Vereinigten Staaten von Amerika, in Frankreich, in den neutralen Ländern Europas brach, unverwertet für die Zwecke, für die sie sonst bestimmt waren, während indessen die Volkswirtschaft in Mitteleuropa an Kapitalnot erstickt ... Diese Kapitalien in die Produktion zurückzuführen und die Produktion durch sie zu beleben, wäre unzweifelhaft eines der allerwirksamsten Mittel zur Eindämmung der Weltkrise und der Arbeitslosigkeit in der Welt." Die Länder, denen heute durch einen solchen „Marshall-Plan" geholfen werden könnte, sind natürlich andere: nämlich die Länder Osteuropas, Afrikas und Asiens in verschiedenen Dringlichkeiten.

Normalerweise verbinden Menschen mit der Frage der Arbeitslosigkeit nur die Einkommenslosigkeit. Im modernen Wohlfahrtsstaat ist aber diese Frage nicht allein ausschlaggebend. Hier beeindruckt mich noch heute die Äußerung von Professor Biedenkopf bei einer unserer Sitzungen, daß die Frage der Arbeitslosigkeit im damals stattfindenden deutschen Wahlkampf keine vordringliche Rolle spiele. Zu neu war dieses Problem auch in seiner Einseitigkeit. Der Sieg des Neokonservativismus war so gesehen auch ein psychologisches Phänomen. Für mich als Sozialdemokrat sei hier die Anmerkung gestattet, daß jene, die sich um die Beseitigung der Arbeitslosigkeit hätten kümmern sollen, frühzeitig der Mut verlassen hat. Nur einige wenige schienen sich treu zu bleiben und wollten partout nicht einsehen, warum sie so frühzeitig jahrzehntealte, nicht abgewertete Grundsätze voreilig über Bord werfen sollten. Unter ihnen ragte einer wie ein Leuchtturm hervor: J. K. Galbraith. Aber im Augenblick scheint die Zahl derer, die nicht kritiklos die herrschenden Pseudolehren akzeptieren, im Steigen begriffen zu sein.

Vielleicht hat die Frage der Arbeitslosigkeit bei den Wahlen in Europa während der letzten Jahre keine entscheidende Rolle gespielt. Aber das wird nicht immer so bleiben. Denn das Zeitmaß der Geschichte sind Jahrzehnte, das Zeitmaß der Politik sind Legislaturperioden.

Alle jene, die meinen, daß wir mit den Gedanken, die hier geäußert werden, heute nicht im Einklang mit der öffentlichen Meinung stehen, seien daran erinnert: Unlängst bei einer in der Bundesrepublik Deutschland durchgeführten Umfrage traten fast 60 Prozent der Befragten dafür ein, daß konjunkturell bedingt höhere Steuereinnahmen für Arbeitsbeschaffungsmaßnahmen ausgegeben werden sollten.

„working poor“

In der Arbeit der Kommission hat es faszinierende Auseinandersetzungen gegeben, etwa über die Frage der „working poor“. Diesen treffenden Namen hat man in den USA für jene Menschen gefunden, die zwar viel Arbeit, aber nicht genug zum Leben haben. Es handelt sich dabei um Millionen, und hier wird sich ein revolutionäres Umdenken vollziehen müssen. Aus den verläßlichen Anhängern des Gewerkschaftsgedankens, wie wir sie seit dem Heraufkommen des Industrialismus erlebt haben, sind heute teilweise Arbeiter in Katastrophenberufen geworden.

Man denke an die Arbeiteraristokratie des graphischen oder des Metallgewerbes. Man wird früher oder später, will man anarchische Entwicklungen verhindern, die Menschen in diesen Berufen wieder für den Gewerkschaftsgedanken gewinnen müssen, soll man nicht unvorhergesehenen Explosionen hilflos gegenüberstehen.
Es zeigt sich also, daß auch neu entstandenen sozialen Problemen mit scheinbar älteren Methoden begegnet werden müßte. Ich erinnere mich bei dieser Gelegenheit einer kleinen Episode. Als unmittelbar nach dem Ersten Weltkrieg bestürzte Beamte im Wiener Außenministerium bei Otto Bauer, der damals neuer Staatssekretär für Äußeres geworden war, vorsprachen und über ihre Situation klagten, meinte Otto Bauer: „Sie werden sich eben organisieren müssen, meine Herren.“ Mir haben später Kollegen immer noch mit leichtem Entsetzen dieses Gespräch geschildert: Heute sind jedenfalls die Staatsbeamten die bestorganisierte Gewerkschaft, die es in Österreich gibt.

aus: Die Zukunft, Jg. 1989, H. 5, S. 19 ff.

SOZIALDEMOKRATIE 2000

Heinz Fischer

Im Jahr 2000 werden wir in Österreich und Westeuropa voraussichtlich auf 55 Jahre einer ungebrochenen politischen und wirtschaftlichen Entwicklung zurückblicken können. 55 Jahre – das ist ein Zeitraum, der genau so lange ist wie vom Höhepunkt der Französischen Revolution im Jahre 1793 bis zur Revolution des Jahres 1848. Ein solcher Zeitraum von über einem halben Jahrhundert bedeutet, daß sich ein enormer Bedarf nach Veränderung, nach Reformen und nach neuen Strukturen ansammelt.

Im Jahr 2000 wird es auf diesem Planeten etwa 6,5 Milliarden Einwohner geben, das sind fast dreimal soviel wie 1945. Österreich wird aller Voraussicht nach ein Bruttonationalprodukt von jährlich rund 2.400 Milliarden Schilling haben, das ist real dreizehnmal soviel wie im Jahr 1945. Und vieles anderes wird sich noch bis zum Jahr 2000 verändern. Was sich nicht verändern sollte, ist die Tatsache, daß auch im Jahr 2000 die Sozialdemokratie die führende politische Kraft in Österreich ist. Daß sie und damit wir das schaffen können, steht außer Zweifel. Aber es wird großer persönlicher, politischer und geistiger Anstrengungen bedürfen, um dies zu verwirklichen. „Sozialdemokratie 2000" ist ein Weg, um dieser Aufgabe gerecht zu werden. „Sozialdemokratie 2000" ist kein neues Parteiprogramm der SPÖ. Diese Konzeption bekennt sich ausdrücklich zu den Grundwerten des Parteiprogrammes 1978, das in seinen zentralen Formulierungen nach wie vor richtungsweisend ist: Wir wollen eine Gesellschaftsordnung, deren Ziel die freie Entfaltung der menschlichen Persönlichkeit in der Gemeinschaft ist. Wir wollen die Klassen beseitigen und den Ertrag der gesellschaftlichen Arbeit gerecht verteilen. Wir kämpfen für die Freiheit und Würde des Menschen, für soziale Gerechtigkeit und gegen Unterdrückung und Ausbeutung, und nach wie vor treten wir für das Konzept der sozialen Demokratie ein.

Reformbedürfnis unserer Gesellschaft

Am Beginn der neunziger Jahre wollen wir aber möglichst konkrete Antworten darauf geben, was zur Erreichung dieser Ziele in den nächsten Jahren getan werden muß. Wie man also dem Reformbedürfnis unserer Gesellschaft gerecht werden kann und welche längerfristigen Zielvorstellungen zu diesem Zweck entwickelt werden müssen. Es darf auch nicht außer acht gelassen werden, daß in dem Jahrzehnt seit der Beschlußfassung des Parteiprogrammes 1978 neue Themen in den politischen Vordergrund getreten sind, neue Erfahrungen gemacht wurden und weitere Veränderungen in den Rahmenbedingungen politischen Handelns zu erwarten sind. Als Stichworte seien nur Ökologie, Osteuropa, Integration genannt.
Sicher ist es auch nicht zufällig, daß auch andere sozialdemokratische Bewegungen in Europa sich jetzt gleichfalls sehr ernsthafte Gedanken über die Zukunft unserer Gesellschaft machen. So entwickelten Spaniens Sozialisten ein Programm 2000, die SPD beschließt dieses Monat ein neues Parteiprogramm in Bremen, und Schwedens Sozialisten veröffentlichten vor wenigen Wochen ein Programm für die neunziger Jahre. Das alles beweist, daß der demokratische Sozialismus fähig ist, auch und gerade im kommenden Jahrzehnt die geistig führende Kraft in Europa zu sein. Aber nicht nur in Europa, sondern darüber hinaus auch fähig sein wird, den Entwicklungen außerhalb dieses Kontinents entscheidende Impulse zu geben.
Auch und gerade im kommenden Jahrzehnt schreibe ich deshalb, weil die Politik der Konservativen in wichtigen Ländern der westlichen Welt zwar – immer an ihren eigenen Maßstäben gemessen – durchaus erfolgreich war, aber zentrale Probleme der Menschheit und der menschlichen Würde ungelöst, unberücksichtigt blieben. Die konservative Politik ist als Leitmodell für eine humane Zukunft nicht überzeugend.
Auf der anderen Seite ist es das offenkundige und definitive Scheitern des totalitären Kommunismus, das die Verantwortung, aber auch die Chancen des demokratischen Sozialismus besonders groß macht.

Kein billiges Triumphgefühl

Der geistig-politische Umbruch, den Michail Gorbatschow einzuleiten gezwungen war, ist ein viel zu tiefgreifender Vorgang, als daß sich irgendjemand im demokratischen Westen billige Triumphgefühle erlauben dürfte – in einer Situation überdies, in der man um den Erfolg dieses nicht nur für Europa bedeutsamen Revisionsprojektes durchaus noch bangen muß. Diese Zurückhaltung ändert jedoch nichts an der Tatsache, daß der Totalitarismus leninistisch-stalinistischer Prägung historisch gescheitert ist – auch wenn er den Namen des Sozialismus mißbraucht hat.

Die Sozialdemokratie hat in ihrer Geschichte einen jahrzehntelangen Kampf gegen die verhängnisvollen Anfänge wie auch gegen die blutigen Höhepunkte dieses Mißbrauchs geführt und entscheidend dazu beigetragen, daß die historische Entscheidung so ausgefallen ist, wie dies nun vor aller Augen geschieht. Die sogenannte totalitäre Variante des Sozialismus ist an ihrem Ende. Sogenannt deshalb, weil sie in Wirklichkeit überhaupt keine Variante des Sozialismus darstellt. Sozialismus, der diesen Namen verdient, kann niemals totalitär sein.

Daraus ergeben sich noch weitere Überlegungen. Der geistige Wettbewerb zwischen den politischen Gruppierungen in der demokratischen Gesellschaft dreht sich heute nicht um die Frage Diktatur oder Demokratie. Denn diese Frage ist für Europa im Prinzip längst entschieden. Es geht auch nicht um die Frage Marktwirtschaft ja oder nein, denn auf die regulierenden Funktionen des Marktes kann einfach nicht verzichtet werden.

Es geht um die richtige Einschätzung der Grenzen und Möglichkeiten des Systems der Marktwirtschaft, um die Setzung richtiger Prioritäten und um die Wahrung humaner Dimensionen. Das Versagen einer totalitären Planwirtschaft ist kein Freibrief für ungezügelte, sich selbst überlassene Marktkräfte – wenn schon aus keinem anderen Grund, dann deshalb, weil die Marktwirtschaft optimal nur unter Rahmenbedingungen funktionieren kann, die sie nicht als Selbstzweck, sondern als Mittel zur Gewährleistung von Wohlstand, Freiheit und Wohlbefinden des Menschen ausweisen.

Ökologische Selbstbeschränkung

Was war der zweite maßgebliche Punkt für die Formulierung von „Sozialdemokratie 2000"? Das war die Verpflichtung, über das Verhältnis zur Lebensumwelt des Menschen neu und unvoreingenommen nachzudenken. Der klassische Humanismus und sein Streben nach Humanität, von dem sich die Sozialdemokratie herleitet, hat bereits hundert Jahre nach der Französischen Revolution klargestellt, daß der Mensch nicht des Menschen Eigentum sein kann. Heute müssen wir dieser grundlegenden Erkenntnis hinzufügen, daß auch die Natur, in der und durch die der Mensch lebt, sich selber gehört und niemandes Willkür ausgeliefert sein darf. Vor allem nicht einem egoistischen, anonymen, technisch-industriellen Akkumulationsmechanismus, der, am Menschen vorbei, die Lebensvoraussetzungen der Menschen zu zerstören droht.

Die Sozialdemokraten können besser als irgendeine andere politische Kraft die Konsequenzen jener Worte, wonach die Erde den Menschen untertan gemacht werden soll, korrigieren. Sie können den Menschen als das erscheinen lassen, was er nach allen denkbaren religiösen, ethischen und vernunftbestimmten Motiven nur sein kann: nicht der zu keiner Rücksichtnahme verpflichtete Eigentümer des Planeten Erde, sondern sein Verwalter und Gärtner, der die Früchte dieses Gartens genießen und vererben will.

Eine neue und entscheidende Rahmenbedingung der Marktwirtschaft, also der Konkurrenzwirtschaft, ist ökologische Rücksicht und Selbstbeschränkung. Die Notwendigkeit dieser neuen Normensetzung widerspricht nicht der Bejahung ihrer Produktivität, sondern bezieht sich auf ihre Grenzen, die erst seit einigen Jahren oder Jahrzehnten allgemein erkennbar sind. Es sind dies nicht in erster Linie jene Grenzen des Wachstums, die uns der Club of Rome vor Augen geführt hat: Wir haben vielleicht mehr Kohle und Eisen, als vorerst angenommen wurde, vielleicht sogar genug Energie, wenn wir alles mobilisieren, aber wir haben nicht genug Boden, nicht genug sauberes Wasser, nicht genug Atemluft, nicht genug menschenwürdige Umwelt für die etwa zehn Milliarden Erdenbewohner des Jahres 2020.

Ein ernstzunehmender ideologischer Gegner der Sozialdemokratie, der österreichische Nobelpreisträger Friedrich von Hajek, hat mit seiner These recht behalten, daß der Markt letzten Endes intelligenter sei als der Plan. Seine Thesen beziehen sich aber auf eine Welt ohne Grenzen. Diese Grenzen werden aber immer deutlicher und auch schmerzlicher sichtbar und spürbar. Das macht die Marktwirtschaft nicht obsolet, jedoch neue Rahmenbedingungen für sie erforderlich.

Wenn wir nach einem bedeutenden Denker Umschau halten, der die Grenzen des sozialen Wachstums aufgedeckt hat, so ist hier etwa der leider so jung verstorbene Österreicher Fred Hirsch zu nennen. Es war dann Egon

Matzner, der seine Thesen wieder in unser Gedächtnis gerufen hat. Die sozialen Grenzen des Wachstums beziehen sich nicht so sehr auf die Waren, die der Markt in immer größerer Menge hervorbringen kann, also nicht auf Produktionsgüter, sondern auf die nicht vermehrbaren Positionsgüter. Fred Hirsch hat auf die Unvermehrbarkeit etwa der Stadtränder, der Seeufer, aber auch schon der Straßenflächen aufmerksam gemacht.

Boden, Wasser, Luft, überhaupt der Anteil jedes Angehörigen der Menschheit am knapp werdenden Biotop sind ein Positionsgut. Es hilft kein wirtschaftliches und industrielles Wachstum, es bedarf eines Wachstums an Vernunft und an Humanität. In „Sozialdemokratie 2000" ist das Ökologiekapitel mit „Der Umwelt eine Chance" übertitelt. Darin wurde kritisch, aber doch optimistisch formuliert: „Noch ist der endgültige Kollaps vermeidbar. Noch lohnt es sich, das Bild einer Gesellschaft zu entwerfen, die in Harmonie mit der Natur lebt. Und darum auch überleben kann. Im Gegensatz zu bloßen Verhinderern und ängstlichen Pessimisten sehen wir positiv in die Zukunft. Trotz aller Probleme. Weitab von blindem ‚Hurra-Optimismus', aber gestützt auf ein optimistisches Menschenbild. Auf die Prinzipien der Vernunft, der Solidarität und der sozialen Gerechtigkeit."

Neben dieser grundsätzlichen Feststellung enthält „Sozialdemokratie 2000" auch sehr konkrete Strategien zu deren Verwirklichung. Dabei sollte heiklen Fragen wie zum Beispiel einer Umweltabgabe nicht ausgewichen werden, aber auch die Probleme des Verkehrs, der Energie oder der Landwirtschaft wurden im Zusammenhang mit dem Prinzip des ökologischen Wirtschaftens nicht aus den Augen verloren.

Über den eigenen Kirchturm hinaus

Nachdem ich versucht habe, zwei Leitmotive der Konzeption „Sozialdemokratie 2000" ausführlicher darzustellen, möchte ich im Folgenden noch kurz auf andere wichtige Elemente eingehen: Im Kapitel „Österreich und die Welt" wird die Absage an ein Politikverständnis erteilt, das über den eigenen Kirchturm, über nationalstaatliche Grenzen nicht hinausreicht. Gerade in den nächsten Jahren werden Staaten und Nationen stärker und vielfältiger verflochten sein als je zuvor in der Geschichte.

Die Sozialdemokratie ist verpflichtet, über den Platz Österreichs in Europa und über den Platz Europas in der Welt nachzudenken und auch entsprechend zu handeln. Nur eine überzeugende Antwort auf globale Probleme wird den

Schlüssel zu einer Welt darstellen, in der es Frieden geben kann. Daher muß folgendes selbstkritisch hinzugefügt werden: Wenn man ehrlich sein will, muß man eingestehen, daß die österreichische Entwicklungshilfe und Entwicklungspolitik im Grunde eine Schande ist. Österreich ist das einzige Land Westeuropas, in dem der Wert der Waffenexporte in die dritte Welt bis vor kurzem größer war als der Wert der Entwicklungshilfe. Auf noch etwas muß hingewiesen werden: In der Politik gegenüber Flüchtlingen sind gute Worte schön, aber sie müssen von entsprechenden Taten begleitet sein. Ein Sozialismus, der kein Schönwettersozialismus ist, muß sich dort bewähren, wo es unpopulär und unbequem sein kann, Prinzipien in die Realität umzusetzen.

Sicherheitspolitik

Die Perspektiven zum Thema Sicherheitspolitik könnten eine weit über die SPÖ hinausreichende Zustimmung erreichen. Die Sozialdemokratie bekennt sich erneut zu einer vom gesamten Volke getragenen Landesverteidigung mit dem Ziel der Sicherung und des Schutzes unserer Unabhängigkeit und unserer demokratischen Grundwerte. Klargestellt werden muß, daß die Entspannung in Europa, die erfolgreichen Abrüstungsverhandlungen, die beginnende Auflösung des Warschauer Paktes, die Reduktionen in diversen Verteidigungsbudgets usw. von Österreich nicht mit verstärkten Rüstungsanstrengungen beantwortet werden dürfen.

Gerade das neutrale Österreich kann und soll führend sein bei der Konzipierung einer Politik, die darauf beruht, daß gemeinsame Sicherheit nicht durch ein Mehr an Waffen, nicht durch eine Verstärkung von Abschreckungsstrategien, sondern durch Defensivkonzeptionen und den Abbau von Drohpotentialen erreicht werden kann.

Auch wenn der Verteidigungsminister einige diesem Thema gewidmete Sätze aus der Budgetrede des Finanzministers nicht hören will, so haben sie dennoch dadurch an Richtigkeit nichts eingebüßt: „Eine Verringerung des Bedrohungspotentials in Europa muß kurz- und mittelfristig auch in Österreich Überlegungen auslösen, die den politischen Willen unseres Landes zur aktiven Teilnahme an den Abrüstungsanstrengungen deutlich erkennen lassen. Wir befinden uns in guter Gesellschaft, wenn wir die Militärausgaben zumindest stabilisieren. Auch ein Bekenntnis zur umfassenden Landesverteidigung kann nicht automatisch bedeuten, daß der Steuerzahler ein ständig steigendes Heeresbudget zu akzeptieren hat."

Zum Thema Waffenexporte findet „Sozialdemokratie 2000“ klare Worte: „Österreichs Waffenproduktion sollte sich an den Bedürfnissen der österreichischen Landesverteidigung orientieren. Aus diesem Grund ist auf die Produktion und den Verkauf von schweren Angriffswaffen zu verzichten. Darüber hinaus ist anzustreben, daß der Kauf beziehungsweise Verkauf von Rüstungsgütern nur im Rahmen der OECD-Staaten erfolgt.“

Demokratisierung

Ich wies bereits darauf hin, daß Sozialismus nur als demokratischer Sozialismus, als soziale Demokratie vorstellbar ist. Dieser Demokratiebegriff muß in einer möglichst umfassenden Weise verstanden werden: Es geht nicht nur um den Ausbau der demokratischen Institutionen, für den in den vergangenen Jahren sicher viel geleistet wurde, es geht um ein neues und verbessertes Verhältnis zwischen Bürgern und Staat, zwischen Bürgern und Parteien. Es geht um die Demokratie innerhalb der Parteien, es geht um die Glaubwürdigkeit der Politik und der Politiker, und es geht vielleicht schon wieder um die Grundsätze des Rechtsstaates.

In einer Meinungs- und Gesinnungskoalition mit allen rechtsstaatlich denkenden Menschen sollen die rechtsstaatlichen Prinzipien sowohl dem Buchstaben als auch dem Sinn des Gesetzes nach verteidigt und realisiert werden. Die Justiz muß unabhängig sein, aber sie darf nicht zum Staat im Staat werden, der niemandem verantwortlich ist und sich jeder kritischen Erörterung entziehen will. Moralische Maßstäbe in der Politik können auch hergestellt beziehungsweise verteidigt werden, ohne daß die Unschuldsvermutung von einer Vorverurteilungsmaschinerie in ihr Gegenteil umfunktioniert wird.

Da zur Demokratie auch Meinungsfreiheit und Meinungsvielfalt gehören, widmet „Sozialdemokratie 2000“ der Sicherung der Meinungsvielfalt sorgfältige Überlegungen und setzt sich mit der Gefahr demokratiegefährdender Medienkonzentrationen ohne opportunistische Rücksichtnahmen auseinander. So heißt es: „Die Konzentration von Presse- und Medienmacht mit ihren Auswirkungen auf Bewußtseinsbildung und Meinungsklima ist demokratiepolitischen Zielsetzungen entgegengesetzt … die Verschärfung des Wettbewerbsrechtes, eine auf Erhalt von Meinungsvielfalt ausgerichtete Presseförderung und hohe Geldstrafen bei fehlinformierender Berichterstattung sollen Meinungsvielfalt und hohe Qualität der Information sichern helfen …

Die sozialistische Partei Österreichs muß den Mut haben, den Tendenzen zu weiterer Konzentration auf dem Mediensektor wirksam und entschieden entgegenzutreten, auch wenn mächtige Medienunternehmungen dies mit allen Mitteln zu verhindern suchen."

Arbeit und Wirtschaft

Sozialpolitik und Wirtschaftspolitik sind in einer integrativen Konzeption für die Zukunft keine Gegensätze, ja nicht einmal nebeneinander bestehende Zielsetzungen, sondern gemeinsam formuliert in einem Kapitel für „Eine Politik der Lebenschancen".

Die sozialdemokratische Wirtschaftspolitik wird als Kombination aus der Dynamik der marktwirtschaftlichen Konkurrenzwirtschaft und einem Netz sozialer Absicherungen gesehen. Vollbeschäftigung bleibt ein zentrales Ziel. Das Leistungsprinzip wird mit dem Solidaritätsprinzip verbunden. Deutlich herausgearbeitet wird die Ablehnung konservativer Positionen, wonach Armut, Arbeitslosigkeit und soziale Probleme nur als Folge von individuellem Versagen der Betroffenen zu verstehen sind. Berührungspunkte zur katholischen Soziallehre werden aufgezeigt.

Die große Bedeutung des öffentlichen Sektors wird herausgearbeitet. Er muß aber effizient sein und sich an den Interessen der Bürger orientieren. Auch die Frage des öffentlichen Eigentums und der Verstaatlichung wird undogmatisch abgehandelt, die schematische Privatisierungsideologie der Konservativen aber eindeutig abgelehnt.

Der Wert der Sozialpartnerschaft wird ausdrücklich unterstrichen, ein Bild vom modernen Wohlfahrtsstaat wird erarbeitet. Das Konzept der Deregulierung von links bedeutet, die Deregulierungsdebatte offensiv zu führen und den ständestaatlichen Erb- und Versatzstücken endlich wirksam zu Leibe zu rücken.

Sicherung des Wohlfahrtsstaates

Das Leitmotiv für das Kapitel über die Zukunft des Wohlfahrtsstaates lautet in kürzester Form, daß sich die Sozialdemokratie in der Sicherung des Wohlfahrtsstaates und beim Ausbau des Wohlfahrtsstaates von niemandem übertreffen läßt. Heutzutage kann man oft ein beängstigendes Maß an Zustimmung für Aussagen, wie „der Stärkere soll sich durchsetzen", „Sozialpolitik ist leistungshemmend und obendrein teurer", oder „weniger Staat heißt mehr Freiheit für den einzelnen", und „Minderheiten sind selbst schuld, daß sie Minderheiten sind", erhalten.

Der Kampf um den Wohlfahrtsstaat ist daher auch ein Kampf gegen den Egoismus der Ellbogengesellschaft. Der Umbau und die Weiterentwicklung des Wohlfahrtsstaates wird aber nur gelingen, wenn wir uns selbstkritisch Rechenschaft über jene Bereiche geben, wo Entwicklungen zu Ungerechtigkeit, zu Bürokratisierung, zu Unüberschaubarkeit usw. geführt haben oder gerade führen.

Zum Umbau des Wohlfahrtsstaates gehört auch eine wohl überlegte Familienpolitik. Das Leitmotiv von „Sozialdemokratie 2000" lautet dazu: „Die sozialistische Partei Österreichs stellt die freie und individuelle Entscheidung von Mann und Frau über die partnerschaftliche Gestaltung ihrer Beziehungen, ihres Familienlebens und ihres Verhältnisses zu Kinderwunsch und Kindererziehung in den Mittelpunkt ihrer Bemühungen. Sie tritt für Rahmenbedingungen ein, die es dem Menschen gestatten, in eigener Verantwortung – ohne Bevormundung durch den Staat – ihre Vorstellungen umzusetzen und das Familienleben selbst zu gestalten."

Ein starkes Bekenntnis zur vollen Integration für behinderte Menschen betrachtet die Sozialdemokratie als kategorischen Imperativ. Grundsatz muß sein, daß nicht gefragt wird, was behinderte Menschen nicht können, sondern daß gefragt wird, was sie können und was sie vielleicht sogar besser können! „Sozialdemokratie 2000" stellt die Kapitel über Bildung, Schule, Universität, Forschung, Kultur nicht getrennt nebeneinander, sondern faßt sie unter dem Motto „Kultur und Lebensqualität" zusammen. In sehr ausführlicher Weise setzt sich dieses Konzept mit der Kunst, die das Bewußtsein einer Gesellschaft reflektiert und wesentlich zur Orientierung in der Gesellschaft beiträgt, auseinander. Die Sozialdemokratie sieht in der künstlerischen Avantgarde der heutigen Zeit kritische Weggefährten ihrer gesellschaftspolitischen Ambitionen. Künstler und demokratische Sozialisten müssen Verständnis füreinander haben, weil sie auch viele Ideale gemeinsam haben.

Einladung zur Diskussion

Das letzte Kapitel von „Sozialdemokratie 2000" heißt „Zukunft Sozialdemokratie". Für dieses Kapitel trifft am stärksten die Feststellung zu, die im Prinzip für das ganze Konzept gilt, nämlich daß es eine Einladung zur Diskussion darstellt und daß an seiner Konkretisierung und Realisierung noch gearbeitet werden muß. Vieles wird hier nur angedeutet und angerissen; aber wir wollten nicht perfektionistisch erscheinen, sondern selbstkritisch und zurückhaltend formulieren.

Wir wissen, daß die innerparteiliche Demokratie nicht oder noch nicht so funktioniert, wie sie eigentlich funktionieren sollte. Wir wissen, daß unsere Organisationsformen manchmal überholt und nicht genügend attraktiv sind. Wir wissen, daß die Realität in der Partei nicht immer mit den hohen Ansprüchen unseres Parteiprogrammes übereinstimmt. Umsomehr ist es ernst und ehrlich gemeint, wenn wir sagen, daß es das Ziel der SPÖ ist, eine offene, bürgernahe integre Partei zu sein. Wir finden hier auch ein Bekenntnis für eine stärkere Stellung der Frau in der Partei und in der Gesellschaft und ein Bekenntnis zu neuen Formen politischer Initiativen.

„Sozialdemokratie 2000" wird mit einem Satz geschlossen, der wohl als Leitmotiv für das ganze Konzept dienen könnte. Denn er lautet sinngemäß: Es gibt viele Gemeinsamkeiten zwischen einer guten Zukunft der Sozialdemokratie und einer guten Zukunft für Österreich, und für beides wollen wir arbeiten, indem wir mithelfen, die Tore für Österreichs Zukunft weit zu öffnen.

aus: Die Zukunft, Jg. 1989, H. 12, S. 8 ff.

WIR BEKENNEN UNS ZU ALLEN DATEN UNSERER GESCHICHTE UND ZU DEN TATEN ALLER TEILE UNSERES VOLKES ...

Franz Vranitzky

Herr Präsident! Hohes Haus! Meine sehr geehrten Damen und Herren! „Erst der Völkerfrühling – und nun der Bürgerkrieg?" Mit diesen Worten beginnt der Leitartikel der letzten Nummer der Zeitschrift *Die Zeit,* und der Verfasser Robert Leicht knüpft daran die Überlegung – ich zitiere: „Das jedenfalls scheint die bittere Paradoxie des Wandels zu sein, der sich seit dem Ende der achtziger Jahre im Osten und Südosten Europas vollzieht: Nicht eitel Friede folgt der Freiheit, dem Zusammenbruch des Kommunismus, sondern oft genug nur neue Spannung und alter Streit. Die blutigen Kämpfe in Jugoslawien – werden sie zum Vorschein einer Völkerdämmerung im Osten?" – Ende dieses Zitats.

Meine sehr geehrten Damen und Herren! Das ist eine sehr pessimistische Einschätzung, die ich nicht uneingeschränkt teilen kann, denn wir müssen auch an die Weiterentwicklung der Menschen und an die Möglichkeit des friedlichen Wandels glauben. Trotz dieser Einschränkung ist es aber offensichtlich, daß mit dem Zusammenbruch der totalitären Regime, daß mit dem wiedererlangten Recht auf freie Meinungsäußerung und demokratische Willensbildung neue politische Kräfte und Ziele auf den Plan gerufen wurden, deren Auseinandersetzung mit den Kräften des Beharrens und des unveränderten Status quo nicht völlig harmonisch und ruhig abgehen kann.

Wir waren uns in Österreich seit langem bewußt, daß in unserem südöstlichen Nachbarstaat Jugoslawien ein so tiefgehender Veränderungsprozeß in

Gang gekommen ist, daß damit gerechnet werden mußte, daß er nicht zur Gänze reibungs- und konfliktfrei verlaufen würde. Ich selbst habe seit mehreren Jahren nahezu jedes Gespräch auf internationaler Ebene dazu benützt, auf die Besonderheiten der Lage in Jugoslawien und die Schwierigkeiten, die sich dort der wirtschaftlichen und politischen Umstrukturierung entgegenstellen, aufmerksam zu machen. Ich habe allerdings – auch das muß offen gesagt werden – nicht immer und nicht überall ein besonders ausgeprägtes Interesse für diese Probleme vorgefunden.

Ich brauche gerade Ihnen, meine Damen und Herren, wohl die Besonderheit der jugoslawischen Problemstellung nicht vor Augen zu führen – die enge Verknüpfung von ethnischen Fragen, wirtschaftlichen, sozialen und gesellschaftspolitischen Ungleichgewichten, Spannungen und inneren Konflikten, die zum Teil eine sehr lange Geschichte haben, bis hin zu sehr unterschiedlichen Vorstellungen über die Gestaltung und Orientierung der eigenen Zukunft.

Gerade angesichts der Vernetzung dieser Fragen war uns immer bewußt, daß es darauf keine einfachen Antworten geben kann. Die Bundesregierung hat hier eine sehr korrekte und geradlinige Position eingenommen: Sie hat den Gesprächskontakt zu allen gepflegt, die daran interessiert waren, und das galt sowohl für die Vertreter der Zentralregierung als auch für die Vertreter der einzelnen Republiken.

Ebenso ist die österreichische Bundesregierung immer und mit Nachdruck dafür eingetreten, daß eine Lösung nur im friedlichen Dialog, mit der inneren Bereitschaft zur Verständigung und mit Respekt für Demokratie und Menschenrechte gefunden werden kann.

Dieses Bemühen um gewaltlose politische Lösungen und der konsequente Versuch, möglichst viele Politiker in unserem Nachbarland für den Weg der Verhandlungen und des Gewaltverzichts zu gewinnen, haben die Handlungen der Bundesregierung bestimmt. Es gab und gibt hier keine andere Motivation, als in diesem Sinn hilfreich zu sein.

Ich betone dies deshalb, weil gerade in den letzten Tagen mancherorts Spekulationen laut geworden sind, Österreich versuche hier eine nostalgische Wiederbelebung von längst Vergangenem. Das gilt es rasch und mit allem Nachdruck zu widerlegen.

Die Ereignisse der letzten Tage, während derer der Dialog durch den Einsatz militärischer Gewalt ersetzt wurde, bestätigen die Richtigkeit dieser Haltung. Abgesehen von den Verlusten an Menschenleben und von den vielen menschlichen Tragödien, denen unser aufrichtiges Mitgefühl gilt, abgesehen

von der sinnlosen Zerstörung, ist damit hoffentlich jedermann klargeworden, daß der Einsatz von Gewalt keine Lösung der Probleme bringt, ja im Gegenteil, sie noch weiter verschärft und die Fronten verhärtet.
Meine Damen und Herren! Am Ende dieses Jahrhunderts, nach all den Erschütterungen und Erfahrungen dieses Jahrhunderts, nach all der Aufbauarbeit, die im Sinne von Frieden und Sicherheit geleistet wurde, ist in Europa der Einsatz militärischer Gewalt zur Lösung politischer Probleme völlig unakzeptabel – und das kann nicht oft genug gesagt werden.
Hohes Haus! Auch angesichts der militärischen Eskalation hat die Bundesregierung rasch und – wie ich meine – richtig gehandelt. Es wurden mit der Entsendung des Bundesheers an die Grenze die notwendigen Schritte zur Sicherung des österreichischen Staatsgebiets und zur Beruhigung der Situation im Grenzbereich ergriffen. Ich möchte diese Gelegenheit auch gerne dazu benützen, all den Angehörigen des Bundesheers, die heute dort ihren Dienst tun, öffentlich zu danken und ihnen zu sagen: Wir sind stolz auf euch, ihr habt euch in einer schwierigen und manchmal sehr unklaren Situation bewährt, immer mit Augenmaß und korrekt gehandelt und im wahrsten Sinn des Wortes vertrauens- und sicherheitsbildend gewirkt!
Auch auf der diplomatischen und politischen Ebene wurden sofort die notwendigen Schritte eingeleitet, und ich meine, daß die – hoffentlich nicht nur temporäre – Beruhigung zumindest zu einem guten Teil auch ein Erfolg der österreichischen Bemühungen ist. Durch Aktivierung aller zur Verfügung stehenden Kontakte ist es doch gelungen, die Militäraktion zum Stillstand zu bringen und die Möglichkeiten, die uns heute durch die EG und die KSZE zur Streitschlichtung zur Verfügung stehen, rasch in Gang zu setzen.
Nun sind die Auseinandersetzungen wieder dort, wo sie hingehören, nämlich auf der politischen Ebene, und wir müssen alles daran setzen, durch unser eigenes Engagement und durch das Engagement Europas sie auf dieser Ebene zu halten. Ein Wiederaufflammen der Kampfhandlungen wäre sonst vielleicht wirklich der Auftakt zu einem Inferno, das dann durch die Kräfte der Politik nicht mehr kontrolliert werden kann.
Hohes Haus! Meine sehr geehrten Damen und Herren! Jugoslawien und Österreich haben in den letzten 45 Jahren als gute Nachbarn und Freunde miteinander gelebt. Hier gibt es nicht nur enge politische und wirtschaftliche Verbindungen, hier gibt es vor allem viele menschliche Verbindungen, die der Zement dieser Freundschaft sind. Wir können und wir werden diesen unseren Nachbarn nicht das Endergebnis ihrer Umgestaltung vorschreiben. Mit Fug und Recht können wir uns aber in ihrem, in unserem und in einem

gesamteuropäischen Interesse für einen Weg einsetzen, den sie gehen sollen – nämlich den Weg des Dialogs, der Verständigung und der Gewaltfreiheit. Jedes Endergebnis, das mit diesen Mitteln erreicht wird, werden wir, wird Europa zu respektieren haben.

Gerade jetzt gilt es auch, über den Emotionen des Augenblicks nicht die Perspektive für die Zukunft aus den Augen zu verlieren. Wir selbst mögen uns verändern, aber die Geographie ändert sich nicht, und wir werden auch weiterhin in diesem kleinen zentraleuropäischen Raum eng miteinander zusammenleben müssen, als Nachbarn und als Freunde. Hier dürfen keine Gräben aufgerissen werden, die vielleicht nur mit Mühe oder gar nicht mehr zugeschüttet werden können.

Ich sage das auch an unsere eigene Adresse: Auch wir müssen uns vor allzu raschen, allzu spontanen, allzu plakativen Äußerungen oder Positionierungen hüten. Dazu sind die Probleme zu groß und zu ernst. Unsere freundschaftlichen Beziehungen zu Jugoslawien richten sich an alle 22 Millionen Menschen, die in diesem Staat leben, gleichgültig, welcher ethnischen Gruppe, welcher Religion, welcher inneren Organisationseinheit sie zuzurechnen sind. Sie alle sind Teil dieses Europas, sie alle müssen wir verstehen oder zumindest verstehen lernen in ihren Sorgen und Anliegen, sie alle haben das Recht auf eine europäische Perspektive für ihre Zukunft.

Darüber hinaus muß man sich aber bewußt sein, daß hinter der Problematik, die sich heute mit den Souveränitätsansprüchen Sloweniens und Kroatiens stellt, die viel tiefere und in ihren Konsequenzen weitergehende Frage der Zukunft der Vielvölkerstaaten in Europa und des Zusammenlebens von verschiedenen Völkern und Volksgruppen in einem engen Raum steht. Aus der bewegten Geschichte unseres Kontinents wissen wir, daß es hier keine einfachen Lösungen geben kann. Schließlich findet sich ja kaum ein Staat in Europa, der nicht mit dem Problem konfrontiert ist, daß auf seinem Staatsgebiet auch Angehörige eines anderen Volkes leben.

Gerade deshalb ist hier mit Behutsamkeit und Weitblick vorzugehen. Die Versuchung der Aus- und Abgrenzung aufgrund nationaler und ethnischer Kriterien liegt oft sehr nahe. Es gibt auch genügend Staaten oder geographische Bereiche in Europa, wo eine Entwirrung eines historisch gewachsenen Bevölkerungsgemischs nach diesen Kriterien überhaupt nicht möglich wäre, ohne gleichzeitig das Risiko heftigster Auseinandersetzungen, großer Flüchtlings- und Wanderungsbewegungen und aller damit verbundenen menschlichen Tragödien einzugehen.

In einem auf Integration, auf immer stärkeres Zusammenwachsen, auf Kooperation, Frieden und Sicherheit orientierten Europa muß es daher auch möglich sein, andere Lösungen zu finden, nämlich ein friedliches Zusammenleben auf der Grundlage von Toleranz, demokratischer Willensbildung und Rechtsstaatlichkeit.

Meine sehr geehrten Damen und Herren! Die innerösterreichische Diskussion wurde in den letzten Tagen weitgehend von der Frage bestimmt, ob Österreich Slowenien als eigenen Staat anerkennen soll oder nicht. Wie Sie wissen, hat sich die Bundesregierung diesen Schritt als eine Option unter bestimmten Bedingungen offengehalten. Ich meine aber, daß auch dazu einige klärende Worte angebracht sind. Die völkerrechtliche Problematik ist wohl jedem bestens bekannt. Ich will daher diesen Aspekt gar nicht mehr behandeln, sondern auf zwei Gesichtspunkte eingehen, die bisher entweder überhaupt nicht oder ungenügend diskutiert worden sind:

Erstens: Ich verkenne durchaus nicht die in erster Linie psychologische Wirkung, die eine solche Maßnahme für die Slowenen haben würde. Wir müssen uns aber auch darüber im klaren sein, daß wir es nach einem Anerkennungsschritt dann nicht mehr mit einer inneren Auseinandersetzung in Jugoslawien, sondern mit einem Konflikt zwischen zwei Staaten zu tun hätten, in dem Österreich als neutraler Staat zur striktesten Anwendung des Neutralitätsrechts und der Neutralitätspolitik verhalten wäre. Das heißt, daß unser Handlungsspielraum damit nicht notwendigerweise erweitert wäre. Das ist jedenfalls im Hinblick auf unsere Vermittlungsrolle ernsthaft mit zu bedenken, damit hier keine Unklarheiten oder Illusionen im Raum stehenbleiben.

Zweitens: Man muß sich auch darüber im klaren sein, daß mit der Anerkennung durch Österreich allein weder die inneren Probleme noch die internationalen Probleme gelöst wären. Ein Beispiel: Die Westsahara ist bisher von an die 70 Staaten international als selbständiger Staat anerkannt worden. Weder an der politischen Problematik noch an der internationalen Situation dieses Staates hat sich damit etwas Wesentliches geändert. Wichtig ist es, eine politische Lösung zu finden, soweit als nur irgendwie möglich in einem europäischen Konsens zu agieren und damit die notwendigen Schritte zu erleichtern. Davon wird sich auch die österreichische Bundesregierung in allen weiteren Überlegungen in erster Linie leiten lassen.

Hohes Haus! Ich bin überzeugt davon, daß wir alle gelernt haben und darin übereinstimmen, daß man die Probleme Jugoslawiens, aber auch anderer Staaten in diesem Raum, in dem wir leben, nicht verstehen kann, ohne auch die Geschichte dieses Raumes zu kennen und sich damit sorgfältig und ehrlich auseinanderzusetzen. Dies gilt selbstverständlich auch für Österreich. Wenn Österreich in all diesen dramatischen und aktuellen Fragen als Gesprächspartner ernst genommen werden will, wenn wir haben wollen, daß unsere Diskussionsbeiträge zu den Problemen in Mitteleuropa als sachgerecht und mit moralischer Autorität ausgestattet betrachtet werden, dann müssen wir auch in der Bewertung unserer eigenen Geschichte die strengsten Maßstäbe anlegen und dürfen vor einer klaren Sprache nicht zurückschrecken.

Wir erleben heute den Anbruch einer neuen Ära in Europa, eine einzigartige Zäsur zwischen dem, was dieser Kontinent noch gestern war, und dem, was er von nun an werden kann. Damit meine ich nicht nur das Ende der Konfrontation zwischen Ost und West, das Ende der Mauern und Stacheldrahtzäune. Es ist auch das Ende der letzten Diktaturen auf diesem Kontinent, die Überwindung auch des letzten Erbes einer Vergangenheit, in der so viel Unheil über die Völker Europas gebracht worden ist. Europa setzt neue Maßstäbe für sich selbst. Es sind die Maßstäbe der Freiheit und der Menschenrechte und der Demokratie, Maßstäbe für das Benehmen aller Regierungen ihren eigenen Völkern gegenüber und Maßstäbe für das Benehmen der Staaten untereinander. Alle europäischen Nationen haben das Ihre dazu beizutragen, um diese neue Ära Wirklichkeit werden zu lassen.

Daher ist es nicht zulässig, daß Zeiten, in denen eine Diktatur so viel Leid über die Menschen gebracht hat, eine Diktatur, zu deren Zielen von Anfang an Verfolgung und Krieg gehörten, daß auch nur irgendein Aspekt dieser Zeit von heutigen Trägern politischer Verantwortung in unserem Land positiv bewertet wird.

Gerade wir in Österreich müssen wissen, was es geheißen hat, Unabhängigkeit und Eigenstaatlichkeit zu verlieren. Auch und gerade weil es nicht wenige Österreicher gab, die vom größeren Reich und seinen größeren wirtschaftlichen Möglichkeiten viel erwartet hatten. Doch im Namen dieses Reiches wurden Hunderttausende Österreicher eingekerkert, vertrieben oder ermordet, und mehr als 250.000 sind im Krieg umgekommen. Das war das Unheil, das die NS-Diktatur über unser Land gebracht hat.

Viele haben Widerstand geleistet und dabei ihr Leben für Österreich gegeben. Aber wir dürfen auch nicht vergessen, daß es nicht wenige Österreicher gab, die im Namen dieses Regimes großes Leid über andere gebracht haben, die teilhatten an den Verfolgungen und Verbrechen dieses Reichs. Und gerade weil wir unsere eigene leidvolle Erfahrung in dieses neue Europa einbringen wollen, gerade weil wir in den letzten Tagen so eindringlich und nachdrücklich daran erinnert werden, was Unabhängigkeit und Eigenstaatlichkeit, Freiheit und Menschenrechte für kleine Völker bedeuten, gerade deshalb müssen wir uns auch zu der anderen Seite unserer Geschichte bekennen: zur Mitverantwortung für das Leid, das zwar nicht Österreich als Staat, wohl aber Bürger dieses Landes über andere Menschen und Völker gebracht haben.

Es ist unbestritten, daß Österreich im März 1938 Opfer einer militärischen Aggression mit furchtbaren Konsequenzen geworden war: Die unmittelbar einsetzende Verfolgung brachte Hunderttausende Menschen unseres Landes in Gefängnisse und Konzentrationslager, lieferte sie der Tötungsmaschinerie des Nazi-Regimes aus, zwang sie zu Flucht und Emigration. Hunderttausende fielen an den Fronten oder wurden von den Bomben erschlagen. Juden, Zigeuner, körperlich oder geistig Behinderte, Homosexuelle, Angehörige von Minderheiten, politisch oder religiös Andersdenkende – sie alle wurden Opfer einer entarteten Ideologie und eines damit verbundenen totalitären Machtanspruchs.

Dennoch haben auch viele Österreicher den Anschluß begrüßt, haben das nationalsozialistische Regime gestützt, haben es auf vielen Ebenen der Hierarchie mitgetragen. Viele Österreicher waren an den Unterdrückungsmaßnahmen und Verfolgungen des Dritten Reichs beteiligt, zum Teil an prominenter Stelle.

Über eine moralische Mitverantwortung für Taten unserer Bürger können wir uns auch heute nicht hinwegsetzen. Vieles ist in den vergangenen Jahren geschehen, um, so gut dies möglich war, angerichteten Schaden wiedergutzumachen, angetanes Leid zu mildern. Vieles bleibt nach wie vor zu tun, und die Bundesregierung wird auch weiterhin alles in ihrer Macht stehende unternehmen, um jenen zu helfen, die von den bisherigen Maßnahmen nicht oder nicht ausreichend erfaßt oder bisher in ihren moralischen oder materiellen Ansprüchen nicht berücksichtigt wurden.

Wir bekennen uns zu allen Daten unserer Geschichte und zu den Taten aller Teile unseres Volkes, zu den guten wie zu den bösen; und so wie wir die guten für uns in Anspruch nehmen, haben wir uns für die bösen zu entschuldigen – bei den Überlebenden und bei den Nachkommen der Toten.

Dieses Bekenntnis haben österreichische Politiker immer wieder abgelegt. Ich möchte das heute ausdrücklich auch im Namen der österreichischen Bundesregierung tun; als Maßstab für das Verhältnis, das wir heute zu unserer Geschichte haben müssen, also als Maßstab für die politische Kultur in unserem Land, aber auch als unseren Beitrag zur neuen politischen Kultur in Europa. Ich bedanke mich, Herr Präsident.

aus: Stenographisches Protokoll des österreichischen Nationalrates, Parlamentsrede vom 8. Juli 1991.

MARKT, STAAT, SOZIALDEMOKRATIE

Überprüfen einer Position

Brigitte Ederer/Ferdinand Lacina

Der Zusammenbruch der kommunistischen Kommandowirtschaften Osteuropas und die konservative Offensive im Westen sind Gründe genug dafür, die programmatische Position der Sozialdemokratie in Fragen der Wirtschaftsordnung zu überprüfen. Denn dem „dritten Weg" – oft als eine Synthese von positiven Elementen aus Markt- und Planwirtschaft gesehen – ist zumindest die Numerierung abhanden gekommen. Die Frage ist nunmehr: Brauchen wir eine sozialdemokratische Alternative zur Wirtschaftsordnung des Kapitalismus, und worin besteht sie eigentlich?

Ohne Adjektive

In unseren Breiten wird der Marktwirtschaft (im angelsächsischen Sprachraum hat man weniger Hemmungen, vom Kapitalismus zu sprechen) gerne ein Adjektiv vorausgeschickt – soziale, ökologische oder gar ökosoziale Marktwirtschaft. Wenn damit gemeint ist, daß unsere Gesellschaft nicht blindlings dem Gesetz der „unsichtbaren Hand" folgt, sondern in ein Korsett sozialpolitischer, in geringerem Maße auch umweltpolitischer Rahmenbedingungen gezwängt wurde, so ist dies eine Tatsachenfeststellung. Die soziale Dimension ist im übrigen nicht den Vätern des Begriffs „soziale Marktwirtschaft" zu verdanken. Auch Müller-Armack und Eucken sind (ökonomische) Philosophen, die die Welt interpretiert und nicht verändert

haben. Die Veränderungen sind vielmehr Resultate des zähen Kampfes der Arbeiterbewegung um Absicherung sozialer Mindeststandards in den industrialisierten Ländern.
Das Konzept der „sozialen Marktwirtschaft" und ihrer ökologischen Uminterpretation von heute ist jedoch nicht nur eine semantische Übung, vielmehr suggeriert es Interessenharmonie, hergestellt durch Volksparteien, vornehmlich christlich-sozialer Spielart oder, mit stärkerer Betonung auf Markt, durch liberale Strömungen.
Ein klärendes Wort dazu haben wir der Neuen Rechten in den ehemaligen Volksdemokratien zu verdanken. Für den tschechoslowakischen Finanzminister Klaus ist eine Marktwirtschaft mit Adjektiven ein Nonsens, und mit dieser Feststellung hat er wohl recht. Ersetzt man das Wort Marktwirtschaft durch das Wort Kapitalismus, zunächst ohne zu werten, sondern nur, um den dominierenden Produktionsfaktor einer modernen Ökonomie herauszustellen, wird die Unsinnigkeit des Begriffs auch sprachlich deutlich. Sozialkapitalismus, Öko- oder gar ökosozialer Kapitalismus wäre als politischer Slogan wohl nicht so leicht verkäuflich.

Kein Selbstzweck

Was uns von Vaclav Klaus trennt, sind nicht die Begriffe, sondern die Schlußfolgerungen aus seiner These. Für Sozialdemokraten ist Marktwirtschaft kein Selbstzweck. Ihre Resultate müssen von einer überwältigenden Mehrheit, wohl sehr viel mehr als zwei Dritteln, als akzeptabel angesehen werden. Aber gesellschaftlich akzeptabel ist wohl nur ein Marktmechanismus, der im Konflikt mit sozialen und ökologischen Interessen eingeschränkt wird.
Hier gilt es eine der grundlegenden Revisionen sozialdemokratischer Strategie zu erörtern. In der Programmatik der sozialistischen Bewegung nimmt die Idee von der Wirtschaftsplanung eine bedeutende Stellung ein. Im Gegensatz dazu stand und steht die praktische Politik sozialdemokratischer Regierungen.
Ökonomische und soziale Prozesse in entwickelten Volkswirtschaften sind so komplex geworden, daß sie sich gesamtwirtschaftlicher Planung entziehen. Die nationale Handlungsebene steht überdies einer zunehmend internationalisierten Struktur gegenüber. Es ist also an der Zeit, sich von der Idee einer krisenfreien Entwicklung durch Wirtschaftsplanung zu verabschieden.

Trotz aller Unvollkommenheiten hat sich die lenkende Funktion von Kapitalrentabilität, der Marktmechanismus, als unverzichtbar erwiesen. Sie ist jedenfalls sowohl einer quantitativen Wirtschaftsplanung sowjetischen Zuschnitts wie auch den anspruchsvollen Konzepten einer technokratischen Planifikation weit überlegen.

Und trotzdem muß dem falschen Bild von einer selbstregulierenden Marktwirtschaft und ihrer überlegenen Funktionsfähigkeit entgegengetreten werden. Bedeutet doch die Aufgabe eines umfassenden Planungsanspruchs nicht gleichzeitig den Verzicht auf intelligente Intervention. Und außerdem entspricht das Modell der Marktwirtschaft wahrlich nicht der Realität unseres Gesellschaftssystems.

Zunächst einmal sind einzelne Sektoren privater Wirtschaftstätigkeit systematisch aus der Marktwirtschaft ausgegliedert worden, ein prominentes Beispiel dafür ist die Landwirtschaft. Hier tritt gerade die SP für effizienzsteigernde marktwirtschaftliche Reformmaßnahmen gegen ein versteinertes System vermachteter Strukturen ein und trifft prompt auf den Widerstand jener, die in keiner Sonntagsrede ein Loblied auf den Markt zu singen versäumen. Auch der gesamte militärisch-industrielle Komplex folgt kaum der marktwirtschaftlichen Logik. So ist die staatliche Administration in den USA beispielsweise Auftraggeber und Garant für privatwirtschaftliche Leistungen, aber auch wichtigster Verkaufsagent.

Ebenso wird die Rentabilität verschiedener Kapitalanlageformen wesentlich durch politische Entscheidungen vorgegeben, beispielsweise durch die Zinspolitik der Notenbank.

Es ließen sich zahlreiche weitere Beispiele wirtschaftlicher Tätigkeiten anführen, in denen national oder international die Wirkung von Marktgesetzen durch staatliche Maßnahmen außer Kraft gesetzt wird, beispielsweise der gesamte Verkehrsbereich. Ganz zu schweigen von der Selbstorganisation der Marktteilnehmer, die durch Kartelle oder monopolistische Marktformen das konstitutive Element der Marktwirtschaft, den Wettbewerb, einengen oder außer Kraft setzen. Wollte man quantifizieren, käme man wohl zum Ergebnis, daß in den hochentwickelten Ländern der überwiegende Teil der Wirtschaftstätigkeit nicht im Marktsegment stattfindet.

Besonders deutlich wird Marktversagen immer dann, wenn es gilt, längerfristig wirksame oder monetär schwierig zu bewertende Faktoren bei der Allokationsentscheidung zu berücksichtigen. Dazu einige Beispiele: Der hochentwickelte Beteiligungsmarkt der USA wird vom kurzfristigen Interesse des Anlegers beherrscht, der Zwang zur Ausschüttung möglichst hoher Dividenden macht Projekte mit erst nach längerer Frist eintretender Rentabilität fast unmöglich. In den letzten Jahren, in der Reagan-Bush-Periode, hat sich diese Entwicklung noch verschärft. Weniger rentabel, solid geführte Unternehmen wurden Opfer von Übernahme-Haien, euphemistisch „White Knights“ (Weiße Ritter) genannt, die aus der Substanz des Unternehmens das letzte herauspreßten. Übrig blieben mit hohem Fremdkapital ausgestattete und damit konjunkturell besonders empfindliche Unternehmen. Da es ohne längerfristige Finanzierung etwa von Forschung und Entwicklung nicht geht, wurde der militärisch industrielle Komplex mit Steuermitteln aus dem SDI-Programm gefüttert, eine Strategie, die angesichts des Zusammenbruchs des „Reichs des Bösen“ ihre politische Legitimation verloren hat. So wurden der Wirtschaftsmacht USA unheilbar strukturelle Wunden zugefügt. Da ein hoher Forschungsanteil eben die kurzfristige Kapitalverzinsung reduziert, geht die technologische Führungsposition der USA nach und nach verloren.

Daß öffentliche Investitionen zurückbleiben, ist eine logische Folge der fortdauernden Aushungerung öffentlicher Haushalte. So weist die Infrastruktur der Vereinigten Staaten in vielen, für die unmittelbare Kapitalverwertung nicht ausschlaggebenden Sektoren Dritte-Welt-Qualität auf. Dies gilt auch für das Ausbildungssystem, das hochqualitative, elitäre Spitzen auf einer immer schmäler werdenden Bildungsbasis breiter Bevölkerungsschichten aufbauen kann.

Qualifikation von Arbeitskräften, aber auch ihre Motivation finden nämlich in der Bilanz, in der Gewinn- und Verlust-Rechnung im Regelfall keinen Niederschlag. Seit Einführung der doppelten Buchhaltung werden aufgrund der Konvention, nur Finanz- und Sachkapital zu bewerten, immaterielle Investitionen vernachlässigt. Das Credo des „Bereichert Euch“ der konservativen Revolution Reagans und Thatchers hat das als Gegengewicht fungierende bildungsbürgerliche Ethos zurückgedrängt. So entsteht ein Defizit, das durch staatliche Ausgleichszahlungen nur mangelhaft abgedeckt werden kann.

Ebenso finden sogenannte freie Güter und knappe Ressourcen keinen adäquaten Niederschlag in den Wirtschaftsrechnungen, auch wenn der saure Regen bereits die Domizile der Aktionäre bedroht. Der Kapitalismus (und in nicht geringerem Ausmaß die Kommandowirtschaft der Kommunisten) ist mit bilanziell nicht oder unvollkommen bewertbaren Ressourcen immer großzügig umgegangen. Dies galt und gilt für den Faktor „Human“-Kapital, dessen Wertsicherung erst die Arbeiterbewegung erhöhen konnte, indem sie

die Ware Arbeitskraft durch ihre Organisation und durch Einschränkungen ihrer Nutzung verknappt und damit verteuert hat.
Freilich ging dies nicht harmonisch, in einem konfliktfreien Hineinwachsen in die soziale Marktwirtschaft vor sich. Ebenso wird die Forderung, mit natürlichen Ressourcen schonender umzugehen, nur im Konflikt mit einer Produktionsweise durchzusetzen sein, die Bewertung als bloß monetäres Phänomen versteht.
An dieser Stelle ist allerdings einzufügen, daß Begrenztheit von Ressourcen zur Wirtschaftlichkeit zwingt und keine Alternative zu einer möglichst umfassenden monetären Erfassung von Werten besteht. Es wäre ein fataler Irrtum, eine irregeleitete Utopie, dem Marktsystem eine voluntaristische Diktatur des Mangels à la Wolfgang Harich entgegenzusetzen.
Ebenso fatal wäre es jedoch, die unsichtbare Hand des Marktes walten zu lassen, ihr einen Bereich nach dem anderen zu eröffnen. Mit anderen Worten: Das Marktsystem führt ohne seinen Wirkungen entgegengesetzte Regelmechanismen zur Selbstzerstörung. In diesem Sinne ist die Marx'sche Alternative „Sozialismus oder Barbarei" eine glatte Untertreibung.

Regeln, aber wie?

Die Marktwirtschafter werden ob dieser Bedrohung nicht verlegen. Wo der Markt nicht die adäquaten Signale liefert, ist eben staatliche Intervention, aber streng marktwirtschaftlich eingesetzt, vonnöten.
Also her mit einer Energiesteuer, die diese Ressource so hoch bepreist, daß die unsichtbare Hand ihren gierigen Griff lockert. Das Nachsehen haben dabei jene, deren Lohn nicht ausreicht, um beispielsweise ihr Bedürfnis nach Mobilität zu befriedigen. Natürlich werden sich diese zur Wehr setzen. Nach dem Vorbild des „Mensch ärgere Dich nicht" müssen sie zurück, also zurück auf Feld eins, dort, wo sie vor dreißig oder vierzig Jahren waren, und sich dann wieder strebsam emporarbeiten.
Eine sozialdemokratische Strategie für die Industrieländer wird solche „marktkonformen" Strategien nicht ausschließen können. Angesichts gestiegener Masseneinkommen werden „künstliche" Verteuerungen (über Umweltsteuern) nicht auszuschließen sein, ergänzt jedoch um attraktive Alternativen, etwa im öffentlichen Verkehr, und rigorose Beschränkung von Nutzungen, die für alle gelten, beispielsweise die Aussperrung von Autos aus Stadtzentren.

Umweltpolitik ohne Rücksicht auf Verteilungswirkungen führt letzten Endes dazu, Umweltbelastungen zum Privileg des Wohlhabenden zu machen. Am deutlichsten wird das in Systemen, in denen „Rechte" zur Verschmutzung von Umwelt im Auktionsverfahren erworben werden können.
Im globalen Ausmaß freilich sind wir schon so weit. In den Wohlstandsgesellschaften haben wir einen Lebensstil, eine Konsumtions- und Produktionsweise erreicht, deren Proliferation an die dritte Welt unvorstellbar ist. Wir messen uns also Rechte zur Belastung der Umwelt zu, die wir der dritten Welt nicht zugestehen (können). Das alte Beispiel des Ersatzes von Fahrrädern in China durch Kleinstwagen westlicher Provenienz macht dies anschaulich.
Die einheitliche Weltökonomie baut also auf einem dauerhaften Einkommensgefälle zwischen erster und dritter Welt auf. Auch die internationale Sozialdemokratie hat hier keine ernsthaften Lösungsansätze zu bieten. Hellhöriger wurden wir erst, als im Gefolge der ursprünglichen Akkummulation nicht nur Indianer in Brasilien, sondern auch das Weltklima durch Abholzen tropischer Regenwälder bedroht wird. Mehrheitsfähige Strategien sowie technische Lösungen dieses Problems stehen noch aus.

Regeln, aber was?

Deregulierung ist einer der Slogans der erneuten Entfesselung von Produktionskräften. Die ursprüngliche Skepsis gegenüber diesem Konzept ist in der Sozialdemokratie in zunehmendem Maß einer Aufgeschlossenheit gewichen, die als „Deregulierung von Links" bezeichnet wird.
Das Konzept der Konservativen war gegen Rigiditäten am Arbeitsmarkt, gegen bürokratische und national begrenzte Regulierungen aufgetreten. Das Konzept der „strukturellen Anpassung" eröffnete durch das Niederreißen von Schranken für Mobilität von Kapital und Arbeit tatsächlich neue Entwicklungschancen. So sind die vier Freiheiten des gemeinsamen Marktes als Weiterentwicklung zum regionalen, der Abbau von Hindernissen für den Austausch von Waren und Dienstleistungen im GATT zum globalen Markt zu sehen. Freilich stehen unsere Bürgerlichen dem Niederreißen von Schranken dort mit Verständnis gegenüber, wo es nur die Arbeitnehmer betrifft, zum Beispiel bei der Beschäftigung ausländischer Arbeitskräfte. Ansonsten werden zünftlerische Regelungen verteidigt, ihr Wegfall als Anlaß zu Subventionsforderung genommen.

Im Gegensatz dazu hat sich die Sozialdemokratie in einem schmerzlichen, oft innere Konflikte auslösenden Prozeß dazu durchgerungen, privilegierte Positionen einzelner Arbeitnehmergruppen in Frage zu stellen. Dies, weil auf Dauer eine Auseinanderentwicklung von Lebenschancen im geschützten und exponierten Bereich der Volkswirtschaft unerträglich ist.
Aber ebenso unerträglich sind Einschränkungen von Wettbewerb und Erwerbsfreiheit in jenen Bereichen, die traditionelle Bastionen der Konservativen sind, vom Gebietsschutz der Apotheker bis zum Agrarmonopol von Raiffeisen.
Das Ergebnis einer erst an ihrem Beginn stehenden linken Strategie der Deregulierung wird nicht eine geringere, wohl aber eine grundlegend veränderte Intensität von Regulierungen sein. Nicht Ausverkaufstermine, wohl aber die Beschränkung weiterer Zersiedelung der Landschaft, nicht die Einteilung von Gurken in Krümmungsklassen, wohl aber die Einführung kreislauforientierter Herstellungs- und Entsorgungssysteme über Pfand und Recyclingpflicht wird Inhalt von Regelungen sein. Dabei entstehen auch in unseren Diskussionen nicht immer leicht auflösbare Widersprüche. Wir fordern mehr Markt gegen die Kommandowirtschaft im Agrarsystem. Gehen die Sozialdemokraten den Weg aller Konvertiten, die, zur Marktwirtschaft bekehrt, alle Lebensbereiche mit deren Gesetzen durchdringen wollen?
Daß dem nicht so ist, glauben wir bereits dargestellt zu haben. Der Zusammenbruch der Kommandowirtschaft jedoch zeigt deutlich, daß eine Gesellschaft auch an Überregulierungen zugrundegehen kann, daß diese Regeln letztlich sich verselbständigen, zum Machtinstrument der Regler verkommen können. Wen schützt Raiffeisen, sich oder den Bauern?

Regeln, womit?

Die Wende in der programmatischen Position der österreichischen Sozialdemokratie, vorgenommen mit dem Parteiprogramm 1978, ist nie so recht zur Kenntnis genommen worden. Nicht auf die Eigentumsverhältnisse, auf die Entscheidungsverhältnisse kommt es an, heißt es dort. Anders als etwa die schwedische Arbeiterbewegung hatte die österreichische der Vergesellschaftung beziehungsweise der Verstaatlichung von Produktionsmitteln eine strategische Position zugewiesen. Die konkreten Erfahrungen – noch vor der Verstaatlichten-Krise am Beginn der achtziger Jahre – führten zu dieser programmatischen Revision. Nacheinander mußten Ansprüche an den verstaatlichten Sektor zurückgenommen werden: Die verstaatlichen Betriebe waren keine Inseln sozialistischer Produktion, nur bedingt eigneten sie sich als soziales Experimentierfeld, nur vorübergehend als arbeitsmarktpolitisches Instrument. Und mit dem wirtschaftlichen Strukturwandel verloren die Basisindustrien viel von ihrer „Kommandoposition", die ihnen in der Periode des Wiederaufbaus zugekommen war. Soll das Parteiprogramm von 1978 nicht bloßes Papier bleiben, müssen Konkretisierungsschritte gesetzt werden, die erkennen lassen, wie Entscheidungsverhältnisse verändert werden sollen und mit welchen Instrumenten.

Konsequenterweise diskutieren wir heute Rahmenbedingungen und Instrumente der staatlichen Intervention, die unabhängig von Eigentumsformen einsetzbar sind. Diese Rückbesinnung auf den öffentlichen Sektor im engeren Sinne erfolgt allerdings in einer Periode, in der die Konservativen zur Privatisierungsoffensive angetreten sind, die sich ja nicht auf Beteiligungsunternehmen des Staates beschränkt.

Tatsächlich hat die österreichische Sozialdemokratie ein entkrampftes Verhältnis zur Frage öffentlichen Eigentums an Industrie oder Banken gefunden. Wie sieht es aber mit den Instrumenten zur Erfüllung der eigentlichen Staatsfunktion aus? Hier sind staatliche Interventionsinstrumente in verschiedenen, oft jahrzehntelang tradierten Organisationsformen vorhanden. Anders als im Marktbereich wird die Erfüllung ihrer Funktion nicht durch Nachfrage bestimmt. Durch ihre Eingliederung ins Budget folgt ihr Rechenwerk der kameralistischen Logik, grob gesagt, einer Einnahmen-Ausgaben-Rechnung. Schließlich sind sie durch Zugehörigkeit zur Großorganisation Staat in starre Regeln eingebettet, vom Dienstrecht bis zur Entlohnung. Diese Instrumente gehen, dem Konzept des modernen Wohlfahrts- und Interventionsstaates folgend, weit über den Bereich der Hoheitsverwaltung hinaus. Sie zu schärfen, ihre Einsatzfähigkeit laufend zu steigern und ihre Finanzierung zu sichern, muß im Interesse der Sozialdemokraten liegen, die ihnen ja strategische Bedeutung zumessen.

Der Ruf nach staatlichem Handeln ist immer ein Ausdruck gesellschaftlicher Erwartungen und Bedürfnisse. Bereiche, die die Gesellschaft aus gutem Grund nicht ausschließlich den Marktkräften überlassen will, will sie teilweise oder zur Gänze vom Staat geregelt wissen. Diese Erwartungshaltungen unterliegen nun, wie die Gesellschaft selbst, im Laufe der Zeit enormen Veränderungen. War es beispielsweise vor hundert Jahren durch die zentrale Bedeutung von Grund und Boden sinnvoll, das Eich- und Vermessungswesen öffentlich Bediensteten zu überlassen, so ist dies in einem entwickelten Industrieland faktisch überholt.

Diese sich permanent ändernde Erwartungshaltung der Bevölkerung führt nun zu folgendem Problem in unserer Gesellschaft:
Der Staat ist nahezu täglich mit neuen Anforderungen, seine Dienstleistungen betreffend, konfrontiert, alte staatliche Leistungen werden aber in der Regel nicht einer strengen Prüfung unterzogen, ob sie wirklich noch von der öffentlichen Hand erbracht werden müssen. Die Folge ist: Viele staatliche Leistungen werden im Laufe der Zeit zum Selbstzweck, und gleichzeitig können neu nachgefragte Leistungen – nicht zuletzt aus budgetären Gründen – nicht befriedigend erbracht werden.

Zusammenbruch

Dem öffentlichen Sektor geht es so wie einer kräftigen Person, die immer wieder neue schwere Lasten aufgeladen bekommt, der es aber nicht erlaubt ist, auch Ballast abzuwerfen. Trotz der besten Nahrung, die diese Person zu sich nimmt, wird sie irgendwann unter der Last zusammenbrechen. Dann kann überhaupt nichts mehr getragen werden. Umgelegt auf den öffentlichen Sektor, heißt dies: Es kommt zu einer anfangs schleichenden Verschlechterung der erbrachten staatlichen Leistungen, daraus folgt eine abnehmende Akzeptanz der Bevölkerung, und diese endet konsequenterweise in einer völligen Infragestellung des öffentlichen Sektors.
Als Sozialdemokraten müssen wir aber das Instrumentarium „öffentlicher Sektor" finanzierbar, von der Bevölkerung akzeptiert und funktionstüchtig erhalten, um auch in Zukunft soziale Ungleichheit wirksam bekämpfen zu können. Daraus folgt die Notwendigkeit, den Leistungskatalog der öffentlichen Hand zu durchforsten und überholte, nicht mehr nachgefragte Leistungen gänzlich aufzulassen. Für jene Leistungen, über deren Beibehaltung gesellschaftlicher Konsens besteht, müssen wir Modelle entwickeln, die eine optimale Erbringung sicherstellen.
Optimal bedeutet sicher nicht, daß bei Leistungserbringung der größtmögliche Gewinn erzielt wird. Und dies wäre ja die Basis für eine Privatisierung der Leistungserstellung. Aber die Nutzung privatwirtschaftlicher Organisationsformen – zunächst ohne Veränderung des Eigentums – kann sehr wohl Gradmesser für bessere Aufgabenerfüllung sein.
Entscheidend ist letztlich die, gemessen an der Zielerreichung, kostengünstigste, wirksamste, die Qualität der Leistung sicherstellende Organisationsform.

Dies kann sein: Die Hoheitsverwaltung, der Staat als Anteilseigner an Kapitalgesellschaften (von 100 % bis 1 %) und schließlich Private, die im Rahmen der vorgegebenen Richtlinien agieren.
Welches Modell maßgeschneidert für welche staatliche Leistung das Richtige ist, bedarf der politischen Willensbildung, die sich an gesellschaftlichen Erwartungen orientieren muß. Ohne Zweifel soll etwa das Bundesheer weiterhin hoheitlich verwaltet werden, aber ebenso ohne Zweifel könnte die Datensammlung, -erfassung und -verarbeitung durch eine Kapitalgesellschaft (mehrheitlich im Eigentum der öffentlichen Hand) durchgeführt werden; die Straßenerhaltung sollte überhaupt an Private abgegeben werden.
In vielen Bereichen wird staatliche Tätigkeit zumindest partiell in Konkurrenz mit Privaten treten, ein Beispiel dafür ist die Bahn. Die Erhaltung oder Wiederherstellung der Konkurrenzkraft eines solchen Unternehmens kann nicht von ihm allein geschafft werden. Kostenwahrheit im Verkehr ist die Grundlage fairen Wettbewerbs, aber auch entsprechende Kapitalausstattung. Wollen wir dafür politische Unterstützung, haben wir allerdings dafür zu sorgen, daß nicht ein hoheitlich auftretendes Amt mit Monopolanspruch, sondern ein voll funktionsfähiges Unternehmen aus unserer Bahn wird.
Das Unternehmen muß sich somit als konkurrenzfähig bewähren und mit Dritten um staatliche Aufträge bewerben. Voraussetzung dafür ist eine genaue Kalkulation der Kosten, was sicherstellen würde, daß die Dienstleistungen dieser Gesellschaft langfristig wirtschaftlich erbracht werden müssen.
Schließlich gilt es noch zu erklären, warum Sozialdemokraten vorschlagen, gesellschaftlich erwünschte Leistungen ausschließlich Privaten zu überlassen. Am Beispiel der Straßenerhaltung ist dies leicht erklärt: Ziel ist die gut erhaltene, im Sommer und im Winter sicher befahrbare Straße.
Unsere These: Mit der Möglichkeit, bestehende personelle und maschinelle Kapazitäten flexibler einzusetzen (Bauarbeiter und Baumaschinen als Straßendienst im Winter), wird die Leistung bei zumindest gleichbleibender Qualität kostengünstiger erbracht. Weder Reifen noch Fahrer spüren, ob sie auf einer hoheitlich verwalteten oder von einer privatwirtschaftlich organisierten Gesellschaft betreuten Straße fahren.

Qualität

Viele kritisieren diese Privatisierungsvorschläge als Verrat an der sozialdemokratischen Idee, denn für sie ist staatliches Handeln per se sozialer und

gerechter. Dem ist entgegenzuhalten, daß im Vorfeld – nämlich bei der Klärung, welche Leistungen der Staat für die Allgemeinheit erbringen soll – sozialdemokratische Weltanschauung greifen muß. Der nächste Schritt ist die Sicherstellung der Qualität der Leistung, aber wer sie optimal erbringt, ist von Fall zu Fall zu beurteilen.
Sozialdemokratische Zielsetzungen sind ohne Einschränkung des Marktmechanismus, ohne effizienten Staat, auch ohne effiziente öffentliche Unternehmen, nicht zu erreichen. Wir sollten jedoch keine Bastionen verteidigen, die mit dieser Zielerfüllung wenig oder gar nichts zu tun haben. Je flexibler staatliche Leistungserstellung organisiert, je überzeugender ihre Leistungskraft nachgewiesen, je konkurrenzfähiger sie gegenüber dem Privatsektor ist, desto überzeugender wird die Sozialdemokratie sein.

aus: Die Zukunft, Jg. 1992, H. 4, S. 26 ff.

ZUM 1. MAI

Fritz Verzetnitsch

Liebe Kolleginnen, liebe Kollegen!

1. Mai, Weltfeiertag der Arbeit. Ein Tag, der in vielen Ländern von der Sorge um die Arbeitsplätze überschattet wird. Denn Europa befindet sich in diesen Monaten in einer äußerst kritischen Phase: Der Westen ist von einer Wirtschaftsflaute bedroht, und der erhoffte Aufschwung im Osten hat noch nicht stattgefunden. Das Gespenst der Arbeitslosigkeit geht um. Millionen Arbeitslose im Westen und wachsende Arbeitslosenheere im Osten formen sich nicht nur zu menschlichen Tragödien, sondern auch zu einem demokratiegefährlichen Potential, das zu einem verlockenden Spielball für Radikale werden kann und gleichzeitig Sorge und Angst schürt. So entsteht eine explosive Mischung, die auch den Gedanken eines vereinten Europa gefährden kann. Denn Angst war immer schon ein schlechter Ratgeber.
Ich will Ihnen nur die Dimensionen dieses Problems vor Augen führen: Die Zahl der Arbeitslosen in Westeuropa entspricht zweimal der Einwohnerzahl Österreichs. Und in Gesamteuropa sind viermal so viele Menschen arbeitslos, wie Österreich Einwohner hat.
Es ist daher richtig und notwendig, daß die Gewerkschaften Europas ihre Regierungen und die Unternehmer zum Handeln drängen. Wann sonst sollten Regierungen handeln als im Angesicht wirtschaftlicher und demokratiebedrohender Gefahren? Jetzt ist Handeln angesagt, daran dürfen auch beachtliche Defizite in den Haushalten Europas nichts ändern. Sie sind auch

durchaus zu verantworten, wenn beschäftigungswirksame Investitionen nur einen Vorgriff auf die Zukunft bedeuten. Europa braucht neue Infrastrukturen, grenzüberschreitende Strukturen, und die müssen geschaffen werden, um Europas Wirtschaft stark zu machen, eine Wirtschaft, die sich an Europas geographischen Grenzen orientiert, orientieren muß, um neue soziale Krisenherde zu verhindern.
Vor zwei Strategien aber möchte ich warnen: Die eine ist die, unsere Löhne an den Billiglohnländern zu orientieren. Sie würde die Kaufkraft der Bevölkerung im Westen entscheidend verschlechtern und die Lohn-, Sozial- und Wohlstandsspirale nach unten in Gang setzen.
Die zweite ist jene des Sozialabbaus, die damit beginnt, daß man Mißtrauen sät: Unter dem Vorwand, Mißstände abschaffen zu wollen, werden Arbeitslose zu Scheinarbeitslosen, werden Kranke zu Scheinkranken: Man stellt quasi vorbeugend der gesamten Bevölkerung einen Strafzettel aus. Gleichzeitig unterstellt man den Unternehmensführungen, unfähig zu sein, mit sogenannten Mißständen fertigzuwerden.
Das ist die falsche Strategie, und ich appelliere an dieser Stelle aus Überzeugung an alle: Lassen wir eine unnötige Diskussion, die auch noch zur falschen Zeit geführt wird. Kehren wir zurück zum Realismus, zum Optimismus, zur Vernunft. Prüfen wir jede Möglichkeit, aktiv einzugreifen.
Liebe Kolleginnen, liebe Kollegen! Österreich hat eine starke Wirtschaft, auch wenn es in einigen Bereichen Probleme gibt, die meist international bedingt sind. Die Wirtschaftsprognosen für die nächsten Jahre sehen nach der derzeitigen Flaute dennoch günstig aus: Experten sagen voraus, daß unser Wirtschaftswachstum über dem Durchschnitt der OECD-Länder liegen wird. Auch die Inflationsrate wird niedrig bleiben, und unsere Exportchancen werden sich in Richtung EG, aber auch in Richtung Osten günstig entwickeln. Sorgenkind bleibt die Arbeitslosigkeit, die wir sehr gezielt bekämpfen müssen. Dazu wird das 30-Milliarden-Konjunkturprogramm ebenso beitragen wie die Projekte der letzten Wochen oder die sogenannte Strukturmilliarde, die vom ÖGB durchgesetzt wurde und die in Problemgebieten vor allem sozial Schwachen zugute kommen wird, um ihre berufliche Qualifikation zu verbessern. Die Vollbeschäftigung bleibt unser oberstes Ziel. Denn sie ist die Basis für unseren Wohlstand und für unseren sozialen Frieden. Daher geht es jetzt darum, offene Projekte rasch umzusetzen und von Worten zu Taten zu kommen.
Österreich hat in den letzten Monaten sehr deutliche Signale gesetzt, daß wir das Wort Solidarität ernst nehmen: Es gibt Verbesserungen für die Familie, und es gibt mit der Pflegevorsorge ein Gesetz, das in Europa einmalig ist.

Gesetze dieser Art zünden eine sozialpolitische Lichterkette an. Das Lichtermeer vom Jänner hat gezeigt, daß wir das Gegeneinander ablehnen und das Miteinander zum Grundsatz unseres solidarischen Handelns machen.
Am 1. Mai und an jedem folgenden Tag: Glück auf!

Rundfunkrede vom 1. 5. 1993

SICHERHEIT UND ORIENTIERUNG IN EINER UNSICHEREN UND ORIENTIERUNGSLOSEN WELT

Caspar Einem

Insoweit es bei diesem Thema um Menschen geht, geht es nicht nur und auch gar nicht primär um objektivierbare Befunde, sondern um Befindlichkeiten vor einem objektivierbaren Hintergrund.
Es geht also zunächst um das Gefühl von Sicherheit, um Gewißheiten in einer Welt, die in den vergangenen Jahrzehnten sehr viel mehr Unsicherheit, Neuerungen und Veränderungen erfahren und produziert hat.
Dies möchte ich bloß skizzenhaft illustrieren: Die sogenannte 68er-Bewegung hat das Verdienst, die tradierten Fesseln der Institutionen Familie und Kirche weitgehend abgeschüttelt zu haben. Teilweise wurden erst durch diese Befreiung Voraussetzungen für eine weltoffene Wirtschaftsentwicklung geschaffen, die heute kaum anders vorstellbar ist.
Dieser Prozeß ist allerdings, wenn auch weit weniger dramatisch, weitergegangen und hat inzwischen weitere Institutionen angegriffen, die zu vor noch fest gefügt schienen: Parteien, Arbeiterkammern und Gewerkschaften.
Einen krönenden (vielleicht bloß vorläufigen) Abschluß hat diese Erosion von Fesseln, die zugleich Ordnung und insoweit Orientierung, also Gewißheiten in einer ungewissen Welt geboten haben, mit dem Zusammenbruch des Kommunismus und damit auch des Eisernen Vorhanges gefunden.
Diese Vorgänge haben uns von zahlreichen Fesseln im Kopf, aber auch in der Gesellschaft befreit, haben Möglichkeiten erschlossen, die zuvor nur

wenigen offenstanden, haben jedoch andererseits große Ängste ausgelöst, weil nun die Orientierung selbst gewonnen werden muß. Etwas pathetisch gesagt: Mit der Vertreibung aus dem geordneten Paradies muß nun jeder selbst seinen Weg durch den Urwald finden. Und das ist nicht jedermanns Sache.
Daher sind alle möglichen Ängste freigeworden, Ängste aus Unsicherheit darüber, welche Gefahren diese Freiheit wohl bergen mag. Lautes Pfeifen ist daher der mindeste Schutz in solcher Lage.

These 1: Der Wegfall alter Ordnungsmuster und der Zerfall vorher sicher gewähnter Gut-Böse-Relationen hat ein Mehr an objektiver und subjektiver Freiheit und ein Mehr an subjektiver Unsicherheit mit sich gebracht.
Aus dieser These folgt, daß das, was vielen, was der Gesellschaft heute fehlt, nicht so sehr „Sicherheit", sondern Orientierung ist. Sie muß freilich – soll nicht ein Schritt zurück in eine überwundene Vergangenheit gemacht werden – unter den Bedingungen der Freiheit von Fesseln gewonnen werden. Und das ist eine Aufgabe der Politik (und vielleicht auch der Kirchen), an der sie sich bisher noch nicht bewährt hat.
So werde ich also den Versuch unternehmen, Richtungen anzudeuten, in die wir bei der Lösung dieser Aufgabe gehen könnten.
Zunächst die traditionelle Methode einer Lösung: Da wir uns alle durchaus noch an die Schwarz-weiß-Schemata der Gesellschaftsdeutung der jüngeren Vergangenheit erinnern können, wird gelegentlich der – mitunter durchaus erfolgreiche – Versuch unternommen, so zu tun, als ob sich nichts geändert hätte, werden heute Gegebenheiten in altbewährten Mustern projiziert und dann nach klassischen Verfahren angegangen.
Als Beispiel dafür möchte ich unseren Umgang mit dem Zerfall Jugoslawiens und den kriegerischen Auseinandersetzungen in und um Bosnien nennen. Mit der (vermeintlichen) Auflösung der Verschuldensfrage, oder besser: der Gut-böse-Frage zugunsten Sloweniens und Kroatiens war der Rest bloß noch eine Frage des ordnenden (militärischen) Eingreifens – und auch das nur, soweit sich die Beteiligten nicht selbst zu helfen in der Lage wären. Dieses Konzept von Ordnung heißt allerdings bloß, es möge wer da sein, der Ordnung schafft und daher die Bösen straft.
Meines Erachtens ist es kein Zufall, daß wir in Österreich uns zu keinem Zeitpunkt die Frage gestellt haben, ob österreichische Soldaten Teil einer derartigen, nötigenfalls für die Ordnung kämpfenden Militärmacht sein sollten. Wir verlangen das Funktionieren von Institutionen, die ihrerseits allerdings

auch bereits Opfer der Veränderung geworden sind und auf die wir sonst nicht mehr viel gegeben hätten.
Vielleicht darf ich diesen Hinweis noch um ein persönliches Erlebnis erweitern: Ich war im Juli eine Woche in Triest. In der Bucht lag ein US-Flugzeugträger. Die Soldaten hatten umschichtig Landgang. Und ich habe mich bei ihrer Beobachtung gefragt, unter welchen politischen Bedingungen ein Einsatz von Soldaten im Krieg um Bosnien möglich ist – in den USA und auch bei uns. Ob etwa ein Einsatz des Bundesheeres, von Präsenzdienern im Rahmen ihres Dienstes denkbar wäre und warum dies in den USA denkbar scheint.
Für Österreich schien mir ein derartiger Einsatz unter den Bedingungen demokratischer Willensbildung nicht möglich. Denkbar wäre allenfalls die Entsendung von Freiwilligen oder von Berufssoldaten, sobald und sofern dies Teil der Militärkonzeption Österreichs wäre.
Aber was heißt das anderes, als daß wir es uns durch niemand anschaffen ließen, in einen Krieg zu ziehen, der nicht unmittelbar unserer ist. Wir würden – ganz überwiegend – die Legitimität einer solchen Entscheidung, durch welche Institution des demokratischen Österreich auch immer, in Frage stellen.

These 2: Ein Rückgriff auf alte Ordnungsmuster ist zwar noch immer möglich, läuft allerdings Gefahr, am in den vergangenen Jahrzehnten gewonnenen Freiheitsbewußtsein zu scheitern. Es bedarf daher neuer und akzeptabler Orientierungen für Sicherheit.
Das zuvor Gesagte gilt nicht nur für Fragen auswärtiger Politik, nicht nur für militärische Fragen, es gilt ebenso für den Bereich der inneren Sicherheit, der inneren Politik. Wir brauchen neue, und das heißt auch nachvollziehbare Orientierungen unter den Bedingungen der Freiheit.
Das bedeutet, daß wir diese Orientierung im Sinne eines „zero base budgeting" aufbauen und gewinnen müssen. Sie müssen dann für sich selbst stehen können.
Daher schlage ich vor, bei der Frage zu beginnen, was denn heute angst macht. Welche Ängste die Menschen bewegen und welche Antworten, die diese Ängste lindern oder überwinden helfen, möglich sind, welche Gewißheiten ihnen entgegengesetzt werden können.
Die Ängste seien bloß andeutungsweise aufgezählt, sie unterscheiden sich natürlich teilweise von Person zu Person, aber auch anhand des Alters, der sozialen Einbettung usw. Sie weisen allerdings auch Gemeinsamkeiten auf:

Ängste und Sorgen
a) bei Kindern:
- davor, allein gelassen zu werden
- vor Spannungen zwischen den Eltern
- vor Gewalt
- mitunter vor Fremden und Neuem, vor Verunsicherung
- vor Umweltkatastrophen

b) bei Frauen und Männern (Erwachsenen):
- vor der Einsamkeit (z. B. im Alter)
- vor Krankheit
- vor Verlust der Arbeit, der sozialen Absicherung
- vor Gewalt
- vor Fremden und Neuem, vor Verunsicherung
- vor Umweltkatastrophen
- vor Kriminalität
- vor dem Tod

Die wohl stärkste Gemeinsamkeit haben dabei die Ängste der Kinder: Ihnen ist durchwegs nicht institutionell zu begegnen. Und das gleiche gilt für einen nicht geringen Teil der Ängste der Erwachsenen. Daraus folgt:

These 3: Es braucht zwar auch weiterhin unverzichtbare institutionelle „Versicherungen" gegen Risken, Gewißheiten, die institutionell verfaßt sind, aber diese institutionell gefaßten Gewißheiten reichen nicht aus, um Sicherheit in einer als unsicher, angst machend erlebten Welt zu bieten.
Das ist auch der Grund, warum der Umstand, daß Österreich zwar, was die Ausstattung mit Polizisten pro 100.000 der Bevölkerung angeht, unter 25 Industriestaaten an dritter Stelle liegt oder daß die sogenannten „Ausländergesetze" zwar eine sehr wirksame Begrenzung des Neuzuzugs von Ausländern gebracht haben, aber daß dennoch das Gefühl von Unsicherheit, von Angst sich kaum zum besseren geändert hat.

These 4: Für die Bewältigung der meisten real existierenden Ängste braucht es in erster Linie andere Menschen, die da sind, die gerufen werden können und dann auch kommen, die einem die Hand geben, wenn man sich fürchtet. Und es braucht die Gewißheit, daß es so ist, die in allererster Linie in der Kindheit erlernt, erfahren werden muß. Vertrauen.
Das ist zwar eine notwendige, allerdings noch keine hinreichende Antwort

auf die Frage, was dann zu geschehen hat, wenn es zu Spannungen kommt, zu Konflikten.
Im traditionellen Muster der Auflösung, habe ich gesagt, sei die Lösung möglich geworden, sobald die Schuldfrage oder die Gut-böse-Frage beantwortet gewesen sei. Dieser – wertende oder moralisierende – Ansatz geht der Schuld nach und verlangt geradezu zwingend eine Instanz, die dann den Schuldigen, Bösen straft.
Die Alternative dazu ist ein Ansatz, der methodisch auf moralische Bewertung ausdrücklich verzichtet und nach Zweckmäßigkeit im verhaltensbestimmenden Sinn aktive Friedenspolitik im Inneren und im Äußeren, im Kleinen und im Großen betreibt.
Das aber heißt einerseits Anteilnahme und Einmischung, bevor Spannungen zu Konflikten werden und eskalieren. Andererseits zählt zu diesem Weg die Kernwahrheit von Verhandlungslösungen: Kein Beteiligter darf in eine Situation gebracht werden, in der er sein Gesicht verliert.
Hier geht es um präventive Arbeit in der Erziehung, in der gemeinwesenbezogenen Arbeit, auch jener der Polizei, wie sie etwa durch den kriminalpolizeilichen Beratungsdienst geboten wird. Das heißt aber auch aktive Neutralitätspolitik, wie sie für Österreich vor allem in der Ära Kreisky kennzeichnend war.
Dieser Weg verlangt Anteilnahme, verlangt die Erkenntnis, daß diese Gesellschaft eine gemeinsame Veranstaltung ist, für die wir gemeinsam Verantwortung tragen. Sie verlangt dabei auch die Erkenntnis, daß es keine anderen als uns gibt – also etwa auch keine anderen, die sich für uns die Schädel einschlagen, wenn wir sie dazu auffordern.
„Der Papa wird's schon richten" zählt nicht zufällig auch zu den historisch überwundenen Gewißheiten. Wir haben den Generationssprung gemacht, jetzt sind wir es selbst, die's richten müssen und können!
Sicherheit in einer unsicheren Welt (heute) gewinnen, hat mit der Einsicht zu tun, daß wir sie nicht von Institutionen bekommen können, die wir im Zuge der vergangenen drei Jahrzehnte abgeräumt haben, um Freiheit von deren Fesseln zu gewinnen.
Diese Freiheit setzt – soll sie erhalten werden – nun voraus, daß wir sie verantwortlich leben. Das heißt, daß wir selbst aufgerufen sind, anderen Sicherheit zu bieten, indem wir mitunter bloß da sind und zuhören, aber auch, indem wir uns einmischen, bevor's zu spät ist, im Sinne einer aktiven Friedenssicherung, denn anders wird vielleicht keiner da sein, der den eskalierten Konflikt für uns und an unserer Stelle bereinigt.

Was also könnte die Orientierung heute sein?
Vielleicht, daß die Welt nicht in Gute und Böse zerfällt, sondern bloß in solche, wie wir selbst welche sind, solche, die Angst haben und sich unsicher fühlen, die – in unseren Breiten – befreit sind von denen da oben, von überkommenen Herrschaftsansprüchen von Vätern, Militärs, Pfarrern usw. Die Orientierung könnte darin bestehen, daß wir es sind, denen diese Welt anvertraut ist, und daß wir uns daher darum kümmern müssen.

These 5: Sicherheit in einer unsicheren Welt kann daher durch den gemeinsamen Versuch, den Rest von traditionellen Fesseln abzuwerfen und an deren Stelle die Gewißheit zu setzen, daß wir selbst und solidarisch diese Welt gestalten können, gewonnen werden.
Solidarität wird dabei (instrumentell verstanden) sowohl zur Überwindung des Rests an Fesseln als auch (emotional verstanden) zur Bewältigung der freiheitsbedingten Ängste helfen.
Die Alternative ist, die Freiheit abzugeben zugunsten einer Instanz, die statt uns und ohne uns zu fragen und daher potentiell auch gegen uns agiert. Das aber wäre eine teure Sicherheit!
Meine Antwort auf die Herausforderungen des Anspruchs auf „Sicherheit in einer unsicheren Welt" ist daher primär demokratische Politisierung im Sinne von Redezentralisierung von Verantwortung.
Das hat – wohl verstanden – nichts mit der Stärkung plebiszitärer Elemente zu tun, wie diese geschickt, aber fälschlich insinuiert wird. Das hat ausschließlich mit der Wiedergewinnung entsprechender Fundamente der repräsentativen Demokratie zu tun, mit deren Rückbindung an die Auftraggeber.
Wir müssen uns dessen (wieder) bewußt werden, daß wir Bürgerinnen und Bürger es sind, durch die und für die Sicherheit gewonnen werden muß und kann.

aus: Die Zukunft, Jg. 1995, H. 12, S. 8 ff.

BESCHÄFTIGUNGS- UND SOZIALPOLITIK IM RAHMEN DER WIRTSCHAFTS- UND WÄHRUNGSUNION

Franz Vranitzky

Die Verwirklichung der Wirtschafts- und Währungsunion wird in vielerlei Hinsicht eine wesentliche Weichenstellung für die Zukunft Europas bringen. Wirtschaftliche Stabilität, der Verlust der nationalen Währung, Notwendigkeit der Budgetkonsolidierung, Wettbewerbsfähigkeit und steigende Arbeitslosigkeit sind die Schlagworte, die die Diskussion dominieren, und gleichzeitig die Probleme, die bewältigt werden müssen. Gerade für die Sozialdemokratie ergibt sich dabei die Chance und gleichzeitig die große Herausforderung, neue Perspektiven für Europa zu entwickeln. Diese müssen bestimmt werden von den Prinzipien der Solidarität, des wirtschaftlichen und sozialen Fortschritts und der gerechten Verteilung von Wohlfahrtsgewinnen, die sich aus der zunehmenden Integration Europas ergeben werden.
Ich begrüße die zunehmende Integration Europas und stehe daher auch der Währungsunion positiv gegenüber. Ihre Einführung vollendet den Binnenmarkt, dessen Funktionieren nur durch einen stabilen Rahmen auf lange Sicht verbessert werden kann. Sie wird ein essentieller Stabilitätsfaktor sein, der das Wirtschaftspotential und die Wirtschaftskraft der Union stärkt. Wirklich erfolgreich wird das Projekt aber nur dann sein, wenn es den Erwartungen, Sorgen und Hoffnungen der Bürgerinnen und Bürger gerecht wird, wenn die breite Öffentlichkeit sich damit identifizieren kann.
Wir stehen hierbei vor dem Problem, daß die Vorteile, die die Währungsunion für die Unternehmen bringt, wesentlich sichtbarer sind, als dies für Arbeitnehmer und Konsumenten der Fall ist. Für diese Menschen, die uns am

Herzen liegen, sind die Vorteile, wenn auch weniger greifbar, nichtsdestoweniger von sehr grundsätzlicher Natur. Ein niedriges Preisniveau und stabile wirtschaftliche Rahmenbedingungen sind zwar nicht hinreichende, aber notwendige Bedingungen für die soziale Sicherheit und einen hohen Lebensstandard. Wir müssen uns aber dessen bewußt sein, daß in Österreich ebenso wie in vielen anderen Mitgliedstaaten zahlreiche Menschen noch sehr skeptisch sind, ob ihnen die erwähnten Vorteile tatsächlich zugute kommen werden. Bei der Gestaltung der Währungsunion und damit der zukünftigen Wirtschaftspolitik müssen wir den tatsächlichen Interessen der Bürgerinnen und Bürger Rechnung tragen. Dies gilt insbesondere für das Problem der Arbeitslosigkeit und der sozialen Sicherheit. Jeder, der diese essentiellen Fragen ignoriert, wird nicht nur eine untragbare und falsche Wirtschaftspolitik betreiben, sondern auch der europäischen Integration einen schlechten Dienst erweisen. Die Sozialdemokratie muß dafür sorgen, daß eine Politik im Dienste aller Menschen und nicht nur der Unternehmer im Mittelpunkt ihres Handelns steht.

Nicht die grundsätzliche Zielsetzung, wohl aber die gegenwärtige Konzeption der Währungsunion entspricht primär einer neoklassisch dominierten Auffassung von Wirtschaftstheorie und -politik. Elemente sind Inflationsbekämpfung und strikte Konsolidierungspolitik sowie die Erwartung, daß ein stabiles makroökonomisches Umfeld im Verein mit Liberalisierung und dadurch steigender Wettbewerbsfähigkeit zu ausreichendem Wirtschaftswachstum und hoher Beschäftigung führt.

Den ersten Schritt zur Währungsunion stellt die Erfüllung der Konvergenzkriterien dar. Diese Kriterien sind notwendig und sinnvoll, um den Erfolg der Währungsunion sicherzustellen. Zudem muß betont werden, daß die Notwendigkeit zur Budgetkonsolidierung nur mittelbar mit der Erfüllung der Maastricht-Kriterien zusammenhängt. Unabhängig von der Teilnahme an der Währungsunion ist es unsere Aufgabe, wirtschaftspolitische Spielräume für die Zukunft zu sichern.

Wir haben sicherzustellen, daß öffentliche Ausgaben nicht zu einem großen Teil für die Bezahlung von Zinsen aufgebracht werden müssen, sondern für die Sicherung und den Ausbau der sozialen Standards und für produktive und innovative Investitionen zur Disposition stehen. Vielfach werden allerdings Befürchtungen geäußert, daß ohne Begleitmaßnahmen durchgeführte, konzertierte und gleichzeitige Anstrengungen zur Konsolidierung in allen Mitgliedstaaten die ohnehin empfindliche Konjunktur bremsen und sich negativ auf Wachstum und Beschäftigung auswirken. Diese Befürchtungen müssen ernst genommen und dürfen nicht mit dem Hinweis auf die Selbstheilungskräfte des Markts abgetan werden.

Die Anstrengungen zur Budgetkonsolidierung müssen zwei Bedingungen erfüllen: Sie dürfen das Wachstum nicht gefährden und müssen gleichzeitig sozial ausgewogen sein. Die soziale Ausgewogenheit ist deshalb so wichtig, weil es nicht tragbar ist, daß soziale Unterschiede in der Gesellschaft verschärft werden. Auch würde die Konsolidierung keine Akzeptanz finden, wenn sozial schwächere Teile der Bevölkerung mehr zu ihrer Verwirklichung beitragen müssen. Bei unseren Bemühungen, die Konvergenzkriterien zu erfüllen, müssen wir uns dessen bewußt sein, daß das Ziel eines gesunden öffentlichen Haushalts und das der Bekämpfung der Arbeitslosigkeit einander nicht widersprechen müssen. Dies freilich nicht deshalb, weil ich mich der Illusion hingebe, daß Maßnahmen zur Haushaltssanierung automatisch zu einer Steigerung der Beschäftigung führen, sondern aus einem anderen Grund. Arbeitslosigkeit erschwert Konsolidierungsmaßnahmen, da sie einerseits das Budget durch steigende Sozialtransfers in Form von Arbeitslosenunterstützung belastet, andererseits zu Einnahmeausfällen durch geringere Steuerleistungen und einer Dämpfung der Nachfrage führt. Es besteht damit die Gefahr, einen Teufelskreis zu betreten, in dem die Arbeitslosigkeit zunehmend steigt bei gleichzeitiger und auch dadurch bedingter großer Belastung der öffentlichen Haushalte. Daher sind und wurden durch die neue Bundesregierung bei der Budgetsanierung begleitende Maßnahmen gesetzt, die sicherstellen, daß der geschilderte Fall nicht eintritt.

Bei der Erstellung des Konsolidierungspakets, das von der österreichischen Bundesregierung vorgelegt wurde, wurde die Zielsetzung der sozialen Ausgewogenheit verfolgt. Ich bin der Überzeugung, daß das Ziel, von Beginn an der Währungsunion teilzunehmen, mit diesen Maßnahmen unter Gewährleistung sozialer Standards erreicht werden wird.

Wie vorher schon angesprochen, betone ich an dieser Stelle nochmals, daß die geäußerten Befürchtungen und Ängste in der Bevölkerung ernst genommen werden müssen. Für den Zeitpunkt nach dem Beitritt zur Wirtschafts- und Währungsunion sehe ich Handlungsbedarf bei der weiteren Ausgestaltung der Währungsunion. Sie muß so konzipiert sein, daß sie dem Abbau der Arbeitslosigkeit dienlich ist und daß etwaigen negativen Auswirkungen in der Währungsunion entgegengesteuert werden kann. Maßnahmen sind dabei in verschiedenen Bereichen notwendig. Es müssen Überlegungen angestellt werden, wie in Zukunft eine europäische Geldpolitik sinnvoll gestaltet werden kann, welche Möglichkeiten einer fiskalpolitischen Koordination es gibt, wie mit regionalen Schocks umgegangen werden soll oder wie wir dem Vollbeschäftigungsziel innerhalb der Wirtschafts- und Währungsunion näherkommen können. Das heißt, es ist ein breiter Zugang zur Problemlösung zu wählen.

Grundsätzlich sind die Konvergenzkriterien auch aus sozialdemokratischer Sicht sinnvoll und zu begrüßen.

Eines aber ist zu betonen: Es darf keinesfalls zu einer Änderung der Konvergenzkriterien in der einen oder anderen Art kommen, das heißt weder zu einer Aufweichung noch zu einer Verschärfung. Ich warne daher vor den Vorschlägen des sogenannten Stabilitätspakts, denen zufolge Mitgliedsstaaten, die die Drei-Prozent-Grenze überschreiten, unabhängig von der Konjunkturlage dauerhaft eine Art Strafsteuer zahlen sollten.

Es ist unbestritten, daß die Maßnahmen zur Erfüllung der Konvergenzkriterien notwendig sind, ebenso unbestritten ist es aber auch, daß dadurch zunächst bis zum Inkrafttreten der Währungsunion die wirtschafts- und im besonderen die fiskalpolitischen Spielräume verringert werden. Im Interesse langfristiger Stabilität kann dieses Opfer erbracht werden. Es muß aber darauf geachtet werden, daß diese Freiräume nicht mehr eingeschränkt werden, als dies zur Herstellung der Konvergenz erforderlich ist. Im Vertrag selbst ist dieser Gedanke implizit verankert. So ist vorgesehen, daß das Schuldenkriterium auch dann erfüllt ist, wenn das Verhältnis des Gesamtschuldenstands zum Bruttoinlandsprodukt das 60-Prozent-Kriterium zwar überschreitet, aber, wie es im Vertrag heißt, „hinreichend rückläufig ist und sich rasch genug dem Referenzwert nähert". Für das Nettodefizitkriterium sieht der Vertrag vor, daß dieses auch als erfüllt anzusehen ist, wenn, und ich zitiere wieder, „entweder das Verhältnis erheblich und laufend zurückgegangen ist und einen Wert in der Nähe des Referenzwerts erreicht hat oder der Referenzwert nur ausnahmsweise vorübergehend überschritten wird und das Verhältnis in der Nähe des Referenzwerts bleibt". Das zeigt, daß der Vertrag selbst Abweichungen als Folge konjunktureller Schwierigkeiten durchaus anerkennt und berücksichtigt. Diese vorgesehenen Spielräume sollten, gerade im Hinblick auf das sich verlangsamende Wachstum, ausgenützt werden, freilich ohne daß sie gegen den Geist des Vertrags angewendet werden. So kann ein Nettodefizit, das dauerhaft über dem Referenzwert liegt, sicher nicht als Erfüllung des Kriteriums gelten.

Der Grund, warum ich für die Ausnutzung dieser Spielräume plädiere, ist ein sehr einfacher. Als die Kriterien definiert wurden, erlebte Europa eine Phase der Hochkonjunktur, und das Staatsschuldenkriterium wurde einfach aus dem Durchschnitt der Staatsschulden der Mitgliedstaaten abgeleitet. Es spiegelt damit eine konkrete konjunkturelle Situation wider. Weiters ist der Schuldenstand eine Größe, die aus der Vergangenheit bestimmt wird und damit für sich allein wenig über die zukünftige Politik und Entwicklung aussagt. Daher wird die Glaubwürdigkeit der Stabilitätsorientierung zwar in der Tendenz, nicht aber im aktuellen Stand widergespiegelt. In diesem Zusammenhang sollte das Hauptaugenmerk auf die strukturelle Komponente des Nettodefizits gelegt werden, denn diese ist primär entscheidend dafür, welche Spielräume vorhanden sind und wie schnell außergewöhnliche Situationen überwunden werden können. Nochmals: Möglichkeiten dafür sind im Vertrag gegeben und bedeuten keine Aufweichung der Kriterien.

Aus wirtschaftlichen, aber auch aus politischen Gründen ist es wichtig, daß möglichst viele Staaten an der Währungsunion von Beginn an teilnehmen. Eine Reihe von wissenschaftlichen Untersuchungen kommt aber zu dem Ergebnis, daß die Europäische Union kein optimales Währungsgebiet darstellt. Das bedeutet, daß realwirtschaftliche Schocks unterschiedliche Länder oder Regionen höchst unterschiedlich treffen. Nun bin ich allerdings der Meinung, daß dies nicht als Gegenargument für eine möglichst große Währungsunion gelten darf, aber Anlaß gibt, über Mechanismen nachzudenken, die zur Bewältigung solcher Probleme beitragen können. In der gegenwärtigen Konstellation ist es möglich, asymmetrische reale Schocks durch Abwertungen auszugleichen. In einer Währungsunion ist diese Option definitionsgemäß nicht mehr vorhanden. Da gleichzeitig aber die wirtschaftspolitischen Möglichkeiten der Gegensteuerung im einzelnen Staat durch die gemeinsame Geldpolitik und die dadurch auch verringerten fiskalpolitischen Spielräume stark eingeschränkt werden, kann eine Anpassung nur über Löhne erfolgen. Die daraus resultierenden Lohnsenkungen und wahrscheinlich auch steigende Arbeitslosigkeit können aber einen weiteren Nachfrageausfall nach sich ziehen und wären auch dem Ziel der Gemeinschaft, die reale Konvergenz zu fördern, abträglich. Im Sinne einer gleichmäßigen wirtschaftlichen Entwicklung und der Solidarität zwischen den Mitgliedstaaten müssen wir daher Instrumentarien schaffen, die es uns ermöglichen, in einem solchen Fall aktiv einzugreifen, um den Schock zu mildern und den Zusammenhalt der Union zu sichern.

Aufgrund der Tatsache, daß das EU-Budget zu gering ist, um effizient für diskretionäre Fiskalpolitik eingesetzt werden zu können, und eine Erhöhung auch weder politische noch öffentliche Unterstützung finden würde, muß ein

Weg gefunden werden, der auch mit dem relativ geringen Volumen des Gemeinschaftsbudgets vereinbar ist. Eine Möglichkeit besteht in der Schaffung einer „Stabilitätsreserve“. Dies wurde auch von der Kommission bereits zur Diskussion gestellt. Im Fall eines asymmetrischen Schocks, in dessen Folge die Steigerung der Arbeitslosenrate eines Mitgliedstaats das durchschnittliche EU-Niveau übersteigt oder auch das Wachstum der Einkommen signifikant hinter dem Gemeinschaftsdurchschnitt zurückbleibt, würden Transferzahlungen an die betroffenen Regionen geleistet werden. Der Vorteil dieser Maßnahme ist in den geringen budgetären Kosten zu sehen.

Eine zweite Möglichkeit seitens der Gemeinschaft, die Konjunkturentwicklung in einer Situation angespannter nationaler Budgets positiv zu beeinflussen, ist eine Kreditaufnahme der Union. Dies ist durch die Schaffung von Euro-Bonds möglich, deren Einführung bei der Diskussion um die transeuropäischen Netze bereits mehrfach erwogen wurde. Diese hätten auch den Vorteil, daß eine Kreditaufnahme der Union am Kapitalmarkt sicher zu günstigen Bedingungen erfolgen kann. Eine Finanzierung laufender Defizite darf es allerdings nicht geben, sondern das Instrument der Euro-Bonds soll ausschließlich für Infrastrukturvorhaben wohldefiniert verwendet werden. So entsteht gleichzeitig eine positive Wirkung auf die Beschäftigung.

Damit bin ich bei einem wesentlichen Bereich, ja sogar dem wesentlichsten überhaupt. Meine Auffassung des großen Stellenwerts der Beschäftigungspolitik – auf nationaler wie auf europäischer Ebene – habe ich bereits im Zusammenhang mit den Konsolidierungsanstrengungen und dem eben angesprochenen Hinweis auf die Finanzierung von Gemeinschaftsprojekten zum Ausdruck gebracht. Um die Währungsunion wirklich sozial verträglich zu gestalten, muß die Zielsetzung einer aktiven Beschäftigungspolitik stärker in den Mittelpunkt unseres wirtschaftspolitischen Handelns rücken. Bis vor kurzem war die Beschäftigungs- und Sozialpolitik das Stiefkind der Europäischen Gemeinschaft. Gegenwärtig findet sich nur die unverbindliche Zielsetzung eines hohen Beschäftigungsniveaus in den Grundsätzen des Vertrags. Die Sozialpolitik ist auf den Europäischen Sozialfonds und einige Sozialvorschriften beschränkt, die aber nur als Zusatz zu den jeweiligen nationalen sozialpolitischen Maßnahmen verstanden werden.

Angesichts des unannehmbar hohen Niveaus der Arbeitslosenrate und dem Scheitern der bisherigen Politik, die Beschäftigung in der Gemeinschaft zu steigern, wird der Bekämpfung der Arbeitslosigkeit zunehmend mehr

Bedeutung beigemessen. Mit dem wegweisenden Weißbuch von Delors zu Wachstum, Wettbewerbsfähigkeit und Beschäftigung wird eingestanden, daß die Arbeitslosigkeit nicht allein durch das Wirken des Binnenmarkts abgebaut werden kann. Vielmehr werden mit dem Weißbuch aktive Maßnahmen zu ihrer Bekämpfung gefordert, und es enthält einige innovative arbeitsmarktpolitische Überlegungen. Deutlichere Priorität gewinnt die Beschäftigungspolitik auch mit den Schlußfolgerungen der Konferenz von Essen. Im Rahmen des follow-up dieser Konferenz haben die Mitgliedstaaten nunmehr jährlich über die Fortschritte in den beschäftigungspolitisch prioritären Bereichen zu berichten. Weiters wurden die Mitgliedsländer aufgefordert, Mehrjahresprogramme zu erstellen.

Auch wenn das follow-up von Essen einen wichtigen Schritt in Richtung Aufwertung der Beschäftigungspolitik darstellt, so weist es doch erhebliche Mängel auf, die in erster Linie in den Koordinationsproblemen und der mangelnden Verbindlichkeit bestehen.

Dieses Essener follow-up ist auch deshalb von Bedeutung, weil es die nationale Verantwortung für Beschäftigungspolitik unterstreicht. Es geht mir nun nicht darum, die Beschäftigungspolitik auf die europäische Ebene zu heben, sondern bessere, europäische Rahmenbedingungen für nationale Beschäftigungspolitik zu schaffen.

Die mangelnde Verbindlichkeit bisheriger Maßnahmen in diesem Bereich führt zur Notwendigkeit, die Beschäftigungspolitik institutionell zu verankern, um sie stärker in den Mittelpunkt der europäischen Wirtschaftspolitik zu rücken. Eine Durchführung koordinierter und gemeinsamer Beschäftigungsmaßnahmen auf europäischer Ebene erscheint mir sinnvoll.

In vier Tagen beginnt in Turin die Regierungskonferenz zur Revision des Vertrags von Maastricht. In der Vorbereitung dazu haben wir gemeinsam mit anderen Ländern durchgesetzt, daß die Beschäftigungspolitik ein wichtiges Thema bei der Konferenz sein wird. Wir werden uns mit Nachdruck dafür einsetzen, daß ein Ergebnis die Verankerung der Beschäftigungspolitik im Vertrag ist. Eine Möglichkeit, wie dies geschehen kann, stelle ich nun vor.

Eine Zielbestimmung hinsichtlich Beschäftigung – in unserem Sinn natürlich Vollbeschäftigung, und ich betone Vollbeschäftigung – soll in den Vertrag aufgenommen werden. Um es aber nicht nur bei einer Absichtserklärung zu belassen, sollte verankert werden, daß die Beschäftigungspolitik auch eine Zielsetzung der Gemeinschaft ist. Allein dies ist aber auch nicht ausreichend. Es muß auch sichergestellt werden, daß konkrete Regelungen für die

Umsetzung formuliert werden. Eine Möglichkeit dazu sehe ich in der Schaffung eines eigenen Kapitels, in dem die beschäftigungspolitischen Grundsätze und Zielsetzungen konkretisiert werden. Es sollte auch ein Überwachungsverfahren sowie ein politisches Sanktionssystem im Fall von Abweichungen von den Zielsetzungen geschaffen werden, etwa ähnlich dem, das im Bereich der Wirtschaftspolitik zur Erfüllung der Maastricht-Kriterien angewendet wird. Dazu wurden bereits Vorschläge erarbeitet, die zwangsläufig sehr technischer Natur sind und auf die ich daher hier nicht näher eingehen will.

Was erwarte ich mir davon? Vereinzelt wurde die Kritik geäußert, daß diese Verankerung keinerlei Änderung in der tatsächlichen Wirtschaftspolitik bewirken wird. Ich bin überzeugt davon, daß dem aus folgenden Gründen nicht so sein wird: Der Vertrag über die Europäische Union ist nicht irgendein Papier, sondern stellt eine verbindliche Grundlage, eine Art Verfassung für die Politik der Gemeinschaft und der Mitgliedstaaten dar. Natürlich werden auch weiterhin konkrete Maßnahmen politisch erkämpft und durchgesetzt werden müssen. Mit der Verankerung der Beschäftigung im Vertrag haben aber die in diesem Bereich offensiven Staaten wie Österreich ein ungleich stärkeres Druckmittel. Auch die Kommission als Hüterin der Verträge wird dazu verpflichtet sein, für deren Einhaltung zu sorgen. Wir könnten in ihr in dieser Frage auch einen Bündnispartner haben.

Daß von konkreten Vorgaben im Vertrag sehr wohl eine starke Wirkung auf die Politik der Mitgliedstaaten ausgeht, zeigen nicht zuletzt die Bestimmungen über die Währungsunion, die zum Allgemeingut wirtschaftspolitischer Handlungsweise wurden. Auch in den Mitgliedstaaten selbst wird eine Verankerung der Beschäftigungspolitik im Vertrag jene politischen Kräfte stärken, denen dies ein Anliegen ist. Lassen sich doch mit dem Verweis auf europaweite Regelungen verschiedene Anliegen leichter durchsetzen.

Für die effiziente Durchsetzung der beschäftigungspolitischen Anliegen bedarf es aber noch weiterer Schritte. Auf primärrechtlicher Ebene ist es unabdingbar, daß das Sozialabkommen in den EU-Vertrag übernommen wird. Aber auch auf der Ebene des sozialen Schutzes ist Handlungsbedarf gegeben. Der zunehmende Wettbewerb bedeutet auch eine Herausforderung für Regelungen hinsichtlich des Arbeitsmarkts und der Beschäftigungsbedingungen.

Wir müssen heute immer wieder erleben, daß versucht wird, mit dem Argument der Wettbewerbsfähigkeit die Rechte von Arbeitnehmern zu beschneiden. Auch der Hinweis auf die Standortsicherung dient immer wieder dazu, eine Senkung der Reallöhne zu erreichen. Eine solche Sichtweise ist nicht nur deswegen abzulehnen, weil sie den Interessen der Arbeitnehmer widerspricht, sondern auch, weil sie auch inhaltlich falsch ist. Europa wäre schlecht beraten, seine Wettbewerbsfähigkeit mit einem niedrigen Lohnniveau und mit niedrigen sozialen Standards sicherstellen zu wollen. Die geringeren Einkommen würden zu geringerem Wachstum und damit zu einer Verschärfung der wirtschaftlichen Probleme führen, ohne die Konkurrenzfähigkeit gegenüber den Niedriglohnländern wesentlich zu ändern. Es werden mir sicher alle zustimmen, wenn ich sage, daß das Ziel wohl nicht das sein kann, Europa an Staaten oder Staatsgruppen mit einem niedrigen Sozial- und Lohnniveau heranzuführen. Gerade als Sozialdemokraten, die auch ihre internationale Verantwortung wahrnehmen, müssen wir darauf drängen, daß die materiellen und ideellen Rechte der Arbeitnehmer und Arbeitnehmerinnen universell gewährleistet werden. Im internationalen Wettbewerb muß Europa auf die Qualität seiner Produkte, die Qualität der Ausbildung, die stabilen Rahmenbedingungen, die der soziale Friede mit sich bringt, und auf technologische Innovation setzen.

Dies muß auch innerhalb Europas gelten, wenn die Sozialverträglichkeit der Wirtschafts- und Währungsunion gewährleistet sein soll. Auch in der EU darf sich die Wettbewerbspolitik nicht der Aushöhlung sozialer Standards bedienen, sondern ein weitgehend einheitliches und möglichst hohes Niveau anstreben. Maßnahmen zur Vermeidung von Sozialdumping, der Gleichstellung von Mann und Frau, in der Frage der Flexibilisierung der Arbeitszeit, zur Regelung von Aus- und Weiterbildung und andere müssen koordiniert werden. Dabei muß natürlich unbedingt sichergestellt werden, daß einzelne Mitgliedstaaten höhere Normen verbindlich behalten oder einführen können.

Die Beachtung beschäftigungs- und sozialpolitischer Normen muß also das Grundprinzip der Europäischen Union werden. Als solches hat es in allen Politikbereichen zu gelten. Um zu gewährleisten, daß dies auch tatsächlich der Fall ist, sollten alle Gesetzesvorhaben sowie Initiativen der Gemeinschaft auf ihre sozialen Auswirkungen überprüft werden.

Beschäftigungspolitische Aktivitäten schweben nicht im leeren Raum. Ihr Erfolg ist abhängig von Maßnahmen, die in anderen Bereichen der Wirtschaftspolitik gesetzt werden. Das sind die Geldpolitik und die Fiskalpolitik im weiteren Sinn. Mit der Absicht zur Schaffung der Währungsunion hat sich die Gemeinschaft natürlich gleichzeitig dafür entschieden, die Geldpolitik zu vereinheitlichen. Diese Vereinheitlichung ist der konsequente nächste

Schritt auf dem Wege des Binnenmarkts und der Integrationsbestrebungen. Dem gegenüber steht aber eine zumindest im formalen Sinn, autonome Fiskalpolitik der Mitgliedstaaten. Es ist aber nicht sinnvoll, diesen Bereich zu vergemeinschaften. Andererseits ist es evident, daß, wie bereits erwähnt, die einheitliche Geldpolitik die fiskalpolitischen Spielräume der Mitgliedstaaten einschränkt. Somit ist ein gewisses Mindestmaß an Koordination notwendig.

Durch die Ausgestaltung der Geldpolitik werden Rahmenbedingungen für die gesamte Wirtschaftspolitik vorgegeben. Daraus folgt, daß den geldpolitischen Instanzen – in der Währungsunion wird dies die Europäische Zentralbank sein – eine Gegenmacht gegenüberstehen muß. Die im Vertrag festgeschriebene sehr weitgehende Unabhängigkeit der Europäischen Zentralbank ist dazu geeignet, Kontinuität und damit Stabilität der europäischen Geldpolitik zu gewährleisten. Die Unabhängigkeit darf aber nicht dazu führen, daß die Zentralbank völlig abgehoben von anderen gesellschaftlichen Kräften und ohne Rücksicht auf andere wirtschaftspolitische Erfordernisse agiert. Gerade der festgelegte Kurs auf eine restriktive Geldpolitik läßt diese Gefahr nicht unrealistisch erscheinen. Umso mehr ist es daher notwendig, die gegenwärtige Asymmetrie zwischen Geld- und Fiskalpolitik zumindest zu verringern. Um zu verhindern, daß die Wirtschaftspolitik auf Geldpolitik beschränkt wird, hat Jaques Delors eine „Wirtschaftsregierung" vorgeschlagen. Wie immer die institutionelle Ausgestaltung einer stärker gemeinschaftlich ausgerichteten Fiskalpolitik aussehen soll, sie muß so gestaltet sein, daß sich die Gemeinschaft nicht wesentlicher wirtschaftspolitischer Handlungsspielräume begibt.

Freiräume, die der Verfolgung sozial- und beschäftigungspolitischer Zielsetzungen dienlich sein können, finden sich aber auch im Rahmen der bestehenden Aufgaben der Gemeinschaft. Die enormen finanziellen Mittel, die die gemeinsame Agrarpolitik verschlingt, könnten in anderen Bereichen, so zum Beispiel zur Finanzierung der transeuropäischen Netze, sicherlich sinnvoller verwendet werden. Es wäre zu wünschen, daß man sich solchen Umschichtungen nicht aufgrund nationaler Partikularinteressen verschließt und Worten Taten folgen läßt.

Eine sozial verträgliche Währungsunion also ist eine große Aufgabe, die noch viele entscheidende Reformschritte erfordert. Ich bin aber zuversichtlich, daß uns dies gelingen wird, wobei die Dynamik des europäischen Integrationsprozesses helfen wird. Wir sollten uns aber auch keinen Illusionen hingeben. Es bedarf intensiver gemeinsamer Anstrengungen in Europa, eine Gemeinschaft zu verwirklichen, die das Prinzip der sozialen Gerechtigkeit durchgängig realisiert. Ich will mich dafür einsetzen, daß die Regierungskonferenz ein wichtiger Schritt dorthin wird.

Vortrag im Rahmen einer Veranstaltung der SPÖ-Bundesbildungsorganisation und des Dr. Karl Renner Instituts am 25. 3. 1996 in Wien